KB053479

자
아
폭
발

타락과 광기의 시대,
그 근원에 관한 도발적인 탐구

# 자아폭발

**스티브 테일러 지음** | **우태영 옮김**

서스테인

# The Fall

이 책에서 사용한 "The Fall"은 《성경》에서 아담과 이브가 선악과를 먹고 하느님의 노여움을 사서 에덴동산에서 추방당한 사건이다. 우리말로는 "실낙원"이나 "타락"으로 번역된다. 저자는 이 책에서 인류가 살던 비옥한 토양이 사막화되면서 주변 지역으로 이동하게 된 사건을 《성경》의 "The Fall"을 원용하여 표현한다. 그리고 "Fall" 이후의 각종 특징들을 표현하며 "fallen"이라는 피동형 수식어를 사용한다. 가령 "Fall" 이후의 특징을 가진 사람들은 "fallen people"이고, "Fall"을 경험하지 않은 사람들은 "unfallen people"이다. "Fall"을 명사와 동사로 동시에 옮길 수 있는 우리말은 "타락"뿐이다.

이 책에서는 "Fall"이라는 말을 모두 타락으로 번역했다. "fallen people"은 "타락한 사람"으로, "unfallen people"은 "타락하지 않은 사람"으로 각각 번역했다. "pre‑Fall"은 "타락 이전", "post‑Fall"은 "타락 이후", "trans‑Fall"은 "타락 초월"로 각각 번역했다. 독자들은 책을 읽으면서 "타락"이라는 말이 나오면 우리가 흔히 쓰는 부정부패나 도덕적인 추락이 아닌 인류가 아담과 이브처럼 낙원에서 추방당한 사건을 연상하기 바란다.

지난 수년간 나는 선사시대 벽화들에 매료되어 세계 각지의 동굴
을 찾아다녔다. 놀라운 점은 선사시대 벽화들에는 전사의 형상이
나 전쟁의 모습, 여성 억압의 흔적이 전혀 없었다는 것이다. 그리
고 그 이유가 바로 이 책에 담겨 있다.

　테일러는 전 세계에 퍼져 있는 황금시대, 즉 '원초적 낙원'
이라는 신화가 실제로 있었던 사실이며, 수년에 걸쳐 수집한 고
고학적 근거들을 함께 제시한다. 원초적 낙원, 즉 평화롭고, 평등
했으며, 정신적 안녕과 자연과의 연대감을 느꼈던 인류가 어쩌다
전쟁, 남성 지배, 사회적 불평등 같은 광기로 가득 차게 된 것일
까. 도대체 인류는 어디서부터 잘못된 것일까?

　테일러에 따르면, 인류 사회의 변형은 기원전 4000년경 중앙
아시아와 중동 지역에서 발생한 극적인 기후 변화에서 시작되었
다. 기후 변화로 생존이 위협받기 시작한 이때부터 사람들은 '개인
성'을 자각하기 시작했으며, 테일러는 이를 '자아폭발'이라고 명명
한다. 그는 이 점이 현대 인류와 원주민 집단의 근본적인 차이라고
주장한다. 또한 자아에 대한 날카로운 자각이 전쟁, 남성 지배, 사
회적 불평등의 뿌리가 되었다고 본다. 다시 말해 인류가 자아에
눈을 뜨기 시작하면서부터 인류는 집단 정신병을 앓기 시작한 것

이다. 테일러는 방대하면서도 놀라운 인류학·고고학적 증거를 토대로 이 과도하게 발달된 자아로 인해 인류가 지난 6,000년간 퇴보의 길을 걸어왔다고 주장한다. 이러한 테일러의 주장들은 상당히 도발적이며, 우리를 단번에 사로잡는다.

테일러는 나아가 현재 인류가 지난 수천 년간의 역사를 가득 채운 광기에서 벗어나려는 진화적 과정, '타락 초월 시대'라는 새로운 역사적 국면으로 진입하고 있다고 말하며, 인류의 미래는 희망적이라는 낙관적인 견해를 펼친다. 남성 지배에 대한 인식 변화, 인간의 육체나 자연에 대한 건강한 관점 등도 인류의 미래가 희망적이라는 징후다. 이처럼 《자아폭발》은 지난 인류 역사 전반에 대한 지식을 전해주는 동시에 미래로 나아가게 하는 책이다.

더불어 인류의 존재 자체가 위협받는 현시점에 테일러는 모든 광기의 근원이자 인간의 본성을 왜곡시키는 '결핍'과 '분리'의 인식에서 벗어나게 하는 방안들도 함께 제시한다.

나는 인류가 마주한 위기와 기회를 대담하게 풀어낸 《자아폭발》이야말로 이번 세기에 가장 주목할 만한 작품이자, 가장 중요한 책이 될 것이라 확신한다. 우리는 이제 새로운 '건전함'의 시대를 향해 천천히 나아가고 있다. 인류가 하나의 종(種)으로 자멸하기 전에 광기의 시대를 끝내고, 우리 모두 제때 건전함의 시대로 도달하기를 희망한다.

세이브룩 대학교 심리학 교수
스탠리 크리프너

들
어
가
며

지난 6,000년 동안 인류는 일종의 집단적 정신병을 앓아 왔다. 역사가 기록된 대부분의 기간 동안 인류는 정신이상이었다. 믿기지 않을 것이다. 왜냐하면 우리는 지금 정신이상으로 초래된 결과들을 정상적인 것으로 여기고 있기 때문이다. 광기가 지배하는 곳에서는 정상적이고, 건강하고, 합리적인 행동이 무엇인지 사람들은 알 수 없다. 가장 어리석고 터무니없는 습관이 관행으로 자리잡아 마치 당연한 것처럼 보인다. 서로를 죽이고, 남성이 여성을 억압하고, 부모가 자식을 억압하고, 소수가 엄청난 권력을 행사하며 절대다수의 다른 사람들을 지배하는 일이 당연해 보인다. 환경재앙을 일으킬 정도로 인간이 자연계를 남용하는 일도 정상적인 일이고, 자신의 몸을 경멸하는 것도 정상적인 일이고, 순수하고 본능적인 욕망에서 일어나는 행위에 죄책감을 느끼는 일도 당연한 게 된다. 필요 이상의 엄청난 부를 긁어모으고, 끝없이 권력과 명성을 추구하는 일도 당연한 것이 된다. 동시에 부와 지위를 얻고 나서도 결코 만족감과 성취감을 느끼지 못해 계속 불만 속에 사는 일도 당연한 것이 된다.

　이 책의 목적은 이러한 광기가 어디에서 왔으며, 과연 진정으로 그러한 광기가 당연한 것인지를 밝히는 것이다. 이러한 관점에서 선사시대의 인류는 우리보다 훨씬 더 정상이었음을 시사하는 많은 증거를 이 책에서 확인하게 될 것이다. 물론 여전히 세계 곳곳에는 사람들이 앞서 설명한 병적인 행동들을 보이지 않고 사는 지역도 많이 있다.

이러한 모든 광기는 내가 '타락(The Fall)'이라고 부르는 사건 – 6,000년 전 중동 지역과 중앙아시아에서 발생한 환경재앙의 결과 대다수 사람이 집단적으로 심리 변환을 겪게 된 사건 – 의 결과물이다. 이 사건 이후 개인성에 대해 보다 분명하게 자각하고, 새로운 방식으로 삶을 체험하고, 새로운 방식으로 세계를 바라보는, 새로운 인류가 탄생했다. 새로운 인류의 탄생에는 진보적인 측면이 있다. 기술적 진보로 수메르와 이집트 문명 그리고 그 이후의 많은 문명이 탄생했기 때문이다. 그러나 동시에 새로운 인류는 전쟁, 남성 지배, 사회적 불평등과 같은 사회적 병리 현상들을 초래했다.

타락 이전 인류의 삶에는 근심 걱정이 전혀 없었으며, 즐거움과 기쁨으로 충만했다. 그러나 타락 이후에는 끔찍하고, 야만적이며, 너무나도 많은 슬픔으로 가득 차게 되었다. '삶'은 인류가 무수한 세대를 통해 '극락왕생하기 전에 잠시 거쳐 가는 정거장'이라고 설득시켜야만 버텨낼 수 있는 것이 되어버렸다. 그래야만 삶이 주는 고통을 웃으며 견뎌낼 수 있었다.

그러나 이 책의 마지막 장에서 논하겠지만, 아마도 지금 우리는 한 바퀴 다시 돌아서 애초의 정상적인 상태로 돌아가는 중이다. 지난 몇 세기 동안 – 특히 18세기 이후 – 인류 사회에는 타락 이전의 여러 특징이 다시 등장하고 있음을 알려주는 신호들이 나타나고 있다. 민주주의와 평등이 다시 등장했으며, 자연과 육체에 대해서도 다시금 존경심을 갖게 되었고, 본질적인 영성(靈性)과 우주에 대해서도 다시 자각하게 되었다는 점 등이 그 신호들이다. 이러한 특징들은 '타락한(fallen)' 사회의 특징들만큼 분명하지는 않지만, 시간이 지나면서 힘을 얻고 있음은 분명하다.

　이 책의 완성을 위해 연구하며 집필하는 데 보낸 지난 몇 해는 영감을 받아 여행하는 기간이었다. 내가 이 여행을 마치는 데에는 아주 많은 안내자의 도움이 필요했다. 나는 특히 리안 아이슬러, 제라드 렌스키, 크리스토퍼 보엠, 로버트 롤러, 리처드 하인버그, 브라이언 그리피스, 앤 베어링과 줄스 캐시포드, 리처드 러글리, 엘먼 서비스, 마가렛 파워와 크리스토퍼 라이언에게 감사한다. 많은 학술 논문 저자들 - 특히 인류학 분야에서 이 책에 인용한 분들 - 에게 감사함은 물론이다. 이 원고에 대해 광범위한 논평을 해준 스탠리 크리프너와 크리스토퍼 라이언에게 감사를 전한다. 그러나 뭐니 뭐니 해도 《사하라시아Saharasia》라는 저서를 통해 타락의 환경적인 원인을 이해할 수 있는 결정적인 계기를 마련해 준 제임스 드메오에게 감사를 보낸다.

　이 책은 우리가 잃어버린 많은 것을 이야기한다. 동시에 우리가 잃어버린 것들을 되찾으려면 무엇을 해야 하는가도 이야기한다. 나는 독자들이 이 책을 통해 앞으로의 상황은 지금의 모습과는 다를 수 있다는 희망을 가질 수 있었으면 한다. 지난 6,000년은 정신분열증과 같은 악몽의 시대였으며, 마침내 우리는 깨어나기 시작하고 있다. 이 깨어나는 과정에 이 책이 적게나마 공헌한다면 나는 더없이 기쁠 것이다.

# 차례

# 2

# 타락의 심리학

# 3

# 타락 초월 시대

# THE FALL

THE INSANITY OF THE EGO IN HUMAN HISTORY AND THE DAWNING OF A NEW ERA

# 1

# 타락의 역사

# 01

# 인류는
# 무엇이 잘못되었나

만약 외계인이 있어서 지난 수천 년 동안의 인류 역사의 진행 과
정을 관찰해 왔다면 인류는 아주 망가진 과학실험의 산물이라는
결론을 내리기 십상일 것이다. 혹은 다른 외계인들이 놀라운 지
적 능력과 독창성을 가진 완벽한 존재를 창조하기 위해 지구를
실험 장소로 선택했다는 가설을 제기할 수도 있다. 그리고 그러
한 존재를 만들긴 했으나 아마도 화학물질들의 균형을 정확히 맞
추지 못했거나, 실험 도중 장비가 망가진 게 아닌가 하는 생각도
할 것이다. 왜냐하면 피조물은 놀라운 지능과 재능은 갖췄지만,
그에 못지않은 – 어쩌면 그보다 훨씬 심각한 – 결점을 갖춘 일종
의 괴물이라는 것이 드러날 것이기 때문이다.

　인류의 대차대조표를 작성한다고 생각해 보라. 대차대조표
의 한편에는 인류의 긍정적인 성취를, 다른 한편에는 실패와 문
제점들을 기입한다. 플러스 칸에는 인류를 지구 역사상 가장 성
공적인 종으로 만들어 준 놀라운 과학적·기술적 업적들이 들어
갈 것이다. 여기에는 인류의 수명을 두 배로 늘려주고, 영아 사망

률을 크게 줄이고, 조상들의 삶을 고통스럽게 했던 천연두와 결핵 같은 질병에서 벗어나게 한 현대 의학의 발전이 들어갈 것이다. 그리고 100층짜리 빌딩, 항공기, 우주여행, 해저 터널과 같은 기술과 건축 분야에서의 업적도 있다. 또 우주의 물리적 법칙과 생명체의 진화 과정을 이해하고, 생명체의 화학적 구조와 물질의 물리적 구조를 발견하게 한 근대 과학의 믿기지 않는 발전도 있다.

그런가 하면 인류의 창조성에 대한 훌륭한 업적도 들어갈 것이다. 말러와 베토벤의 교향곡, 비틀즈나 밥 딜런의 노래, 도스토예프스키나 D. H. 로렌스의 소설, 워즈워스나 키츠의 시, 반 고흐의 그림 같은 것들은 그 어떠한 위대한 건축물이나 과학적 발견 못지않게 위대하다. 또 위대한 철학자들이나 심리학자들의 지혜나 직관도 넣을 수 있는데, 이것들은 우리가 의식 있는 생명체로서 자신의 정신적 문제들을 이해할 수 있게 했다.

그러나 한쪽 측면에서 위대한 발전이 있으면, 다른 측면에서는 발전이 없어 상쇄되고 마는 것이 자연법칙이다. 위대한 재능은 항상 위대한 결함을 동반한다. 천재성은 있었지만 정신적 불안과 우울증, 사회성 결핍이라는 대가를 치러야 했던 반 고흐나 베토벤 같은 위대한 예술가들을 생각해 보라. 아니면 구두끈 매는 일을 잊어버리거나 손자들 이름을 기억하지 못하는 건망증 심한 과학자의 전형적인 모습을 생각해 보라. 그러나 이러한 법칙을 가장 잘 보여 주는 사례는 한 사람 한 사람의 특수한 경우가 아니라 '인류'라는 종 전체에서 드러난다. 인류가 이룩해 낸 밝은 측면은 파괴적이고 우울한 어두운 측면과 균형을 이루기 때문이다.

## 인류 사회의 특징 1 - 전쟁

역사가 기록된 이후 인류 사회에는 세 가지 중요한 특징이 있다. 전쟁, 가부장제, 사회적 불평등이 바로 그것이다.

인류는 지구 역사상 가장 성공적인 종이기도 하지만 동시에 가장 극도로 파괴적이고 폭력적인 종이기도 하다. 역사책을 읽을 때 우리는 역사학자 아널드 토인비가 말한 대로 "인류사에 분명히 드러나는 무시무시한 죄의식"[1]을 느끼지 않는 게 거의 불가능하다. 대부분의 역사는 기원전 3500년경에 등장한 이집트와 수메르 문명에서 시작한다. 그때부터 바로 오늘날까지, 역사는 끝없는 전쟁의 기록이나 다름없다. 국경분쟁, 노예나 제물로 바칠 희생자들을 획득하기 위한 습격, 제국의 영광을 높이거나 새로운 영토를 얻기 위한 전쟁이 끝없이 이어졌다. 실제로 이러한 전쟁의 외적 요인은 그리 중요하지 않다. 모든 전쟁이 일어나는 실제 원인은 인류에게 항상 충돌하려는 내적 욕구가 있기 때문이다.

사람들은 종종 전쟁은 선천적인 현상이라고 말한다. 그 원인으로 남자의 경우 테스토스테론 수치의 증가 또는 세로토닌의 감소와 같은 화학물질들을 들기도 하고, 인간은 어떤 희생을 치르더라도 생존을 위한 투쟁을 불사하는 이기적인 유전자◄로 구성되

---

◄ 영국의 진화생물학자 리처드 도킨스가 주장한 이론. 진화를 기존의 생명체 중심으로 보지 않고 유전자의 입장에서 바라본다. 그는 같은 제목의 책에서 생명체는 유전자에 의해 창조된 일종의 생존기계이며, 스스로를 복제하려는 이기적 유전자들의 행동을 수행하는 존재라고 주장한다.

어 있기 때문이라고도 한다. 그러나 전쟁이 선천적이라는 견해에는 중요한 모순된 사실이 두 가지 있다.

첫째, 전쟁은 인류 이외의 다른 동물의 왕국에서는 전혀 찾아볼 수 없다. 고릴라나 침팬지 같이 어느 정도의 공격적인 행동을 보이는 영장류가 있기는 하지만 이들이 인간처럼 호전적이지는 않다. 타고난 행동 양식이나 서식지를 침해받는 경우에만 낮은 수준의 호전적 행동을 나타내는 것으로 보인다. 제인 구달이 연구한 '탄자니아의 곰베 침팬지'들에게서 이 같은 경우가 나타난다. 이 침팬지들은 인류를 포함한 수컷 영장류는 유전적으로 폭력적이고 죽이는 것을 좋아하도록 설계되어 있다는 '악마적 수컷' ◀ 가설의 근거로 쓰여 왔다.[2] 그러나 곰베 침팬지의 폭력성은 인간에 의해 사회적·환경적으로 혼란이 초래된 데에 따른 결과임이 명확해지고 있다.

마가렛 파워가 자신의 책《평등주의자들The Egalitarians》에서 지적했듯이 제인 구달이 연구를 처음 시작했을 때 침팬지는 폭력성을 보이지 않았다.[3] 침팬지들이 공격성을 나타내기 시작한 것은 먹이 체계가 혼란스러워진 다음부터였다. 자연상태에 있는 다른 침팬지 집단에 대한 최근 연구에 따르면 침팬지들은 지극히 평화롭게 산다.[4] 심리학자 에리히 프롬이 지적한 대로 "인간이 자

---

◀ 리처드 랭햄과 데일 피터슨의 책《악마 같은 남성》에서 침팬지 연구를 바탕으로 주장한 내용. 수컷 침팬지들이 다른 서식지에 사는 수컷 침팬지를 공격하고 죽인다는 것을 근거로 침팬지와 유전자 구조가 비슷한 인간 남성들도 지위와 권력을 획득하기 위해 공격성을 갖게 되었다고 주장했다.

연적인 서식지에 사는 침팬지와 거의 비슷한 수준의 '선천적인' 공격 성향을 가지고 있다면 우리는 오히려 평화로운 세상에서 살게 될 것이다."[5]

그러나 대부분의 다른 동물들은 영장류보다 더 평화롭다. 물론 많은 동물이 먹이를 획득할 목적으로 다른 종의 동물을 죽이기도 한다. 하지만 이러한 사실과는 별개로 네덜란드의 생물학자 요한 반 데르 덴이 자신의 책《전쟁의 기원 *The Origins of War*》에 썼듯이 "집단 학살, 대량 살육, 잔혹함, 가학성은 … 실제로 동물의 세계에서는 존재하지 않는다."[6] 먹잇감을 죽이거나 가끔 새끼를 잡아먹는 습관 외에 짐승들 사이에서 나타나는 유일한 폭력성의 형태는 요한 반 데르 덴이 "개체 간의 운동경기 같은 행동"이라고 부르는 것뿐이다. 바꿔 말하면 집단 내 구성원 간의 공격은 흔히 지배나 짝짓기 문제와 연관되어 있다. 그러나 이러한 경우에 조차도 실제로 싸움이 일어나는 일은 거의 없다. 실제로 대부분의 동물은 충돌을 피하려고 최대한 노력한다. 동물학자 글렌 바이스펠트가 지적한 대로 "동물은 종종 '쉿' 하는 소리를 내거나, 이빨을 드러내며 으르렁거리는 등의 방법으로 먼저 상대를 위협한다. 공격은 최후의 수단이다."[7] 그리고 싸움이 일어나더라도 동물들은 상대를 달래려는 신호를 보내거나 개가 넘어져서 구르는 것 같은 항복을 뜻하는 행동을 보인다. 그러면 싸움은 즉각 중단되고 살육은 일어나지 않는다.

인류는 이와 같은 살육 억제 본능을 갖지 않은 매우 드문 종의 하나다. 그리고 인류는 다른 집단에 대해 집단적 공격을 가하고, 계획적으로 정복을 꾀하는 유일한 종이다. 에리히 프롬의 용어를 빌리자면, 동물들의 공격은 생존과 관련된 이익이 위협받을 때만 나타나는 "유순하고 방어적"인 형태이며 위협이나 경고의 신호를 넘어서는 경우가 거의 없는 반면, 인간의 공격은 "악의적"이다.[8]

둘째, 최소한 인류라는 종의 전체 역사라는 관점에서 봤을 때, 전쟁은 결코 인간성과 같이 오래된 것이 아니라 실제로는 상대적으로 최근에 일어난 역사적 발전의 결과이기 때문이다. 아직도 과거 인류는 현대 인류보다 훨씬 더 공격적이고 호전적인 원시적 야만인들이었다는 가설이 존재한다. 그러나 지난 수십 년간 수집된 고고학과 민속지학적인 증거는 그러한 가설이 사실이 아니라는 점을 입증한다. 이 문제는 뒤에서 더 상세히 살펴볼 것이기에 여기서 그 증거를 상세히 설명하지는 않겠다. 현재 학계에서는 이른바 원시적 인류들 사이에 집단 간의 공격은 없었으며, 요한 반 데르 덴이 말한 개인 간의 공격도 없었다는 점에 대해 일반적으로 동의가 이루어진 상태다. 요한 반 데르 덴은 수백 명이 넘는 원시인에 대한 자료를 분석한 결과 그들 대부분은 "전쟁을 매우 싫어했으며, 전쟁은 아예 없었거나 주로 방어적인 형태로만 기록됐다"는 점을 발견했다. 인류학자 브라이언 퍼거슨이 쓴 대로 "세계적으로 나타나는 실제 증거 양식을 보면 정규적인 방식의 전쟁은, 우리 조상들이 수렵채집인 삶의 국면을 떠나면서 발생한 것이며, 인류 역사를 통틀어 보면 상대적으로 최근에 발전한 양상이다."[9]

기원전 4000년경 전쟁이 시작된 후 인류는 전쟁하지 않고 지내온 시간을 보상받기라도 하려는 듯 이 행성 표면의 대부분을 끊임없이 전쟁터로 만들었다. 19세기까지 유럽 국가들은 평균 2년에 한 차례씩 전쟁을 벌였으며, 1740~1897년 사이 유럽에서는 230번의 전쟁과 혁명이 발생했다. 각 국가는 군사비 지출로 파산에 이르기도 했으며, 18세기 말 프랑스 정부는 예산의 3분의 2를, 프로이센은 90퍼센트를 육군에 투입했다.[10] 19세기와 20세기에는 전쟁이 줄긴 했지만, 이는 기술의 발전으로 전쟁을 금방 끝낼 수 있게 된 덕이다. 실제로 전쟁으로 인한 사망자 숫자는 급격히 증가했다. 1740~1897년 사이에 발생한 전쟁에서 약 3,000만 명의 사망자가 발생한 반면, 1차 세계대전의 사망자는 약 1,500만 명으로 추정된다. 그리고 믿기 어렵겠지만 2차 세계대전 동안에는 약 5,000만 명이 사망했다.

집단 간 전쟁이 일어나는 동시에 개인 그룹 간의 분쟁도 항상 존재해 왔다. 외부와의 전쟁 못지않게 내부적인 분쟁도 만연한 상태다. 지배 계급 간에 권력을 둘러싼 싸움이 그치지 않았고, 종교 집단들은 각자의 믿음을 놓고 계속 싸웠다. 억압받는 농민들이 지배층에 반항하는 사건들도 자주 발생했다. 로마제국은 궁정 내부의 암투가 만연해 황제가 된다는 것은 곧 제명에 못 죽는 것과 다름없었다. 그리고 무시무시한 죽음을 당하는 경우도 자주 발생했다. 79명의 황제 가운데 31명은 살해됐고, 6명은 자살을 강요당했으며, 나머지 황제들은 정적(政敵)들과의 반목 이후 실종됐다. 계급 충돌의 관점에서 보면, 중세 중국에서는 거의 매년 대규모 농민반란이 발생했다. 또 1801~1861년까지 60년 동안 러시아에서는 1,467건의 농민반란이 있었다.[11]

# 인류 사회의 특징 2 - 가부장제

그러나 '인류'가 항상 전쟁을 일으켜 왔다는 주장은 어찌 보면 잘 못된 주장이다. 실제로는 인류의 절반, 즉 거의 남성들만이 전쟁을 일으켰기 때문이다. 그리고 남성들은 항상 여성들을 상대로 싸움을 벌여 왔다. 지난 수천 년의 인류 역사가 끝없는 전쟁의 기록인 동시에 남성들의 여성에 대한 지속적이고도 무지막지한 탄압의 역사이기도 하다.

사회학자 스티븐 골드버그가 《가부장제의 필연성 The Inevitability of Patriarchy》[12]에서 주장한 것처럼 가부장제 또는 여성에 대한 남성의 지배는 필연적이며, 남성이 테스토스테론 수치가 높기 때문에 여성보다 더 공격적이고 경쟁심이 강하다는 주장이 제기되어 왔다. 그러나 이러한 관점은 가부장제가 상대적으로 최근에 발생한 역사적 결과라는 사실에 모순된다. 구석기시대에서 초기 신석기시대 사이 인류 사회의 문화적 관습을 담은 미술품들을 보면 남성의 지배를 나타내는 증거는 전혀 발견되지 않는다.[13] 이러한 사회에서는 여성도 남성과 똑같이 중요한 역할을 했고, 남성과 똑같은 권리와 자유를 누린 것으로 보인다. 게다가 어떤 문화에서는 아이들은 어머니의 성을 따르기도 했다.

전쟁과 마찬가지로 가부장제도 기원전 4000년경에 역사상 처음으로 나타난 것으로 보인다. 그 후 세계의 많은 지역에서 여성의 지위는 노예보다 약간 더 높은 정도였다. 유럽과 중동 아시아에서 여성은 사회의 정치·종교·문화적인 삶의 양식에 아무런 영향력을 행사할 수 없었다. 여성을 혐오한 철학자 쇼펜하우어가 말한 대로 여성들은 "어리석고, 바보 같고, 단순하며… 어린아이와 어른의 사이에 있는 어떤 것"[14]이라 생각했기 때문이다. 여성은 보통 재산을 소유하거나 토지와 부를 상속받을 수 없었으며, 여성 자체가 재산의 일부로 취급되기도 했다. 일부 국가에서는 여성이 채권자나 세관에 의해 빚을 갚는 수단으로 몰수되기도 했다(이는 7세기 이후 일본에서 횡행하던 일반적인 관행이었다). 고대 아시리아에서는 강간에 대한 징벌이 강간을 저지른 범죄자의 부인을 피해 여성 남편에게 건네주고, 그의 처분에 맡기는 것이었다.[15]

무엇보다 가장 소름 끼치는 일은 일부 문화권에서 인류학자들이 의례적 과부 살해(또는 의례적 과부 자살)라고 부르는 악행이다. 남편이 사망하면 그 즉시 부인을 살해하거나 또는 자살하게 종용하는 행위는 20세기까지 인도와 중국에서 성행했다. 인도에서는 브라만 계층의 아내는 남편이 죽으면 남편의 시신이 놓인 불타는 장작더미 위에 스스로 몸을 던지거나 내던져졌다. 힌두교 전통에 따르면 남편이 늙으면 부인은 불완전하고, 죄 많은 존재가 된다. 사회적으로 따돌림 받는 사람이 되며 재혼할 수 없다. 결과적으로 여성들은 남편과 함께 순사(殉死)하는 것을 더 좋은 선택이라고 여기게 되었다.

유럽과 북미 지역에서는 어느 정도 성적 평등에 익숙해 있지만 나머지 지역, 특히 중동 지역에서는 여전히 여성은 격리된 채 살아가며, 남성 친척들이 동반하지 않으면 집밖으로 외출조차 할 수 없다. 미혼 여성이 성관계를 갖게 되면 - 강간을 당한 경우조차도 - 남성 친척에 의해 살해당할 가능성도 있다. 사우디아라비아에서는 여성들은 눈만 내놓고 몸을 완전히 뒤덮는 '아바야'라는 검은 가운을 입어야 한다. 여성들은 운전할 수도 없고, 자전거를 탈 수도 없다. 남성은 네 번까지 결혼할 수 있지만, 여성은 간통을 저지르면 돌에 맞아 죽을 수도 있다.

이 같은 제도화된 억압에 더해 여성들은 실제로 지속적인 신체적 폭력에 시달렸다. 많은 문화권에서 여성의 간통이나 혼전 성관계, 낙태 등은 곧 죽음으로 다스려진다. 중국에서는 여성에게 전족을 강요해 발을 기형으로 만들고 걷지도 못하게 했다. 이는 남성들이 에로틱하다고 생각했기 때문이기도 했고, 부분적으로는 한 유학자가 쓴 대로 전족이 "야만스럽게 뛰어다니는 것을 막기 때문"이기도 했다.[16] 아내에 대한 폭력은 어디서나 일반적이었으며 필요한 것으로 여겨지기도 했다. 여성들은 감정적이고, 훈련받지 못한 피조물이기 때문에 폭력을 통해서 자기 통제를 가르칠 필요가 있는 존재로 인식되었다.

그러나 여성의 삶의 가치에 대한 낮은 평가와 남성의 지배를 상징적으로 보여 주는 사례로 여아 살해만 한 것이 없을 것이다. 이는 유럽에서는 근세까지도 만연했다. 예를 들면 9세기 동안 유럽에서는 주로 여아 살해로 인해 남성과 여성의 비율이 3대 2였다. 14세기에 들어서 이 비율은 더 높아져서 남성 대 여성의 비율은 172대 100이었다.[17] 마찬가지로 한 학자에 따르면 19세기 중국 일부 지역들에서는 여아의 4분의 1이 태어나자마자 살해됐다.[18] 그리고 아마도 서기 1000년대 중반 동안 유럽에서 국가가 여성들을 마녀로 몰아 대량살인을 저지른 일만큼 남성들의 여성에 대한 적대감과 불신을 더 잘 드러낸 사례는 없을 것이다.

## 인류 사회의 특징 3 - 사회적 불평등

지난 수천 년 동안 지속돼 온 인류 사회의 세 번째 중요한 특징은 부와 지위에 의한 엄청난 불평등 그리고 현재까지 지속되어 온 엄격한 계급들과 카스트다.

불평등과 사회적 억압은 먼 과거의 인류 사회에서는 찾아볼 수 없는 현상이다. 또 현존하는 많은 원시 토착민 사회에는 계급이나 카스트가 없고, 식량과 재화의 평등한 분배가 이루어지고 있으며, 민주적인 정책 결정도 이루어지고 있음을 볼 수 있다. 그러나 기원전 4000년경부터의 역사는 특권을 가진 극소수 인간이 절대다수의 인간을 무자비하게 탄압하는 이야기들로 가득하다. 세계 최초의 계급 체계는 인도유럽인◀들에 의해 개발됐다. 이들은 기원전 4000년경 중앙아시아와 중동에 나타날 때부터 성직자, 전사(戰士), 지배자 그리고 경제적 부의 생산자(상인, 농민, 장인들 포함)라는 세 개의 계급으로 분화됐다. 그리고 그들이 새로운 땅으로 이주하고 그곳에 살던 주민들을 정복해 나가면서 사회구조에 피정복민들로 구성된 새로운 계급들을 추가했다. 피정복민들은 이때부터 그들에 의해 무자비하게 억압당하고 착취당했다.[19] 그리고 계급 체계가 발달했는데, 역사학자 해리엇 크로포드가 쓴 대로 귀족 가문과 성직자들이 "식량과 생필품을 구하기 위해 돈을

---

◀ 아리아인으로도 불리며, 현대 유럽인, 아메리카인, 오스트레일리아인 대부분이 이들의 후손이다.

벌고, 이동의 자유도 없고, 토지도 소유하지 못한 다수의 남성들과 여성들을 통제했다.[20]

이와 비슷한 사회구조가 유럽과 중동 그리고 아시아 전 지역에서 작동했다. 국가 인구의 1~2퍼센트에 불과한 소수의 특권층이 국가의 부와 토지의 대부분을 소유하며, 국가의 정치적·경제적·법적 결정을 완벽하게 통제한다. 사회학자 제라드 렌스키의 조사에 따르면 선진 농경사회의 지배자와 통치계급이 기원전 1000년경부터 19세기까지 유럽·아시아·중동 지역을 지배했으며, 이들이 전체 국가 수입의 절반 이상을 차지하는 것이 전형적인 현상이었다.[21] 예를 들면 영국에서는 13세기가 되자 귀족들의 평균수입은 일반 농민의 200배, 국왕은 2만 4,000배나 됐다. 마찬가지로 19세기 중국에서는 귀족의 수입은 일반 백성의 1만 배를 넘었다.[22]

통치계급은 국가의 토지와 부의 대부분을 소유하는 것을 넘어서 그들이 지배하는 농민들도 실제로 소유했다. 이 농노 제도는 유럽에서, 특히 동유럽과 러시아에서 일반적이었다. 절대다수의 인민들은 실질적으로는 노예였으며, 지주의 허락 없이는 결혼도 할 수 없었고, 사는 곳에서 떠날 수도 없었다. 예를 들면 19세기 러시아에서 황제는 2,700만 명에 달하는 농노를, 귀족들은 보통 30만 명의 농노를 소유했다. 농노들은 전쟁이 나면 가족들은 굶어 죽게 내버려 둔 채 전쟁터로 끌려 나가야만 했다. 당시 영주들은 역사학자들이 초야권(初夜權)이라 부르는, 농노의 신혼 첫날 밤 신부와 성관계를 가질 수 있는 권리도 가지고 있었다.[23]

그러나 농민들이 명목상 자유롭게 토지를 임차할 수 있을 때조차도 상황은 별로 나을 게 없었다. 지주들은 높은 지대, 높은 비율의 세금, 막대한 이자율, 헌금, 벌금 그리고 의무적인 선물 등을 강요해 농민들을 무지막지하게 착취했다. 농민들은 자신들이 생산한 재화 가치의 최소한 절반을 – 보통은 그보다 훨씬 많았다 – 내놓을 수밖에 없었다.[24] 그 결과 주인들은 사치품과 여가를 즐기게 된 반면, 농민들은 극도로 가난하고 고통스러운 상태에서 살아갔으며 굶어 죽는 일도 허다했다.

여성 농민들이 지주들에게 강간당하는 일도 자주 발생했으며, 지주들이 농민들을 다른 곳으로 보내 이산가족으로 만드는 일도 다반사였다. 농민들은 하찮은 범죄를 저질러도 무자비하게 벌을 받았다. 예를 들면 달걀 한 개, 빵 한 조각을 훔쳐도 사형을 당하기도 했다.

이런 일들이 가능했던 이유는 많은 남성이 여성을 동등한 인간으로 여기지 않았던 것처럼, 지배 계급이 지배 대상을 자기들과 동등한 인간으로 대접받을 자격이 없는 인간 이하의 야만적 피조물로 보았기 때문이다. 중세 영국의 법적 문서에서는 실제로 농민의 아이들을 "새끼"나 "깔개" 등으로 표현했다. 유럽, 아시아, 미국에서는 농민들을 가축과 동일한 범주로 등록한 부동산 문서들도 발견되었다.[25]

도대체 인간은 무엇이 잘못된 걸까? 이러한 사회 병리 현상은 우리에게 너무나도 친숙한 나머지 우리는 이런 것들이 얼마나 기이한지, 얼마나 광기 어려 보이는지도 식별하기 어려울 정도다. 왜 인간의 역사는 그처럼 무시무시한 폭력과 억압의 이야기가 되어야만 했는가? 왜 인간은 서로서로 충돌하고, 지배하고, 억압하려는 원초적 욕구를 가지고 있어야만 했는가? 과거 수천 년간 인간의 삶은 왜 그처럼 끔찍하며, 고통과 박탈로 가득 찼어야 했는가? 진정 삶이란 이토록 끔찍한 것을 의미하는 것일까? 붓다가 "인생은 고통"이라고 결론을 내린 것이 그리 놀랍지 않다. 이러한 소름 끼치는 생활 조건을 견뎌낸 사람들이 내세에 대한 믿음으로 현세의 그들 자신을 위로하는 것도 놀라운 일은 아니다.

## 인류의 내면적 고통

이 모든 내용이 그 자체로 이미 끔찍하게 느껴지겠지만 이는 내가 하려는 이야기의 절반에 불과하다. 지금까지 우리는 인간이 서로에게 가하는 사회적 고통에 대해서만 다루었다. 그러나 인류는 지성과 창조성을 위해 또 다른 무시무시한 대가를 치렀다.

우리의 내면으로부터 오는 또 다른 고통, 즉 정신적 고통이다. 이것은 우리가 체험하는 것 가운데 매우 일상적인 부분이기 때문에 우리는 보통 이런 게 있는지조차 이해하지 못한다. 그러나 정신적 고통은 그 나름대로 전쟁이나 사회적 억압만큼이나 위험하다. 사실 어떤 면에서는 더 위험하다. 정신적인 고통이 외면의 문제를 초래하기 때문이다.

우리를 관찰하는 외계인들은 아마도 인류는 개개인으로서도 뭔가 잘못된 점이 있다는 데 주목할 것이다. 외계인들은 다음과 같은 질문을 스스로에게 던질 것이다. '왜 인간은 행복해지는 게 그토록 어려운가?', '왜 그토록 많은 인간이 우울증, 마약 남용, 정서장애, 자해와 같은 여러 종류의 정신질환으로 고통스러워하는가?', '왜 인간은 근심, 걱정, 죄의식, 후회, 질투, 비통함과 같은 부정적 감정에 짓눌려 그토록 많은 시간을 보내는가?', '왜 그토록 많은 인간은 만족감을 느끼면서 쉬는 것이 불가능하다고 생각하는가?', '왜 그토록 많은 인간은 늘 행복을 추구하지만 절대로 행복을 얻지는 못하고, 마치 세상이 자신을 속인 것처럼 실망감만 느끼며 사는가?'.

행복은 주관적인 상태다. 그러니 누가 행복을 경험했는지를 확인하는 것은 불가능하다. 그러나 과거의 인류와 최근까지 살아남은 원주민들은 우리보다 더 평화로운 정신 상태에서 상대적으로 만족감을 느끼며 살았을 것이다. 많은 인류학자는 원주민들이 평정심을 갖고 만족감을 느끼며 사는 모습을 보고 충격을 받았다. 예를 들면 캐나다 북부 지방에 사는 코퍼 에스키모족◀에 대해 미국의 인류학자 엘먼 서비스는 "에스키모들은 자신감에 찬 경쾌함과 쾌활한 낙관주의를 보이는데 이는 함께 사는 외부인조차도 기쁘게 한다"[26]고 기록했다. 영국의 인류학자인 콜린 턴불은 1950년대에 중앙아프리카에서 피그미족과 3년을 살았다. 그는 피그미족이 놀라울 정도로 근심 걱정이 없고 밝은 사람들이며, 문명화된 사람들이 앓는 정신질환이 없다고 기록했다. 턴불은

---

◀ 코퍼 에스키모는 캐나다 북부에 살며 강이나 해안각에서 천연 구리를 수집해 살아간다 해서 붙여진 이름이다.

◀◀ 미국의 작가 진 리들로프가 남아메리카 원주민에 대한 연구를 바탕으로 1975년에 출판한 책으로 인간이 최적의 육체적·정신적·감정적 상태로 발달하려면 아기일 때 어머니의 팔에 안기고, 함께 잠자고, 모유 수유 등의 체험을 해야 한다는 내용을 담고 있다. 20세기 3대 육아 방법 중 하나로 인정받는 등 사회적으로 상당한 영향을 주었다.

"피그미족에게 삶은 기쁨과 행복으로 충만하며 근심과 걱정이 없는 모습"이라고 기록했다.[27] 마찬가지로《잃어버린 육아의 원형을 찾아서》[*]의 저자인 진 리들로프도 남아프리카의 "타우리파 인디언들이 내가 본 이들 중에서 가장 행복한 사람들"이라고 썼다[28]

도대체 인류는 어디서부터 잘못된 것일까? 어떤 순간 인류에게는 거대한 변형이 일어난 듯하다. 마치 인류의 마음속에서 정신병을 옮기는 벌레들로 가득한 깡통이 열린 것처럼.

## 스스로를 두려워하는 사람들

외계인들이 인간을 조금만 더 가까이에서 들여다본다면 인간의 정신이 뭔가 잘못됐음을 보여 주는 매우 설득력 있는 증거를 발견할 것이다. 예를 들면 인간의 내면에는 어떤 근원적인 초조함이 자리 잡고 있어서 아무 일도 하지 않고 있거나, 주의를 집중할 만한 것이 없는 상황을 견디는 게 극단적으로 어려워 보인다. 프랑스의 철학자이자 수학자인 파스칼은 "인간 불행의 유일한 원인은 자신의 방에서 조용히 머무르는 법을 모르기 때문"이라고 설파한 바 있다.[29] 물론 현대에는 혼자 방에 머무는 일이 큰 문제는 아니다. TV, 핸드폰, 컴퓨터 등에 주의를 집중할 수 있기 때문이다.

예를 들어 당신이 어제 한 모든 일들을 생각해 보라. 당신은 깨어 있는 동안 대부분의 시간을 외부의 일에 주의를 집중하면서 보냈을 것이다. 아침 식사를 하는 동안에는 아마도 핸드폰을 보거나 라디오를 듣고, 출근하는 동안에는 차 안에서 뉴스를 듣고, 근무 시간에는 업무와 관련된 일들을 하는 데 주의를 기울였을 것이다. 회사에서 집으로 돌아오는 동안에도 다시 핸드폰을 보거나 음악을 들었을 것이다. 그리고 저녁에는 TV를 보거나, 책을 읽거나, 친구들과 이야기를 나누거나, 운동(혹은 그 외 취미활동)을 했을 것이다.

외계인들은 우리가 자신이 무력하지 않으며 혼자가 아니라는 점을 확인받기 위해 얼마나 애를 쓰는지를 보면 깜짝 놀랄 것이다. 우리가 틈날 때마다 SNS를 들여다보고, 쉴 새 없이 친구와 메시지를 주고받으며, 잠들기 직전까지 핸드폰을 손에서 놓지 못하는 모습을 보게 될 것이다. 수년 전에 은퇴했을 수도 있었던 부유한 사업가가 여전히 주 60시간 일하는 모습을 볼 수도 있다. 무엇보다 외계인들은 아마 우리가 습관적으로 TV를 시청하는 것을 보고 놀랄 것이다. TV를 보는 이유를 우리에게 물어본다면, 대부분 긴장을 풀기 위해 또는 사회가 돌아가는 것을 알기 위해서라고 답할 것이다. TV가 어느 정도 이러한 기능을 하는 것은 사실이다. 그러나 그토록 많은 사람이, 그토록 많은 시간 동안 TV를 시청하는 주요 원인은 TV 시청이야말로 지금까지 고안된 방법 중 주의를 외부에 집중할 수 있는 최고의 방법이기 때문이다.

이러한 생활방식은 우리에게는 워낙 일상적이어서 객관적인 관찰자의 눈에는 어리석게 보일 수도 있다는 점을 망각하기 쉽다. 왜 인류는 항상 뭔가를 해야 하며, 아무것도 하지 않는 건 불가능해 보이는 걸까? 왜 사람들은 일주일에 20시간 이상 방 안에 앉아서 동영상이 나오는 화면을 들여다보고, 삶의 나머지 시간은 각종 활동과 오락거리들로 채우는 걸까?

이러한 모습들은 마치 자기 자신을 두려워하는 것처럼 보인다. 마치 우리 내면에 우리가 대면하기를 원치 않는 무언가가 있는 것처럼 말이다. 살다 보면 외부에 주의를 기울이기 어려운 상황들이 있고, 그 결과 우리가 매우 큰 고통을 겪는 순간이 있다. 예를 들면 실업에 처한 사람들은 금세 무력감에 사로잡히고, 우울해지는 등 고통스러운 심리 상태에 놓이는 경우가 많다. 심리학자들의 연구를 통해 실업자들에게서는 우울증, 자살, 알코올 중독의 비율이 높고, 건강 문제도 많으며, 사망률도 높다는 사실이 밝혀졌다.[30] 은퇴한 사람들도 비슷한 문제를 겪고 있다. 여러 연구 결과에 따르면 은퇴 직후 잠깐은 마치 짧은 신혼여행 같은 자유로움을 느낀다. 그러나 곧이어 공허감을 느끼거나 자신감을 상실하고, 일반적으로는 우울함을 느끼는 각성의 시간이 뒤따른다.[31]

이러한 문제들의 원인은 여러 가지가 있을 수 있다. 사교적인 접촉이나 긍정적인 생각이 부족해서일 수도 있고, 재정적인 압박이 원인이 될 수도 있다. 그러나 주요 원인은 단순히 활동을 하지 않기 때문일 가능성이 높다. 우리가 실업자가 되거나 은퇴하게 되면 매일 8~9시간가량 해왔던 자동적인 행동이나 오락을 박탈당한다. 그 결과 우리는 외부에 주의를 집중할 수 없다. 우리의 주의가 내면으로 향함으로써 정신 내면에 있는 일종의 근본적인 불화 또는 불만족과 대면하게 된다. 이는 유명인들이 마약에 쉽게 빠지거나 여러 종류의 정신질환을 겪는 원인이 되기도 한다. 아무리 부와 명성을 지녔다고 해도 다른 모든 사람처럼 활동하지 않음으로써 결국 상처를 받는 것이다.

미국의 심리학자 미하이 칙센트미하이는 혼자 사는 사람들이 일주일 중에서 가장 불행하다고 느끼는 시간이 바로 일요일 아침이라는 연구 결과를 발표했다.[32] 프로이트 이후 심리학자들이 신경쇠약 증세가 일요일 아침에 가장 많이 발생한다고 지적한 사실과도 들어맞는다. 이는 일요일 아침이 일주일 중 활동과 오락이 가장 적은 시간이어서 우리 외부에 주의를 기울일 기회가 평소보다 적기 때문이라고 추정할 수 있다. 또는 칙센트미하이가 지적한 대로 "주의를 기울일 곳이 없으면 사람들은 무엇을 해야 할지 결정할 수 없다. 일주일의 나머지 시간 동안 정신 에너지는 외부의 일상생활에 집중된다. … 하지만 일요일 아침에는 아침 식사를 마치고 신문을 훑어본 다음에 무엇을 할 것인가?"[33]

## 소유를 향한 열광

또한 외계인들은 월트 휘트먼의 시구에 나타난 것처럼 우리가 "물건들을 소유하려는 열광에 미친 것", 즉 아주 많은 사람이 필요하지도 않거나 실질적으로 이익이 되지도 않는 물질적 재화를 소유하기 위해 그토록 많은 시간과 노력을 바치는 것에 대해 의아하게 여길 것이다. 왜 인간들은 이미 충분히 가지고 있으면서, 또 대부분 자신에게 별다른 기능을 선사하지도 않고 쓸모도 없는 새 옷, 새 보석, 새 차, 새 가구들을 사는 데 열광하는가? 작은 집, 작은 차, 작은 가구가 사람들의 사는 목적에는 잘 맞는데도 불구하고 왜 사람들은 호사스러운 큰 집에서 살고 싶어 하고, 비싼 차를 몰고 싶어 하고, 사치스러운 가구를 들여놓고 싶은 욕망을 느끼는가? 앞으로 더 자세히 살펴보겠지만, 아메리카 원주민들은 유럽인들의 이러한 정신 상태를 당혹스럽게 받아들였다. 시팅 불[◂]은 다음과 같이 말했다.

> 백인들은 뭐든지 만들 수 있지만 분배할 줄은 모른다. 그들의 소유에 대한 사랑은 질병이다. 그들은 지배자인 부자에게 바치기 위해 가난한 사람들의 돈을 거둬간다. 그들은 우리의 어머니인 지구가 자기들 것이라고 주장하며 이웃을 울타리로 막는다.[34]

이처럼 객관적인 관찰자의 시선에서 보면 많은 사람이 성공하거나, 다른 사람의 칭송을 받거나, 존경받는 일을 그 무엇보다 중요하다고 여기는 것이 의아해 보인다. 우리 가운데 일부는 자신이 결국에는 '특별하고 중요한' 사람이 될 것이라는 희망으로 모든 시간과 에너지를 직장에서 앞서 나가는 데 쏟아붓는다. 어떤 사람들은 유명인이 되기를 꿈꾼다. 그렇게 되기만 하면 앞으로의 인생은 훨씬 더 만족스러울 것이라 확신한다. 또 많은 사람이 특별한 옷을 입고, 비싼 자동차나 보석 또는 유행하는 가구나 주방용품들과 같은 물건을 소유하거나, 유명한 식당에 가는 식으로 남들에게 인정받고 싶어 한다.

외계인들은 의문을 품을 것이다. '왜 인간은 그 자체로 만족

---

[◂] 아메리카 인디언 수족의 추장으로 미국 카스터 장군이 지휘한 기병대를 격파한 일로 유명하다.

하지 못하는가?', '왜 다른 사람이 자신을 우러러보게 만드는 것을 이토록 갈망하는가?', '그냥 하루하루를 살고, 살기 위해 해야 할 일들을 하는 것만으로 충분치 않은 걸까?'

만약 소유와 지위가 실제로 우리를 만족시켜 준다면 이는 큰 문제가 아닐 수도 있다. 그러나 문제는 우리 가운데 많은 사람은 현재 누리는 삶에 결코 만족하지 않으며, 영원히 결핍된 상태의 삶을 살아간다는 데 있다. 새 차나 새집은 우리를 잠시 만족시켜 줄 수도 있다. 하지만 곧 불만이 다시 생겨나 우리는 더 좋은 것들을 원하게 된다. 회사에서 관리자로 승진하거나, 작가로 데뷔하거나, 자신이 만든 노래가 라디오에서 흘러나오면 잠시 만족을 얻을 수 있다. 그러나 만족의 불꽃은 곧 사라지고, 우리는 보다 높은 차원의 성공을 동경하기 시작한다.

그리고 이 결핍의 끝없는 순환은 우리 삶의 다른 영역에서도 일어난다. 우리 가운데 많은 사람은 더 좋은 직업을 구하거나, 더 좋은 배우자를 만나거나, 더 좋은 동네로 이사 가거나, 외모를 가꾸는 등의 방법으로 자신의 삶을 바꿔보고자 하는 욕망을 늘 가지고 있다. 그러나 이러한 욕망이 실현될 때마다 그 욕망은 거의 즉각적으로 새로운 욕망으로 대체된다.

인간은 도대체 무엇이 잘못된 걸까? 우리 내부에는 끊임없이 우리를 괴롭히고 고문하는 내면적인 불만, 일종의 정신적 불화가 존재하는 듯하다. 우리 모두 반 고흐나 니체처럼 고통받는 영혼이어서 재능을 발휘하는 대가로 어느 정도의 정신적인 불균형이나 혼돈을 겪는다. 철학자들이나 작가들이 "불행은 인간의 자연스러운 상태"라고 결론 내린 것은 놀라운 일이 아니다. 영국의 시인 새뮤얼 존슨의 말을 빌리자면, "인간은 행복을 위해 태어나지는 않았다."[35] 실제로 "인생은 고통"이라고 한 붓다의 말은 전쟁이나 억압과 같은 사회적인 고통보다는 인간 내면의 고통을 염두에 둔 것이다. 불교 경전인 《법구경》에는 "원수는 원수를 해칠 수 있다. 미워하는 사람은 다른 사람을 해할 수 있다. 그러나 사람의 마음은 잘못된 길로 나가면 그 자신에게 훨씬 더 큰 해를 끼칠 수 있다"라는 말이 있다.[36] 그리고 이 내면의 고통은 인간이 현재의 삶에 만족하지 못하고, 이상적인 사후 세계에 대한 믿음을 통해 스스로를 위로하게 했다. 우리가 행복했다면 외부 세계에 지속적으로 주의를 집중시키지 않고도 우리 스스로와 함께 살고, 우리 스스로의 내부에 존재할 수 있었을 것이다. 마찬가지로 우리가 진정 행복하다면, 내적 행복의 결핍에 대한 보상으로 소유나 지위와 같은 외적 행복의 원천을 추구할 필요가 없을 것이고, 우리는 진정으로 필요한 것들만 원하게 될 것이다.

지금까지 기술한 문제들 외에도 또 다른 사회적인 고통이 있다. 예를 들면 지난 수천 년간 인류 역사를 관통해 온 인간의 육체와 성에 대한 적대적이고 죄의식으로 가득 찬 태도, 자연으로부터의 소외 그리고 자연을 지배하려는 욕망 등이 바로 그것이다. 환경파괴는 인간이 뭔가 잘못됐다는 것을 보여 주는 가장 설득력 있는 증거일 것이다. 이에 대해 여기서 더 상세히 말하지는 않겠다. 왜냐하면 우리는 이미 지겨울 정도로 잘 알고 있기 때문이다. 그러나 객관적인 관찰자 시선에서 본다면 우리가 이 행성의 생명 유지 체계를 훼손하고, 서서히 파괴하는 것만큼이나 미친 짓으로 보이는 일도 없을 것이다.

그래서 도대체 무엇이 잘못된 것인가? 진화심리학자들(전쟁과 가부장제는 자연도태와 자웅도태의 결과물이라고 말하는 사람들)이나 물리학자들(전쟁과 가부장제는 호르몬과 뇌의 화학물질이 원인이라고 말하는 사람들)이 말하는 대로 인간은 천성적으로 폭력적이고, 가학적이고, 만족하지 못하는 게 당연하니 우리가 할 수 있는 일은 아무것도 없는 걸까? 아니면 세계 각지의 여러 문화에서 공통적으로 나타나는 '타락'에 관한 신화들이 시사하듯 과거에는 조화를 이루었던 시기, 즉 이러한 문제들이 존재하지 않았던 시기가 있었는가? 그리고 어떤 거대한 변화로 조화로운 상태에서 사회적 혼돈과 정신적 무질서 상태로 '타락한' 순간이 있었는가?

이 책을 쓴 나의 의도는 이 시나리오가 사실이며 역사상 인류에게 뭔가 잘못된 순간이 실제로 있었음을 밝히는 것이다. 내가 이 장에서 다룬 모든 문제는 근본적으로 같은 원인으로 연원을 찾아갈 수 있다. 창의성, 재능, 기술적·과학적 기량들과 같은 인간의 긍정적인 업적도 마찬가지다. 인류 대차대조표의 플러스 면과 마이너스 면은 동일한 현상의 긍정적이고 부정적인 결과다. 그 현상은 바로 타락, 더 정확한 용어를 사용하자면 '자아폭발'◂이다.

---

◂ 인구폭발이 인구가 갑자기 증가한 것을 의미하듯 자아폭발은 자아가 폭발적으로 크게 팽창한 것을 의미한다.

# 타락
# 이전 시대

사회적·정신적 문제들을 다룰 때 중요하게 생각해야 할 점은 이러한 문제들이 항상 인류 생활의 한 부분을 차지한 것은 아니라는 점이다. 전체 인류 역사의 차원에서 보면 이러한 문제들은 아주 최근에 생겨난 것들이다.

기원전 8000년경까지 수십만 년 동안, 모든 인류는 수렵채집인으로 살았다. 즉 야생동물을 사냥하고(남성의 일), 야생식물이나 열매, 과일, 채소 등을 채집하면서(여성의 일) 생존했다. 수렵채집인 공동체는 보통 수십 명 수준을 넘지 않을 정도로 작았으며, 몇 주 혹은 몇 달에 한 번씩 거주 지역의 식량 공급이 줄어들면 새로운 장소로 이동하는 공동체였다. 최소한 현대 수렵채집인 집단에 근거해 판단해 보더라도 그들은 매우 유동적이었으며 집단 구성원도 늘 바뀌었다.

리와 드보레[1] 그리고 턴불[2]과 같은 인류학자들이 지적했던 대로 현대의 채집 집단은 서로 많은 교류를 한다. 그들은 정기적으로 방문하고, 결혼 동맹을 맺기도 하고, 구성원을 바꾸기도 한다. 우리 사회에서는 남성들이 생계비를 버는 일이 보통이기 때문에, 학자들은 이러한 사회에서도 남성들이 대부분의 식량을 제공하는 것으로 추정하곤 한다. 그러나 최근의 연구 결과와 애버리진⁴과 같은 현대 수렵채집인들에 대한 관찰에 따르면 실제로는 여성이 식량의 80~90퍼센트를 제공한다. 이러한 사실로 인해 일부 인류학자들은 이들의 명칭을 수렵채집인에서 채집수렵인으로 바꾸어야 한다고 주장하기도 했다.³

또한 우리는 선사시대의 생활이 고난과 고통으로 가득 차 매우 힘들고 황량했으리라고 추측한다. 수렵채집인들의 삶이 어느 면에서는 매우 험난했으리라는 점은 분명하다. 기대 수명이 짧고, 야생동물의 공격을 받을 위험이 있고, 폭풍우를 막거나 질병으로부터 안전할 수 없었다. 그러나 다른 측면에서 보면 사실 그들의 삶은 현대 사회에서의 우리 삶보다는 편안했다. 현대의 수렵채집인들이 시간을 어떻게 사용하는지에 대해 조사한 인류학자들은 그들이 지칠 때까지 식량을 찾는 것이 아니라, 일주일에 단지 12~20시간 동안만 식량을 찾는다는 사실을 발견했다. 이는 현대 사회의 평균 노동시간의 거의 절반 정도에 불과하다!

또 이상하게 들리겠지만 수렵채집인들의 식단은 현재 우리가 먹는 것보다 좋았다는 연구 결과가 있다. 그들은 전체 식단의 10~20퍼센트 정도만 육류를 섭취했고, 다양한 과일, 채소, 뿌리, 열매 등을 날로 먹었다(영양학자들은 생식이 가장 건강한 식사법이라고

---

◄ 오스트레일리아의 원주민을 보통 애버리진(Aborigine)이라고 부른다.

말한다)는 점에서 현대의 엄격한 채식주의와 동일했다. 이는 부분적으로는 그동안 발견된 고대 수렵채집인들의 유골이 놀라울 정도로 거대하고 강력하며, 각종 퇴행성 질환이나 충치와 같은 질환의 흔적이 거의 없는 데 대한 설명이 될 수 있다. 진화생물학자인 재레드 다이아몬드는 그리스와 튀르키예의 수렵채집인들 평균신장이 남성은 약 177센티미터, 여성은 약 167.6센티미터라고 밝혔다. 그러나 농경시대에 들어서면서 남성의 키는 약 160센티미터, 여성은 약 155센티미터로 줄어들었다.[4] 미국 중부 일리노이주 남부에 위치한 고고학 유적지에서 실시한 발굴 조사 결과 사람들이 옥수수를 재배하고 정주 생활을 시작하면서부터 유아사망률이 증가했으며, 성장은 저하됐고, 영양실조와 관련된 여러 질병이 증가했음이 드러났다.[5]

또 하나의 흥미로운 사실은 전 세계에 걸쳐 인류학 연구가 진행됐지만 기원전 8000년까지인 수렵채집인 사회 전체에서는 전쟁의 흔적이 거의 발견되지 않았다는 점이다. 예를 들면, 1999년에 세계의 각기 다른 세 곳에서 고고학적 발굴을 했지만 후기 구석기시대, 즉 기원전 4만 년에서 기원전 1만 년에 걸쳐서 전쟁의 흔적은 전혀 나타나지 않았다.[6] 폭력에 의한 죽음이나 부상, 전쟁으로 인한 혼돈의 흔적 역시 전혀 없었다. 다량의 도구와 도기 등이 포함된 많은 인공물품이 발견됐지만 무기는 전혀 없었다. 퍼거슨의 지적대로 "전쟁이 일찍부터 각 지역에서 흔한 현상이었을 경우 그토록 흔적이 보이지 않는 점을 이해하기 어렵다."[7] 고고학자들은 300개가 넘는 동굴에서 후기 구석기시대 이래의 미술 화랑들을 발견했지만 전쟁이나 무기, 전사의 모습이 묘사된 곳은 단한 군데도 없었다.[8] 이러한 증거들을 바탕으로 고고학자 W. J. 페리는 "우리가 활용할 수 있는 모든 자료는 역사상 수렵채집 단계가 가장 완벽한 평화 상태였음을 보여준다"[9]고 말했다. 인류학자 리처드 가브리엘은 이를 더 분명하게 말했다.

호모 사피엔스의 석기시대가 시작되고 나서 기원전 4000년까지 인간이 조직화된 집단 폭력의 수준은 고사하고, 어떤 수준에서든 전쟁을 벌인 흔적은 없다. 도무지 살육의 흔적은 거의 없다.[10]

초기 유럽의 탐험가들과 인류학자들이 만난 수렵채집인들 그리고 전통적인 생활양식에 맞춰 살려고 하는 현대의 수렵채집인들의 한 가지 놀라운 공통적 특징은 그들 사이에 전쟁이 매우 적다는 점이었다. 그러나 많은 수렵채집인은 유럽인과 접촉해 문제가 발생하면서 폭력적으로 변했다. 예를 들면 과거의 대평원 인디언이나 최근 수십 년 동안의 남아프리카의 쿵족 같은 현대 토착민들의 경우가 그렇다. 쿵족은 처음에는 지극히 평화적이었다. 그러나 지금은 문화적 교란의 결과로 인해 대부분의 서구 국가들보다 높은 살인율을 보이고 있다.[11] 전쟁이 인류의 존재만큼이나 오래 됐다고 믿는 사람들은 전쟁이 당연한 것이라는 사실을 입증하기기 위해서 이러한 사례를 증거로 제시한다. 그러나 이러한 주장은 퍼거슨의 지적대로 "전 세계에서 원시적이고 토착적인 전쟁은 일반적으로 서구와의 접촉으로 촉발되어 왔다"[12]는 사실을 간과하고 있다. 그러나 현대에 들어서조차도 렌스키가 말한 대로 "수렵채집인 집단의 전쟁 발생 빈도는 놀라울 정도로 낮다. 확실히 현대에 살아남은 집단 내부에서는 전쟁은 흔치 않으며, 같은 집단 내부에서의 구성원 간의 폭력도 드물다."[13]

애버리진들 사이에서도 이는 일반적인 사실이다. 인류학자 엘먼 서비스는 애버리진의 한 종류인 아룬타족◀에 대해서 다음과 같이 말했다.

> 종족 간의 투쟁이라는 개념의 전쟁은 알려지지 않았다. 싸움이 있을 경우 이는 전쟁이라기보다는 사법적 절차라는 측면에 더 가깝다. 한 집단이나 가족은 누군가에 의해 나쁜 일을 당하면 그 부당함에 복수하기 위한 원정에 나선다. 그러나 보통은 실제로 싸움이 일어나는 대신 중재가 벌어진다.[14]

초기 인류학자인 윌리엄 그레이엄 섬너는 애버리진을 포함해 인도의 토착민, 독일령 멜라네시아인과 파푸아뉴기니인 등 그가 아는 어떤 원주민도 전쟁은 하지 않았다고 말했다. 그는 "가장 덜 문명화된 사람들에게서는 할 수만 있다면 절대 전쟁을 벌이지 않는다는 증거들을 발견할 수 있다"[15]고 요약했다. 물론 때때로 충돌이 발생하긴 하지만 실제 폭력은 거의 발생하지 않도록 중재된다. 집단 간에 시비가 붙으면 인류학자들이 "시합 같은 싸움"이라 부르는 기회가 마련되어 적대감을 발산한다. 이것이 에스키

---

◀ 오스트레일리아의 중부에서 2만 년 동안 살아온 원주민.

모에게는 노래 경연 대회이며, 다른 종족들에게는 레슬링, 창던지기, 머리 박치기 등으로 나타난다.[16]

또 한 가지 중요한 점은 수렵채집인들은 일반적으로 영토에 집착하지 않는다는 점이다. 즉 그들은 어느 특정 지역의 땅을 자신들이 소유하고 있다고 생각하지 않으며, 그들이 있는 땅에 들어오는 사람들에게 공격적으로 저항하지 않는다는 것이다. 또한 그들은 영토라는 개념이 없으므로 토지와 자원을 지키기 위한 전쟁이 발생할 일이 없었다.

## 억압과 차별이 없던 사회

가부장제와 사회적 불평등 역시 수렵채집인들에게서는 찾아볼 수 없다. 인류학자 노프트가 지적한 대로 수렵채집인들은 "극단적인 정치적·성적(性的) 평등주의"[17]라는 특징이 있다. 여성이 종족에 많은 식량을 제공한다는 사실은 여성이 최소한 남성과 동등한 지위를 갖는다는 것을 시사한다. 여성이 그처럼 중요한 경제적인 역할을 하면서 낮은 지위를 갖는다는 것은 생각하기 어렵다. 현대의 애버리진이 벌거벗고 다니는 것이나 성에 대한 솔직한 태도에서 드러나는 것과 같이, 인간의 육체와 성에 대해 수렵채집인들이 지닌 건강하고 개방적인 태도도 이 점을 시사한다. 나중에 살펴보겠지만 여성에 대한 억압은 육체로부터의 소외라는 생각 그리고 본능과 육체의 변화에 대한 부정적인 태도와 긴밀하게 연관되기 때문이다.

그리고 현존하는 수렵채집인 사회에는 남성의 지배가 없다는 점 또한 주목할 만하다. 인류학자 하이메 게레로는 "모든 원주민은 유럽인의 정복이나 식민지화 이전까지는 모계 사회였다"[18]고 말했다. 이는 여성의 지위가 높다는 점을 보여 주는 분명한 증거다. 그리고 인골드 등이 지적한 대로 '즉시 귀환'하는 수렵채집 사회, 즉 나중에 먹을 음식을 저장하기보다는 수집한 식량에 그때그때 의존해서 사는 사회에서는 남성이 여성에게 권위를 행사할 수 없다.[19] 여성이 보통 결혼상대자를 고르고, 하고 싶은 일을 결정하며, 하고 싶을 때 일하면서, 결혼생활이 끝나면 양육권을 갖는다.

이처럼 고대의 수렵채집인 사회가 평등했고, 차별이 없었다는 점을 보여 주는 고고학적 증거들도 있다. 고고학에서 사회적 계급 분화를 보여 주는 가장 분명한 증거는 무덤의 차이다. 사회적 계급에 따라 무덤의 크기, 위치, 부장품들이 모두 다르다. 우리가 아는 대로 계급이 분화된 사회에서는 지위가 높은 사람일수록 무덤이 더 크고 더 한가운데에 있다. 그리고 이러한 무덤들에는 부장품들도 아주 많다. 그러나 고대 수렵채집인들의 무덤은 놀라울 정도로 크기의 차이가 없으며, 부장품도 거의 없다.

그리고 현대 수렵채집인들을 통해서도 고대 인류 사회가 평등한 사회였다는 증거를 아주 많이 찾을 수 있다. 현대 수렵채집인들은 우리가 사회적 불평등이라고 여기는 어떠한 특징들도 전혀 보여 주지 않는다. 인류학자 제임스 우드번은 인류의 다른 어떤 생활양식도 "평등에 대해 그처럼 크게 강조하는 것을 허용하는"[20] 경우는 없다고 말했다. 마치 자연적 공산주의 상태에 사는 것 같다. 칼 마르크스는 이를 "원시 공산주의"라고 칭했다. 렌스키가《인류 사회들Human Societies》에서 제시한 통계에 따르면 현대 수렵채집사회 중 단 2퍼센트만이 계급 체계를 가지고 있다. 반면에 89퍼센트에서는 토지에 대한 사적 소유권이 없다. 그리고 11퍼센트에서는 단지 드물게 나타난다.[21] 실제로 어떤 것에 대해서든 소유권은 거의 없다. 인골드 등은 수렵채집사회에 대해 "사람들은 당장 필요한 것 이상으로 재산을 소유하지 않는다. 그들은 도덕적 측면에서 재산을 공유하지 않을 수 없다"[22]라고 말한다. 또한 아프리카 하즈다족의 사례도 함께 제시하는데 하즈다족은 여분의 도끼나 여분의 셔츠 같은 불필요한 재산을 며칠 혹은 몇 시간 이상 절대 보유하지 않는다. 그들은 공유하려는 도덕적 의무감에 여분의 물건이 생기면 즉시 다른 이에게 준다.

대부분의 수렵채집인 사회에는 어떤 종류든 지도자가 있기는 하지만, 권력은 매우 제한되며, 지도력이 부족하면 쉽게 축출된다. 사람들은 지도자가 되려고 하지 않는다. 실제로 권력과 부를 차지하려는 욕망을 보이는 사람은 지도자 후보에서 제외된다.[23] 그리고 누가 지도자가 되더라도 혼자서 결정을 내릴 권한은 없다. 렌스키의 설명대로 "정치적 결정은 지도자 혼자 내리지 않으며, 보통 가문의 우두머리들 같은, 보다 영향력 있고 존경받는 구성원들의 토론을 거친 뒤에 내려진다."[24]

동시에 지위 차이가 생기지 않도록 하는 방법들도 존재했다. 칭찬은 공유하고, 지나치게 으스대거나 거만하게 구는 사람은 구성원들이 뭇매를 가하거나 배척했다.[25] 크리스토퍼 보엠은 "이러한 평등주의적인 접근은 작은 무리를 지어 살며 떠돌아다니는 수렵채집인들 사이에서는 보편적이며, 이는 정치적 평등주의의 아주 중요한 유산"²⁶이라고 강조했다.

이 평등주의에는 물론 문화적 원인이 있을 수 있다. 예를 들면 수렵채집인들의 생활양식은 늘 이동해야 하므로 재산을 모으기가 어렵다. 재산을 한 장소에서 다른 장소로 갖고 다니기는 어려웠을 것이다. 게다가 집단의 크기도 작고, 기술도 없었으므로 계급이나 카스트의 바탕이 되는 각기 다른 사회적 역할 자체도 없었을 것이다. 그러나 이러한 것만으로는 그들에게 사회적 억압이 전혀 없었다는 데 대한 설명으로 충분치 않다. 나중에 살펴보겠지만 여기에는 훨씬 더 근본적인 원인이 있다. 이는 수렵채집인들 사이에 전쟁이 없고, 성적으로 평등한 데 대한 원인이기도 하다.

바꿔 말하면 과거의 인류에게는 최근 수백만 인간의 삶을 비탄에 빠뜨린 사회적 고통이 전혀 없었던 것처럼 보인다. 현대 수렵채집인들이 만족스러운 삶을 사는 것처럼 보인다는 사실이 이 점을 시사한다. 하지만 그렇다고 고대의 수렵채집인들도 정신적 고통 없이 살았다고 확신하는 것은 불가능하다. 다만 분명히 말할 수 있는 한 가지는 우리가 물질적 재화나 성공, 지위 등에 대해 집착하는 가장 큰 원인이 정신적 불화이므로, 소유와 지위에 대한 욕망을 느끼지 않았던 수렵채집인들에게는 성공과 지위에 대한 대가로 나타나는 정신적 불화가 없었다는 점을 시사한다는 것이다. 그리고 우리가 아무 일도 하지 않고는 못 견디는 것도 정신적 불화의 결과이므로, 수렵채집인들이 상대적으로 비활동적인 상태에서 여가가 가득한 삶을 살았다는 사실도 정신적 불화가 없었음을 시사한다.

지금까지 살펴본 대로 인류가 나타나기 시작한 때부터 기원전 8000년까지의 기간 동안 인류는 전쟁을 일으키지 않았고, 여성을 지배하거나 학대하지도 않았으며, 서로 억압하거나 착취하지도 않았음을 고고학적·인류학적 증거가 시사한다.

## 초기 원예재배인들

기원전 8000년경, 중동 지역에서부터 인류는 수렵채집 생활양식을 접기 시작했다. 식물을 수집하는 대신 재배하고, 동물을 사냥하는 대신에 길들이기 시작했다. 이런 일이 왜 일어났는지 확실하게 아는 사람은 없지만, 인구가 증가해 수렵채집 생활로는 사람들이 더 이상 먹고살 수 없었기 때문이라는 설명에 대부분 의견이 일치한다. 중국 신화에도 이에 대한 흔적이 남아 있다. 고대에는 사람들이 동물과 새를 잡아먹었는데 인구가 워낙 많이 늘어나 모든 사람이 먹을 수가 없었다. 그리고 이 시점에 전설의 통치자 신농(神農) 황제◀가 나타나 사람들에게 식물 재배법을 가르쳤다는 것이다. 환경 변화도 하나의 원인이 되었을 것이다. 1만 7000년 전에서 기원전 8000년 사이 지구는 점점 더 따뜻해졌으며, 그 결과 동물들의 이동 패턴도 변했다.[27] 이는 우리 조상들이 동물의 새로운 서식지를 따라갈 것인지, 아니면 동물들을 산 채로 보존해 놓을 것인지를 선택해야만 한다는 것을 의미했다.

그러나 이러한 생활양식을 농업이라고 할 수는 없다. 농업

---

◀ 고대 중국인들에게 농사와 의술 등을 가르쳤다는 전설상의 황제.

은 쟁기를 사용하고, 수년간 똑같은 밭을 계속 일구는 것을 의미한다. 그러나 이 최초의 농부들은 실제로는 몇 년 뒤 들에 잡초가 우거지면 떠나야만 하는 원예재배인들이었다. 그들은 곡류와 다른 작물들을 재배했으며, 이미 수렵채집 집단의 일부였던 개 밀고도 다른 동물을 사육했다. 여성의 역할도 여전히 컸다. 실제로 곡물 재배는 주로 여성의 책임이었다. 남성은 땅을 정리해 새로운 뜰을 마련했으며, 경우에 따라 사냥도 했다. 결과적으로 커다란 마을이 생겨나기도 했지만 집단은 보통 150명 내외로 여전히 매우 작았다. 그러나 곡식을 재배하고 동물을 돌봐야 하는 요구가 있었다는 것은 그들이 더 이상 이동하는 집단이 아니라는 사실을 의미한다. 처음으로 인류가 정착했다.

일부 학자들은 수렵채집 생활양식에서 농경(좀 더 엄밀하게 말하면 원예재배) 생활양식으로의 전환이 인류에게 사회문제가 비롯된 시점이라고 주장한다. 예를 들면 재레드 다이아몬드는 농업을 "인류 역사상 최악의 실수"[28]라고 기술했다. 역사학자 뉴콤은 "전쟁은 농업혁명이 낳은 중요한 결과 중 하나"[29]라고 주장했다. 사람들이 정착했으니 이제 소유물을 모을 수 있고, 이에 따라 부와 지위에서의 차이가 발생했음을 이제는 쉽게 이해할 수 있다. 동시에 정착 생활양식은 집단 내에서 각기 다른 분야의 사람들이 식량 재배, 곡물 저장과 분배, 건물 세우기 등 '노동의 분화'를 초래했다. 또 정주(定住) 생활양식으로 인해 사람들은 영토에 집착하게 됐으며, 여기에 부를 획득하고 싶어 하는 열망이 더해져서 전쟁이 발생하게 되었다고 볼 수도 있다. 농업혁명의 원인이 된 인구 증가가 사람들을 전쟁으로 이끌었다는 주장도 있다. 왜냐하면 인구 증가에 따라 여기저기 다니면서 식량을 구하는 것으로는 충분치 않았으므로 사람들은 식량을 놓고 다른 집단들과 경쟁하고 싸워야 했기 때문이다.

그러나 이러한 견해에 반하는 고고학적 기록들이 있다. 고고학적 기록에 따르면 생활양식의 차이에도 불구하고, 단순 원예재배인들에게는 수렵채집인들과 같은 기본적인 사회적 특성이 있다. 리안 아이슬러가 주장하듯 "사적 소유, 노예제와 함께 남성의 지배가 농업혁명의 부산물이라는 것이 압도적인 견해지만, 여러 증거에 따르면 이와 반대로 석기시대의 모든 사람에게는 성평등이 일반적인 규범이었다."[30]

단순 원예재배 시대도 수렵채집 시대처럼 폭력이나 충돌의 흔적은 찾아볼 수 없었다. 무덤에는 무기도 없었다. 마을이나 도시는 접근하기 쉬운 장소였으며 해자(垓字)나 담벼락이 둘러처져 있지도 않았다. 즉 외부 침입을 방어하려는 흔적이 전혀 없었다.[31]

정주 생활양식은 사적 소유가 좀 더 보편화되었음을 의미하지만, 그중 17퍼센트인 소수 사회만이 일종의 계급 체계(아마도 노동의 분화에 따른 결과겠지만)를 갖는다. 또한 그 사회조차 불평등하지는 않았다고 렌스키는 지적한다. 마찬가지로 크리스토퍼 보엠도 "정주 집단 내의 많은 사람은 정치적으로 매우 비슷하다. … 남성에게 강력한 지도력이나 지배력은 없으며, 합의에 의해 집단 결정을 내리며 평등주의적인 이념을 보여준다."[32]

# 구유럽 사회

전쟁과 사회적 불평등이 농업으로 인한 게 아니라면, 도시 문명의 산물일까? 이 또한 인기 있는 주장 중 하나다. 노동의 분화와 새로운 잉여 재산의 발생으로 지위에 차이가 생겼고, 이것이 곧 불평등이 생긴 원인이라는 것이다. 그리고 도시에서 정부가 강력해지고 중앙집권화 되어 많은 사람을 통제하고 조직할 수 있게 되면서 전쟁이 시작됐다는 것이다.

그러나 이 주장이 잘못됐음은 쉽게 증명되었다. 최근 연구 결과 단순 원예재배 시대의 중동과 중부 유럽 도시들이 전쟁과 불평등 없이 발전해 온 것으로 드러났기 때문이다. 이 도시들 가운데 가장 유명한 곳이 1952년 고고학자 제임스 멜라트가 발굴한 남부 튀르키예에 있는 차탈회위크◂다. 차탈회위크는 기원전 7500년부터 기원전 5500년 사이에 번영한 도시로 7,000여 명의 주민이 살았을 것이라고 추정된다. 전성기 1,500년 동안 전쟁으로 인한 피해의 흔적은 전혀 발견되지 않았다. 인간들 사이에 일어난 폭력적 충돌의 어떠한 흔적도 찾을 수 없었다. 차탈회위크는 분명 다인종 사회였지만 거기서 함께 살고, 일하는 사람들 간의 충돌 흔적도 전혀 없다.³³ 또한 당시의 그림을 보면 여성의 침상이 남성의 침상보다 더 넓다는 점과 남성의 침상은 고정되어 있지 않은 반면, 여성의 침상은 항상 동쪽 같은 장소에 놓여 있다는 점

---

◂ 튀르키예 아나톨리아 고원 남부에서 발굴된 최대의 신석기시대 유적지.

을 통해 여성의 지위가 높았다는 점을 알 수 있다.[34]

또 다른 고고학자인 J. D. 에반스는 구유럽 문명인 신석기시대의 말타에 대해 "이보다 더 평화로운 사회가 존재했을 것 같지는 않다"[35]라고 연구 결과를 발표했다. 고대 크레타인들도 마찬가지다. 크레타섬을 50년 동안 발굴한 니콜라스 플라톤에 따르면, 크레타인들은 "예외적으로 평화를 사랑하는 사람들"이었으며, 그들을 둘러싼 외부 세계가 걷잡을 수 없이 전쟁을 벌이는 동안에도 그들은 1,500년 동안 평화 상태를 유지하려 노력했다.[36] 이들의 도시에는 군사 요새가 없었으며, 전쟁을 벌이거나 다른 사람들을 지배하려 한 흔적도 전혀 없었다. 결과적으로 크레타인들은 자신을 지키기 위해 무기를 만들고, 불가피하게 전투에 참여하기도 했지만, 그들이 남긴 미술품에는 전쟁을 이상적으로 그린 것은 전혀 찾아볼 수 없었다.

또 하나의 놀라운 사실은 구유럽 사회는 사람들이 큰 도시에서 정주 생활을 했음에도 불구하고 지위나 부의 수준에 차이가 없었다는 점이다. 아이슬러에 따르면, 크레타섬에는 부의 평등한 분배[37]가 있었고, 그 결과 가난은 없었으며, 농민들의 생활 수준도 매우 높았던 것으로 추정된다. 무덤의 크기나 부장품에도 차이가 거의 없었다.

또한 구유럽 사회에는 가부장제도 없었고, 완벽한 성평등이 존재했던 것으로 보인다. 예를 들면 베오그라드 근처에 위치한 빈카의 구유럽 유적지에는 53개의 무덤이 있는 공동묘지가 있다. 그곳에는 고고학자 마리야 김부타스가 말한 대로 "남성과 여성의 무덤에서 장신구의 풍부함에 차이는 거의 없다. 이는 여성의 역할이 평등했으며, 비(非)가부장적인 사회였음을 시사한다."[38]

우리가 확보한 증거들을 바탕으로 보면 이것이 모든 인류가 기원전 4000년까지 살아온 방식이다. 제임스 드메오는《사하라시아》에서 민주적이고, 평등하고, 성에 대해 긍정적이고, 폭력 수준이 매우 낮은[39] 문화에 대해 "모성선호"라는 용어를 사용한다. 그는 이를 그 뒤에 나타난 "부성선호" 문화와 대조했다. 부성선호문화에서는 어린아이들에게 정신적 외상을 가하고, 여성을 복종케 하고, 성인들의 폭력 수준이 높고, 가학적인 폭력을 드러내기 위한 다양한 사회제도를 갖추고 있었다."[40] 드메오가 주장하듯 "기원전 4000년 이전에 지구상 어느 곳에서도 부성선호사상이 존재했다는 증거는 없다."[41]

비록 사망률도 높고, 의학적인 기술도 없고, 그 외 여러 문제점이 있었겠지만, 기원전 4000년까지의 인류 사회는 마치 낙원이었던 듯하다. 사람들은 신화 속에서 타락 이전의 기간을 황금시대 또는 "완전한 미덕을 갖춘 사람들"이 살았던 시대로 기억한다. 그 어떤 인류 집단도 다른 집단의 영토를 침략하거나 정복하려 들지 않았으며, 소유물을 훔치려 하지도 않았다. 어디서나 여성과 남성의 지위는 평등했으며, 지위와 부의 차이를 수반하는 계급이나 카스트의 차별도 없었다. 인간과 인간, 인간과 자연 사이에 조화를 이루는 '조화의 정신'이 지구 전체에 충만했다. 한 집단이 다른 집단을 억압하지 않았으며, 집단 내 구성원들끼리도 서로 억압하지 않았다. 남성이 여성을 억압하지도 않았다.

그러나 곧 모든 것이 변화하고 만다. 역사상 엄청난 전환이 일어났기 때문이다.

## 03

# 타락의 시작,
# 폭력과 광기의 시대

기원전 4000년경부터 인류 역사에는 고통과 혼돈이라는 새로운
정신이 들어선다. 그리고 무시무시한 죄의식이 모습을 드러낸 것
도 바로 이때부터다. 이 시점부터 인간은 완전히 새로운 모습을
보이며, 세계와 타인과의 관계를 이전과는 완전히 다른 방식으로
생각하기 시작한다. 리안 아이슬러의 표현대로 이 시점부터 "우
리가 아는 인류 문화의 어떤 변화와도 비교할 수 없는 거대한 변
화"[1]가 나타난다.

갑작스러운 일은 아니었다. 그 이전 1,000년 동안 경고의 신
호는 계속 존재해 왔다. 중동과 튀르키예의 아나톨리아 주변에서
갑작스러운 가뭄과 사회적 폭력이 발생했다. 기원전 6000년 말에
는 차탈회위크를 포함한 아나톨리아 주변의 일부 주거지들이 전
쟁으로 파괴되었고(차탈회위크는 결국 기원전 4800년경에 파괴되었다),
자그로스 산맥◀에서 온 셈족◀◀이 시리아와 메소포타미아를 침략
해 황폐화시켰다. 중동 지역 전역에서 요새들이 나타나기 시작했
으며 많은 유적지에서 고고학자들이 "파괴층◀◀◀"[2]이라고 부르는

것들이 나타나기 시작했다.

기원전 4000년경 이러한 전쟁, 사회적 억압, 남성 지배 같은 사회적 폭력이 고질화되었다. 앞에서도 주장했지만 이러한 변화의 근본적 원인은 환경에서 비롯된 것이다. 제임스 드메오의 말대로 기원전 4000년경 "빙하시대 이후 가장 중요한 환경·기후 변화"가 발생했다.[3] 드메오는 방대한 연구자료들을 종합해 "건조화로 인해 사하라시아에 영향을 끼쳤다"고 주장했다. 사하라시아는 북아프리카에서 중동을 거쳐 중앙아시아에 이르는 건조한 땅으로 이루어진 광대한 지대다. 이곳에는 북아프리카의 사하라 사막, 중동의 아라비아와 이란 사막 같은 사막들이 많이 있다. 사막들 사이에는 실제로 사막은 아니지만 극히 건조한 지역들도 있다.

오늘날 사하라시아에는 식물이 잘 자라지 않으며, 비도 거의 내리지 않고, 강이나 호수도 거의 없고, 동물들도 거의 살지 않고, 대부분의 지역에는 사람도 살지 않는다. 그러나 기원전 4000년경까지 사하라시아는 삼림에 가까운 초원이었으며, 호수와 강, 인간과 동물로 가득 차 있었다. 게다가 드메오는 "기원전 4000년에는 강우량이 훨씬 더 많았으며, 지금은 말라버린 사하라시아 일부 분지들이 당시에는 수십, 수백 미터 깊이의 물로 차 있었으며, 계

---

◀ 이란 서부에 위치한 길이 1,500킬로미터에 달하는 산맥.

◀◀ 〈창세기〉에 나오는 노아의 세 아들 중 장남인 '셈'에서 파생된 말. 대체로 중동 지역에서 발원한 어족이며 현재의 아랍인과 유대인의 조상이다.

◀◀◀ 고고학 발굴 시 파괴의 흔적들이 나타나는 지층. 숨겨진 귀금속류, 대화재나 대량 살인의 흔적, 매장하지 않은 시신들, 버려진 무기 등이 나타난다.

곡과 와디◀에는 끝없는 강물이 흐르고 있었다"⁴고 말한다.

또한 기원전 9000년에 사하라 사막은 행복한 사냥터 그 자체였다. 유럽 대부분의 지역이 여전히 얼음으로 뒤덮여 있었지만, 이 지역은 오늘날 케냐의 대초원처럼 풀 뜯는 영양들과 커다란 맹수들로 가득 차 있었다.

기원전 4000년 이전까지 사하라시아가 비옥했던 것은 아마도 마지막 빙하기가 끝난 뒤 빙하가 녹아내려 해수면이 상승했기 때문일 것이다. 그러나 결국 빙하는 다 녹고 사라져 더 이상 수분도 남지 않았다. 해수면은 내려갔고, 근동과 중앙아시아에서부터 마르기 시작했다. 강우량도 감소했고, 강과 호수의 물은 증발했으며, 식물은 사라지고, 기근과 가뭄이 심해졌다. 농업은 불가능했고, 사냥을 나가도 짐승을 잡을 수 있다고 보장할 수 없었다. 그 결과 동물들과 사람들이 이 지역에서 대거 탈출했다.⁵

앞에서 살펴본 바와 같이 이 지역이 비옥했을 때 살던 사람들은, 기원전 4000년 이전에 지구에 살던 다른 모든 사람처럼 평화롭고, 가부장적이지 않고, 평등했으며, 성과 육체에 대해 건강하고 개방된 태도를 지니고 있었다. 그러나 건조화라는 환경 변화로 생활방식은 물론이고, 인간의 정신에 엄청나게 파괴적인 결과가 초래되었다. 드메오는 이를 두고, "환경 변화로 인해 사람들은 모성선호에서 부성선호로 바뀌었다"고 했다.

---

◀ 간헐적으로 비가 내려 물이 흐르는 사막의 계곡을 뜻하는 아랍어. 평소에는 말라 있다.

## 새로운 유목민 그리고 폭력의 등장

사하라시아가 말라버리면서 나타난 가장 주목할 만한 결과는 그곳에 살던 사람들이 새로운 곳을 찾아 이주해야만 했다는 것이다. 놀라운 것은 이주 자체가 아니라, 이주가 진행된 방식과 이주민들의 행동 그리고 그들에게 나타나는 특징들이다.

인도유럽인도 그들 중 하나다. 인도유럽인의 고향은 사하라시아의 일부인 남부 러시아 흑해 부근의 광활한 초원지대였다. 이곳에서 더 이상 살 수 없게 되자 인도유럽인들은 서쪽으로는 유럽을 통해 이동했고, 남쪽으로는 중동과 아라비아로 향했다. 나중에 이들은 동쪽으로도 이동해 이란과 아프가니스탄을 거쳐 마침내는 인도로 이주했다.

고든 차일드 같은 고고학자들은 인도유럽인을 "진정한 진보를 이끄는 사람들"[6]이라고 묘사했다. 그러나 이는 완전히 잘못된 이야기다. 유럽과 중동에 걸쳐서 발생한 이주의 최초 단계에서 인도유럽인들은 오로지 파괴만을 일삼았다. 그들은 자신들의 새롭고 수준 높은 문화를 선보이기는커녕, 수천 년 동안 발전해 온 신석기시대의 문화를 파괴했을 뿐이었다. 고고학자 J. P. 맬로리의 설명처럼 기원전 4000년기 동안 남동부 유럽에서는 엄청난 혼란이 있었다. 이는 다음과 같은 혼란을 포함한다.

> 수천 년 동안 번영했던 터전을 저버리는 일, 이전의 문화가 추방되는 것, 섬이나 동굴 그리고 체르나보다◀ 같이 방어하기 쉬운 장소로의 이동…[7]

이러한 모든 변화는 폭력적인 침략의 명백한 증거다. 인도유럽인들의 폭력성을 보여 주는 또 다른 고고학적 증거들도 있다. 그들은 신석기인들처럼 자연을 숭배하지도 않았다. 대신 전쟁과 폭력을 숭배했다. 그들의 미술품을 보면 자연의 모습은 찾아볼 수 없고, 전쟁·폭력·무기 등의 모습을 담은 것이 매우 많다. 그들은 남성 전쟁신을 숭배했으며, 무기를 소유한 것으로 묘사됐다. 김부타스의 설명에 따르면 "그들에게 무기는 신의 능력과 권능을 대변했으며 신 그 자체로 숭배되었다."[8]

인도유럽인들은 가부장적인 사람들이었으며, 그들의 문화는 부계 중심이었다. 즉, 재산은 남성이 통제했으며 결혼을 하면 남편의 가족과 함께 살았다. 또 그들의 신도 전적으로 남성이었다. 리안 아이슬러는 다음과 같이 지적했다.

처음으로 유럽의 무덤들에서 남성의 유골과 함께 희생된 여성의 유골이 발견되었다. 죽은 남자의 아내들, 첩들 또는 노예들의 유골이다. 이 관행은 분명 인도유럽의 쿠르간에 의해 유럽에 도입된 것으로 보인다.[9]

사회적 불평등과 억압에 대한 증거도 있다. 처음으로 인류의 무덤 크기가 눈에 띄게 달라졌고, 부장품에서 보이는 부의 수준도 크게 달라졌다. 사치품으로 가득 찬 커다란 족장의 무덤들

---

◀ 흑해 주변 내륙에 있는 청동기시대 유적지. 언덕에 방어적인 정착지를 형성한 것이 특징적이다.

도 더러 발견되었다. 이는 독재자 같은 인물이 인도유럽인 집단을 지배했음을 시사한다. 지배를 당했던 사람들의 무덤으로 보이는, 부장품이 없는 조그만 무덤들도 발견되었다.

세계 최초의 노예제 사례도 발견되었다. 고고학자들은 과거 인도유럽인들 유적지의 여성 대부분이 구유럽인 여성으로 구성되었던 점을 발견했다. 이는 인도유럽인들이 구유럽인들이 사는 곳을 침략한 뒤 남성과 아이들을 죽이고, 소녀와 여성들은 남겨둔 뒤 첩이나 노예로 삼았음을 보여준다.[10] 동시에 셈족이라 불리는 사람들도 아라비아의 고향을 떠나 중동과 북아프리카로 퍼져 나가기 시작했다.[11] 그들은 인도유럽인들과 정확히 같은 방법으로 중동과 북아프리카의 신석기인들을 공격하고 정복하기 시작했다.

이와 같이 기원전 4000년경 인도유럽인들은 구유럽 문화를 산불처럼 휩쓸었다. 김부타스의 설명대로 "1,000년 동안 지속돼 온 전통들은 무참히 잘려 나갔고, 도시와 마을들은 해체되었으며, 훌륭한 그림이 그려진 도자기들은 사라졌고, 성지, 프레스코화, 조각품, 상징들과 서판들도 사라졌다."[12]

이때부터 모든 것이 달라지기 시작했다. 자연이나 여성을 묘사한 미술품은 찾아볼 수 없었으며, 더 이상 같은 크기의 무덤을 사용하지도 않았다. 어디에서나 무기가 발견됐고, 정착지는 항상 요새화되고 벽이 둘러쳐졌다. 역사학자 P. 스턴은 인도유럽인들의 충격에 대해 다음과 같이 서술한다.

그들은 평화로웠던 세계에 폭력을 선보였다. 무자비한 침략과 전쟁을 일으켰으며, 남성이 우월한 사회를 발전시켜 여성들을 지배하기 시작했다. 재산과 권력에 대한 채워지지 않는 욕망, 자신은 물론이고 타인의 고통과 곤경에 대한 무감각이 그들이 저지른 모든 것의 특징이다.[13]

처음으로 전쟁, 사회적 계급 분화 그리고 가부장제가 일상이 되었다. 아이슬러의 말처럼 "이제 사람들이 서로를 적대하기 시작했다."[14]

제라드 렌스키에 따르면 기원전 4000년은 처음으로 선진적 원예재배 사회가 중동에서 발달한 시점이었다.[15] 처음으로 무기의 재료로 금속을 집중적으로 사용하기 시작했다. 렌스키가 지적하듯 이 기간에 "전투 도끼, 단검 그리고 그 외 많은 무기가 모든 성인 남성의 무덤에 발견되었다."[16] 렌스키는 무기에 금속을 사용한 것을 이 사회의 결정적 특성으로 보았다. 이는 무기에 대한 엄청난 수요를 초래한 전쟁의 결과였다. 다시 말해 '전쟁'을 그들의 결정적 특징으로 보는 게 더 정확할 것이다.

**이집트와 수메르, 새로운 문명의 시작**

새로운 변화가 낳은 긍정적인 측면도 있다. 무자비함과 이기심이 출현한 동시에 새로운 종류의 지적 능력, 새로운 종류의 실용성과 창의력이 태동했다. 기원전 4000년 이후 중동에서는 그 이전 세계의 모든 것을 순식간에 능가하는 기술적 발전이 갑작스럽게 밀어닥쳤다. 고든 차일드가 설명한 대로 "기원전 3000년 바로 이전의 1,000년 정도는, 인류 역사상 가장 풍부한 발명과 발견이 있었을 것이다."[17] 이러한 혁신에는 바퀴, 쟁기, 동물을 이용해 쟁기와 수레를 끄는 것, 바람을 이용한 돛단배, 문자와 수(數)에 관한 새로운 복합 체계 그리고 달력 등도 포함된다. 앤 베어링과 줄스 캐시포드가《여신의 신화The Myth of the Goddess》에 쓴 것처럼 청동기시대가 시작되면서 "필기, 수학과 같은 엄청난 지식 폭발이 발생했으며, 천문학도 발견되었다. 마치 인간의 마음이 갑자기 스스로 새로운 차원을 드러낸 것 같았다."[18]

이러한 기술혁신은 주로 이집트와 메소포타미아에서 시작되었고, 이 지역들은 고대 문명의 중심지가 되었다. 만약 마리야 김부타스처럼 문명을 "환경에 적응하고 적절한 예술, 기술, 기록과 사회적인 관계를 발전시키는 특정한 사람들의 능력"이라고 정의한다면, 구유럽도 분명 일종의 문명으로 볼 수 있다.[19] 그러나 전통적인 고고학자들은 지난 5,000년 동안 존재했던 종류의 문명들만 문명으로 생각하는 경향이 있다. '문명'으로 분류되기 위해서는 금속도구, 사회적인 계급 분화, 재화와 부의 방대한 잉여, 강력한 중앙집권, 군사력 등을 갖추어야 한다는 것이다. 그러나 우리가 여기서 실제로 다루는 것은 타락 이전과 이후의 문명들이다. 구유럽 그리고 이집트와 수메르(메소포타미아의 일부)는 단순히 다른 종류의 문명들이다.

이 새로운 종류의 문명들은 기원전 4000년기 후반부 500년 동안 발전했다(수메르가 이집트보다 약간 앞선다). 이집트인의 기원은 모호하지만, 많은 고고학적 증거를 통해 나일강 유역을 문명화한 이집트인들이 사막 지역에서 이주해온 사람들이라는 것을 알 수 있다. 브라이언 그리피스가 지적한 대로 북아프리카에서 기록된 역사는 점점 넓어지는 사막화로부터 사람들이 대규모 이주하는 것에서 시작한다. 그는 "왕조시대 이전의 이집트는 대개는 근래에 사막으로부터 도착한 많은 부족이 무질서하게 모여 있었다"[20]고 지적한다. 나일강 유역에서의 사회적인 대격변이 처음으로 발생했을 때는 스스로 "호루스◂의 추종자들"이라고 칭한 사람들이 지배 계급으로 확고하게 자리 잡은 기원전 3300년경이었다. 드메오에 따르면 그들은 "셈족의 특징들을 많이 보유했다."[21] 그들의 언어는 그들이 실제로 셈족은 아니라는 것을 보여준다. 그러나 그들이 셈어에서 기원한 많은 단어를 사용했으므로 셈족과 긴밀한 관계를 유지했었던 것만은 틀림없다.

수메르인의 기원도 모호하다. 그러나 기원전 4000년기 후반부 동안[22] 이주한 사람들이라는 점은 분명하기 때문에 그들이 사막화에서 탈출한 난민일 가능성이 매우 높다. 초기 수메르인들의 원통형 인장(印章)이 아라비아 사막과 시리아 사막의 문화권에서 나온 것과 비슷하다는 점이 이를 시사한다.[23] 셈족과의 관련성도 있다. 원래의 수메르인이 누구였든 간에 셈족은 초기부터 그들 사이에 소수 집단으로 존재했다. 시간이 지남에 따라 셈족의 단어가 점점 더 많이 사용되었으며, 셈족이 점점 더 우월해져 마침내 수메르는 셈족 문화가 되었다.[24] 드메오에 따르면 고고학적 증거는 "레반트와 아나톨리아, 이란의 습기 찬 고원지대뿐만 아니라 나일강과 티그리스-유프라테스강 유역의 정착지(이집트와 수메

---

◂ 고대 이집트에 등장하는 태양신.

르 문명이 각각 발전한 지역들)도 아라비아와 중부 유럽을 포기한 사람들에 의해 침략당하고 정복되었음"을 시사한다.[25]

그러나 어떤 면에서는 이러한 연관성을 찾는 게 불필요하다. 왜냐하면 우리가 그들의 문화를 들여다보면 이집트인이나 수메르인은 사하라시아인들이라는 점이 분명해지기 때문이다. 그들은 처음에는 온건한 부성선호인들이었지만, 그들의 문화는 구유럽인들이나 선사시대 사람들의 문화보다는 인도유럽인이나 셈족들의 문화에 매우 가까웠다.

우리는 이미 사회적 계급 분화는 수메르 문화의 한 측면임을 살펴보았다. 수메르인들은 물질적인 재화와 부에 대해 근대적인 열망을 가졌음을 쉽게 알 수 있다. 이는 소유욕이 없었던 수렵채집인들에게는 완전히 생소한 것이었다. 미국의 수메르 학자인 사무엘 노아 크레이머가 말했듯이 "수메르 문화는 부와 소유에 대해 강박적으로 추구하는 것을 장려했다." 또 다른 문서들은 수메르 문화가 "곡물로 가득한 들판, 채소로 가득한 정원, 살찐 양들이 가득한 들, 우유와 치즈가 풍성해야 한다는 강박적인 근심"[26]이 있었음을 보여준다. 그리고 이러한 소유에의 열망은 사회적인 불평등을 야기했다. 귀족들의 무덤에는 방대한 양의 부가 들어찼고, 위치도 묘역의 정중앙이었다. 반면에 아무런 부장품이 없는 많은 수의 작고 단순한 무덤들은 보통 공동묘지의 가장자리 부근에서 발견되었다.[27] 또한 기원전 3000년기에 시작된 주택 계획을 보면 수메르인들의 주택 규모는 매우 큰 차이를 보인다. 일부 집들은 넓은 곳에 잘 자리 잡은 '저택'이었지만, 다른 집들은 건물들 사이에 끼어 있는 가축우리 같은 방 한 칸짜리였다. 캠브리지의 고고학자 조앤 오츠는 이렇게 말한다.

> 메소포타미아(수메르가 포함된 보다 큰 지역)에서 나타난 사회구조의 가장 뚜렷한 특징은 분명한 경제적인 계층 분화뿐이다. 사회는 근본적으로 두 집단으로 나뉘었다. 하나는 생산의 수단, 특히 토지를 소유한 사람들이었고, 다른 하나는 그들에 의존해서 사는 사람들이었다.[28]

수메르에는 아주 많은 도시가 있었다(기원전 2500년까지 거의 50개에 이른다). 모두 티그리스강과 유프라테스강 사이 지역에 위치했으며 각각 10~30마일씩 거리를 두고 있었다. 이러한 도시국가의 초기 왕들은 그 뒤에 등장하는 왕들에 비하면 훨씬 더 악랄했다는 평가를 받았다. 그럼에도 도시국가들은 상호 간에 싸움을 벌였다. 이로 인해 도시의 성벽을 무너뜨려야 했으며, 말이 끄는 전차와 같은 군사적 기술의 발달도 필요해졌다. 기원전 3000년기 초반까지 야만적이고 군사적인 열망이 확고하게 자리 잡은 것 같았다. 조앤 오츠는 이 당시에 수메르를 지배한 아카디아인(셈족의 일종)이 후기 수메르인들만큼 호전적이지 않았다는 견해를 무시하고 다음과 같이 설명했다.

> 자료들을 세밀하게 살펴보면 그들이 확장 정책을 수행할 때는 약탈과 살육이 함께 일어났음이 드러난다. 전쟁이 묘사된 〈우르의 스탠다드⁴〉를 보면 살해된 사람들을 냉담하게 무시하고, 포로들을 잔혹하게 취급하는 모습만 보인다.[29]

기원전 2400년경에는 메소포타미아 전역은 아카디아인으로도 알려진 전사의 왕 사르곤이 정복했다. 사르곤은 세계 최초로 제국을 건설한 인물로 군사적 원정을 아주 많이 시도했다. 사르곤은 자신의 제국을 근동 지방의 방대한 지역으로 넓히려 했다. 그 당시 나온 연대기에는 사르곤이 어떻게 이를 성취했는가를 설명하고 있다.

아가데의 왕 사르곤이 우르크 도시의 벽을 공격하여 무너뜨렸다. 그는 우르크 주민들과 전투를 벌여 궤멸시켰다. 그는 우르크의 왕 루갈-자기시와 전투를 벌여 그를 사로잡고 족쇄를 채워 에밀의 문을 지나갔다. 아가데의 사르곤은 우르의 남자와 싸워 그를 격파했다. 그의 도시를 세차게 공격했고 성벽을 파괴했다. 사르곤은 이님마르를 공격해 성벽을 파괴했으며, 라가시에서 바다에 이르기까지 공격하였다. 그리고 사르곤은 바다에서 그의 무기를 씻었다.[30]

이러한 모든 사실에도 불구하고 과거의 수메르인들은 그 뒤의 사람들만큼은 부성선호적이지는 않았음을 시사하는 증거들이 있다. 이는 수메르인들이 그들이 정복한 사람들의 모성선호문화를 받아들였기 때문으로 보인다. 기원전 2000년까지도 엘람◂의

---

◂ 현재의 바그다드 남부에서 발굴된 수메르 시대의 공예품. 현재 대영박물관이 소장하고 있다. 표면에 전쟁의 모습이 모자이크되어 있다. 그 안에는 일하는 사람, 군인, 상류층, 거대한 형상의 왕이 그려져 있어 계급사회였음을 보여준다.

도시국가에는 기혼 여성이 남편과의 합의를 거부하고 전 재산을 딸에게 상속할 수 있는 내용을 담은 문서도 있었다.[31] 이 모든 것들은 역사학자 H. W. F. 삭스가 설명한 대로 "초기 수메르 도시국가들에서 여성의 지위는 그 후보다는 훨씬 높았음"[32]을 시사한다.

원래의 이집트인들에게도 많은 여신이 있었고, 여성들도 어느 정도 지위를 누렸다. 여성들은 집을 소유했으며, 미술품들에는 여성들이 자유롭고 아무런 제약도 받지 않는 존재로 묘사되었다. 무덤 벽화의 크기도 여성과 남성이 같았다(이는 같은 지위를 누렸다는 증거다). 예를 들어 '아내'를 의미하는 고대 이집트 단어 'nebtper'는 실제로는 '집의 지배자'[33]를 의미한다. 그러나 드메오가 말한 대로 새로운 정복자가 지배하게 되자, "여성의 지위는 즉각 노비와 첩으로 격하됐다."[34] 상위계급의 이집트인들은 부인을 여러 명 두었고, 첩들도 거느렸으며, 죽으면 부인들과 첩들은 무덤에 함께 순장됐다.

초기 이집트 마을에는 보통 성벽이 없고, 군대도 적었다. 이는 전쟁이 많지 않았음을 시사한다. 그러나 초기 이집트인들이 평화로운 사람들이었음을 뒷받침하는 근거는 거의 찾아볼 수 없다. 실제로 왕국은 군사적 정복으로 건설되었다. 200년에 걸쳐서 호루스의 추종자들이 나일 삼각주와 누비아 지방의 주민들을 정복했다. 마침내 기원전 3100년 전체 지역이 첫 번째 파라오인 메

---

◀ 현재의 이란 남서부에 자리했던 고대 도시.

네스 왕의 지배에 놓이게 되었다.³⁵ 이 시기의 암각 미술은 폭력의 형상으로 가득하다. 고고학자들은 나일강 유역에서 포로들과 주민들을 대규모로 태워 죽인 흔적들을 발견했다.³⁶

이집트인들이 그 뒤에는 영토를 확장하기 위한 대규모 군사 원정을 벌이지는 않았지만, 그들을 통합한 강력한 중앙집권정부가 없었던 기간에는 자신들끼리 투쟁을 벌였다. 각기 다른 도시국가들이 중앙정부로부터 독립하고, 다른 도시국가를 지배하기 위해 서로서로 싸웠다. 상황이 매우 악화되어 귀족들은 스스로를 지키기 위해 종종 사병을 양성하기도 했다.³⁷ 동시에 이집트인들은 아시아인들, 리비아인들 그리고 다른 유목 종족들을 막아내느라 지속적으로 국경에서 충돌을 벌였다.

수메르와 마찬가지로 이집트에서도 처음부터 사회적 계급 분화가 있었던 것으로 보인다. 일부 무덤에 있는 어마어마한 양의 부장품으로 볼 때도 불평등은 분명히 존재했다. 그리고 남아 있는 유골을 연구한 결과 이집트 문명이 시작된 이래로 평범한 농민들의 단백질 섭취량은 감소했다는 사실이 드러났는데 이는 부가 일부에 집중되었음을 시사한다.³⁸ 세금을 내지 않았던 소수의 귀족 엘리트가 방대한 토지를 소유했으며 나머지 인구 대다수는 여기서 농노로 일했다. 농노들은 자기가 경작하는 토지에 대한 소유권이 없었으며, 언제든 국가가 요구하면 강제노동에 응해야 했다. 농민들은 농사짓다 말고 매년 몇 주일씩 피라미드 건설에 불려 나왔을 것이다. 피라미드는 터무니없는 사회적 계층 분화를 보여 주기도 하지만, 무덤의 크기와 부장품의 불평등에 관한 한 지금까지 알려진 가장 극단적인 사례이기도 하다. 드메오에 따르면 "죽은 왕의 사체를 보관하기 위해 거대하고 웅장한 구조물들이 어마어마한 비용을 치르고 건설되었다. 그러나 그 구조물들을 건설한 일반인들과 노예들의 사체는 구덩이에 한 번에 매장되었다."[39]

## 기원전 2000년기에서부터 지금까지

구유럽 문명은 유럽 대륙에서 사라진 뒤에도 몇몇 섬에서는 수세기 동안 지속되었고, 크레타의 경우는 무려 1,000년이나 지속되었다. 가장 접근하기 어려운 지역도 결국은 부성선호인들에게 함락되었다. 말타 문명은 기원전 2500년경에 갑작스럽게 끝이 났다. 외부의 침입과 자연재해가 복합적으로 작용했기 때문일 것이다. 크레타 문명은 1,000년이나 지속되었지만, 결국에는 그리스어를 사용하는 아카이아인으로 불리는 한 인도유럽인 종족에 장악되었다. 아카이아인들은 크레타를 400년가량 지배했다. 기원전 1200년경 이 섬은 도리아인으로 불리는 또 다른 인도유럽인에 공격받았다. 도리아인들은 이 섬의 사람들을 집단 학살했으며 문명을 폐허로 만들었다.

영국이 지리적으로 고립되었다는 사실은 고대의 모성선호적인 문화가 비커인들이 유럽 대륙에서 도착한 기원전 2500년경까지, 외부의 방해를 받지 않고 남아 있었음을 의미한다. 그들 이전의 신석기인들은 공동의 무덤을 사용했던 반면, 그들은 개별적으로 매장했으며, 다른 사하라시아인들처럼 무덤의 크기도 다 달랐다. 비커인들이 도착하기 이전에는 전쟁이나 폭력의 흔적이 거의 없었다. 비커인들은 금속 작업 기술을 이용해 다량의 무기를 만들었으며, 언덕에 요새를 건설하고 성벽을 둘러쳤다.[40] 유럽 대륙에 만연한 것과 같은 전쟁에 대한 절망적인 두려움이 영국에 확산되었다. 마을들은 높은 담으로 둘러싸였다. 오래된 신석기인들조차도 외부의 침입으로부터 스스로를 지켜내기 위해 호수 한가운데에 인공 섬을 만들고 살았다. 외부와는 목재 다리로 연결했으며 유사시에는 다리를 끊어 버렸다.

그동안 유라시아 대륙에서 사하라시아인들은 동쪽으로, 서쪽으로 계속해서 이주했다. 상족은 기원전 2000년경 당시 거의 사막화되었던 중앙아시아 초원지대에서 중국에 도착했다. 그들이 인도유럽어 및 셈어의 단어들을 차용해 사용했던 것을 보면 틀림없이 사하라시아인의 일종이다. 예를 들면 그들의 단어 가운데 왕이나 사제를 의미하는 칸(khan)이라는 말은 셈어에서 고위 성직자를 의미하는 단어인 코언(cohen)과 가깝다. 위대한 영웅이나 신을 의미하는 단어인 바가두르(bagadur)는 인도유럽어에서 신을 뜻하는 바가(baga)와 흡사하다.[41] 그러나 그들이 중국에 가져온 새로운 문화에서도 분명히 드러나지만, 평화와 성평등의 황금시대는 큰 격변을 겪으며 끝났다. 드메오는 이렇게 설명했다.

상부 이집트, 메소포타미아 그리고 중앙아시아를 지배했던 호전적인 집단들처럼 [상족은] 권위주의적이고, 반여성적이고, 반어린이적인 관행에 지나칠 정도로 집중했다. 성스러운 왕권, 남성 신들, 다량의 부장품들이 들어간 기념비적인 무덤들, 인간 제물, 군사적 계급, 노예제도 등의 관행이 그 예다.[42]

500년 정도 뒤에는 중앙아시아의 사막에서 온 또 다른 사람들인 주족◀이 중국을 침략했다. 그들은 상족보다 훨씬 더 호전적이었으며, 사회적으로도 억압적이었다. 그들은 청동 무기와 전차를 사용하며 아주 짧은 시간 동안에 방대한 지역을 정복했다. 그들은 스스로를 '전사 귀족'이라 정하고 요새화된 도시 내부에서 사치스러운 생활을 영위했다. 반면 그들의 지배를 받는 농민들은 외곽 지역에 살았다. 주(周)의 지배하에서 가부장제는 심화되어 과부 살해 의식과 여아를 살해하는 일들이 훨씬 더 흔히 일어났다. 드메오의 지적대로 "주의 지배 집단에서 상위계급을 차지하는 여성은 극히 제한되었으며, 여성은 거의 노예들이었다."⁴³ 처음에는 낮은 계급의 여성들도 어느 정도 자유를 누릴 수 있었다. 자신들이 좋아하는 남자와 결혼할 수 있었으며, 이혼도 자유로웠고, 공공장소에서 춤추고 노래할 수도 있었다. 그러나 시간이 지남에 따라 주의 반여성적 태도가 점점 퍼져나가 중국 문화 전체가 가부장적으로 변모하게 되었다.

기원전 2000년기 초반에는 유럽 대부분을 정복한 인도유럽인들이 동쪽으로 이주하기 시작했다. 기원전 1800년까지 그들은 이란에 도달해 스스로 지배 계급이 되었다. 기원전 3000년기에는 북부 인도의 인더스 계곡 부근은 중동의 사막에서 온 하라파인들이 정복했다. 하라파인들은 드라비다인이라는 인도의 토착민들을 노예로 부리며 세계 최초의 문명 가운데 하나를 세웠다. 그러나

---

◀ 주(周) 왕조를 지칭한다.

기원전 1500년경이 되자 사막화로 인해 퇴락하기 시작한 그들의 문명도 인도유럽인들의 침략으로 점령당했다. 이 인도유럽인들은 하라파인들보다 멀리 나아갔으며 모계 중심적이고 평등주의적인 드라비다인들을 남부로 밀어냈다. 인도유럽인들은 인도에 전사(戰士)지배자, 성직자, 경제적인 부의 생산자 등으로 구성된 카스트 제도를 가져왔다. 정복당한 드라비다인들은 '수드라'라는 농노와 노동자로 이루어진 네 번째 계급이 되거나 불가촉천민이 되었다.

카스트 제도가 널리 퍼져 나가면서 부성선호주의도 강화되어 갔다. 우리가 이미 수메르인의 경우에서도 보았듯이 사하라시아인들이 자신들이 정복한 신석기인들의 모성선호적인 특징을 일부 받아들이는 경우도 있었다. 그러나 기원전 2000년까지 이러한 모성선호의 흔적은 사라지고 말았다. 수메르에서는 모계 중심으로 가족을 이어 나가거나 딸에게 재산을 상속하는 사례도 더 이상 찾아볼 수 없었다. 초기 수메르의 종교에서는 여신들이 중요한 부분을 차지했다. 그러나 기원전 2000년까지 여신들의 지위는 극적으로 추락해 오로지 남신들의 배우자로만 나타났다.[44] 이제 남성인 '하늘의 신들'이 최고 지배자가 되었다. 신화학에서는 이제 남성들이 뱀이나 용을 죽이는 내용의 영웅 신화로 여성과 자연을 지배하는 새로운 태도가 나타났다. 이를 반영하듯 영국의 고고학자 자케타 호크스가 말한 대로 수메르인들은 "간음한 아내들이나 복종하지 않는 어린이들에게 가하는 징벌의 정도가 점점 더 포악해지기 시작했다."[45]

수메르에서는 기원전 2000년 이후에도 사회적 억압과 불평등은 더 심해져 갔다. 기원전 2300년까지 '우루카기나'라는 수메르 왕은 사원의 토지에서 재배하는 식량은 이전까지의 관습대로 성직자들보다는 가난한 사람들에게 주어야 한다는 내용의 개혁 조치를 시행했다. 그러나 정확히 500년 뒤에 메소포타미아의 또 다른 왕인 함무라비는 잔인함과 야만성으로 가득한 252개 조문으로 이루어진 법전을 만들었다. 예를 들면 밭을 훼손한 농민은 노예로 팔려 갈 수 있으며, 남성은 아내와 딸을 빚 담보로 사용할 수 있다는 내용이 담겨 있다. 리안 아이슬러는 후기 수메르에서 부성선호사상이 점차 증가하는 모습을 다음과 같이 요약했다.

> 연대 의식의 구조는 사적 소유와 군사 지도자들에 의한 정치권력의 중앙집권화를 기반으로 강고한 계급 체계에 들어맞도록 급격히 변했다. 여성들은 정치적 결정 과정에서 밀려났다.[46]

전쟁의 속성도 이때부터 달라지기 시작했다. 이전의 전쟁들은 대개 짧은 기간에 끝났으며 일반인들이 그해의 곡식을 수확한 다음에 전쟁을 수행했다. 그러나 이제 왕들과 귀족들은 제국 건설의 관점에서만 생각하기 시작해 제국 건설을 위해서라면 언제든지 전쟁으로 달려 나갈 수 있는 직업 군대를 만들었다. 그 결과 전쟁은 더 자주 일어났고, 훨씬 더 야만스러워졌다. 앞서 지적한 대로 아카디아의 사르곤은 이러한 최초의 제국 건설자였다. 그러나 기원전 2000년기에 들어서면서부터 중동 지역은 영토와 부와 인민을 획득하기 위해 서로서로 사악하게 투쟁하는 사람들로 가득 차게 되었다. 기원전 1600년경 이집트인들에게 전쟁은 훨씬 더 중요한 일이 되었다. 처음으로 방대한 규모의 직업 군대를 만들었고, 새로운 영토를 정복하기 위한 대규모 원정을 벌였다.

이때부터 현재까지도 중동 지역은 사실 전쟁하는 족속들의 혼란스러운 용광로였다. 이 족속들은 잔혹함에 있어서는 항상 상대방을 능가하려는 것처럼 보인다. 베어링과 캐시포드가 지적한 대로 "청동기시대가 진행되면서 전쟁의 발생 빈도와 희생자 숫자는 셀 수 없을 정도로 증가해 아시리아는 메소포타미아에 남아 있던 문명을 말살하는 만행을 저지르기에 이르렀다."[47] 기원전 1200년부터 기원전 600년 사이에 번영한 아시리아인들은 지금까지 알려진 어떤 민족보다도 피에 굶주린 사람들이었을 것이다. 실제로 600년 동안 그들은 매년 새로운 영토를 확장하고, 이미 정복한 주민들로부터 더 많은 돈과 재화를 갈취하기 위해 군사적인 원정을 벌였다. 아시리아의 마지막 왕인 센나케리브는 바빌론을 정복한 직후 다음과 같이 말했다.

나는 젊은이든, 늙은이든 단 한 사람도 살려두지 않았다. 나는 그 도시의 넓은 도로들을 시체로 가득 채웠다.[48]

어디서나 삶은 점점 더 야만스러워지고, 불안해졌으며, 폭력과 고통으로 가득 차게 되었다. 기원전 1250년경 철기시대가 시작되자 중동의 분위기는 "재앙에 대한 근심과 공포로 곤두서 있어 충동적으로 공격을 하게 만들 정도였다."[49]

유럽도 상황은 비슷했다. 기원전 13세기 동안 '바다 사람들<'이라 불리는 민족이 지중해 전역을 대대적으로 파괴하기 시작했다. 그들은 약탈자 무리였는데 단 한 세기 동안 이전의 다른 어떤

민족보다 더 많은 파괴 활동을 벌여 장차 300년가량 지속될 혼란과 퇴락의 한 시대를 열었다. 이 한 세기 동안 이집트 제국과 히타이트 제국이 몰락했고, 미케네 문명은 파괴되었고, 어디에서나 도시들은 파괴되고 버려졌다. 자연재해도 한 원인이 될 수 있지만, 역사학자들은 바다 사람들이 이러한 파멸의 주요한 책임이 있다고 주장한다.

그동안 중부 및 서부 유럽에서는 인도유럽인들이 서로서로 싸움을 벌였다. 또 사하라시아가 계속 메말라 감에 따라 새로운 종류의 인도유럽인들(다른 사하라시아인들)이 죽이고, 정복하고, 대격변을 일으키며 유럽을 향해 서쪽으로 계속 이주해 갔다. 이러한 침략은 서기 300~600년 사이에 절정을 이루었는데 역사학자들은 이를 '대이주◀◀'가 발생했다고 표현한다. 역사상 가장 많은 사람이 사하라시아 지역 밖으로 탈출한 것이다. 고트족, 프랑크족, 반달족, 훈족 그리고 아바르족을 포함한 수백 개의 다양한 종족이 중앙아시아에서 탈출해 유럽으로 와 로마제국을 멸망시키고, 초기 인도유럽인 집단을 서쪽으로 몰아냈다.[50] 이 대격변으로 오늘날 우리가 알고 있는 유럽이 만들어졌다. 핀란드, 헝가리, 에스토니아 등 피노-우그리아어를 사용하는 사람들을 제외하면 유럽은 이제 게르만족, 슬라브족, 라틴족, 켈트족을 중심으로 한

---

◀ 이집트 신왕국을 뿌리째 흔들어놓았던 민족. 이들은 지중해 문명 전체의 판도를 바꾸어 놓았으며 미케네와 크레타 등 당시 가장 앞서나갔던 대국들을 모두 몰락시키는 데 큰 영향을 주었다.

◀◀ 게르만족과 슬라브족의 남서부 유럽으로의 대이주.

'아리아인'으로 구성되었다.

사하라시아에서 발생한 세 가지의 종교, 유대교·기독교·이슬람교가 공존하면서 - 이슬람교는 가장 늦은 기원후 첫 1000년기 중반부터 시작됐다 - 충돌의 가능성은 더 커졌다. 이 종교들은 사하라시아인들 정신의 일부였던 성과 육체, 여성 그리고 자연 세계에 대한 부정적인 태도를 율법화했다. 그리고 신자와 불신자, 신실한 자와 이단 사이에 증오와 타자성(otherness)을 만들어냈다. 중동에서 셈족은 유대인과 아랍인으로 나뉘었고, 아랍인들이 이슬람교를 채택하자 그들 사이의 적대감은 이전의 다른 어떤 적대감들과 비교할 수 없을 정도로 커졌다. 이들이 서로에게 가진 적대감은 오늘날까지도 지속되고 있으며, 해결할 수 없을 것 같은 심각한 갈등으로 이어지고 있다. 무슬림들은 기독교인들과 싸웠고, 기독교인들은 유대인들을 탄압하고 죽였다. 기독교인들이 각각 다른 집단으로 분리되자 그들끼리도 서로를 상대로 싸우기 시작했다.

비슷한 유형의 전쟁이 중국에서도 나타났다. 주(周)의 권위는 수백 년간의 통치 끝에 기원전 8세기부터 붕괴하기 시작했다. 중국은 여러 개의 국가로 분열되어 서로 전쟁을 벌였다. 처음에는 수십 개의 국가가 있었지만 전쟁이 진행되면서 몇몇 강력한 국가들이 다른 국가들을 정복하고 병합하면서 300년 뒤에는 7개의 주요 왕국이 출현했다. 그리고 나자 이 왕국들은 서로 싸우기 시작해 전쟁은 그 후 250년간 지속되었다. 마침내 기원전 220년 진(秦)이 전체 국가를 지배했다. 그러나 그들이 통치한 지 15년 뒤 내전이 다시 일어나면서 한(漢)에 의해 전복되었다. 그리고 이 모든 야만적인 싸움은 여성들과 다른 사회적 집단에 대한 잔인한 대우를 동반했다.

인류가 서로 평화롭게 살 수 없게 만든 심리적 상태는 여성과 성(性)에 대한 부정적인 태도를 낳았다. 고대 히브리인들은 소녀와 소년이 함께 노는 것을 금지했고, 자위행위는 사형까지 받을 수 있는 사악한 범죄로 취급했으며, 남자들이 혼자 있는 여성에게 말을 걸거나 심지어는 쳐다보는 것조차도 범죄로 취급했다.[51] 아시리아인들은 적들을 대할 때처럼 여성들을 잔혹하게 대했다. 남편의 물건을 훔친 여성들은 처형당했다. 남편에게서 달아난 아내와 이를 숨겨 주는 여성은 둘 다 귀가 잘렸다. 베일을 쓰지 않고 외출하는 여성은 회초리로 맞는 태형을 당했다.[52] 중동, 인도, 중국 전역에서 여성은 '퍼다(purdah)'◄와 같은 구역에 격리된 채 살며, 가족 이외의 다른 남자들과는 말조차 할 수 없었으며, 남성들의 호의 없이는 집 밖을 나갈 수도 없었다.

유럽에서는 이러한 반(反)여성적인 히스테리가 발생하기까지 더 오랜 시간이 걸렸다. 아마도 유럽은 사하라시아의 중심 지역에서 멀리 떨어져 있어서 신석기시대의 모성선호주의의 영향이 좀 더 오래 지속될 수 있었기 때문일 것이다. 실제로 구유럽 문화가 가장 강했던 곳에서는 인도유럽인들의 침략 이후에도 여성들은 계속해서 수세기 동안 상당히 높은 지위를 유지했다. 예를 들면 스페인의 바스크 지역, 켈트족의 아일랜드와 북부 스코

---

◄ 이슬람 국가들에서 여성들이 남성들의 눈에 띄지 않도록 집 안의 별도 공간에 살거나 얼굴을 가리는 것을 말한다.

틀랜드에서는 여성들이 마음대로 결혼하고, 이혼하고, 친구를 사귈 수 있었으며, 결혼 후에는 신부의 집에서 살기도 했다.[53] 그러나 문명화된 유럽에서의 여성의 지위는 거의 중동 수준으로 낮았다. 민주주의 사상의 발상지로 추정되는 고대 그리스에서 여성들은 재산 소유권도, 참정권도 없었고, 어두워지면 집 밖으로 나갈 수도 없었다. 고대 로마에서 여성들은 사회적 행사에서 배제됐으며, 아버지는 딸아이가 태어나면 살해할 권한도 있었다.[54]

기독교가 전파되면서 유럽에서 반여성적 태도는 더욱 강화되었다. 남자들(특히 성직에 종사하는 남자들)은 여성들을 천성이 나쁘고 남자들을 유혹하는 사악한 존재로 보았다. 남성들은 여성들이 악마의 영향을 쉽게 받으며, 종종 악마를 위해서 일하는 존재로 보았다. 이러한 생각은 중세시대에 마녀사냥이라는 재앙으로 이어졌다. 자료들에 따르면, 1485~1784년 사이에 최소 900만 명의 여성이 남성 성직자들에 의해 '마녀'로 몰려 살해됐다. 주교들은 위험한 여성들─지적이고, 독립적이고, 부유하고, 아름다운 여성을 의미할 뿐이었다─을 척결하는 일을 하느님이 주신 사명이라고 여겼으며, 그들이 얼마나 많은 여성을 죽였는지 서로 그 숫자를 자랑하기도 했다. 예를 들면 스페인의 악명 높은 종교재판관 토르케마다는 10만 명을 처형했다고 자랑했는데 그 희생자들 대부분은 여성이었다. 역사학자 고든 래트레이 테일러는 여성 살인이 다른 종교적 박해와 더불어 스페인의 인구를 단 두 세기 만에 2,000만 명에서 600만 명으로 줄어들게 한 원인이었다고 지적한다.[55]

이것이 인류의 역사다. 세기에 세기를 이어가며 폭력과 억압과 고통이 지속되었다. 우리는 보통 역사를 점진적인 개선과 발전 그리고 앞으로 나아가는 과정이라고 생각한다. 그리고 어떤 면에서는 – 특히 기술, 의학, 과학의 측면에서 – 인류가 엄청난 진전을 이루었다는 점은 의심의 여지가 없다. 그러나 우리가 이 장에서 살펴본 역사의 한 기간을 바로 앞의 장과 비교해보면, 인류 역사에서 가장 중요한 사건은 조화에서 혼란으로, 평화에서 전쟁으로, 삶에 대한 긍정에서 우울로, 온전한 정신에서 광기로의 극적인 전환이라는, 갑작스럽게 일어난 거대한 퇴보라는 점이 분명해진다.

그러나 이것이 이야기의 전부는 아니다. 세계의 많은 지역에는 이러한 사회적 광기가 확산되지 않았고, 비교적 최근까지도 가부장제, 전쟁, 사회적 억압에서 자유로웠다. 다음 장에서 우리가 살펴보려 하는 것은 이러한 '타락하지 않은' 문화들이다.

# 타락하지 않은
# 사람들

기원전 300년까지 부성선호사상은 유라시아 전역을 완전히 석권
했다. 기원전 1200년대에 비커인들이 영국에서 건너가면서 가장
서쪽에 위치한 아일랜드에도 부성선호사상이 전파됐다. 동쪽의
끝자락인 일본에도 기원전 300년 야요이 문화◀인들이 모성선호
문화였던 조몬과 아이누◀◀를 정복함으로써 부성선호사상이 전파
되었다.

　그러나 유라시아 대륙 밖에서는 이야기가 달라진다. 이 당시
'타락한' 사하라시아인들이 세계를 지배했다고 말할 수 있을지는
사실 의문이다. 1600년까지 지구의 절반에는 아직도 '타락하지
않은' 사람들이 살았기 때문이다. 이들은 사하라시아에서 이주한
사람들도 아니고, 사하라시아에서 온 사람들과의 접촉으로 부정

---

◀　한반도와 중국에서 건너간 세력이 형성한 문화로 수도작 농업을 시작하고 금속기를 사
용했다는 점에서 신석기 문화였던 이전의 조몬 문화와는 근본적인 차이를 보였다.

◀◀　홋카이도에 사는 소수민족.

적인 영향을 받은 사람들도 아니었다.

이러한 원주민들과 현재의 사하라시아인들(수천 년 전 사하라시아 지역을 떠난 집단의 후손인 유럽인, 아메리카인, 중국인과 그 밖의 사람들) 간의 차이를 밝히는 것이 이 책의 중요한 주제 중 하나다. 원주민 문화에는 유럽·중동·아시아의 구석기인과 신석기인들처럼 '타락하지 않은' 사람들과 같은 점이 있다. 그 결과 그들에게는 전쟁, 불평등, 성과 육체에 대한 적대감 그리고 부성선호적인 특성들이 없다.

물론 예외적으로 사하라시아인들처럼 심한 가뭄 등 환경적 원인 때문에 부성선호적이 되거나 상대적으로 최근에 유럽 식민주의자들과 접촉해 급격히 변형된 원주민 집단도 있다.

## 애버리진

우리는 이미 애버리진이 지극히 평화로우며 작게나마 충돌이 발생할지라도 그것은 매우 의례화되었으며 유혈사태로 발전하는 경우는 거의 없다는 점을 살펴보았다. 또 애버리진은 상당히 평등주의적이다. 인류학자 로버트 롤러에 따르면, 애버리진 사회는 사람들이 서로 간에 모든 것을 적극적으로 공유하는 하나의 열린 사회다.[1] 우두머리나 지도자가 없고, 범죄에 대한 법이나 징벌도 없다. 연장자들이 가장 중요한 결정을 내리므로 어느 정도 권위가 있지만, 나머지 구성원은 자유롭게 그들의 결정에 반박할 수 있다. 롤러가 설명하듯 "애버리진 사회에서는 연대감이라는 관습 이상의 다른 어떤 법적인 강요도 요구되지 않는다. … 종족의 연장자들은 대단한 존경을 받지만, 권위주의적이거나 사법적인 역할을 수행하지는 않는다."[2] 법 체계가 없어도 개인이나 집단 간에 충돌이 발생하면, 보통은 분쟁 당사자들이 함께 앉아 불평을 털어놓는 공개토론을 통해 해결된다. 이러한 모임은 쌍방이 동의하는 해결책이 나올 때까지 지속된다.

얼핏 보면 애버리진 사회는 가부장제의 특징을 나타내는 듯하다. 남자는 한 명 이상의 부인을 둘 수 있다. 그러나 실제로는 대부분 부인을 한 명만 둔다. 애버리진 사회의 일부다처제는 경제적·사회적 편리함을 추구한 결과로, 이슬람 사회의 일부다처제와는 완전히 다르다. 왜냐하면 애버리진의 관습에서 남성은 어느 정도 나이가 들어야만 결혼할 수 있어서 결혼하지 않은 여성이 남성보다 많기 때문이다. 여성은 보통 사춘기가 지나면 바로 결혼한다. 그러나 남성은 20대 중반, 심지어는 40대가 되어서야 결혼한다. 여성은 그 자체로 날 때부터 삶에 대해 어른스럽게 이해하는 완성된 존재로 결혼할 준비가 되어 있다고 여긴다. 반면 남성은 오랜 절차의 성년식 과정을 거치며 스스로 삶에 대한 이해를 증진시켜 자신을 완성시켜야만 한다. 그리고 이 절차가 끝나야만 결혼이 허용된다. 그 결과 남성 중 일부는 결혼연령에 도달하기 이전에 사망하는 경우도 많아 대개 결혼하지 않은 여성의 비율이 높다. 이에 대한 균형을 맞추기 위해 남성이 한 명 이상의 부인과 결혼하기도 한다.

물론 이러한 결혼이 사하라시아 문화의 특징(특히 일부다처제를 허용하는 문화)인 여성들을 성적으로 지배하거나 소유하는 것을 의미하지는 않는다. 애버리진 여성들은 여러 남성과 성관계를 갖기도 하기도 하고, 나이 든 여성들은 젊은 남성들에게 첫 성경험을 선사함으로써 그들만의 일종의 성인식 기회를 제공하기도 한다.[3]

여성들에게도 그들만의 성인식이 있다. 이것은 남성들의 의식만큼 길고 복잡하지는 않다. 남성들이 얻으려고 하는 지식을 여성들은 이미 갖고 있다고 생각하기에 오래 걸리거나 복잡할 필요가 없는 것이다. 롤러는 다음과 같이 설명한다.

> 원주민 사회 여성들은 남성들의 정신이 본질적으로 유기체의 창조라는 관점에서 매우 동떨어져 있다는 점을 말하지 않아도 이해하는 것 같다. 그들은 남성들의 자아는 연약하므로 지속적으로 외부의 보완이 필요하다고 여긴다. 그래서 여성들은 남성들이 올바른 정신을 형성하게 하는 의식들을 독려하며 지원한다. 그리하여 남성의 정신이 자연과 사회에서 긍정적으로 작동할 수 있게 한다.[4]

## 아메리카 원주민 - 이상징후

다양한 아메리카 원주민 종족이 일반적으로 모성선호적이며 평화롭다는 생각이 터무니없는 것처럼 보일 수도 있다. 깃털 모자를 쓰고 도끼를 움켜쥔 인디언 전사들이 적들을 향해 함성을 지르며 말을 타고 달려가는 이미지를 떠올리면 더 의아할 것이다. 그러나 아메리카 인디언들의 이런 이미지는 수족·샤이엔족·포니족 같은 18세기와 19세기의 대평원 인디언들이 지닌 하나의 인디언 문화일 뿐이라는 사실을 명심해야 한다. 그들이 두각을 나타낸 이유는 유럽인들이 필사적으로 거주하려고 했던 아메리카 대륙의 중심부를 그들이 차지하고 있었고, 유럽인들의 지배에 대규모로 저항했기 때문이었다. 대평원의 인디언들은 확실히 폭력적이었다. 그들은 유럽인들을 상대로만 투쟁한 것이 아니라 다른 종족들과도 부단히 싸웠다. 100년 동안 대평원 지역은 부족 간의 충돌이 극심한 곳 중 하나였다[5]. 동시에 그들은 상당히 높은 정도로 사회가 계층화되었다. 전사들은 얼마나 성공적이었는가의 정도에 따라 각각 다른 지위를 획득했다.

그러나 대평원 인디언들을 아메리카 원주민 전체의 전형이라고 보는 것은 큰 실수다. 그들의 문화는 유럽의 영향을 받은 결과 나타난 인위적인 발전에 따른 것일 뿐이다. 대평원의 문화는 유럽인들이 북아메리카와 남아메리카 대부분의 인디언 문화를 파괴한 다음에 나타났으며, 주로 문화적인 교란과 집단 이주의 결과로 나타났다. 총과 말이 이 문화의 중요한 부분이었지만 이것들은 모두 유럽인들로부터 전해진 것이다. 실제로 부족들이 서로 싸우지 않을 수 없었던 이유는 그들이 가진 총과 말의 수가 늘 변동이 심해 그들 간의 세력균형을 이룰 수 없었기 때문이었다. 그리고 부족 간의 싸움이 아무리 격렬하다 해도 유럽인들의 기준에서 보면 여전히 매우 온건한 정도였다. 유럽인들의 전쟁에서 흔히 보이듯 대규모 희생자가 발생하는 확대된 전투들은 극히 드물었다. 보통 부족들은 단지 말을 획득하거나 가죽을 얻기 위해 단기간의 공격을 벌였다. 이러한 공격으로 희생자가 전혀 발생하지 않는 경우도 있었고, 희생자가 있다 하더라도 아주 적은 숫자

였다.[6]

남아메리카의 가장 유명한 세 문명인 잉카·마야·아즈텍문
명은 모두 유럽·중동·아시아의 부성선호적인 문명과 매우 흡사
하다. 이 문명들이 높은 수준의 기술적 발전을 이루었다는 점에
서도 그렇다. 마야문명은 복잡한 상형문자, 고도의 수학적·천문
학적 지식 그리고 오늘날 현재 세계의 대부분이 사용하는 그레고
리력◀보다 훨씬 더 정밀한 달력을 개발하였다. 그들은 영(0)을 사
용한 첫 번째 사람들이며, 예술가들과 석공들은 그리스를 제외하
고는 다른 어떤 고대문명보다 훌륭한 작품들을 만들어냈다. 그들
은 면화로 짠 옷을 입었고 정교한 보석류를 가지고 있었다.

그보다 1,000년가량 후에 번영하기 시작한 잉카문명은 포장
도로와 현수교를 건설했으며, 거대한 돌을 깎아서 대규모 사원들,
요새, 궁전들을 세웠다. 그들도 거대한 피라미드와 정교한 무덤을
건설하였다.

이들은 사하라시아인들과 같은 조직과 행정의 기능을 보여
준다. 예를 들면 아즈텍의 도시인 테노치티틀란(현재의 멕시코시티)
은 20개의 자치구로 나뉘어 있었는데 각각 독자적인 성직자들, 학
교들, 사원들 그리고 선출된 책임자들을 두었다. 각 자치구는 3명
의 주요한 책임자를 두었고, 전체적으로는 60명이 일종의 국가위
원회를 구성했다. 이 위원회는 4명의 고위 책임자들을 선출했는
데, 이들이 각각 도시의 다른 구역을 대표했다. 책임자들은 아즈

---

◀ 교황 그레고리우스 13세가 1582년에 공표한 태양력으로 현재 거의 모든 나라에서 쓰인다.

텍 사람들이 "사람들의 우두머리"라고 부른 왕에게 조언했다. 잉카인과 동시대에 살았던 아즈텍인들은 잘 발달된 교육 체계도 가지고 있었다. 학교에서는 학생들에게 농업, 전쟁, 역사, 종교를 가르쳤으며, 특수학교에서는 아이들에게 성직(聖職)을 가르쳤다. 비슷한 방법으로 잉카인들도 그들의 거대한 제국을 4개 지역으로 나누었다. 각각의 지역은 다시 주로 나뉘었다. 각각의 주에는 수도가 있었으며, 다시 두세 개의 자치구로 세분화되었다.

그러나 사하라시아인들처럼 이들의 창의성과 실용성은 어두운 면과 균형을 이루었다. 문명을 일으킨 정신이 고강도 전쟁, 사회적 계급 분화 그리고 가부장제를 낳았다. 이 사람들도 구세계의 부성선호적인 사람들과 같은 권력과 부에 대한 열망이 있었고, 결과적으로 제국 건설에 대한 본능도 가지고 있었다. 아즈텍제국은 500만 명에 달하는 피정복민을 가지고 있었다. 잉카제국은 700만 명의 피정복민이 있었고 북에서 남으로 2,000마일에 달하는 지역을 차지했다. 초기 마야인들은 특별히 호전적인 것처럼 보이지는 않지만, 서기 900년이 되면서 중국에서 주 왕조가 무너진 뒤에 일어난 역사와 흡사하게 아주 많은 작은 왕국들로 쪼개졌다. 이 왕국들은 요새화된 도시가 중심이었으며 서로 끊임없이 싸웠다.

그러는 동안에 아즈텍 문화는 매우 높은 수준의 야만성과 잔인한 특징을 보였는데 나중에 이를 정복한 스페인 병사들조차도 그들의 일부 관행에 대해 충격받을 정도였다. 대평원 인디언들처럼 아즈텍인들도 장기간의 싸움을 벌이지는 않았으며, 대규모 사상자도 거의 발생하지 않았다. 그들에게 전쟁의 목표는 그들의 희생의식에 필요한 많은 수의 희생자를 모으는 것이었다. 아즈텍 달력으로는 한 해에 260일 동안 많은 종교적인 행사가 개최되었다. 각 종교행사들은 그들의 신들 가운데 하나하나에게 바쳐졌으며, 대부분 에너지와 힘을 원하는 신들의 엄청난 식욕을 충족시키기 위해 수천 명의 인간이 도시에 제물로 바쳐졌다. 예를 들면 아즈텍 병사들은 복속민들 가운데 하나인 후아스텍인 2만 명을 붙잡아 테노치티틀란으로 끌고 왔다. 병사들은 그들 모두 아즈텍 피라미드의 꼭대기에 있는 사원까지 강제로 계단을 올라가게 한 다음, 그들의 심장을 도려내고 머리에는 칼을 꽂았다. 이와 같이 사람의 가죽을 벗기는 종교행사가 1년에 네 번 열렸는데, 제단 위에서 희생자들의 손을 묶고 4명의 전사들을 상대로 싸우게 했다. 전사들은 희생자가 고통 속에서 쓰러질 때까지 날카로운 칼날을 사용하여 희생자의 피부를 조각조각으로 벗겨내는 용맹스러움을 보여 주었다.

높은 수준의 전쟁은 일반적으로 높은 수준의 사회적 계급 분화와 함께 진행된다. 이 문명들도 예외는 아니었다. 이 문명들은 어마어마하게 부유하고 강력한 왕이 지배했으며, 특권 귀족과 성직자의 계급이 있었고, 계급의 맨 아래에는 토지를 소유하지 못한 엄청난 수의 노동자와 노예가 있었다. 앨빈 M. 조세피가 잉카에 대해 설명한 대로 "귀족계급은 … 당당하고 화려하게 살았다. 그들의 집과 개인적은 소지품들은 믿을 수 없을 정도로 사치스러웠으며, 음식, 서비스, 다량의 재화들이 장인들이나 평민들에 의해 제공됐다."[7] 그러나 이 문화들은 사하라시아인들처럼 여성들에게 억압적이지는 않았다. 아즈텍 여성들이 여성 성직자가 될 수 있었던 것은 남녀평등의 증거라고 할 수 있다. 반면 특히 잉카의 경우처럼, 남성의 지배를 보여 주는 분명한 증거도 있다. 잉카의 귀족은 부인이나 첩을 여럿 둘 수 있었는데 이들 모두 귀족 남편이 죽으면 목 졸라 죽여 순장시켰다.

그러면 이 사람들은 왜 유럽과 아시아의 사하라시아인들과 비슷해졌을까? 하나의 가능성은 환경적 요인이다. 예를 들면 잉카문명이 발전한 지역은 식물과 동물이 거의 살지 않는 아타카마라고 불리는 해안 사막으로 기온이 매우 낮다. 낮에는 섭씨 10도일 뿐이며 밤에는 훨씬 춥다. 해발고도도 높은 지역이다. 이러한 환경은 한 문명이 발전하기에는 극복하기 어려운 불리한 조건들을 지니고 있다.[8] 그러나 잉카문명은 이러한 불리한 조건들 때문에 발전했을 수도 있다. 이집트와 메소포타미아의 문명들(그리고 나중에 중국·인도·유럽 그 밖의 문명들처럼)이 간접적으로 사하라시아 사막화의 한 결과로 발전한 것과 같은 방식이다. 드메오가 지적한 대로 아타카마 지역은 초기에 더 습하고 더 비옥했었다는 지리학적인 증거가 있다. 건조화 과정이 발생해 대규모의 인구이동을 발생시켰다.[9] 그러므로 이러한 환경적 변화는 사하라시아의 건조화와 같은 효과를 낳아 그 지역 주민들의 정신을 변형시켰고, 모성선호적인 생활방식을 부성선호적으로 바꾸었다. 그리고 동시에 그들에게는 '실용성'과 '창의성'이라는 권능을 선사했다.

마야－그리고 그들의 후손인 아즈텍인들－의 부성선호사상은 설명하기가 좀 더 복잡하다. 이 문명들이 발전한 지역은 광범위한 열대우림 지역이기 때문이다. 그러나 드메오가 지적한 대로 고고학적 기록들은 "많은 메소아메리카[4]의 집단이－특히 아즈텍인들 - 원래는 그들 역사상 최소한 한 번은 사막 환경에서 이주했음"을 보여준다.[10] 그러므로 마야인과 나중에 아즈텍인이 된 사람들은 - 본래는 올메크인으로 알려져 있지만 - 사막 지역으로부터의 피난민들이었다.

또 하나의 가능성은 이러한 부성선호사상의 흔적이 콜럼버스가 아메리카 대륙을 발견하기 이전에 사하라시아인들이 아메리카 대륙으로 이주한 결과라는 것이다. 제임스 드메오는 아메리카 지역에는 세 개의 주요한 부성선호적인 지역이 있었다고 지적한다. 카리브 메소아메리카(아즈텍인과 마야인들이 살았던 곳), 페루(잉카인들이 살았던 곳) 그리고 북서태평양 지역(현재 브리티시 컬럼비아가 포함된 캐나다의 북서 해안가) 등이다. 그는 사하라시아인들이 처음에는 북서태평양 지역에 도착한 뒤 남쪽으로 이주해 모성선호적인 문화를 대체하고, 모성선호사상의 바탕 위에 부성선호사상의 그림을 많이 남기고, 마침내는 아메리카 중부와 페루에 도착했을 것으로 추정한다. 이 증거에는 북서태평양 지역 인디언 문화와 중국 왕조 문화 간의 예술품, 의복, 식단 등의 문화적인 유사성과 언어학적 유사성들이 포함된다. 동시에 아메리카의 세 지역 간에도 문화적 · 언어적 유사성이 있어 이 사람들이 동족임을 시사한다.[11]

아마존의 열대우림에는 부성선호적인 특성이 강한 사람들도 있었다. 예를 들면 엘먼 서비스가 페루의 지바로족에 대해 설

---

◀ 스페인 정복 이전에 문명이 발전했던 지역으로 멕시코 · 베리즈 · 과테말라 · 엘살바도르 · 온두라스 · 니카라구아 · 코스타리카 등이 포함된다.

명했듯이 그들은 오랫동안 남아메리카에서 가장 호전적인 사람들 가운데 하나로 여겨져 왔다. 전쟁의 일반적 형태는 친족이 아닌 지바로인 집단 간에 피로 점철된 복수의 불화가 끝없이 순환하는 것이었다.[12] 지바로인들도 대평원 인디언들처럼 지위에 집착했다. 모든 남성들의 야망은 전사로 존경받는 것이며, 남성의 지위는 전투에서 베어 온 적의 머릿수에 따라 올라간다.

트리니다드와 베네수엘라의 카리브족도 거의 아즈텍인 수준으로 잔혹하고 폭력적이었다. 공격을 준비할 때는 보관하고 있던 인육과 피를 마시던 식인종들이었다. 그들은 포로를 잡으면 일부를 즉각 잘라내 먹어 치우기도 했고, 다른 포로들은 집으로 가져가 굽거나 끓여 먹었다. 그들의 공격도 부분적으로는 위신을 드높이려는 열망에서 비롯되었다. 그들의 가부장 문화 또한 매우 난폭한 수준이었다. 카리브족 남성들은 보통 여러 명의 부인을 두었으며, 조세피가 기술한 대로 그들의 아내는 점차 노예와 같은 지위로 전락했다.[13] 남부 베네수엘라와 북부 브라질의 야노마모족도 부성선호적인 종족이다. 마을끼리는 거의 항상 서로 전쟁을 벌였으며 남성들에게 일부다처제는 흔한 일이었다. 특히 성공한 전사들은 많은 부인을 갖게 되는 보상을 받았다.[14]

이 부성선호사상은 유럽인들이나 다른 부성선호적인 사람들과의 접촉에 따른 문화적인 혼돈의 결과일 수 있다. 지바로인들은 수세기 동안, 처음에는 잉카인들에게, 그다음에는 스페인에게 끊임없이 공격을 받았으며 그 결과 좀 더 공격적으로 변했을 것이다. 마찬가지로 퍼거슨이 지적한 대로 야노마모족도 1700년대부터 유럽인의 침입에 대처해 왔으며, 그들의 전쟁도 유럽인들의 주둔과 긴밀하게 연관돼 왔다. 최근에도 그들의 전쟁은 대개 서구인들이 남기고 간 강철도구와 같은 물건을 놓고 벌어졌다.[15] 반면에 고고학자들은 현재 많은 아마존 종족들이 잉카인들, 심지어는 메소아메리카인들과 친척 관계일 수 있는 높은 기술 수준을 갖춘 정착민들의 후손임을 규명했다. 아마존 중앙부에서는 방대한 정착지들의 터가 많이 발견되었다. 이런 데에서는 토기 조각, 공예품, 테라 프레타라 불리는 극도로 비옥한 인조 흙 등이 함께 발견되었다. 이제 고고학자들은 그곳에 1,000년간 한 문명이 존재했으며, 스페인이 도착한 16세기 동안에도 여전히 번영하고 있었다고 믿고 있다. 실제로 정복자 프란시스코 데 오레야나◀의 엘도라도에 대한 전설적인 묘사는 그가 본 아마존 마을들을 순수하게 묘사한 것일 가능성이 있다. 그러나 다른 아메리카인들처럼 아마존 사람들도 유럽인들의 질병에는 저항력이 없었다. 천연두·독감·홍역이 그들을 대거 죽게 했으며, 수십 년 만에 그들의 문명은 폐허로 변했다. 그러나 그들의 후손은 오늘날 수렵채집 생활을 하는 종족으로 살고 있으며, 조상들의 부성선호적인 특징들을 보존하고 있는 것 같다.[16]

하지만 믿을 수 없을 정도로 야만적인 일부 관행에도 불구하고, 일반적으로 이들 중 어떤 종족도 사하라시아 중심부인 중동이나 중앙아시아의 사람들만큼 고도의 부성선호에 도달하지는

---

◀ 스페인 탐험가이자 정복자. 1541년 그는 전설의 황금 왕국인 엘도라도를 찾아 최초로 아마존강을 배를 타고 끝까지 탐험했다. 이 과정에서 오레야나는 원주민들과 치열한 전투를 벌여 스페인 원정대는 거의 몰살당했다.

않았다는 점은 주목할 필요가 있다. 대평원 인디언들은 끊임없이 분쟁을 벌이고, 자신들 지위에 끊임없이 관심을 가졌지만 여전히 모계중심적이었으며, 처가중심적이었다. 우리가 앞서 주목한 대로 아즈텍인들은 가부장적이지 않았기에 여성들이 성직자가 될 수 있도록 허용했다. 또 그들의 정치기구는 '사람들의 우두머리'가 궁극적인 권위를 가지고 있었지만, 어느 정도는 민주적이었다. 그리고 잉카인들조차도 사회적 계급 분화와 부의 불평등이 심각하기는 했지만, 잘 발달된 복지 체계를 갖추고 있었다. 이들의 복지 체계와 같은 것들은 유럽이나 식민지 아메리카에서는 20세기가 되어서야 비로소 나타났다. 잉카의 모든 주에는 음식과 옷가지 등의 재화로 가득한 공공창고가 있어서 가난한 사람들이나 과부, 노인, 장애인들이 이를 나누어 쓸 수 있었다.[17]

타락한 사람들과 타락하지 않은 사람들 간의 또 하나의 중요한 차이는 종교에 대한 관념이다. '타락한' 종교는 세상을 내려다보고 지배하는 의인화한 신들에 대한 숭배에 바탕을 둔다. 반면 '타락하지 않은' 종교는 세상과 세상 모든 사물에 들어 있는 영적인 힘에 대한 인식과 세상은 수많은 개별적인 영으로 충만하며, 이것들은 종종 자연현상과 결합한다는 인식에 바탕을 둔다. 이런 측면에서 보면 대평원 인디언들의 종교는 근본적으로 타락하지 않았다. 그들은 모든 사물에 '위대한 영혼' 또는 '삶의 주인'이 내재하며, 자연현상은 (다른 세계의 신들에 의해서라기보다는) 영혼들에 의해 통제된다고 믿었다. 잉카의 종교는 전형적으로 타락한 것이다. 그들은 전능한 창조신 비라코차와 그들이 기원하고 제물을 바치는 작은 신들의 존재를 믿었다. 그러나 동시에 그들의 종교는 물시신론(物是神論)◀적이었다. 즉 그들은 신이 모든 사물에 존재한다고 믿었다. 로널드 라이트의 말로는 잉카인들에게는 "세상은 집단적으로 와카라고 알려진 신령스런 바위들, 샘들, 산꼭대기들과 함께 살아 있었다. 이런 것들은 창조주에게는 성지(聖地)로 간주되었다."[18]

## 아메리카 원주민 – 일반적인 패턴

지금까지 언급한 사례들은 일반적인 모성선호 문화에서 고립된 몇몇 부족에 나타나는 특별한 사례다. 드메오의 주장대로 이러한 각 지역은 일반적으로 평화적인 모성선호문화 가운데에서 상대적으로 전투적인 부성선호의 중심지 역할을 했다."[19] 인디언 부족의 절대다수는 원래 평화적이고, 민주적이었으며, 가부장적이지 않았다. 캘리포니아 인디언이나 뉴멕시코의 푸에블로족 같은 사람들(많은 다른 언어를 사용하는 다른 부족들로 이루어진 거대한 집단)은, 앨빈 조세피가 주장한 대로 지구상에서 가장 평화로운 사람들에 속했다.[20] 캘리포니아 지역에서는 아메리카 원주민들이 그곳에서 살아온 수천 년 동안을 통틀어 가장 많은 집단이 그곳으로 이주했지만, 어떠한 전쟁이 있었다는 고고학적 증거는 전혀 없다. 일부 아메리카 원주민 집단들은 극단적으로 지내기 힘든 환경에서 살았지만 평화롭고 평등했다. 북극 지방의 에스키모인들도 전쟁

---

◀ 신과 물질을 결부시키는 생각.

빈도가 매우 낮다. 불모의 섬인 티에라 델 푸에고 섬의 야흐간 인디언도 어떠한 종류의 조직화된 전쟁도 하지 않았다.[21]

다시 한번 말하지만 이 사람들이 완벽하게 평화적이었다고 이야기하려는 것은 아니다. 이웃한 종족들과의 충돌도 자주 일어났으며, 때로는 소규모의 접전을 벌이거나 공격으로 이어지기도 했다. 그러나 이런 것들이 대평원 인디언들 사이에서 항상 발생하는 충돌과는 다르며, 사상자들도 거의 발생하지 않았다. 실제로 인디언들 사이에 발생한 것과 같은 종류의 충돌에 '전쟁'이라는 용어를 쓰는 게 맞는지도 의심스럽다. 우리가 전쟁이라는 용어를 사용하더라도 최소한 인디언들 사이의 전쟁은 사하라시아인들(그리고 잉카나 아즈텍인들과 같은 사람들도)에 의해 수행했던 전쟁과는 완전히 다른 종류의 것이라는 점을 인정해야만 한다. 상대방을 향해 공격을 가하고, 한쪽이 많은 사상자가 발생해 항복하지 않을 수 없게 되는 전쟁의 개념은 인디언들의 충돌에서는 전혀 찾아볼 수 없다. 다른 사람들을 정복하고 굴복시키는 수단으로 전쟁을 계획한다는 생각도 없었다. 장기간의 전투도 없었고, 포위도, 정복전쟁도 없었고, 사상자가 많이 발생하지도 않았다. 대평원 인디언들처럼 전쟁이 흔히 발생한다 해도 인디언들의 전쟁은 아주 낮은 수준으로 진행되었으며, 기습의 수준을 넘어선 적은 거의 없다.[22]

그들이 수렵채집 생활을 했든 정착 생활을 했든 아메리카 원주민 사회의 절대다수는 거의 놀라울 정도로 평등주의적이었다. 불평등은 부와 권력, 지위를 소유하려는 개인들의 욕망에서 나온다. 자본주의적인 사하라시아 사회들에서 흔히 나타나듯 이런 것들을 획득하기 위한 끊임없는 싸움이 벌어진다. 그러나 아메리카 원주민들은 이러한 부와 권력을 가지려는 욕망이 없어 보인다. 토지와 재산은 보통 공동체가 공동으로 소유하며, 개인보다 공동체가 절대적으로 우선하고, 자비와 나눔은 다른 무엇보다 소중하다. 자신의 욕망을 강요하는 힘세고 권위주의적인 지배자들도 없다. 그 대신 권력은 똑같이 분배돼 모든 개인이 정책 결정에 참여한다. 조세피가 호피족 인디언들에 대해 썼듯이 "사회적 계급이나 부의 차이가 존재하는 마을은 없었다. 모든 사람이, 신정체제의 구성원들조차도 평등하게 일하고 분배를 받았다."[23] 또한 한 영국군 장교는 18세기 체로키 인디언들에 대해 부정적으로 언급하면서 "그들 사이에는 법도 없고, 복종도 없다. … 그들 중 가장 낮은 사람도 스스로를 위대하다고 생각한다. … 누구나 자기 자신의 주인이다"[24]라고 말했다.

다른 평등주의적인 사회처럼, 관용은 도덕적 의무였고, 욕망과 이기심을 드러내는 것은 범죄로 간주되었다. 인디언 족장들은 보통 '사회적 안정'을 주관하는 사람으로, 가난한 사람들에게 재물을 베풀거나 아픈 사람들을 돕는 등의 역할을 했다.[25] 이 때문에 추장들은 다른 사람들보다 부유하지 않았고, 심지어는 남들보다 가난해야 한다는 기대도 있었다. 예를 들면 어시니보인 인디언들은 '관용'을 족장의 능력을 판단하는 근거로 삼았으며, 인색한 족장들은 축출되었다.[26]

많은 경우 평등주의는 하나의 이념으로 잘 발달되었다. 많은 아메리카 인디언 사회에서는 '개인 권리'에 대한 인식이 극히 높다. 콜린 테일러가 설명하듯 이로쿼이와 알곤킨 인디언 사회의 핵심 원칙들은 "개인 권리를 강조하고 분명히 하며, 개인의 모든 행동은 자신의 결정에 바탕을 두고, 모든 집단의 행동은 참여자들의 동의에 근거를 둔다"[27]는 것이다. 진 브릭스도 에스키모 집단인 우트쿠족에 대해 다음과 같이 설명했다.

다른 에스키모 무리들처럼 우트쿠족에는 개별 가장들보다 많은 권위를 행사하는 공식적인 지도자가 없다. 게다가 사상과 행동의 자유를 자연적 특권으로 소중히 여겨, 사람들은 자신들에게 뭘 하라고 말하려는 사람들을 의심의 눈초리로 바라보는 경향이 있다.[28]

많은 사람은 민주주의 개념이 고대 그리스에서 나왔다고 믿는다. 그러나 그리스인들이 민주주의에 대한 매우 특별한 생각 – 노예제를 인정하고 여성을 엄하게 탄압하는 것이 포함된 민주주의 – 을 가졌다는 사실은 별개로 하더라도, 서구 민주주의가 아메리카 원주민들로부터 왔다는 견해를 입증하는 훨씬 더 설득력 있는 사례가 있다.

미국 헌법에 나타나는 '모든 사람은 평등한 권리를 갖는다'라는 무계급사회의 개념은 당시 유럽에는 완전히 생소한 내용이었으며, 아메리카 원주민들로부터 상당한 영향을 받은 것이었다. 특히 토마스 제퍼슨과 벤자민 프랭클린 같은 미국 헌법제정자들은 각각 회고록에서 견제, 균형의 원리, 선출된 대표를 갖춘 이로쿼이족의 민주 정부 모델에 의해 영향을 받았다고 인정했다.[29] 여러 주를 연합한다는 발상도 이로쿼이족의 원주민 민족 연맹에서

차용했다. 실제로 이 방안은 1744년 벤자민 프랭클린이 참석한 한 조약서명 때 6개 민족지도자들에 의해 유럽인들에게 추천되었다.[30] 그 연맹은 신중하게 고안된 헌법과 법률을 가지고 있었으며 지도자들은 이를 마음속으로 새기고, 세대에서 세대로 전해졌다. 미국 건국의 아버지들은 자유롭게 그것들 전부를 빌려왔다. 하이메 게레로가 지적한 대로 그들은 가장 중요한 것들 가운데 단 한 가지, 집안 어머니들의 권위와 지도력에 대한 부분은 빌리지 않았다.[31] 실제로 원래 미국의 민주주의 개념도 매우 특별한 것이었다. 모든 사람을 위한 평등과 자유는 백인 남성 지주들에게게만 국한되었다. 여성, 아프리카계 미국인 노예들, 아메리카 원주민들, 토지가 없는 백인 남성들은 배제되었다.

이렇게 보면 아메리카 원주민들은 부분적으로는 프랑스대혁명에 원인을 제공했다고 말할 수도 있다. 프랑스 혁명가들이 미국 민주주의 사상에 영향을 받았기 때문이다. 프랑스대혁명에 엄청난 영향을 끼친 장 자크 루소의《사회계약론》은 루소가 아메리카와 남태평양의 원주민들에 대한 보고서들을 읽고 영향을 받아 저술한 것이었다.[32] 그리고 이로쿼이족이 현재 자본주의적 민주주의의 기원이 되었을 뿐만 아니라, 부분적으로는 공산주의 국가들을 탄생시키는 데에도 원인을 제공했다는 점은 역설적이기까지 하다. 1851년에 루이스 헨리 모건의 책《이로쿼이족 연맹》이 출간되었다. 칼 마르크스와 프리드리히 엥겔스 모두 이 책에서 이상적인 사회주의 사회의 한 사례를 발견하고 영향을 받았다. 엥겔스가 마르크스에 쓴 편지대로 "이 온건한 헌법은 훌륭하다! 가난하고 곤경에 처한 사람도 있을 수 없다. … 여성들을 포함해 모두가 자유롭고 평등하다."[33]

　또 절대다수의 아메리카 원주민 사회는 분명 가부장적이지 않았다. 여성은 상당한 권위가 있었고, 실제로 많은 경우 여성이 정치문제에 관해 남성보다 더 많은 통제력을 가졌다. 여성은 새로운 족장을 지명하는 일을 도맡았으며, 아메리카 원주민들과 유럽인들 사이에 협정이 맺어지면 문서에는 종종 여성들이 서명해야만 했다. 남성들의 서명은 아무런 권위를 갖지 못했기 때문이다. 여성은 남성보다 열등하다고 간주되지도 않았으며, 결과적으로 지배를 당하거나 학대당하지도 않았다. 엘먼 서비스는 티에라 델 푸에고의 야흐간족에 대해 이렇게 설명했다.

　　여성들은 특별히 높은 지위를 누린다. … 이론적으로는 남성들이 명령한다. 그러나 남편들이 부인들에 면박당하는 많은 사례를 목격했다는 보고가 있다. 여성들은 폭넓은 사교적인 관계를 유지하며, 사람들은 여성들이 남성들보다 조용하거나 얌전히 있어야 한다고 기대하지 않는다.[34]

　북부 캐나다의 코퍼 에스키모는 남성과 여성의 역할을 상호 교환할 수 있을 정도로 여성의 평등한 지위를 인정해 때때로 남성이 여성의 일을 하고, 여성이 남성의 일을 한다.[35] 남성이 지배하는 많은 사하라시아 사회에서 남성들은 가끔씩 원하면 언제든지 부인들을 밖으로 내팽개쳐 굶어 죽게 만들 권한이 있는 반면 여성들은 이혼할 권리가 전혀 없다. 이와 반대로 아메리카 인디언 여성들은 언제든지 결혼생활을 끝낼 수 있었다. 예를 들면 푸에블로족 문화에서는 여성이 남편의 소유물을 집 밖에 두는 것으로 이혼 의사를 표현할 수 있었다. 그러면 남편은 그 물건을 갖고 자기 어머니 집으로 돌아간다.

## 아프리카인들

아프리카의 경우는 북아프리카와 사하라 사막 이남의 아프리카를 구별하는 일이 중요하다. 북아프리카는 역사가 기록된 이래 가장 강력한 부성선호 지역이었다. 이미 살펴본 대로 이집트 문명을 세운 사람들을 포함해 사하라시아인들은 아라비아 지역이 사막화되기 시작한 기원전 4000년경에 북아프리카로 이주했다. 당시 북아프리카는 아직 비옥했지만 기원전 3000년경에는 이 지역도 건조해지기 시작해 마침내 사하라 사막이 형성되었다. 그래도 새로운 사람들은 계속 도착했다. 기원전 800년경에는 구대륙의 가장 잔혹한 사람들 중 하나인 페니키아인들 – 시리아와 팔레스타인 지역으로부터 온 셈족들의 한 종류 – 이 이 지역을 지배하기 시작했다. 그후에는 아시리아인, 페르시아인, 그리스인 그리고 로마인들이 차례로 장악했다. 로마제국이 기울면서 이 지역은 기독교의 영향에 놓였으며, 7세기경 이슬람 군대가 침략해 확립한 이슬람 문화가 오늘날까지도 여전히 번영하고 있다.

그러나 사하라 사막 이남 지역은 다른 이야기가 펼쳐졌다. 사막이 장애물이 되어 사하라시아인들의 이동을 가로막아 중부 및 남부 아프리카인들은 북아프리카 원주민들처럼 정복당하지 않았다. 그러나 사하라시아인들과 여러 차례에 걸친 접촉으로 문화 발전에 영향을 끼쳤다. 사하라 사막 이남의 아프리카에서는 오스트레일리아와 아메리카에서와 같은 모성선호의 기본 바탕이 보인다. 단 아프리카에서는 부성선호의 자국이 조금 더 짙게 나온다. 그리고 순수한 모성선호 지역들도 약간 적다. 왜냐하면 많은 경우가 부성선호적 종족들에 의해 희석되었기 때문이다. 그러나 이러한 점에도 불구하고 사하라 사막 이남의 아프리카에는 모성선호를 지향하는 성향이 아직도 존재한다.

사하라 이남 지역에 반투족이라고 불리는 사람들이 이주하면서 중요한 부성선호적인 영향이 전파됐다. 이들은 기원전 2000년기에 나이지리아와 카메룬(사하라 사막의 바로 남쪽)에서 나타났으며, 수백 년 동안 남쪽으로 천천히 지속적으로 이주했다. 반투족은 일부다처제, 신부지참금, 독재자 그리고 노예제와 같은 사하라시아인의 특징을 많이 갖고 있었다. 그러나 그들은 온건한 부성선호적 종족이었다. 예를 들면 그들은 특별히 호전적이지 않았고, 일종의 모계적인 혈연 체제를 가지고 있었다. 그들은 사하라 지역에서 왔기 때문에 사막의 건조화에 영향을 받았으며, 비록 매우 온건한 형태라 하더라도 사하라시아인들과 같은 정신적인 변형을 겪었을 가능성이 있다. 다른 가능성은 그들이 원래는 사하라 사막 이북에서 기원했으며 그곳에서 사하라시아인들과 어느 정도 접촉을 하고 간접적으로 부성선호적인 특성을 받아들였다는 것이다. 어떤 경우든 5세기까지 반투족은 아프리카 적도 남부의 광범위한 지역으로 퍼졌다. 그리고 현재 대부분의 아프리카 남부 사람들은 반투어를 사용한다. 그렇지만 그들이 이 지역을 실제로 정복하지는 않았다. 존 램피어와 토인 팔롤라에 따르면 반투족의 팽창은 "언어는 물론, 여러 가지 사회적·경제적 제도들을 전파하고 동화하는 일종의 영리하고도 문화적인 침입이며 통합이었다."[36] 바꿔 말하면 반투족은 아프리카 남부의 토착민들을 지배하기보다는 그들과 섞이고 합쳐졌다. 그 결과 그들이 가졌던 부성선호사상과 토착인들의 모성선호사상이 모두 희석되었다.

그러나 반투족은 집약농업에 알맞은 지역에만 관심을 기울였기 때문에 건조한 지역이나 밀림지역과 같이 그들이 이주하지 않은 많은 지역이 남아 있었다. 이러한 지역들에 사는 사람들은 순수하게 모성선호적으로 남아 있었다. 반투족을 피해 달아나 이주한 다른 집단들도 순수한 모성선호사상을 견지했다. 예를 들면 여러 피그미 종족들은 중앙아시아의 열대우림으로 퇴각했지만, 칼라하리 사막의 부시맨이라고도 불리는 산족(San)은 아프리카 대륙의 건조한 남단으로 이주했다.[37]

물론 북아프리카를 장악한 사하라시아인들도 사하라 사막 이남 지역에 사는 사람들과 접촉했다. 4세기 중반까지 기독교는 북아프리카로부터 나일강을 따라 내려가 누비아 및 에티오피아로 전파됐다. 이슬람교도 사하라 사막의 남부로부터 가나·말리·수단과 같은 지역으로 직접 전파됐다. 부분적으로는 상인이나 무역업자들 활동의 결과였고, 부분적으로는 군사 정복에 의한 것이기도 했다. 그러나 여기서도 이슬람교의 강력한 부성선호사상은 그 지역 본래의 모성선호사상과 혼합되어, 엄격한 이슬람 신자들이 그 지역을 방문하고 충격을 받는 일도 흔했다. 예를 들면 한 이슬람 신학자는 말리를 방문한 뒤 이렇게 기록했다.

그곳의 여성들은 가족 이외의 남성들 가운데 친구들이나 말동무를 두고 있다. 남성들도 똑같이 다른 가족의 여성들 가운데 말동무를 두고 있다. 하루는 왈라타◀에서 나는 재판관◀◀의 집으로 갔다. 그의 허가를 구한 뒤 나는 그가 매우 아름다운 여성과 함께 있는 것을 발견했다. 나는 매우 놀라서 곧바로 돌아 나오려 했으나, 그 재판관은 나에게 "왜 나가려 하시나요? 이 여성은 내 친구입니다"라고 말했다. 나는 놀랐다. … 왜냐하면 그는 신학자였고, 더구나 순례자였기 때문이다.[38]

## 과거의 아프리카 국가들

그러나 각각 다른 시기에 아프리카에서는 강력한 중앙집권 국가들이 발전해 아프리카의 근본적인 모성선호적 특징을 아주 크게 왜곡했다. 이러한 첫 사례가 아마도 700년경에 시작된 것으로 보이는 가나라는 국가였다. 유럽인들이 아프리카로 앞다투어 나아갔던 19세기 말까지 아프리카에는 콩고·줄루·아샨티 등등 많은 국가가 있었다. 그것들은 모두 강력하고 부유한 왕들에 의해 지배되었고, 군국주의적이었으며, 사회적 계급화가 이루어졌다. 예를 들면 줄루족에게 사회적 지위는 매우 중요한 것이어서 식사

---

◀ 사하라 사막 남단에 있는 작은 오아시스 마을. 사하라 사막을 종단하는 대상들에게는 매우 중요한 지역이었다.

◀◀ 전통적 이슬람 사회에서는 이슬람의 율법에 따라 판결했으므로, 재판관은 곧 이슬람 신학자였다.

시간에는 성과 나이에 따라 자리를 배분하는 등의 엄한 예절이 있을 정도였다. 줄루족도 강렬한 제국 건설 본능을 가진 맹렬한 전사들이었다. 1810년대에 그들은 이웃 종족들을 정복하고 축출하느라 남부 아프리카에 엄청난 규모의 파괴를 야기했다.

그러나 이러한 국가들이 아프리카에 토착적인 것은 아니었다. 그것들은 모두 크든 작든 외부의 영향을 받은 결과였다. 사하라 남단에 위치한 가나와 그 뒤를 이은 모든 국가는 드메오의 지적대로 "부분적으로는 베르베르족의 이주로 자극받았고, 북아프리카 전역에 발생한 침략으로 인해 남쪽으로 떠밀렸다."[39] 그동안 아샨티, 다호메이와 같은 서아프리카의 국가들은 대개는 아랍인과 유럽인들의 무역 행위, 특히 노예무역이나 충돌의 결과물로 발생한 것들이었다.

중부 및 남부 아프리카의 국가들도 마찬가지였다. 이 나라들은 반투어를 사용하는 사람들이 발전시켰다. 드메오는 이렇게 요약한다.

아프리카 사하라 이남 지역의 왕권 국가들은 부분적으로는 북부 아프리카, 지중해, 아라비아와의 육지를 통한 교역이나 해상 무역 또는 침략에 대응하기 위해 형성되었다. 침략과 전쟁이라는 충격을 받아 지배적인 남성들이 권력을 잡았을 뿐만 아니라, 어느 정도는 외부 집단들의 철학에 의해 여성들과 어린이들의 종속도 진행되었다. 보다 근세에는 아랍인과 유럽인들의 노예무역이 종종 집단 또는 인종 집단들을 자극해 이러한 추세를 악화시켰다.[40]

특히 줄루족이 이례적인 발전을 보인 것은 19세기 초기에 발생한 갑작스럽고 극적인 문화변동의 결과였다. 그들은 원래는 응구니로 불리던 평화로운 목축인들로, 충돌을 고강도로 의례화하는 관행만을 가지고 있었다. 그러나 대평원 인디언들처럼 문화적인 교란이 그들을 변형시켰다. 19세기 말까지 응구니족은 인구 증가로 압박받게 되었다. 부분적으로는 아메리카로부터 옥수수를 도입했기 때문이었지만(옥수수로 인해 인구가 늘었다), 주원인은 네덜란드에서 온 정착민들이 그들의 영토에 압박을 가해 생활권이 축소되고 있었기 때문이다. 그리고 이 시점에 역사상의 한 우연한 사건으로 인해 응구니족의 한 부분이 샤카◀라고 불리는 강력하고 군사적인 족장의 지배에 놓이게 되었다. 샤카는 사르곤과 비슷한 (혹은 히틀러와 비슷한) 인물로 강력한 육군 부대를 만들어 훈련시키고, 혼자서 강력한 정복국가인 줄루왕국을 확립했다.[41]

그러나 부성선호적인 아메리카 원주민들처럼 이 사람들도 사하라시아인들만큼 고도의 부성선호에는 도달하지 않았으며 항상 강한 모성선호적 특징들을 간직하고 있었다는 사실을 기억하는 것이 중요하다. 중앙집권 국가들이었지만 유럽이나 중동 또는 중국에서 나타난 남성 지배와는 거리가 멀었다. 일부는 여왕들이 지배했으며 남성 왕이 지배할 때에도 왕대비(王大妃)는 상당한 권

---

◀ 줄루왕국의 시조. 군대를 개편하고 전술적으로 뛰어난 기량을 발휘해 아프리카 남부 전 지역을 정복했다. 이 때문에 검은 나폴레옹이라는 별명을 얻었다. 아프리카에서는 여전히 위대한 인물로 남아 있다. 2010년 5월 1일 남아공은 월드컵 개최를 앞두고 더번에 국제공항을 완공했는데 이름을 샤카 왕 국제공항(King Shaka International Airport, KSIA)으로 정했다.

위를 누렸다. 모계사회적 특성도 흔했다. 여성들이 사회에서 배제되기는커녕, 성직자·치료사·예언자 등이 될 수 있었으며, 보통은 집을 짓거나 맥주를 양조하는 등 유럽에서는 전통적으로 남성들만이 하는 일도 수행했다.[42] 많은 아메리카 원주민들처럼 아샨티족에서는 나이 든 여성들에게 족장들을 지명하는 임무가 주어졌다.

또 그 국가들에는 사회적 계급 분화가 이루어졌음에도 불구하고, 많은 민주적 특징들이 있었다. 램피어와 팔롤라가 지적하듯 사하라 사막 바로 남쪽에 위치한 수단의 국가들은 왕의 권한을 제한하기 위한 견제와 균형의 강력한 체계[43]가 있었다. 왕들이 주민들로부터 세금과 공물을 거두어들이지만, 이는 "추종자들의 충성심을 유지시키고 국가의 모든 지역의 복지를 확인하는 방법으로 … 일상적으로 재분배되었다."[44] 마찬가지로 아샨티족들 사이에서도 족장이 이론적으로는 절대 권력을 갖지만, 연장자들로 구성된 위원회의 조언에는 주의를 기울여야만 했다. 어찌 됐든 왕의 권력은 왕 개인만의 것은 아니었다. 왜냐하면 그는 단지 아샨티족 선조들의 대표자로만 간주되었기 때문이다. 실제로 왕은 다른 사람의 동의 없이는 어떠한 경우에도 하고 싶은 대로 권력을 행사할 수 없었다.[45] 우두머리들을 선출하는 아샨티족의 체제도 극히 민주적이다. 나이 든 여성이 누군가를 지명하면 (남성과 여성 모두 포함될 수 있는) 연장자로 구성된 위원회가 토론을 벌인 뒤 주민들의 회의에 상정한다. 주민들이 동의하지 않으면 이 과정이 다시 시작된다.

## 아프리카의 모성선호

아프리카에서 모성선호사상은 반투족과의 접촉 이후에도 단지 조금만 희석되거나 순수하게 남아 있는 게 일반적인 문화 패턴이었다. 중앙집권화된 국가들 외부에 있는 아프리카 공동체들은 대단히 평등하고, 계급이나 카스트도 없다. 지금도 아프리카 전역의 마을에서 보편적인 행정체제는 여전히 공동체 연장자들이 지배하는 것이다. 이것은 가끔 장로 정치라고도 불린다. 그러나 애버리진 사회에서와 같이 장로들이 절대적인 권위를 갖는 것은 아니고, 존 C. 맥콜이 〈아프리카에서의 사회조직*Social Organisation in Africa*〉이라는 논문에서 썼듯이, "공동체의 삶을 구성하는 문제를 두고 협의하는 많은 권위 가운데 하나의 목소리일 뿐이다."[46]

다른 타락하지 않은 사람들처럼, 전통적인 아프리카인들도 부를 축적하고 지위를 확보하기 위해 불평등을 창조하려는 욕망은 결여된 듯하다. 아메리카 원주민들처럼 토지는 개인들의 소유가 아니라 전체 공동체 소유다. 실제로 누구든 한 사람이 토지나 부동산에 대한 소유권을 확보하는 것은 불가능하다. 왜냐하면 그들에 앞서 그것들을 소유하였던 조상들과 관련 있는 모든 사람들에 집단적으로 상속되었기 때문이다. 결과적으로 누구나 그것에는 동등한 주장을 할 수 있다.

그리고 모성선호적인 아메리카 원주민 문화에서와 같이 아프리카 전통문화에는 관용을 강조하고 어떠한 욕망의 표출도 경계하는 강력한 도덕적 원칙들이 있다. 재산과 재화를 공유하지 않고 자기 자신을 위해 모으는 것은 범죄로 간주된다. 아프리카 신학자인 로렌티 마게사의 설명대로 "욕심은 가장 통탄할 만한 잘못이다. 사실, 아프리카 종교에서 요구되는 윤리를 한 단어로 묘사한다면 바로 사교성(환대와 열린 마음으로 나눈다는 의미)이다."[47]

우리가 기대했던 대로, 이러한 사회에서 여성은 높은 지위를 누린다. 이는 현재에는 그리 뚜렷하지는 않을 것이다. 왜냐하면 쉘던 겔러가 지적하듯 "아프리카의 많은 지역을 통해 여성의 지위는 식민주의 지배하에서 약화되었다. 식민주의 정책은 보통은 가부장적인 권위를 강화했기 때문이다."[48] 유럽인들과 접촉하기 이전에는 여성들이 자주 족장이나 마을 지도자가 되었으며, 위원회에도 여성들이 있었다. 그러나 유럽의 식민주의자들은 남성의 권위만을 인정하고, 권력을 가진 여성들과는 거래하지 않았다. 그 결과 여성들은 권좌를 읽기 시작했다. 똑같이 재화를 생산하는 데 수행하는 여성들의 역할도 줄어들기 시작했다. 식민주의 이전 아프리카에서는 여성이 가사를 전담한다는 생각은 존재하지도 않았다. 여성들도 남성들만큼 적극적으로 경제 활동을 했다. 램피어와 팔롤라의 주장대로 "여성들이 농업 생산의 많은 측면, 상품의 흐름, 매우 다양한 산업과 기술을 관리함으로써 경제의 중요한 부분을 지배했다."[49] 그러나 여성이 집 안에 틀어박혀 있는 데 익숙한 식민주의자들은 일반적으로 토산품들을 수출할 때 여성들과 거래하려 들지 않았다. 그 결과 남성들이 특용작물과 나머지 경제 분야도 장악하게 되었다.

순수하게 모성선호적인 아프리카인의 사례로, 우리는 수단의 누에르족을 들 수 있다. 이들에 대해서는 1940년대에 인류학자 E. E. 에번스 프리처드가 조사했다. 에번스 프리처드는 누에르인들이 너무나도 이타적이고 공동체 지향적이어서 식량을 똑같은 양으로 서로 나누어 갖는 것을 발견하였다.[50] 식량이 귀해져도 그들은 모든 것을 똑같이 나누어 가졌다. 마찬가지로 그들의 사회에는 불평등이나 어떠한 종류의 복종도 없다. 단 하나의 높은 지위는 노인들에게 주어지는데 이들은 아프리카의 다른 곳에서와 마찬가지로 지혜와 경험으로 인해 존경을 받았다. 여성들도 동등한 권리와 동등한 영향력이 있었다. 엘먼 서비스가 누에르족에 대해 지적한 것과 같이 "그들(여성들)은 공동체의 일과에 적극적으로 참여해 남성들과 자유롭게 섞이며, 편안한 자신감을 가지고 의견을 교환한다."[51]

중앙아프리카 열대우림에 있는 음부티족이나 비아카족 같은 피그미족 역시 순수하게 모성선호적이다. 반투족이 팽창하기 이전에는 피그미족은 중앙아프리카에 널리 퍼져 있었다. 콜린 턴불은 음부티족을 "서로서로 그리고 그들 주위에 있는 세상과 평화롭게 살기만 바랄 뿐인", "예외적으로 비폭력적인 사람들"[52]이라고 설명했다. 마리온 매크리디에 의하면 그들의 사회조직에는 "개인 간에, 남성과 여성 간에, 세대 간에 정치적 지위나 권위에 있어서 어떠한 불평등도 없다."[53] 남성과 여성의 평등은 절대적이어서 야흐간족처럼 남녀 간의 역할을 바꿀 수 있었다. 턴불은 다음과 같이 지적했다.

그녀(피그미 여성)는 충분하고 중요한 역할을 한다. 그리고 성에 따른 특별한 전문화도 거의 없다. 사냥도 공동으로 한다. 남성이 버섯이나 호두를 발견하고 나서 이를 줍는다거나 아기들을

깨끗이 씻긴다고 부끄러워하지 않는다. 여성은 말할 것이 있으면, 남성과 자유롭게 토론을 벌인다.[54]

마찬가지로 인류학자들은 비아카족에 대해서도 "여성들이 상당한 정도의 자율성과 영향력을 가지고 있어서 어떤 여성도 어떤 남성보다 사회적으로 절대 열등하지 않다"[55]고 지적했다. 그리고 아메리카 원주민들처럼 음부티족과 비아카족 모두 사회를 뒷받침하는 일종의 평등주의 이념을 가지고 있다. 마리온 매크리디의 지적대로, "개인의 자율성은 다른 무엇보다 상위에 위치한다. … 남성이든, 여성이든, 그 누구도 다른 개인에게 그들의 희망에 반하여 무슨 일을 하도록 지시하거나, 명령하거나, 강제할 권리가 없다."[56]

우리는 이미 순수하게 모성선호적인 사람들이 극단적으로 불편한 환경에서 살고 있음을 살펴보았다. 그리고 이는 아프리카 남부의 칼라하리 사막에 사는 쿵족, 즈쉬족, 나로족들 – 집단적으로 산족이라고 불린다 – 과 같은 수렵채집인들의 경우도 마찬가지다. 피그미족과 마찬가지로, 산족은 반투족이 팽창하기 전까지는 훨씬 더 많이 분포됐었다. 그들과 훨씬 북쪽에 있는 탄자니아의 하즈다족 간의 유사성이 이를 시사하며, 이 둘은 과거에는 같은 문화집단에 속해 있었음이 분명하다. 하즈다족처럼 쿵족은 극단적으로 비물질주의적이며 평등주의적인 철학을 갖고 있다. 재산 소유는 부러움과 분쟁을 야기할 위험이 있기 때문에 바람직하지 않은 것으로 간주된다.[57] 그들은 개인들이 너무 유명해지거나 오만해지지 못하도록 여러 가지 수단을 동원한다. 그리하여 지위의 격차로 인해 그들의 평등주의가 교란되지 않도록 한다. 앞장에서 살펴보았듯이 그들은 사냥을 떠나기 전에 화살들을 교환하며, 동물을 죽이면 칭찬은 화살을 쏜 사람에게 가지 않고 화살을 소유한 사람에게 돌아간다. 그리고 집으로 고기를 가져와도 동물을 잡은 사람이나 화살을 소유한 사람에게 다른 사람들보다 더 많은 고기가 주어지지 않는다. 고기는 똑같이 나누어져야만 한다.[58] 마찬가지로, 즈쉬족을 관찰한 사람은 개인들 간에 분쟁이 거의 없는 데에 주목했다. 그들과 수년간 함께 생활한 인류학자 조지 실버바우어에 따르면, 즈쉬족 문화의 핵심은 공유하는 것이기 때문에 "행운, 기쁨, 만족감은 함께 공유한다. 이것들을 혼자서 경험하는 것은 모순이었다."[59]

## 타락하지 않은 다른 종족들

이들 3개 대륙 이외에도 세계에는 모성선호적인 문화가 최근까지 어느 정도 원형대로 남아 있던 작은 지역들이 많이 있다. 예를 들면 오스트리아 북동에 위치한 오세아니아 지역은 온건한 부성선호와 일반적인 모성선호가 혼합된 형태를 띠고 있다. 이 지역에는 수천 개의 섬이 있는데, 전통적으로 미크로네시아, 멜라네시아, 폴리네시아로 나뉜다. 일부 섬들은 사하라시아인들의 영향에서 완전히 단절되어 있으며, 다른 섬들도 원거리로부터 간접적인 영향만을 받았을 뿐이다.

일부 폴리네시아인들은 온건한 부성선호적인 특징이 있다. 예를 들면 타이티섬 사람들은 줄루족처럼 계급에 집착하며, 식탁에 등급이 있어 계급이 낮은 사람들이 높은 사람들과 함께 식사하는 것은 금기시된다. 남성들은 여성이나 아이들과 떨어져서 따로 식사한다. 이는 어느 정도의 가부장제를 시사한다. 그리고 섬들끼리 전쟁한 사례가 드물지만 가끔 발생한다.[60]

오세아니아의 많은 종족이 그곳에 사는 것은 많은 인류학자가 "오스트로네시아인들의 팽창"이라고 부르는 이주의 결과 때문일 것이다. 기원전 4000년기부터 남부 중국에서 사람들이 남동아시아 – 예를 들면 말레이시아·인도네시아·필리핀 – 로 이주했고, 그곳에서 오세아니아로 이주하였다.[61] 원래의 '오스트로네시아인들'은 사하라시아인들일 수가 없다. 사하라시아인들은 기원전 2000년경이 되어서야 비로소 중국에 도착했기 때문이다. 그러나 후기 단계에 들어서면서 사하라시아인들은 틀림없이 오스트로네시아인들과 약간의 접촉을 했을 것이다. 초기 말레이인들과 인도네시아인들이 인도의 인도유럽인들과 상당한 접촉을 가졌던 것은 분명하다. 예를 들면 그들의 언어에는 산스크리트어 단어들이 많이 들어 있다. 그 결과 그들은 틀림없이 부성선호적인 특징들 가운데 온건한 것들을 흡수했을 것이고, 그들 중 이주하는 집단들이 이러한 특징들을 폴리네시아에 가져갔을 것이다. 인류학자들은 또 폴리네시아를 포함한 오세아니아 일부 지역의 사람들의 언어에는 셈어의 단어들이 들어 있음을 지적했다. 종교, 단어 그리고 지위와 노예제와 관련된 단어들이 그렇다.[62] 이는 셈족들이 어느 시점에선가 그 지역으로 배를 타고 가서 부성선호적인 특징들을 전했음을 분명히 시사한다.

그러나 우리가 이 간접적인 영향으로부터 기대했던 대로 폴리네시아에서의 부성선호사상은 상당히 희석되었다. 마오리족 이외의 폴리네시아인들은 마을도 요새화되지 않았고, 아프리카의 왕들처럼 우두머리들이 물건을 재분배하는 관행도 없었다. '마나'라는 영적인 힘에 대한 관념이 공통적으로 퍼져 있었다. 독일의 철학자 에른스트 카시러가 설명한 대로, 마나는 "모든 사물에 스며 있는 신비스러운 재질로 어떤 사물에서든지 발견된다."[63] 타이티인들은 강력한 모성선호 특성도 가지고 있었다. 여성들은 따로 식사해야 했지만, 거의 모든 측면에서 남성과 동등했다. 여성들은 우두머리가 될 수 있었으며, 남성들과 자유롭게 운동을 할 수 있었고, 상당한 정도의 성적인 자유도 누렸다.[64] 인류학자들은 타이티인들에게는 특정 '성 도식(gender schema)'이 없었던 것 같다고 지적했다. 즉 그들은 사하라시아인들처럼 성의 차이를 엄격하게 구분하고, 그에 따라 역할을 구분하는 행동을 하지 않았다. 인류학자 로버트 레비는 "타이티 남성들이 여성보다 공격적이지 않았으며, 여성들이 남성보다 온순하지도 않았다"[65]고 보고했다. 동시에 타히티 언어에는 남성과 여성을 지칭하는 대명사도 없고, 가장 전통적인 이름들은 남성, 여성 모두에게 붙여질 수 있었다.

오세아니아의 일부 지역에는 동남아시아에서 온 사람들이나 셈족들이 분명히 도달하지 못했기 때문에 토착인들의 모성선호주의가 상대적으로 순수하게 남아 있었다. 마크로네시아의 경우가 특히 그랬다. 파푸아뉴기니에 가까이 있는 트로브리안드 제도의 경우가 대표적이었는데, 이곳 주민들에 대해 영국 인류학자 브라니슬라브 말리노프스키가 1930년대에 행한 연구가 유명하다. 사하라시아 문화에서는 여성의 지위가 낮아 여아 출생은 보통 바람직스럽지 않은 것으로 간주된다. 반면, 트로브리안드 제도 사람들은 이와 다르다는 것을 말리노프스키는 발견했다. 트로브리안드 사람들에게는 "여아는 남아 못지않게 환영받으며, 아들이나 딸에게 차별을 두지 않는다. 이 원주민들에게 여아 살해는 어리석고, 혐오스러운 것이다."[66] 타히티인들이나 많은 다른 원주민들처럼, 성에 따른 역할 분담도 없다. 남성들이 가사일과 육아에 큰 역할을 한다. 남성들은 정기적으로 아기들을 먹이고, 씻기고, 청결하게 한다. 아기들을 안아주는 것은 남성들만의 특별한 역할이다. 그들은 미혼모의 아이들을 불쌍하게 생각했지만, 그것은 그들이 '죄악 속에서' 태어났기 때문이 아니라, 안아주고 포옹해 줄 아버지가 없기 때문이었다.

성적 평등의 또 하나의 증거는 여성들이 갖는 사적인 클럽들의 존재다. 여성들은 클럽에 모여 공동체에 중요한 일들을 토론했다. 이런 것들이 중요했던 것은, 말리노프스키에 따르면 "트로브리안드 마을에는 여성들의 분명한 여론과 관점이 있고, 남성들에게 여성들이 모르는 비밀이 있듯이, 여성들도 남성들 모르게 비밀을 간직할 수 있기 때문이다."[67]

말리노프스키는 트로브리안드 사람들이 아이들에게 대하는 사랑스럽고 관용적인 태도에도 놀랐다. 이는 타락하지 않은 사람들이나 원시인들에게서 나타나는 일반적인 특징이다. 타락한 사하라시아인들의 일반적인 패턴은 어린이들에게 엄하고, 그들을 지배하려는 태도다. 어린이들에게 많은 자유나 자율을 허용하지 않으며, 버릇없는 행동을 하는 아이들은 처벌하고, 아이들이 복종적이기를 기대한다. 그러나 인류학자들은 원시인들이 지속적으로 훨씬 더 온유하고 관용적인 자세로 어린이들을 대하는 태도와 어린이들에게 많은 자유가 주어지는 데에 주목했다. 말리노프스키는 트로브리안드인들에 대해 다음과 같이 설명했다.

> 어린이들은 상당한 정도로 자유와 독립을 누린다. 그들은 전혀 엄하지도 않았던 부모의 지도에서 곧바로 벗어난다. 일부 어린이들은 자진해서 부모에 복종하지만, 이는 전적으로 그 부모와 아이의 개인적인 성격에 따른 문제다. 정규적인 훈육을 한다는 생각도 없고, 집안의 강요와 규율 같은 체제는 없다. 트로브리안드에서는 부모에게서든, 아이에게서든 복종을 기대하는 말을 포함해 단순한 명령어조차도 들을 수 없다.[68]

과거에 오세아니아 - 그리고 이웃한 파푸아뉴기니 - 를 찾았던 대부분의 인류학자들과 선교사들은 그곳에서 마주친 '야만인들'의 평화로운 모습에 충격을 받았다. 독일 인류학자 막시밀리안 크리거는 파푸아인들에 대해 "공격용 무기류는 전혀 없이, 이웃들로부터 방해받지 않고, 미래에 대한 걱정도 없이 살아간다"[69]고 했다. 사실 이러한 초기 방문자 중 많은 사람은 자신들의 문화에 있는 전쟁 이데올로기에 워낙 세뇌되어 있어서 이들의 평화로움을 흔히 비겁함으로 해석하기도 했다. 예를 들면 윌리엄 섬너는 1911년 저술에서 독일령 멜라네시아인들을 "비겁하고 천박하다"고 묘사했다. 그들이 때때로 서로를 상대로 한 기습을 준비하지만 "그들은 전투에는 참여하지 않을 것"이기 때문이다. 섬너는 "일부 작은 섬의 사람들은 전쟁이라는 것을 전혀 모른다"[70]고 기술했다.

이러한 사람들에게 모성선호사상이 오래 살아남은 핵심적인 원인은 그들이 멀리 떨어져 있었기 때문이다. 대부분은 커다란 땅덩어리로부터 아주 멀리 떨어진 작은 섬들에서 살았다. 특히 그들은 사하라시아의 광활한 대륙으로부터 수천 마일 떨어져 있었다. 그리고 세상에는 멀리 떨어진 섬 어디에선가 살아가는 모성선호적인 사람들의 사례가 많다.

현재 남아 있는 가장 유명한 모성선호적인 섬은 아마도 미얀마와 인도 사이의 뱅골만에 있는 안다만 제도의 사람들일 것이다. 그들은 모든 영토와 자연 자원을 공유하며, 누구나 이에 대해 평등한 권리를 갖는다. 정부의 형태는 없으며, 어떤 집안도 다른 집안보다 지위가 더 높거나 더 강력한 사회적·경제적 지위를 차지할 수 없다.[71]

그러나 사하라시아의 광활한 대륙에도 멀리 떨어졌거나 사람이 살기 어려운 지역들에는 모성선호적인 문화가 현재까지 남아 있다. 시베리아의 원주민들도 평화롭고, 평등하고, 가부장적이지 않다. 남성과 여성 간 역할 교환의 또 하나의 사례로, 레인디어 퉁구스인들 사이에서는 사냥을 할 수 없는 노인들이 주부가 되어 여성이 하던 집안 의무를 인수하는 것이 보통이었다. 퉁구스인들은 하나의 성(性)을 다른 성보다 우월하다고 여기지 않았고, 여성들이 낮은 지위를 차지하지도 않았다.[72] 마찬가지로 사야 산맥(몽골 북부)의 토파 사람들은 싸우는 것을 수치스럽게 여길 정도로 평화적이었다. 그들은 - 바위와 돌을 포함한 - 모든 사물은 스스로 인식할 수 있는 존재라고 보았으며, 동물이나 식물들을 존경하지

않으면 자연의 힘들에 의해 벌을 받게 된다고 믿었다.[73]

인도유럽인들이 차지한 인도의 밀림과 산악에는 많은 모성선호적인 사람들이 최근까지도 상대적으로 순수한 형태로 생존했다. 그들 중 1930년대에 인류학자 V. 엘윈이 연구한 무리아인들이 가장 잘 알려져 있다. 그는 무리아인들에게는 비폭력적인 천진함이 특징이며, 어린이들은 놀라울 정도의 독립성을 가지고 있음을 발견했다. 어린이들은 남자애든 여자애든 부모 집보다는 '고툴'이라는 공동의 기숙사에서 잤다. 어른들은 고툴의 운영에 대한 아무런 역할이 없으며 보통은 들어가는 것도 허용되지 않았다.[74]

19세기 인도의 영국식민주의자들은 마드라스의 콘드족과 아쌈의 산악에서 렝그마호족과 같은 부족 사람들을 접하고 충격을 받았다. 그들에게는 남을 공격한 흔적도 없었고, 전쟁의 경험도 전혀 없어 보였기 때문이다. 섬너가 치타공 산악의 므루족들에 대해 기술하듯 (여기서도 섬너가 얼마나 자신의 문화가 갖는 전쟁 이데올로기에 오염되었는가를 볼 수 있는데) "그들은 평화롭고, 용기가 없으며 단순하다. 시비가 벌어져도 싸우지 않는다. 하지만 무당을 불러서 그 사안에 대해 영(靈)들의 생각을 얻고자 한다."[75] 오늘날에도 인도에는 서부 벵갈의 힐카리아, 안드라프라데시의 첸추, 스리하루코타 섬의 야난디 같은 종족들이 많이 남아 있다.[76]

그러나 고대 모성선호적인 사람들의 가장 믿기지 않는 생존 사례로는 남부 중국의 모수오인들의 경우를 꼽을 수 있다. 이들은 고립된 산악지역에 살아서 중국에서 사하라시아인들이 도착하기 이전 사람들이 겪었던 운명을 피할 수 있었다. 모수오인들은 성과 육체에 대해 건강하고 개방적인 태도를 견지하며, 여성

의 지위도 높다. 이는 지난 4,000년간 그들을 둘러싼 엄혹한 부성
선호적인 문화와는 완벽하게 대조를 이룬다. 남성과 여성은 모두
원하는 대로 연인을 자유롭게 둘 수 있으며, 여성은 남편이 만족
스럽지 않으면 먼저 이혼할 권리를 갖고 있다.[77]

## 자연에 대한 태도

지금까지 우리는 타락하지 않은 사람들에 대한 증거를 주로 전
쟁, 가부장제, 불평등 측면에서만 살펴 왔다. 그러나 타락하지 않
은 사람들 – 원시적인 사람들과 선사시대 사람들 – 과 타락한 사
하라시아 사람들 간의 또 하나의 중요한 차이점은 바로 자연에
대한 태도다.

　이전에 나는 현재 우리의 환경문제는 자연을 지배하려는 태
도에서 비롯된다고 주장했다. 좀 더 정확히 말하면, 이러한 태도
의 연원을 추적하다 보면 보다 근본적인 문제와 맞닥뜨리게 된
다. 그것은 바로 자연현상이 살아 있음을 우리가 인식하지 못한
다는 사실이다. 우리는 나무, 바위, 산, 강과 같은 것들이 영혼이
있다거나 살아 있는 존재라고 보지 않는다. 그러나 원시인들은
우리와는 전혀 다르게 자연과 관계를 맺는다. 그들에게는 모든
자연의 사물은 살아 있으며, 스스로의 의식과 내부의 삶을 가지
고 있다.

　이러한 원시인들의 자연에 대한 자세와 종교적 생활을 분리
하기는 불가능하다. 나무와 바위 그리고 산이 살아 있게 만드는
것은 영적인 힘이 그것들 내부를 통해 흐르기 때문이다. 원주민

들에게는 이 '영적인 힘'을 뜻하는 용어들이 각기 다르게 존재한다. 아메리카의 호피족은 '마사우', 라코타족은 '와칸탄카', 포니족은 '티라와', 아마존 열대우림 지역의 우파니아족은 '푸파카'로 각각 불렀다.[78] 폴리네시아에서는 그것을 '마나'라고 불렀으며, 뉴기니 일부 지역에서는 '이무누'라고 불렀다.[79] 아프리카의 누에르족들은 그것을 '크오트', 음부티족은 '페포'라고 불렀다. 이 힘은 인간이 도움을 구하며 숭배하는 신성함이 아니다. 그것은 인격도 없고 성별도 없다. 포니족의 한 구성원은 이렇게 설명한다.

> 우리는 티라와가 사람이라고 생각하지 않는다. 그것은 모든 것 내부에 있는 힘이며 … 어둠 위에서 움직여서 밤이 새벽을 낳게 한다. 그것은 갓 태어난 새벽의 숨결이다.[80]

원시인들은 자연을 영혼의 현시(顯示)라고 보기 때문에 자연을 숭배한다. 또한 자신도 영혼의 현시라고 보기 때문에 그들은 자연과의 연대감 및 연관성을 느끼며, 자연과 정체성을 공유한다고 느낀다. 이는 우리가 보통 경험하듯 자연계에 대해 타자성을 느끼는 것과는 상반된다. 예를 들면 아프리카 신학자 하비 신디마에 따르면 전통적인 아프리카인들에게는 "모든 생명 - 사람·식물·동물 그리고 땅의 모든 생명 - 은 신성한 생명에서 비롯되었으므로, 신성한 생명과의 밀접한 관계를 공유한다. 모든 생명은 신성한 생명이다."[81] 마찬가지로 애버리진은 만물은 꿈을 갖고 있다고 믿는다. 즉 각각의 내면적인 삶 또는 주관성을 보유한다는 것을 의미한다. 그들은 자신들이 자연으로부터 분리된다는 상상을 할 수 없다.

원시인들은 땅이나 자연 자원을 소유라는 의미로 생각하지 않는다. 그저 자신들이 위대한 영혼을 대신해 땅을 돌보는 수호자로 생각할 수는 있다. 소유는 우월성과 지배를 의미한다. 유럽인들은 자신들은 의식이 있으며 살아 있고, 자연현상은 살아 있지 않은 것이며 의식도 없는 것으로 안다. 유럽인들은 주인이 노예보다 우월하듯, 자신들이 자연에 우월하다고 느끼고, 자연을 지배할 권한이 있다고 느낀다. 그러나 자연의 신성함과 살아 있음을 인식하는 원시인들은 유럽인들과 결코 같은 태도를 가질 수 없다.

타락하지 않은 원시인들을 타락한 사람들과 구별 짓게 하는 다른 특성들도 있지만 여기서 분명히 말할 수 있는 것은, 지금껏 살펴본 타락하지 않은 원시인들의 특징들은 선사시대 우리의 선조들 그리고 세계의 모든 모성선호적인 원주민들이 공유했다는 사실이다.

## 정신적 조화

이 모든 사실로 인해 우리의 선조들처럼 대부분의 원주민에게는 지난 수천 년 동안 수많은 사람의 인생을 불행하게 만든 사회적인 고통이 없었다는 점은 매우 분명하다. 그러나 앞서 1장에서 우리는 사회적 고통 외에 인간을 희생시키고 있는 또 다른 종류의 고통을 살펴보았다. 그것은 바로 인간 내면의 정신적 고통이다. 이 정신적 고통들은 우리가 자유 시간을 너무 많이 갖게 될 경우, 아무 일도 하지 않고 가만히 있는 것을 불가능하게 만들고, 전전

긍긍하게 만들고, 우울하게 하고, 심지어는 육체적으로도 병에 걸리게 한다.

원시인들은 사회적인 고통이 없으므로 정신적인 고통도 없으리라고 기대한다. 그들이 평화로워 보인다는 사실과는 별개로 그들 생활에는 이를 시사하는 몇 가지 특징이 있다. 원시인들이 부나 지위나 권력을 확보할 필요성을 느끼지 못한다는 점이다. 이는 부나 지위, 권력을 얻지 못했을 때 나타나는 정신적 부조화가 그들 내면에는 없다는 점을 시사한다. 또 우리와는 달리 원시인들은 아무 일도 하지 않고 있을 수 있다는 사실도 이를 시사한다.

아메리카 대륙으로 건너간 유럽 식민주의자들은 인디언들이 필요한 만큼만 일하며, 보통 1년에 6개월만 일하고 나머지 6개월은 휴식을 취하는 모습을 보고 게으르다고 억측했다. 그러나 이것은 게으름과는 아무런 관계가 없다. 아마도 인디언들은 유럽인들처럼 무엇이든 해야만 한다는 정신적 필요를 느끼지 못했기 때문일 것이다. 인디언들은 아무것도 하지 않아도 지루해하거나 불편함을 느끼지 않는다. 고립된 자아를 갖지 않았기 때문이다. 고대와 현대의 수렵채집인들이 식량을 찾는 데 별로 시간을 보내지 않는다는 사실도 이를 시사한다. 우리는 재정적으로 아무리 여유가 생긴다고 해도 적게 일하는 게 매우 어렵다. 왜냐하면 우리는 외부 자극이 줄어들면 권태, 근심 그리고 일반적인 정신적인 불화로 고통받을 가능성이 크기 때문이다. 작가 에드워드 홀은 1930년대 인디언 보호구역에서 일할 때 인디언들이 얼마나 놀랄 만큼의 인내심을 보였는지 회상하며 "참을성 없이 안절부절못하고 짜증 내는 유럽인들과는 반대로 인디언들은 몇 시간씩 기다리면서도 전혀 짜증을 내지 않았다"라고 설명했다. 우리는 기다리는 것을 좋아하지 않는다. 왜냐하면 기다림은 아무 일도 하지 않는 것을 의미하기 때문이다. 우리는 기다리면서 핸드폰을 보거나, 책을 읽거나, 옆 사람과 이야기를 나눌 수도 있지만, 그 모든 행동들, 즉 외부에 온전히 주의를 집중하기는 어렵다는 사실을 발견할 것이다. 그 결과 우리는 내면에서 근본적인 정신적 불화를 겪는다. 그러나 인디언들은 아무 일도 하지 않은 채 기다려도 지루해하지 않기 때문에, 이러한 부조화가 인디언들 내면에는 없다고 볼 수 있다.

## 식민지 시대

지난 수천 년 동안 유라시아 대륙에서 모든 종류의 대격변과 약탈이 진행되는 동안, 즉 그 순수한 문화들이 사하라시아 침략자들에 의해 파괴되고, 사하라시아인들끼리 야만적인 투쟁을 벌이고, 그들 집단 내부의 힘없는 사람들을 무자비하게 탄압하는 동안 놀랍게도 애버리진과 인디언들은 모성선호적인 삶을 지속시켜왔다. 유라시아에서는 수메르인, 이집트인, 로마인 그리고 많은 다른 종족의 제국들이 흥망성쇠를 거듭했고, 사르곤, 알렉산더 대왕 그리고 칭기즈칸 등이 아수라장을 만들었는데 그동안에도 오스트레일리아, 아메리카, 오세아니아 그리고 아프리카의 많은 지역에서는 아무것도 변하지 않았다. 아주 먼 과거에서부터 바로 최근까지 이런 사람들의 타락하지 않은 생활방식은 방해받지 않고 보존되었다.

그들은 항상 예상보다 오래 살아남았다. 사하라시아인들이 유라시아 대륙 전체를 뒤덮게 되자 새로운 영토를 찾으려는 그들의 열망은 억제되었다. 그러나 정복하고, 제국을 세우려는 그들의 본능은 너무나도 강력해서 적당한 종류의 기술을 개발하자마자 세계의 다른 부분으로 주의를 돌리게 되었다. 이러한 일이 15세기 말에 일어났다. 조선(造船)·항해·식량 저장 기술 등이 발달하면서 원양항해가 가능해졌다. 대항해시대가 시작되었고, 몇몇 유럽 국가에서 엄선된 선원들은 '신세계'로 가는 항로를 계획했다. 1,200년간의 휴지기가 끝나고 사하라시아인들의 이주와 정복이 다시 시작되었다.

　아메리카에서는 유럽인들이 그들의 선조들이 유럽과 근동의 평화로운 신석기시대 문화들을 파괴했던 것과 똑같은 방법으로 아메리카 원주민의 문화들을 파괴했다. 원래의 인도유럽인들처럼 재산과 땅에 대한 만족할 줄 모르는 탐욕으로 가득 찬 그들은 인디언들이 천연두 같은 유럽인들의 질병에 저항력이 없다는 점을 이용해 세계에서 두 번째로 큰 '하나로 연결된 광활한 땅덩어리'를 원주민에게서 훔쳤다. 어떤 사람들은 유럽인들의 아메리카 원주민 정복을 유대인 학살과 비교하지만 여러 면에서 그보다 훨씬 심각했다.

　1492년 콜럼버스가 도착하기 전 남북아메리카에 얼마나 많은 사람이 살았는지 확실히 아는 사람은 없다. 2,000만 명에서 1억 명까지 추정하지만, 실제는 그 중간 정도일 것이다. 그러나 유럽인들과의 접촉 이후 이 수치는 놀라운 속도로 감소해 1860년이 되면 북아메리카에 남은 인디언은 단 34만 명에 불과했다. 1920년에는 단 22만 명만 남았다.[82] 유럽인들은 인디언들을 굶겨 죽일 목적으로 들소들을 죽이고 농작물과 과실나무들을 불태웠다. 보호구역으로 이주하려는 인디언들에게도 오염된 식량을 주었다. 유럽인들이 인디언들에게 질병을 옮길 목적으로 일부러 오염된 담요와 음식을 주고, 전염된 환자들을 모아 함께 살도록 했다는 이야기도 있을 정도다. 원주민들이 사라지면서 그들의 문화도 사라졌다. 모두 수천 년이나 된 것들이었다. 수천 년 전 구유럽에서 일어났던 것과 마찬가지로 평화롭고, 민주적이고, 가부장적이지 않고, 자연을 숭배하는 문화들은 일소되었으며 폭력과 억압을 근본으로 하는 인도유럽인들의 문화로 대체되었다.

오스트레일리아에서 애버리진도 이들과 같은 운명을 겪었다. 1788년 쿡 선장이 이 나라를 발견했을 때 인구는 30만 명에서 100만 명 사이였을 것으로 추정된다. 그러나 1920년대까지 남아 있는 애버리진은 5만 명 이하였다.[83] 그들은 무기도 없고 방어력도 없는 데다 평화로운 천성을 가지고 있어서 유럽인들은 그들을 손쉽게 정복했다. 그들에게는 너무나 신성했던 대지가 유럽인들에게는 또 하나의 약탈 창고였으며, 그들의 문화는 짓밟히고 파괴되었다.

유럽인들에게는 아프리카인들도 인디언들이나 애버리진들처럼 인간 이하의 존재였다. 유럽인들은 자신들에게 아프리카인들을 노예로 부려 먹을 권한이 있다고 생각했다. 노예무역이 절정에 다다른 1780년대까지 연평균 8만 명의 아프리카인들이 남북아메리카로 수송되어 사탕수수 농장에서 일했다.[84] 일부 관찰자들은 노예무역이 엄청나게 부도덕할 뿐 아니라, 비합리적이었

다고 주장한다. 유럽인들에게는 노동력이 있던 아프리카에서 대
농장을 시작하는 편이 더 수월했을 것이 분명하기 때문이다. 그
러나 아프리카 대지는 사탕수수 재배에 적당하지 않았다. 아프리
카로 갔던 유럽인들은 질병 때문에 살아남기가 쉬운 일이 아니었
다. 이는 유럽인들이 아프리카를 아메리카나 오스트레일리아와
달리 직접적으로 정복하지 않은 데 대한 부분적인 설명이 된다.

그러나 19세기 말까지 지구에서 이용할 수 있는 곳은 모두
식민지화되었다. 또 의학이 발전함에 따라 유럽인들도 아프리카
풍토병에 어느 정도 저항력을 갖게 되었다. 주요 유럽국들은 마
침내 국가의 명예를 획득하는 한 방법으로 아프리카 식민지화를
생각하기 시작했다. 1844년 베를린에서 열린 국제회의로 아프리
카로 앞다투어 나가는 것이 합법화되었다. 마치 생일 케이크처럼
아프리카 대륙은 여러 개로 쪼개져 강대국들에게 분배되었다. 그
럼에도 유럽인들은 아프리카인들의 대지를 결코 훔치지 못했다.
아메리카나 오스트레일리아에서 저질렀던 것과 같은 수준으로
인구를 대량으로 죽게 하거나 문화를 파괴하지도 못했다.

접근 불가능한 지역들에서는 타락하지 않은 사람들이 더 오
래 생존했다. 실제로 그들 일부는 현재까지도 살아남으려 한다.
예를 들면, 말레이시아에서는 관광산업의 팽창으로 인한 정부의
압력에도 불구하고 무루트족·이반스족·다야크족 같은 보르네오
종족들은 아직도 전통적인 생활양식에 가깝게 살고 있다. 그러나
대체로 상황은 비관적이다. 세계화의 위력과 이를 이용하려는 정
부들의 힘을 이길 수는 없다. 안다만 제도 주민들도 수십 년간 영
국의 식민주의자들과 인도 정부의 잠식으로 인해 위태롭게 생존

에 매달려 있다. 피그미족이 사는 열대우림은 유럽과 일본의 목재 회사들에 의해 베어지고 있으며 자이르 정부는 그들에게 원시적인 수렵채집 생활 양식을 버리고 농민이나 도시 생활자가 되라고 강요하고 있다. 남아프리카의 경우 칼라하리 사막의 부시맨들은 선조들이 살던 땅에서 쫓겨나 정부가 운영하는 보호구역에 강제 수용되었다. 똑같은 일들이 브라질과 컬럼비아의 아마존 인디언들에게도 일어나고 있다.

사하라시아인들은 지난 6,000년간 정복과 식민지화를 통해 지구를 거의 완벽하게 지배하고 있다. 중앙아시아와 근동 지역이 사막으로 변하기 시작하던 기원전 4000년경에 이곳에서 이주한 사람들은 지배자의 가치 체계를 지구의 모든 지역으로 확산시켰다. 인도유럽인은 가장 성공적이어서 현재 3개 대륙(유럽·아메리카·오스트레일리아) 전체와 중동 및 아시아의 일부를 차지하고 있다. 세계 인구의 절반가량이 인도유럽어를 사용한다. 여기에 다른 사하라시아인들, 즉 5억에 달하는 셈계의 아랍인 및 유대인, 15억 명에 달하는 동아시아의 사하라시아인들(중국·일본·한국인들), 튀르키예인과 피노 - 우그리아어를 사용하는 사람들 같은 사하라시아에서 온 소수 종족까지 더하면 이들은 인류의 거대한 부분을 구성하고 있다.

반면에 500년 전까지만 해도 인류의 상당 부분을 점하고 지구의 절반 이상을 차지했던 원시인들은 지금은 아주 작은 소수 인종으로 남아 우리로 하여금 먼 옛날을 간신히 들여다볼 수 있게 할 뿐이다.

# 원형의 사람들

피그미족을 연구했던 인류학자 홀레트는 그들이 질투심과 폭력 없이 온순하고 조화를 이루는 생활양식을 유지하는 데 놀라며 그들이 일종의 순수한 상태의 인간을 대변한다고 믿었다.[85] 엘윈도 무리아인들의 비폭력적인 순수함이 고대의 인간 원형 상태를 대변한다고 믿었다.[86]

　　최근 수세기 동안 존재해 왔던 원시인들은 기원전 4000년 이전의 세계 인구를 구성했던 수렵채집인·원예재배인들과 근본적으로 공통되는 본질을 가지고 있다. 그들 간의 유사성은 매우 높아서 그들이 함께 일종의 원형적인, 심지어는 선천적인 인간의 형태를 대변한다고 말하는 것도 가능할 정도다. 그들은 모두 타락하지 않은 사람들이다. 달라진 것은 우리다. 사하라시아 조상들이 발전시킨 타락한 정신과 그것이 낳은 타락한 문화가 사실은 일종의 일탈이었다.

　　이제 필요한 것은 그 모든 사태의 배후에 있는 원인을 규명하는 일이다. 사하라시아인들을 선사시대인, 원시인들과 그토록 다르게 만든 것은 무엇인가? 왜 전쟁을 일으키고, 여성을 억압하고, 부와 권력을 갈망하는 정신을 갖게 되었는가?

　　우리는 이미 이 문제가 그들 고향의 사막화와 관련 있음을 살펴보았다. 이제는 이 변형을 좀 더 자세히 들여다보고, 그 변형이 무엇으로 구성되었는지 그리고 어떻게 환경 변화가 변형의 원인이 되었는지를 알아볼 필요가 있다.

　　이제부터 타락이 발생한 원인을 살펴보려 한다.

# 인류 역사의 대전환,
# 자아폭발

타락 이후 사람들이 그토록 심한 고통과 억압 속에 살면서 이전 시대를 돌아보며 그리워하고 갈망하는 것은 놀라운 일이 아니다. 타락 이전에 대한 기억은 세대에서 세대로 전해졌으며, 시간이 지나면서 각색되어 마침내 민담이나 신화가 되었다. 이러한 신화들의 존재는 인류 역사의 어느 시점에 뭔가가 잘못되었다는 사실에 대한 증거가 된다. 고고학적 증거들을 통해 예전 인류는 서로 화합하고, 자연과 조화를 이루어 살았다. 삶은 훨씬 편안하고 즐거웠고, 전쟁도 없고, 이기심도 공포도 없던 시절이 있었다. 그러나 이제 우리는 타락했다. 인간 본성은 퇴폐했고, 삶은 고통으로 가득 차게 되었다.

타락 신화에는 두 종류가 있다. 하나는 타락을 갑작스럽고 극적인 사건으로 본다. 원래의 인류로 하여금 비옥한 환경을 떠나게 한 환경적 변화를 의미한다. 예를 들면 타락에 관한 이란의 신화는 '이마'라는 최초의 인간이 생명수가 흐르는 벽으로 둘러싸인 정원 – 고대 이란어로 파이라대자(Paira-daeza), 영어로 낙원

(paradise)의 어원 — 에서 어떻게 살았는지를 묘사한다. 그곳은 기후가 따뜻한 완벽한 전원이었다. 이마와 살던 사람들은 더위도 추위도, 고령도, 죽음도, 질병도 몰랐다. 아버지와 아들이 함께 걸어도 모두 열다섯 살로 보였다. 그러나 이 완벽한 시대는 '아이리야나 바에조(Airyana Vaejo)'로 불리는 악이 간섭해 따뜻한 기후를 엄혹한 겨울로 바꾸면서 갑작스럽게 종말을 맞는다. 그 결과 정원은 척박해졌고, 눈과 얼음으로 파괴되었다.[1]

《구약성경》에 나오는 유명한 타락 이야기는 이란 신화와 유사성은 있지만 별도로 발전한 것이다. 《성경》에서의 타락은 하느님이 사람들을 돌보기 위해 어떻게 에덴동산을 만들었는지를 말해준다. 에덴동산에는 이란의 파이라대자처럼 강과 아름다운 생명나무가 있었다. 아담과 이브는 거기서 벌거벗고 부끄러워하지 않으며, 화합하며 살았다. 그런데 뱀이 이브를 유혹해 선악과 열매를 먹게 했고, 하느님은 그들에게 벌을 내려 낙원에서 추방했다. 이 시점부터 질병과 죽음이 세상에 도래했다. 하느님은 이브에게 노동의 고통을 증가시키고, 남편의 지배를 받게 하겠다고 했는데 이는 남성의 지배가 시작됨을 시사한다.

두 이야기 모두 따뜻한 고향이 사막으로 변해 추방되지 않을수 없었던 사하라시아인들의 경험을 연상케 한다. 두 이야기가별개로 발전했다는 점이 이를 증명한다. 사실 학자들은 이란 신화는 기원전 4000년경까지 거슬러 올라가는 원래의 인도유럽인의 민간 전승의 한 부분이라고 주장했다. 이것이 원래의 인도유럽 민간 전승의 한 부분이라면 에덴동산 이야기는 바로 사하라시아의 건조화에 영향을 받은 최초의 셈족들로부터 직접 나왔다고

할 수 있다. 이주하지 않을 수 없었던 그들 자신의 경험을 묘사하는 평행 신화인 셈이다.[2]

바꿔 말하면, 첫 번째 형태인 이란의 타락 신화는 원래의 사하라시아인들에게서 직접 나온 반면 두 번째 형태는 그들에 의해 정복당하고 노예화된 옛날의 신석기시대인들로부터 나온 것 같다. 이는 환경적인 요인들에 대해서는 말하지 않고, 타락을 주로 인간의 성격과 행동의 퇴폐라는 관점에서 본다. 이는 각기 다른 역사시대를 거치며 오랫동안 천천히 진행된 과정이었다. 그리스와 로마의 신화들은 고대 인류의 한 황금종족이 살았던 황금시대에 대해 말한다. 대부분의 그리스인과 로마인이 사실로 받아들인 것으로 보이는 이 이야기는 그리스의 시인 헤시오도스[◀]에 의해 기원전 800년에 처음 기록되었지만, 그보다 훨씬 전에 나타났을 것이다. 헤시오도스에 따르면,

> 처음에 올림포스산에 사는 불사신들이 죽지 않는 황금종족을 만들었다. … 신들처럼 그들의 심장에는 슬픔이 없었고, 수고와 고통과도 멀리 떨어져 있었다. … 그리고 좋은 것들은 모두 그들의 소유였다. 풍성한 땅에서는 풍성한 과일들이 저절로 무제한으로 열렸다. 그리고 그들은 자기들 땅 위에서 좋은 것들을 많이 가지고 편안하고 평화롭게 살았다.[3]

---

◀ 기원전 7세기경 활동한 고대 그리스의 시인이자 작가로 호메로스와 함께 그리스 신화와 문학에서 중요한 역할을 한다.

그러나 황금시대는 은·동·영웅들의 시대를 거쳐 현재의 철의 시대로 이어진다. 각 시대를 지날 때마다 인간의 본성은 점점 더 타락했으며, 삶은 점점 더 힘들어졌고, 고통으로 가득 차게 되었다.

인도에서도 역사에 대한 비슷한 관점이 있다. 전통 힌두교의 전승 설화에 따르면, 시간은 네 번의 다른 유가◂, 즉 기년(紀年)을 거치며 주기적으로 움직인다. 고대 경전《바야 푸라나》에 따르면, 첫 번째 기년인 크리타 유가(완전한 시대) 동안에는,

> 인간들은 땅의 본질에서 만들어진 음식을 마음대로 사용했다. … 그들은 산과 바다에 자주 다녔고 집에서 살지 않았다. 그들은 결코 슬퍼하지 않았으며, 선의로 가득 찼고, 최고로 행복했다. 그들은 마음대로 이동했고 기쁨 속에서 계속해서 살았다. … 그들 간에는 취득이나 상실, 우정이나 적대감, 또는 좋아하고 싫어하는 것 같은 일들도 없었다.[4]

하지만 그 이후 역사는 세 번의 유가가 이어져 현재의 칼리 유가(어둠의 시대)에 이르러, 인간은 물질주의적이고, 무법적이며, 퇴폐적으로 변했다. 실제로 이 시대는 - 또 다른 경전인 비시누 푸라나에 쓰여 있듯 - 현대 세계의 많은 사람이 사는 방식을 아주

---

◂ 힌두교 신화에서 말하는 우주의 기년. 힌두교는 생성에서 괴멸까지를 4개의 유가로 나눈다. 1기는 크리타, 2기는 트레타, 3기는 드바파라, 4기는 칼리 유가다. 제1기의 크리타 유가가 황금시대로 정의가 실현되고 인간 수명도 4,000세에 달했다.

정확하게 묘사한 것 같다. "축적된 보물은 주택에 이용된다. 인간의 마음은 단지 부(富)를 얻는 데만 집착한다. 그리고 부는 이기적인 만족감을 얻는 데 쓰일 것이다."[5]

그동안 더 멀리 동쪽인 중국에서는 타락에 대한 이야기가 '완벽한 미덕의 시대'에 관한 신화의 형태로 등장한다. 이 시기에 인류는 인간의 길보다는 하늘의 길을 따랐다. 그들은 본질적으로 자연적 조화 또는 자연과 우주의 질서인 도(道)의 일부였다. 장자는 기원전 4세기에 이렇게 썼다.

완벽한 미덕의 시대에는 사람들은 의식하지 않아도 바르고 정확했다. 그들은 그렇게 하는 것이 자비인 줄도 몰랐지만 서로를 사랑했다. … [그들은] 모자라도 반항하지 않았고, 풍요로워도 자랑하지 않았다. 이렇게 해서 그는 실수를 해도 후회하지 않았으며, 성공해도 과시하지 않았다.[6]

그러나 그 이후 인간들은 도(道)로부터 분리되었다. 인간들은 이기적이고 계산적으로 변했다. 그들은 인간의 길을 따랐으며, 그 결과 그들의 이기심과 탐욕을 억제하기 위한 법률과 지도자가 필요해졌다.

타락에 대한 두 번째 종류의 이야기는 평화롭고, 평등하고, 편안한 신석기시대 사람들의 삶을 언급하는 것 같다. 수렵채집적인 생활방식에 대한 분명한 언급들이 있다. 예를 들면 헤시오도스는 황금시대 동안 "비옥한 땅에서 과일이 풍부하게 무제한으로 났다"고 했고, 《바야 푸라나》에는 "사람들은 산과 바다를 자주 찾았으며 집에서 살지 않았다"는 대목이 있다. 즉, 정주 생활을 하지 않았다. 《바야 푸라나》는 또 완전한 시대 동안에는 "사람들이 원하는 것들은 항상 어디서나 땅에서 솟아 나왔다"[7]고 언급한다. 마찬가지로 헤시오도스는 "수고하지 않는 방법으로"라는 표현을 했는데 이는 수렵채집인들의 여가로 가득한 생활을 시사한다. 《바야 푸라나》에서 완전한 시대에는 "취득이나 상실과 같은 것들은 없었다"라고 한 것도 재산 소유나 물질주의가 없었음을 시사한다. 그러나 타락하지 않은 수렵채집인들의 생활양식에 대한 가장 분명한 신화적 묘사는 기원전 4세기 그리스 철학자 디카르추스◀가 한 바 있다. 또 다른 그리스 철학자 포르피리오스는 그가 아주 오래된 과거의 사람들에 대해 말했다고 전하는데 그들이 살았던 시대는 다음과 같다.

> 모든 것들이 저절로 자라났다. 그 시대 사람들은 농업이나 어떤 다른 기술도 발명하지 않았고, 아무것도 생산하지 않았다. 이 때문에 그들은 근심이 없고, 수고도 없이 한가한 생활을 영위했다. 그리고 그들은 질병 없이 살았다. … 그들 사이에는 전쟁이나 불화도 없었다. 무언가를 얻고자 하는 동기를 느낄만한 경쟁 대상이 존재하지 않았기 때문이다.[8]

---

◀ 고대 그리스 철학자. 아리스토텔레스의 제자로 철학자이면서도 지도학(地圖學)에 크게 공헌했다.

## 신화들로부터 나오는 단서들

신화가 중요한 이유는 아마도 인류에게 정확히 무엇이 잘못되었는지에 대한 단서들을 주기 때문일 것이다. 우리는 이미 타락이 환경적 재앙과 관계가 있음을 알았다. 즉 중동과 중앙아시아에서 일어난 사막화가 문제를 일으킨 것이다. 그러나 이 장에서는 신화의 도움 없이 유라시아인들이 어떻게 이 재앙에 영향을 받았는지, 또 그것이 어떻게 그들의 정신을 변화시켜 그들 이전에 있었던 인간 정신과 완전히 달라지게 만들었는지를 자세하게 살펴볼 것이다.

《성경》에서 타락이 "이브가 지식의 나무◀ 열매를 먹은 결과로 일어났다"고 하는 부분은 중요하다. 이는 타락이 어떤 새로운 지적 능력이나 인식을 얻는 것과 관련이 있음을 시사한다. 아담과 이브에게 이해력이 주어졌고, 이보다 훨씬 중요한 것은 이제 그들은 "자신들이 벌거벗었음을 깨닫고 나뭇잎들을 모아 붙여 스스로를 덮었다"◀◀는 점이다. 이는 타락이, 인간들에게 스스로를 관찰하고 판단할 수 있는 어떤 새로운 능력, 어떤 새로운 자기 인식이 인간 내면에서 발전되는 것과 연계되었음을 시사한다.

다른 신화들에서도 비슷한 암시들이 있다. 고대 인도의 대서

---

◀ 선악을 알게 하는 선악과.

◀◀ 이에 그들의 눈이 밝아 자기들의 몸이 벗은 줄을 알고 무화과나무 잎을 엮어 치마를 하였더라(〈창세기〉 3장 7절).

사시《마하바라타》에는 "과거의 신성한 사람들은 스스로를 자제하고, 부러워하지 않았다"고 하는 구절이 있는데 이는 자아인식과 자기과시가 없었음을 시사한다.[9] 중국의 완벽한 미덕의 시대에 관한 신화에서도 인간은 '도'에서 떨어져 나왔을 때 어떤 새로운 종류의 개인성과 자기만족을 발전시켰다. 그들은 자연의 뜻보다는 스스로의 의지에 따라 살기 시작했다. 장자는 "고대의 진실된 인간들은 … 많이 있다고 자랑하지 않았다. … 그리고 일을 계획하지 않았다. … 그들은 실수해도 뉘우치지 않았으며, 성공해도 과시하지 않았다."[10] 바꿔 말하면 고대인들은 자신들의 행동을 분석하지 않고 행동했는데, 이는 아마도 자아인식도 적고, 죄의식이나 자부심도 없었기 때문일 것이다. 또 장자는 이 새로운 개인성이 어떻게 새로운 종류의 지적 차별과 분리로 이끌었는지 암시했다. 장자는 과거의 인간들은 "물건들이 있는 것조차 자각하지 못했지만" 후대의 인간들은 "차이가 있다는 것을 자각하였다"[11]고 말했다.

## 개인성, 타락의 특징

타락하지 않은 사람들과 타락한 사람들의 정신이 어떻게 다른가를 살펴보면 '개인성'을 잘 이해할 수 있다. 타락하지 않은 사람들은 폭력과 억압의 수준이 매우 낮을 뿐만 아니라 덜 물질적이고, 덜 소유하려 들며, 자연과의 연관에 대한 보다 강한 인식, 성과 육체에 대한 보다 개방된 자세 등을 가지고 있다. 그러나 이러한 모든 특징들의 근원을 찾아가면 이러한 특징들을 나타나게 하는 단

하나의 근본적인 차이를 발견할 수 있다.

1920년대에 영국의 소설가 D. H. 로렌스는 3년간 뉴멕시코의 목장에서 좋은 시간을 보내며, 남서부의 아메리카 원주민들, 특히 푸에블로 인디언들과 긴밀하게 접촉했다. 로렌스는《멕시코에서의 아침Mornings in Mexico》이라는 책에서 그들에 대한 인상을 언급했다. 이 책에서 로렌스는 인디언을 관찰하는 유럽인의 관점, 즉 객관성을 넘어 인디언들이 세상을 어떻게 체험하는지를 잡아내는 뛰어난 능력을 보여준다. 평론가 게이트 사가르는 로렌스의 이러한 능력을 "다른 피조물들의 존재에 대한 주술적 침투"[12]라고 격찬했다. 로렌스를 가장 놀라게 한 것은 인디언들의 정신 상태가 유럽인들과 엄청나게 다르다는 점이었다. 그는 "인디언들은 우리가 의식하는 방식과 다르다. … 두 방식은 결코 통합되지 않는다. 그것들은 화해하지도 않는다"[13]라고 썼다. 그리고 그가 생각하기에 이러한 차이점이 발생하는 주요 원인 중의 하나는 인디언들은 우리처럼 우주의 분리 상태를 체험하지 않는다는 것이었다. 우리와 달리 인디언들은 모든 생명체와의 합일, 즉 개인들이 거의 분리되지 않은 고대 종족의 일치된 정신 상태를 유지하며 산다.[14]

마찬가지로 심리학자 하인즈 베르너도 유럽계 미국인들과 원주민들의 인식 기능을 비교하고, 유럽인들이 개인성과 분리를 더 크게 인식한다는 결론에 도달했다. 그는 원주민들은 "자기와 객체 간에 그리고 객체와 객체 간의 차이에 대해 구별하지 않는다"고 지적했다.[15] 다시 말해 그들은 자기 자신과 다른 사람들 간에 그리고 자신과 자신들을 둘러싼 세계가 연결되어 있다는 생각을 강하게 갖고 있다. 그들은 사물들끼리도 연결되어 있다고 인

식해 우리가 생각하는 자연현상들, 예를 들면 산·강·나무·동물
도 상호의존적이라고 인식한다. 그러나 베르너에 따르면 유럽계
미국인들은 분리의 세계에서 살아간다. 그들은 세계와 분리됐고,
다른 사람들, 다른 사물들, 자연현상들과 분리됐다.

　　다른 인류학자들도 비슷한 결론을 내린다. 20세기 초기의 인
류학자 루시앙 레비-브륄은 원주민들의 가장 중요한 특징을 개
인성에 덜 예민한 인식이라고 말한다. 그에 따르면 우리는 자기
만족적인 개인적 독립체로 존재하려 하지만, 원주민들의 정체성
에 대한 인식은 공동체와 밀접한 관계가 있다. 그가 조사한 보고
서에 따르면 원시인들은 자신의 관점이 아닌 가족 집단, 가문 혹
은 부족의 관점에서 생각했고 행동했으며, 부족 전체로서의 행동
을 말할 때 "나(I)"라는 단어를 사용했다.[16] 그는 또 원주민들의 개
인성에 대한 인식은 그들이 사용하거나 접촉하는 사물에까지 확
장된다고 지적했다. 사람의 옷이나 도구, 심지어는 먹다 남긴 음식
이나 배설물도 사람과 연관되어 있으므로 그것들을 불에 태우거
나 훼손하는 것은 사람을 다치게 하는 행동이라고 생각했다.

　　조지 실버바우어에 따르면, 칼라하리 사막의 즈쉬족에게 정
체성이란 개인보다는 집단이 기준이다. 즉, 친족 혹은 다른 집단
을 기준으로 자신의 정체성을 확인한다[17]. 인류학자 프레드 마이
어스가 핀투피 애버리진들의 공유 관행을 설명하면서 그들의 공
동 소유 원칙의 근저에는 "다른 사람과의 정체성의 공유"[18] 체험
이 있다고 주장했다.

　　바꿔 말하면, 원시인들은 우리처럼 개인적이고 자기 만족적
인 자아로 존재하지 않는다. 토착인들의 이름 짓는 관행에서도

이를 알 수 있다. 우리에게 이름은 우리의 개인성을 규정하는 표식이다. 그러나 토착인들에게는 그렇지 않다. 인류학자 클리포드 그리츠는 발리섬 사람들 사이에서 개인의 이름, 심지어 친족의 이름조차 사용하지 않는 것을 발견했다. 그들은 대신 두 사람 사이의 관계를 표현하는 이름을 사용한다. '…의 어머니', '…의 아버지', '…의 할머니', '…의 할아버지'와 같은 식이다.[19] 마찬가지로 애버리진들도 평생 정해진 이름으로 살지 않는다. 애버리진들의 이름은 정기적으로 변하며 부족의 다른 구성원들의 이름을 사용하기도 한다.[20]

일반적으로 미국인 – 유럽인들은 마르쿠스와 기타야마가 명명한 '독립된 자아'를 가지고 있는 반면에 원주민들은 '상호의존적인 자아'를 가지고 있다.[21] 이는 원주민들이 왜 항상 개인 재산과 개인의 이득을 강조하는 유럽인들의 생활양식에 적응하기가 어려운가에 대한 하나의 원인이 된다. 예를 들면 아메리카 원주민들은 백인들처럼 영리를 목적으로 거래하거나 가게를 운영하는 방식으로 일하는 것은 거의 불가능하다고 생각했다. 이는 로널드 라이트가 "대부분의 미국 사회에서 근본적인 호혜성의 윤리"라고 한 것과 충돌했다.[22] 지금도 많은 아메리카 원주민은 현대 미국인들의 매우 개인주의적이고 경쟁적인 속성에 적응하기 위해 몸부림치고 있다. 앨빈 조세피가 설명했듯 많은 인디언은 개인이 토지를 소유한다는 관념을 이해하지 못하거나 받아들

◄ 오스트레일리아 애버리진의 한 종족.

이지 못한다. 또한 그들은 집단의식을 개인 경쟁력으로 대체하는 것은 거의 불가능하다고 생각한다."[23]

　　실제로 일부 식민주의자들은 이 문제를 알게 되었고, 원주민들이 이기주의에 대한 인식을 발전시켜야만 그들을 문명화시킬 수 있음을 깨달았다. 헨리 도스 상원의원은 1887년 체로키족에 대해 설명하면서 이 점을 정확하게 지적했다. 도스는 "그들은 자신들이 갈 수 있는 만큼만 간다. 즉 그들은 더 이상 발전하려 하지 않는다. 왜냐하면 그들은 땅을 공동으로 소유하기 때문이다. 문명의 가장 기본인 이기심이 없다"고 설명했다.[24] 영국 선교사들은 애버리진들에게 개인성이라는 인식을 발전시키기 위해 다양한 노력을 기울였다. 인류학자 베인 애트우드에 따르면 선교사들은 원주민들을 각각의 집에서 살게 하고, 다른 사람들의 집에는 가지 못하게 했다. 또한 원주민들에게 다른 구성원의 이름을 포함하거나 상황에 따라 달라질 수 있는 이름 대신 스스로 변치 않는 이름을 갖는 존재로 생각하도록 세례를 주었다. 그러나 성공하지 못했다. 애버리진들은 집이나 재산의 사적 소유에 대한 인식을 결코 발전시키지 않았다. 그들은 항상 서로의 집 안팎을 헤매고 다녔으며, 재산도 계속 공유했다.

　　오늘날에도 백인 호주인과 도시에 사는 애버리진 사이에는 메울 수 없는 정신적인 간극이 분명히 존재한다. 백인들은 때때로 애버리진들이 왜 잔디밭과 산울타리를 갖춘 예쁜 집에 자리잡고 살려 하지 않는지, 왜 일주일에 40시간 일하는 공장이나 사무실에 들어가지 못하는지 이해할 수 없다고 불평한다. 많은 도시의 애버리진은 여전히 공동체적이며 소지품도 별로 없이 이동하는 생활양식을 유지한다. 많은 친척이 집을 함께 사용하며, 여러 마을을 왔다 갔다 하면서 산다.

애버리진, 인디언 그리고 다른 원주민들 모두 유럽 식민 사회의 헌식적 구성원이 될 수는 없을 것 같다. 그들의 자아인식이 덜 예민하기 때문이다.

## 원시적 공감

이처럼 원시인들이 상대적으로 이기심이 없다는 것은 일반적으로 그들이 유럽인이나 미국인들보다 더 민감한 '공감 인식'을 갖게 된 원인이 된다. 우리 스스로에 대한 인식이 고도로 발달했다는 것은 정도의 차이는 있지만 어느 정도는 세상과 분리되어 필요와 욕망을 가진 자기 자신 안에 갇혀 있다는 것을 의미한다. 그 결과 우리는 보통 '다른 사람의 입장이 되어 생각하는 것'과 '공감하는 것'이 어렵다고 생각한다. 이로 인해 설사 다른 사람에게 고통을 주거나 손해를 입힐 가능성이 있다고 해도 우리는 언제나 우리의 욕망을 우선시한다. 그리고 그것은 우리가 때로는 놀라울 정도로 잔혹하고 비인간적인 행동을 할 수 있음을 의미한다. 우리가 당하는 사람의 고통이나 어려움을 인식하기 어렵기 때문이다.

반면에 타락하지 않은 원시인들은 우리처럼 외부와 분리되어 살지 않는다. 이는 그들이 자연을 매우 존중하며, 자연 훼손을 꺼리는 또 하나의 중요한 원인이 된다. 에드워드 홀은《생명의 춤》이라는 저서에서 뉴멕시코의 푸에블로 인디언들과 함께 일하도록 파견된 유럽계 미국인 농업 대리인이 겪는 어려움을 기술했다. 그의 일은 여름과 겨울에는 잘 진행되었다. 그러나 봄이 다가오자 그에 대한 인디언들의 태도가 갑자기 적대적으로 돌변했다. 알고 보니 이른 봄에 밭갈이를 시작하도록 했기 때문이었다. 이른 봄 밭갈이는 봄에 땅이 새로운 생명을 잉태하고 있어서 온유하게 다루어져야 한다는 인디언들의 공감적 인식과 충돌한 것이다. 봄철에 인디언들은 말에서 쇠로 된 발굽을 제거하고, 유럽의 신발과 마차를 사용하지 않는다. 땅을 다치게 할 것을 우려하기 때문이다.[25]

모든 원시인이 적게나마 사냥을 하고, 동물을 죽여서 식량을 얻는 것은 사실이지만, 이것이 반드시 잔인함을 의미하지는 않는다. 그들은 보통 사냥을 불행하지만 필요한 일로 보며 죽이는 데에서 기쁨을 얻는 것도 아니다. 사실 그들은 사냥을 시작하기 전에 동물의 영혼에 사과부터 한다. 콜린 턴불은 저서 《숲 사람들》에서 음부티족 피그미 집단의 입장에서 사냥이 왜 원죄인가를 설명한다. 그들에게 원죄는 신화 속에서 한 선조가 영양을 죽이고 나서 이를 은폐하기 위해 잡아먹었을 때 발생했다. 그때부터 인간을 포함한 모든 동물은 죽을 운명이 되었다. 부분적으로 이러한 철학이 원인이 되어 피그미족은 동물을 잡았을 때도 어떠한 즐거움이나 기쁨조차 표현하지 않는 '신사적인 사냥꾼들'이라는 것이 턴불의 설명이다. 그들은 절대 하루에 필요한 이상으로 사냥하지 않았다. 마찬가지로 인류학자 멜빈 코너에 따르면, 칼라하리 사막의 산족은 그들이 잡아먹는 동물들에 대해 대단한 존경심을 갖는 게 특징이다.[26] 사실 원시인들이 관행적으로 하는 사냥은 현재 우리에게 친숙한 여우 사냥이나 맹수 사냥 같은 야만적인 형태와는 공통점이 거의 없다. 러글리의 지적대로 문명화된 오늘날의 사냥꾼들과는 달리 원시인들은 사냥감에 대해 대단한 존경심이 있으며 동물을 죽여야만 한다는 데 대해 격렬하게 후회하기까지 한다. 그에 따르면 북부 캐나다와 다른 지역에서 수렵 종족들 사이에 동물들에 대한 공감과 숭배를 보이는 경우가 많다.[27]

애버리진 문화에서는 '동정심'이라는 자질이 매우 중요해서 자식들에게 이를 가르칠 정도다. 아이가 어떤 음식을 입에 물면 어머니 혹은 또 다른 친척 여성이 마치 그 음식이 필요한 것처럼 가장해 나눔의 정신을 가르치려 한다. 마찬가지로 약하거나 아픈 사람 혹은 동물이 지나가면, 어머니는 으레 동정심을 표시하고 음식을 제공한다. 로버트 롤러가 언급한 대로, 이러한 방법에 의해 아이들은 동정심과 연민이 잠깐이나마 덜 행복한 사람에게 극적으로 향하는 세계를 경험한다. 이러한 경험들로 아이의 감정은 공감, 지지, 따뜻함 그리고 관용을 지향하게 된다."[28]

우리의 강한 개인성은 날 때부터 어른이 될 때까지 일반적 정신 발달의 한 부분으로 천천히 발달한다. 한 살 혹은 그 뒤로 몇 해 동안 우리는 어떤 수준의 분리도 체험하지 못한다. 우리는 외부에 대한 아무런 인식도 없다. 철학자 켄 윌버는 갓 태어난 아기의 경우에는 "자신과 환경과의 간극, 거리 또는 분리를 인식하지 않으므로 실제의 공간이 없다"고 지적한다.[29] 그러나 우리가 나 자신을 인식한 다음부터는 우리는 혼자임을 근본적으로 인식하게 된다. 우리는 심리학자들이 이행대상(移行對象)◂이라고 부르는 인형이나 장난감 같은 것들을 가지고 놀며 분리불안을 억누르려 한다. 그것들은 항상 우리에게 혼자가 아니라는 것을 느끼게 해준다. 그러나 리처드 하인버그의 지적처럼, 원시인들에게는 이 과정이 우리와 같은 방식으로 발생하지 않으며 그들에게는 이행 대상이 거의 필요치 않다.[30] 원시인 문화의 어린이들은 어른이 될 때까지 분리 인식이 강하게 발달하지 않으므로 이행대상이 필요 하지 않다고 추정할 수 있다.

## 자아

나는 여기서 원시인들이 자의식이나 개인성에 대한 인식이 없다 고 말하려는 것이 아니다. 당연히 그들도 자의식이나 개인성에 대 한 인식을 가지고 있다. 만약 그들이 자신들을 세상과 분리된 존재 라고 인식하지 않는다면 사는 게 불가능할 것이다. 그리고 그들이 서로서로 분리된 존재라고 인식하지 않는다면, 각 개인이 이름을 갖지도 않았을 것이고, 그들의 언어에는 '나'에 해당하는 단어도 없었을 것이다. 그것은 정도의 문제다. 내가 지적하려는 것은 우리 의 자의식과 개인성이 그들보다 더 발달되었다는 것이다.

　자아를 뜻하는 'ego'는 라틴어로 '나다(I am)'를 의미하며, 우 리의 정신 가운데 '생각하는 부분'을 지칭한다. 즉 우리의 머릿속 에서 결정하고, 계획하고, 심사숙고하고, 걱정하고, 상상하는 '나' 이며, 스스로에게 자주 수다를 떨며, 기억과 이미지와 생각을 우 리의 마음으로 끝없이 흘려보낸다. 자아는 우리 정신 가운데 이

---

◀ 생후 4개월부터 18개월까지의 아이가 가지는 욕망의 대상. 아이와 분리될 수 없을 정도 로 가까워서 아이의 자아 일부로 여긴다.

성과 논리의 힘이 나오는 부분이기도 하다. 이성은 바로 우리 머릿속에 있는 '나'이며, 문제를 해결하기 위해 스스로에게 조심스럽고 신중하게 말한다. 그리고 우리와 원주민 사이의 근본적인 차이는 우리가 그들보다 자아에 대해 더 강한 인식을 갖고 있다는 것이다.

그리고 이것은 마침내 우리가 '타락'이라 부르는 변화가 실제로 무엇이었는가를 주장할 수 있는 지점으로 우리를 이끈다. 선사시대의 타락하지 않은 사람들은 원시인들과 같이 개인성에 대한 인식이 덜 발달했으리라 추정할 수 있다. 그리고 바로 이 점이 그들과 기원전 4000년기부터 계속해서 그들을 정복한 침략적이고 부성선호적인 사람들 간의 핵심적인 차이였다. 유라시아인들은 자아에 대한 예민한 인식을 발달시킨 첫 번째 인류였다. 그리고 우리의 선조들인 그들은 이를 우리에게 전해 주었다.

그렇다면 타락이란 6,000년경 전 특정 인류 집단의 정신에 발생한 변화를 말한다. 타락은 이들이 강하고 예민한 자아를 갖게 된 역사적 순간이었다. 타락은 '나' 또는 '개인성'에 대한 인간의 인식이 심화되는 것이다.

'두뇌 폭발'이라는 용어는 진화 과정에서 인간의 뇌가 극단적으로 빠르게 성장한 것을 표현할 때 사용하는 용어다. 뇌는 지난 50만 년 동안 3분의 1이 커졌다. 그리고 나는 여기서 그와 평행되는 용어로 인류 정신 내부의 갑작스럽고 극적인 변화를 지칭하는 '자아폭발'을 소개하려 한다.

## 자아폭발에 대한 역사적 증거

자아폭발에 대한 구체적인 고고학적 증거도 있다. 기원전 4000년
경부터 – 유라시아 중앙부가 사막화되고 남성 지배, 물질주의, 사
회적 불평등, 격렬한 전쟁 등이 발생하는 것과 같은 시기에 – 새
로운 종류의 예민한 개인성이 점점 더 커지고 있었다는 증거들이
많이 있다.

　　매장 관행의 변화에서 이 점을 볼 수 있다. 기원전 4000년기
에 사하라시아인들이 이주하기 시작하면서 공동 매장의 오래된
관행이 개인 매장으로 대체되기 시작했다. 구세계인들은 익명으
로 매장되었고, 부장품도 없었다. 그러나 이제 사람들은 각자의
개인성이 중요한 것처럼, 또 그 개인성이 죽은 이후에도 계속될
것이라 생각하는 듯 정체성과 재산을 가지고 매장되었다. 족장들
은 말, 무기, 아내들과 함께 매장되었다. 마치 그렇게 강력하고 중
요한 인물이 존재하지 않는다는 것은 상상할 수 없는 것처럼, 그
들이 어느 순간 반드시 살아 돌아올 수밖에 없는 것처럼 말이다.
스웨덴의 고고학자인 매츠 말머는 이러한 새로운 매장 관행들
은 "유럽에서 발생한 개인에게 사적 소유에 대해 보다 큰 자유와
권리를 부여하는 놀라운 변화"라고 설명했다. 특히 그는 기원전
3000년기 초기에 대해 언급하면서 이 새로운 유럽인들을 '최초의
개인주의자들'이라고 불렀다.[31]

　　많은 문헌을 보면, 기원전 4000년기부터 개인성과 인격이 중
요하게 강조되어 나타난다. 처음으로 사람들의 이름들이 언급되
며, 그들의 발언과 행동들이 기록된다. 우리는 누가 무엇을 했는

지, 왕들이 왜 사원들을 건설했고 전쟁을 벌였는지, 여신들과 남신들은 서로 어떻게 사랑했고 어떻게 싸웠는지 알 수 있다. 베어링과 캐시포드가 설명한 대로 "우리는 남성과 여성의 인격에 대해서 뿐만 아니라 여신들과 남신들의 개인성에 대해서도 알게 되는데 그들의 특징들은 분명히 드러나고, 그들의 창조적인 행동들에는 이름이 붙여진다."[32]

유럽과 근동을 통해 기원전 3000년기에 – 사하라시아인들이 이 지역들을 침략해 정복할 당시 – 나타난 새로운 신화들도 개인성에 대한 예민한 인식을 시사한다. 이전의 신화들은 여신과 자연(또는 그것들의 상징)을 토대로 하고 있었지만 이제는 의지와 힘으로 운명에 대항하는 개별 영웅들의 이야기가 신화가 되었다. 조셉 캠벨에 따르면, 이러한 것들은 "비인격적인 것으로부터 인격적인 것으로의 전례 없는 이동"을 보여준다.[33] 이들 많은 영웅은 실제로 뱀이나 용과 같은 대지의 여신을 상징하는 존재들과 싸움을 벌이는데, 이는 자아가 더욱 발전하는 데 따른 자연으로부터의 분리와 소외에 대한 새로운 인식을 시사하고 있다.

## 타락의 다른 개념들

자아폭발의 발생과 그것이 타락이나 황금시대 신화들과 관련 있다는 주장을 내가 처음으로 하는 것은 분명 아니다. 사실 이미 많은 학자와 철학자가 우리의 개인성에 대한 인식이 극도로 예민해졌으며, 그것은 어느 특정한 역사적 시점에 발달한 것이라고 주장해왔다.

조셉 캠벨은 저서《신의 가면》에서 내가 타락이라고 부르는 것을 "거대한 역전"이라고 표현했다. 그의 말을 빌리면 "서양뿐만 아니라 동양에서도 많은 경우 신성함에 대한 인식은 우주와 그들 자신의 본성에 대한 체험에서 떠났고, 견딜 수 없는 죄의 상태, 추방 또는 망상이라고 느끼는 것에서 해방되려는 갈망이 발생했다."[34] 다시 말해 거대한 역전, 즉 타락은 인류가 자연스럽게 만족하는 상태를 상실하고 정신적인 불화를 겪기 시작한 시점이다. 우리는 자연현상이 살아 있다는 인식과 우리가 자연현상과 연관을 짓고 있다는 인식을 상실했으며 그 결과 세상은 어둡고 억압적인 장소가 되어 버렸다.

마찬가지로 영국의 물리학자이자 철학자인 랜슬롯 로 화이트는 1950년에 출판된《인간의 다음 단계의 발전The Next Development in Man》이라는 저서에서 기원전 2000년기가 시작될 무렵 유럽인의 의식 분열 또는 마음과 몸의 분열이 시작되었다고 주장했다. 이전 사람들도 물론 마음을 가지고 있었지만 그들의 마음은 그들의 본능과 통합된 것이었다. 그러나 마음이 갑작스럽고도 엄청난 성장을 겪었다. 화이트가 말하는 '이성적 자기의식'이 발전했다. 마음은 분리된 독립체가 되어 몸으로부터 독립했다. 사람들은 자기분열을 인식했고, 생각과 본능의 충돌을 경험했다. 이전 사람들처럼 즉흥적이고 자연스럽게 행동하는 것은 더 이상 불가능해졌다.[35] 셰익스피어가《햄릿》의 "사느냐 죽느냐"라는 대사에서 표현한 대로 "결심이 갖는 천연의 혈색 위에 사색의 창백한 병색이 그늘지게 되었다."[36] 화이트와 동시대인이며 동료였던 오웬 바필드는 같은 변형을 "참여의 상실"이라고 묘사한다. 이전의 인류는 그가 "원초적 참여"라고 부르는 것을 체험했다. 이는 자연 현상과의 연결에 대한 인식이다. 그러나 그가 알파 사고라고 부르는 것 – 과학을 탄생케 한 논리와 이성 – 이 시작되면서 인간의 마음은 자연으로부터 분리되었다. 바필드의 지적대로 우리가 무엇에 관해 생각할 때 우리는 반드시 생각하려는 그 무엇으로부터 분리된 우리 자신, 즉 생각하고 있는 나에 대해 알아야만 한다. 그것이 참여를 배제하기 위한 순수한 알파 사고의 본질이며 목적이다.[37] 바꿔 말하면 논리적·이론적 사고는 인간과 자연 사이에 이원론을 만들었으며 이것이 바필드가 "오늘날의 개인적이고, 예민하고, 공간적으로 결정되는 의식"이라고 말하는 것을 이끌었다.[38]

## 사하라시아와 자아인식의 발달

우리는 이미 자아폭발은 타락의 원인인 사하라시아의 건조화와 관련 있다고 추측할 수 있다. 바꿔 말하면 이 대재앙이 사하라시아인들의 정신을 변형시켰을 것이며, 그들은 그에 반응하는 과정에서 자아에 대한 예민한 인식을 발달시켰을 것이다.

이러한 자아인식의 발달 경로는 두 가지로 생각해 볼 수 있다. 첫째, 그들의 환경이 변화하면서 새로운 난관에 직면하게 되자 분명 새로운 종류의 지능과 실용적이고 창의적인 문제 해결 능력이 필요해졌을 것이다. 그들이 생존해 나가기 위해서는 심사숙고하고, 미리 생각하고, 해결책을 신속히 발견하고, 실용적이고 조직적인 능력들을 발달시켜야만 했다. 예를 들어 땅이 매우 건조해지면 생산물을 늘리기 위해 새로운 사냥법이나 농경법을 찾아야 하고, 새로운 물 공급원을 찾거나 이전에 쓰던 수로를 더 길게 만들어야만 했을 것이다. 사하라시아인들은 더 많이 생각하고, 자기반성 능력을 발전시키고, 추론하고, 계속해서 생각해야만 했다. 그리고 그것은 그들이 '나'에 대한 더 강한 인식을 발전시킴으로써 가능해졌다. 자기반성이란 내 머릿속의 '나'가 자기 자신과 수다를 떠는 것이다. 창의성을 기르고 싶고, 심사숙고하고 싶고, 계획을 세우고 싶다면 당신은 생각할 '나'를 가져야만 한다. 이것이 바필드가 말하는 '알파 사고'가 발달한 방법이다. 그가 지적한 대로 이러한 종류의 생각은 필연적으로 환경과의 분리와 "개인적이고, 예리하고, 공간적으로 결정되는 의식"이라는 결과를 낳았다.[39]

둘째, 환경이 변화하기 시작해 곡물 수확이 줄어들고, 사냥하려는 동물들도 죽어 없어지고, 물도 마르는 등 인간 집단의 생활이 매우 곤궁해지면서 이기심이라는 새로운 정신이 고무되었을 것이다. 살아남기 위해 공동체보다는 '자신의 필요'라는 관점에서 생각하고, 자신의 필요를 공동체의 필요보다 먼저 생각하기 시작했다. 공유는 더 이상 선택할 수 있는 것이 아니었다. 왜냐하면 공동체 전체를 유지할 만큼 자원이 충분하지 않았기 때문이다. 우리가 이미 본 대로 수렵채집인들은 일반적으로 자원이 부족해도 다른 집단에 공격적이거나 경쟁적으로 대하는 등의 반응을 하지 않았다. 그들은 장소를 옮기거나 다른 집단들과 뭉칠 뿐이었다. 그러나 사하라시아인들은 농업으로 살았다. 경작지가 부족할 때 새로운 장소로 이동한다고 해서 문제가 해결될 가능성은 없으며, 자원이 너무나도 희귀해져서 같은 집단 구성원들조차 먹일 수 없게 된 상황에 새로운 구성원을 받아들이기도 힘들었다. 결국 그들이 동원할 수 있는 유일한 선택은 힘을 사용하는 것뿐이었다. 사하라시아인들이 이주를 시작한 후에도 이 요인들은 계속해서 그들에게 영향을 미쳤을 것이다. 고향을 떠난 뒤에도 수세기 동안 계속해서 이기심과 자기반성, 강한 방어가 필요할 정도로 그들의 생활은 극도로 어려웠을 것이다.

사하라시아인들이 몇 세대에 걸쳐 이토록 예민해진 자아인식을 갖고 살게 되자 그것은 그들의 일부로 굳어져 모든 개인이 성인이 되면 자연스럽게 발달하는 정상적인 정신이 되었다. 이것은 우리가 개인으로서 습관이나 본능을 기르는 것과 비슷한 과정이었을 수도 있다. 예를 들면 흡연처럼, 우리가 어떤 행동을 반복하면 그것은 그 자체로 생명을 얻기 시작하고, 우리가 좋든 싫든 할 수밖에 없는 습관으로 굳어진다.

행동 특성과 개인적 성격이 이러한 방식으로 집단 전체에 전파될 수 있음을 보여 주는 증거는 아주 많다. 루퍼트 셸드레이크의 이론이 시사하듯, 동물들은 그것들 가운데 특정 임계 수 이상의 동물들이 새로운 행동을 하거나 새로운 특성을 보이면 그것을 새로운 본능으로 발전시킨다. 이때 그 새로운 행동은 집단이나 종의 '청사진'에서 영구적인 한 부분이 되는데 필요한 공명을 축적해 모든 구성원이 날 때부터 따라 하게 된다.[40] 아마도 이와 비슷한 방식으로 강화된 자아는 사하라시아인들이 발전시킨 청사진의 한 부분이 되었을 것이다.[41]

그러나 자아폭발이라는 용어가 어떤 면에서는 오해의 소지가 있다는 점을 지적할 필요가 있다. 자아 발전이 처음에는 갑작스럽고도 극적으로 솟구쳤다 하더라도 그 과정은 진행 중이었다. 이는 사하라시아인들의 부성선호사상이 시간이 지나면서 더욱 강화되었다는 사실을 보면 분명하게 알 수 있다. 우리는 기원전 2000년경부터 모성선호사상의 족적이 점차 사라지고, 억압과 불평등이 늘어나고, 전쟁은 더욱 심해지는 것을 살펴보았다. 이는 부분적으로는 정복당한 구세계 사람들로부터의 모성선호적 영향이 자연스럽게 감소하는 데에서 기인하겠지만, 자의식이 점점 더 강화되는 분명한 증거일 수도 있다. 아마도 이는 화이트와 제인스가 언급한 도시 생활의 복잡성, 자연재해 등 이 시기를 전후해 발생한 새로운 사회적 요인들이 원인이었을 것이다.

지금까지 사하라시아인들이 사막화에 대응하기 위해 타락한 정신을 발달시켰음을 살펴보았다. 그러나 살기 어려운 건조한 지역이나 다른 어려운 환경에서 사는 원주민들의 경우는 어떠한가? 칼라하리 사막의 부시맨, 사막 지역에 사는 애버리진들, 티에라델 푸에고(기온이 평균 0도 이하이며 식물도 거의 살지 않는다)의 야흐간족, 북아메리카의 에스키모인 또는 시베리아의 종족들의 경우는 어떠한가? 왜 이 사람들은 그처럼 살기 어려운 곳에 살면서도 사하라시아인이 그랬던 것처럼 변화하지 않고, 타고난 평등주의와 평화로움을 유지하고 있는가?

중요한 사실은 식물이나 동물이 거의 살지 않는 건조한 환경이라고 해서 반드시 생존하기 어려운 것은 아니라는 점이다. 문제는 인구다. 그 지역 인구가 아주 적다면 자원이 제한적이라도 살기에는 적당할 것이다. 그리고 이 원주민들의 경우가 바로 그렇다. 그들은 인구가 매우 적은 곳에 살았으며, 어떻게 해서든지 아주 잘 연명해 왔다.

그러나 사하라시아 사막은 이전에 농경 생활양식을 유지했기 때문에 인구가 상대적으로 많았을 것이다. 많은 인구는 비옥한 환경에서는 잘 유지되지만, 일단 땅이 건조해지면 살던 마을과 농장을 떠나야만 하고 그렇게 유목민이 된다. 그 결과 중동과 중앙아시아(그리고 나중에는 북아프리카에서)에서는 많은 사람이 제한된 자원을 놓고 싸우는, 생존을 위한 더 큰 투쟁이 벌어졌을 것이다.

분명하게 기억해 둬야 할 점은 사하라시아의 환경적 대재앙－그리고 뒤따른 문화적인 파멸－이 역사에서 단 한 차례만 있었던 사건은 아니라는 것이다. 우리는 메소아메리카와 페루 문화의 부성선호가 아마도 건조화와 관계되어 있으며, 기원전 5000년기에 중동과 아나톨리아에서 사회적 폭력이 발발한 것은 돌발적인 가뭄과 건조화 사태들과 관련됐음을 살펴보았다. 게다가 기원전 1만 2000년경 나일 계곡 주변 몇몇 장소에서의 폭력은 초기의 극심한 건조화 동안 발생했다.[42] 마찬가지로 기원전 1만 1000년에서 기원전 7000년 사이 남동부 오스트레일리아 원주민의 사회적 폭력도 비정상적으로 기후가 건조해져서 일시적으로 기근이 일어났을 가능성이 있는 기간에 발생했다.[43] 이러한 사건들과 사하라시아의 환경적 대재앙과의 차이는 규모의 차이다.

자아폭발은 인류 역사상 가장 중대한 사건이었다. 지난 6,000년의 역사는 이러한 측면으로 이해할 수 있다. 우리가 살펴본 모든 종류의 사회적·정신적 병리 현상들이 지닌 특징들－전쟁, 가부장제, 사회적 계급 분화, 물질주의, 지위와 권력을 향한 욕망, 성적 억압, 환경파괴, 우리를 괴롭히는 내면적인 불만과 불화-의 연원은 6,000년 전 중동과 중앙아시아 사막에서 발생한 심화된 자아인식으로까지 거슬러 올라갈 수 있다.

지금부터는 자아폭발이 어떻게 이러한 사회적·정신적 병리 현상들을 초래했으며, 여전히 그 문제들이 발생하고 있는지 살펴보려 한다.

# THE FALL

THE INSANITY OF THE EGO IN HUMAN HISTORY AND THE DAWNING OF A NEW ERA

2

# 타락의 심리학

# 새로운 정신의
# 출현

이 책에서는 자아폭발의 부정적인 측면을 주로 다루지만, 자아폭발이 만들어낸 새로운 종류의 정신에는 물론 긍정적인 측면도 있다. 특히 타락 이전의 선조들은 꿈도 꾸지 못했을 방향으로 인류를 나아가게 했으며, 사실은 지금도 우리를 전진하게 하기 때문이다.

중요한 점은 타락이 끔찍한 결과들을 낳았음에도 불구하고 어떤 면에서는 하나의 도약이었다는 사실이다. 험한 환경에 대응해 우리 선조들이 발전시킨 스스로 생각하는 새로운 능력은 선조들에게 그리고 우리에게 발명·창조성·합리성이라는 새로운 능력들을 선사했다.

## 기술적 폭발

자아폭발을 뒤따른 시대가 지적으로 놀라운 진전을 이룩한 시대였다는 것은 우연의 일치가 아니다. 앞서 본 대로, 앤 베어링과 줄스 캐시 포드는 청동기시대가 시작되면서 "글쓰기, 수학 그리고 천문학이 발견되는 등의 어마어마한 지식폭발이 일어났다. 그것은 마치 인간의 마음이 갑자기 스스로 새로운 차원을 드러낸 것 같았다"라고 설명했다.[1] 이는 윌버가 설명한 대로 새롭게 나타난 "논리적이고 총괄적인 총명함"이었다.[2] 또한 기원전 4000년기에 전쟁과 사회적 억압의 분출이 폭발적 기술 발전을 동반했다는 것을 의미했다. 금속 가공술의 개선 · 건축 · 기술 · 바퀴 · 쟁기 · 달력 · 수로 체계 등의 모든 기술혁신은 이집트와 메소포타미아의 사하라시아인들에 의해서 불과 수 세기 만에 이루어졌다.

기술뿐만이 아니라, 자아폭발과 함께 발생된 문제를 해결하고, 개념화할 수 있는 새로운 능력은 인류에게 조직을 만들 수 있는 새로운 재능을 선사했다. 부분적으로는 이것이 이집트 문명을 가능하게 했다. 왜냐하면 지배자들과 정부들이 이제는 그들의 권위를 더 넓은 지역으로 확대하고, 이질적인 집단들을 동일한 행정 체계 아래에 통일할 수 있게 되었기 때문이다. 비슷한 방식으로, 아즈텍과 잉카의 복잡한 행정 체계도 타락 이후 인류의 고도로 발달한 실용 정신에 의해서만 발전될 수 있었다. 이러한 문명들은 부와 권력을 향한 그들의 욕망과 조직적 능력이 결합해 낳은 결과였다.

물론 타락 이전의 일부 인간들도 기술혁신을 이룩했다. 구유럽인들은 도로와 배수 체계를 만들었으며, 숙련된 기술자이자 장인들이었고, 일종의 문자 형태까지도 개발했다. 그러나 이집트인과 메소포타미아인들의 기술은 이것을 훌쩍 뛰어넘었다. 예를 들면, 구유럽인들의 문자 형태는 매우 단순했으며 단지 종교적인 목적으로만 사용되었던 것 같다. 그러나 이집트인들과 수메르인들 그리고 뒤에 중국인들이 발전시킨 문자 체계는 제대로 배우려면 수년이 걸릴 정도로 복잡했다.

타락하지 않은 사람들이 어느 정도 전문 지식을 가졌다는 사실은, 우리가 실제 자의식의 탄생과 그에 따르는 지적 능력에 대해 말하는 것이 아니라 - 줄리언 제인스가 믿었듯이 - 자의식의 심화에 대해 말하는 것임을 보여준다. 오스트레일리아 원주민이나 아메리카 원주민과 같은 수렵채집인들의 저급한 기술 수준은 지능이 없기 때문에 나타난 결과라는 오래된 식민지 시대의 가설을 내가 인정하지 않는 것도 지적해야 한다. 수렵채집인들의 생활은 그들의 환경에 익숙하도록 맞춰져 있고, 사는 데 어려움도 없으므로 기술 형태를 발전시켜야 할 이유도 없었다. 하루에 두세 시간만 식량을 찾거나 사냥을 하면 생존할 수 있고, 나머지 시간은 노래를 부르거나 놀이를 하거나 이야기를 하면서 보내는 그들에게는 금속 기구들이나 쟁기, 또는 바퀴는 필요하지 않았다. 전기나 컴퓨터가 없어도 완벽하게 잘 살아가는 그들이 왜 그런 것들을 필요로 하겠는가? 구유럽인들의 사례에서 보듯 타락하지 않은 모든 사람은 틀림없이, 비록 사하라시아인들과 같은 수준은 아니라고 해도 높은 수준까지 기술을 발전시킬 잠재력을 가지고 있었을 것이다.

물론 자아폭발로 얻은 새로운 종류의 지능은 기술적이고 지적인 발전을 창출하는 일을 멈추지 않았다. 실제로 최근에는 이러한 발전의 또 한 차례의 폭발이 있었다. 그것 중 일부는 워낙 인상적이어서 우리가 하나의 생물종으로서 자부심을 느끼는 것을 정당하게 만들 정도다. 타락한 정신의 부정적인 측면으로 인해 우리의 기술이 항상 좋은 용도로만 사용된 게 아니라 할지라도 항공여행, 우주여행, 양자물리학, 유전자 생물학, 컴퓨터, 인터넷 그리고 수십억 인간의 생명을 개선한 의학의 발전 등 이 모든 것들의 연원은 6,000년 전 우리 조상들이 발전시킨 혁신과 발명의 능력으로까지 거슬러 올라갈 수 있다.

## 문명의 기원

사실 우리는 좀 더 나아가서 자아폭발이 고고학자들이 "문명"이라고 분류하는 것의 원인이 되었다고 말할 수 있다. 즉, 자아폭발은 고대 이집트와 수메르 그리고 그 뒤 인도(인더스문명)·중국·메소아메리카·페루 등의 중앙집권화되고 계층화된 문명들을 일으켰다.

이 문명들이 최초의 문명들인가의 여부는 논란의 여지가 있다. 우리가 보통 문명이라고 생각하는 큰 마을, 예술, 무역 등의 많은 특징을 몇몇 타락 이전의 사람들도 가지고 있기 때문이다. 그러나 타락 이후의 문명은 기술적인 면에서 완전히 새로운 수준에 도달했다. 예를 들면, 타락 이전의 커다란 마을들에는 수천 명의 주민들만 살았지만, 타락 이후 도시의 인구는 10만 명에 이르렀다.

이 모든 것들은 문명을 어떻게 정의하느냐에 달려 있다. 그러나 3장에서 언급한 대로, 이집트나 수메르의 새로운 도시들에 대해 우리가 생각할 수 있는 가장 좋은 방법은 그 도시들을 문명의 본질로 보는 것이 아니라, 하나의 새로운 종류의 문명으로 생각하는 것이다.

이 새로운 문명이 어떻게 발생했는가에 대해서는 다양한 이론이 있다. 하나는 관개(灌漑)의 결과라는 것이다. 그 이론에 의하면 이집트인, 수메르인, 메소아메리카인들에 관개가 광범위하게 이용되었으며, 관개 체계는 너무나도 복잡하고 시간이 오래 걸리는 일이라서 이 집단들은 그것들을 제대로 관리하기 위해 중앙집권화된 권위와 정치적인 엘리트를 발달시켜야만 했다. 그러나 몇몇 지역에서는 문명이 형성되고 난 뒤에야 대규모 관개 체계가 발전했다. 이는 이 이론의 유효성을 앗아가 버린다.

또 하나의 이론은 '문명'은 인구 압력과 경쟁의 결과라는 것이다. 인구가 늘어나면, 특히 공간이 제한된 지역들에서는 반드시 분쟁이 발생했다. 집단들은 자원을 얻기 위해 서로 싸웠으며 승자는 패배한 사람들을 노예로 만들어 지배했다. 시간이 지나면서 특별한 한 집단이 점점 더 강력히 성장할 것이며, 마침내 그 지역의 다른 집단들 대부분을 지배한다. 그리고 이러한 방법으로 하나의 지배 집단이 발전하며, 행정 체계를 갖춘 중앙집권화 된 하나의 국가를 발전시킨다. 이 이론은 합리적으로 보인다. 하지만 조사 결과 새로운 문명이 모두 특정 기간 동안의 인구 증가를 거치지는 않았다는 사실이 드러났다. 예를 들면, 수메르에서 문명이 시작되었을 때 실제로는 인구가 줄어들고 있었다.[3]

그리고 마지막으로 교역이 문명 발달에 대한 추동을 부여한다는 이론이 있다. 예를 들면, 수출을 위한 재화를 생산하고, 수입품을 분배하고, 공격자들로부터 교역당사자들을 보호하는 데에 필요한 거대한 조직을 유지하는 일은 고도의 행정과 중앙집권화

가 없었다면 불가능했을 것이다.[4]

　그러나 타락 이후의 문명 발달과 자아폭발을 연결시켜야 할 중요한 이유가 있다. 무엇보다도 연대기적인 연결고리가 있다. 타락 이후 최초의 문명인 이집트 문명과 수메르 문명은 사하라시아의 환경 재앙이 일어난 수 세기 이후에 발달했다. 그리고 그 문명들은 사하라 사막에서 이주해온 집단에 의해 건설된 것으로 보인다는 민족지학적인 연관성이 있다. 고고학자들은 이러한 문명들에 타락의 긍정적·부정적 특징들을 모두 포함하는 특징이 있으므로, 문명 발달과 자아폭발이 관계가 있다는 점은 논쟁의 여지가 없다고 본다.

## 새로운 종류의 창조성

타락은 우리에게 다른 이득도 주었다. 자아폭발이 없었다면 플라톤이나 칸트 같은 철학자나 프로이트나 융 같은 심리학자도 없었을 것이다. 과학과 마찬가지로 철학자들과 심리학자들의 통찰력은 우리가 외부의 현상세계에 집중할 때보다는 내면에 주의를 집중하고, 자신의 정신과 곤경을 살펴보기 위해 스스로 성찰하는 능력을 사용할 때 나타난다. 콜린 월슨은 《현대 살인백과》라는 저서에서 우리가 '자의식'이라고 부르는 것을 '좌뇌인식'이라고 부르며, 무엇보다도 좌뇌인식은 거울 속에 자신의 모습을 비추어 보듯이 스스로를 생각하는 능력이 있다고 언급했다.[5] 고통의 시대에는 의사들이 필요하듯, 타락의 시대에는 어떤 면에서는 철학자와 심리학자들이 훨씬 더 많이 필요했으리라고 덧붙일 수 있을 것이다. 터무니없고 혼란스러운 인간의 상태를 이해하는 데 철학자들이 필요했고, 깊이 분열된 인간의 정신을 이해하고 치유하려 노력하는 데 심리학자들이 필요했다. 그리고 역설적으로 자아폭발은 우리에게 이러한 고도의 자기성찰 능력을 주면서, 실제로 우리에게 일종의 '탈퇴 조항'을 제공했다. 이는 자아폭발이 원인이 되는 모든 어려움을 초월하는 하나의 방법이었다. 그것은 우리에게 '자기 분석'과 '자기이해' 능력을 선사해 우리 자신을 더 이상의 정신적 불화를 겪지 않는 방향으로 변형할 수 있도록 했다. 이것이 붓다, 파탄잘리◂, 플로티노스◂◂ 등의 스승들이 발달시킨 '영적인 길'들이 우리에게 보여 주는 것이다. 나중에 보겠지만, 영적인 길은 타락한 정신의 고통과 비참함에서 벗어나는 길, 즉 타락의 문제들에 대한 해결책이라고 볼 수 있다.

1장에서 나는 인류의 대차대조표에서 긍정적인 면에 위대한 소설, 교향악, 시와 노래 등 인류의 놀라운 창조적 업적들의 목록을 넣었다. 그러나 이러한 업적들이 자아폭발의 결과라고 말하는 것은 약간의 문제가 있다. 자아인식과 창조성은 긴밀한 관계가 있어 보이지는 않는다. 실제로 어떤 면에서는 그 둘은 반대되는 것처럼 보인다. 타락한 자아의 끊임없는 '생각의 수다'는 창조성을 가로막는 것 같다. 가장 창조적인 작품은 마음이 평안한 때에 완벽하게 몰입된 상태에서 나온다. 걱정이 너무 많거나 번잡

---

◂ 힌두교 요가학파의 창시자.

◂◂ 신플라톤주의 창시자로 불리는 그리스의 철학자이자 신비주의 사상가.

한 생각으로 마음이 가득할 때는 글 길이 막히고, 아이디어가 떠오르지 않아 고생하는 경우가 많다.

이는 뇌의 각기 다른 반구와 그 기능을 연구하는 분할 뇌 심리학의 관점에서 어느 정도 타당하다. 자의식은 뇌의 좌측 반구와 관계가 있다. 심리학자 브라이언 랭커스터에 따르면, 보통의 자아인식은 좌반구에 위치한 언어 기반 통역사와 밀접한 관계가 있다.[6] 반면 창조성은 우반구에서 나오는 것처럼 보이는데 이는 '비자아중심적인 세계관'이 전형적인 특징이며, 좌반구처럼 세계를 해석하고 통제하려는 충동이 없다. 문제는 뇌의 두 반구가 어느 정도 상호배타적으로 보인다는 것이다. 그래서 우뇌 특징이 더 강할수록 좌뇌 특징은 더 약해진다는 것이다. 반대의 경우도 마찬가지다.

이 설명에 따르면, 타락하지 않은 사람들은 우리보다 더 우뇌지향적이므로, 더 창조적이고 예술적이라고 기대할 것이다. 애버리진의 노래, 이야기, 그림에 대한 풍부한 전통은 이와 부합한다. 우리는 이미 구유럽인들이 집이나 건물에 방대한 양의 자연묘사를 그려 넣은 것을 보았다. 고고학자들은 니콜라스 플라톤이 그들의 예술품들에 대해 "아름다움, 우아함, 움직임 속의 환희"[7]라고 서술한 것을 보고 놀랐다. 마찬가지로 드메오는 아프리카 사하라 지역의 타락 이전 주민들의 예술은 "숙련되고 예술적으로 민감한 사람들의 매끄러운 솜씨"를 보여준다고 언급했다.[8]

타락 이후, 예술품의 수준은 저하되는 듯하다. 리안 아이슬러는 인도유럽인인 아케아인들이 크레타를 정복하자 예술은 "덜 즉흥적이고, 덜 자유롭게" 되었다고 지적한다.[9] 드메오는 사하라가 사막으로 변하자 암각 예술에서는 "이전의 예술적인 향기가 부족하다. 그것은 우아함이나 이전과 같은 칠 기법이 사라지고 추상적이고 무덤덤해 보인다"고 지적했다.[10] 그런가 하면, 타락으로 인해 예술 주제에 변화 – 자연현상에서 전쟁과 폭력의 형상으로 – 가 발생한 것과 동시에 질적인 쇠퇴도 초래됐던 것으로 보인다. 그리고 우리가 만약 타락의 정신적 변형을 사람들이 좀 더 좌뇌 지향으로 된다고 해석한다면, 이는 우리가 예상할 수 있는 바이다.

그러나 타락 이후의 정신에서만 볼 수 있는 독특한 종류의 창조성도 있다. 소설, 교향악 – 그리고 아마도 철학 체계도 – 과 같은 위대한 창조적 구성물이 그것이다. 그것들은 창조적인 영감만 필요한 것이 아니라, 그것들을 조직하고 구성하기 위한 강력한 지능도 필요하다. 이것들은 뇌의 두 반구가 함께 일할 때, 지성이 창조성에 반대하지 않고 작품들을 조직하고 구성할 때만 나올 수 있다. 시와 노래와 그림들은 우뇌 창조성의 즉흥적인 표현이며, 우리보다는 타락하지 않은 사람들에게 더욱 중요한 삶의 한 부분이었을 것이다. 그러나 자아폭발이 없었다면《전쟁과 평화》,《죄와 벌》같은 위대한 소설이나, 말러나 베토벤의 위대한 교향곡들도 없었을 것이다. 이러한 것들은 콜린 윌슨의 말처럼, 좌뇌인식에서 나온 능력이다.[11] 우뇌인식이 본질적으로 수동적인 반면 좌뇌인식은 능동적이다. 윌슨의 설명대로 "우뇌인식은 넓고 온건하게 흘러가는 물줄기인 반면, 좌뇌인식은 물의 힘찬 분출이다."[12]

## 미신과 금기를 초월하며

자아폭발의 마지막 긍정적인 효과는 논리적인 사고와 총명함이 우리로 하여금 주위 세계가 어떻게 움직이는지에 대한 새로운 이해를 발전시키도록 도왔다는 것이다.

가난하고, 억압받고, 전쟁으로 황폐해진 유럽, 중동, 중국 농민들의 삶과 비교하면, 타락하지 않은 사람들의 삶이 이상적이었음에는 의문의 여지가 없다. 그들의 생활에는 원초적 풍요가 있다. 건강한 식단으로 질병이 없었으며, 사회적 억압과 전쟁이 없었으므로 그들의 생활은 대부분의 현대인들과 비교하면 더 이상적이었다.

그러나 타락하지 않은 문화에는 한 가지 부정적인 측면이 존재했다. 그들은 원인과 결과에 대한 이해가 부족해 많은 미신과 금기로 삶을 채웠다. 타락하지 않은 사람들은 우연한 사건이나 바람, 물의 흐름, 질병, 죽음 같은 자연현상을 영혼, 마녀 혹은 다른 힘들이 작용한 결과로 돌린다. 사람이 아프거나 죽으면, 그것은 결코 우연히 발생하지 않으며, 몸에 들어간 악령이나 마술적인 주문이 원인이라고 생각한다. 예를 들면, 체로키족은 질병은 인간에 사냥당한 동물 영혼의 복수라고 믿었다. 또한 아기가 기형으로 태어나거나, 산모가 쌍둥이를 낳거나, 곡물 수확을 망치거나, 집이나 오두막이 불에 타거나, 사냥꾼이 동물 때문에 부상을 당하는 등의 뜻밖의 일이 발생할 때마다 초자연적인 힘들이 작용한 것이라고 본다. 아프리카에는 인간이 동물의 형태를 가질 수 있다는 보편적인 믿음이 있었다. 사냥꾼이 물리거나 불구가 되면 동물의 형상을 한 적에게 책임이 있다고 믿었다. 오스트레일리아 원주민들은 어린이가 매우 미숙한 상태로 태어날 경우, 그것을 산모의 몸 안으로 들어간 캥거루와 같은 동물의 배아라고 믿었다.[13]

그런 믿음이 과연 그렇게 나쁜 것이냐고 반문할 수도 있다. 현대 과학의 냉혹하고 기계적인 관점과 비교하면, 그러한 믿음들은 세계를 좀 더 의미 있고 다채로운 장소로 만든다고 주장할 수도 있을 것이다. 예를 들면, 번개와 천둥은 거대한 천둥새가 날개를 펄럭거리기 때문에 발생하며, 계절 변화는 네 가지 바람의 영혼 때문에 일어난다는 대평원 인디언들의 믿음은 아마도 과학의 설명보다 더 호소력이 있을 것이다. 그러나 호소력이 있든 없든 진실은 그 자체로 가치가 있다.

미신과 관련된 또 하나의 문제는 미신이 우리를 금기(taboos)로 이끈다는 것이다. 금기란, 특정한 종류의 행동들과 부정적인 사건들의 연합이다. 타락하지 않은 사람들은 종종 어떤 음식을 먹는 것, 손으로 먹는 것, 비에 젖는 것, 추수와 사냥하는 동안 성관계를 갖는 것 등을 금하는 금기들이 있다. 또는 아프리카의 아캄바족처럼 소녀의 초경혈을 밟아서는 안 된다는 금기도 있다.[14] 금기가 깨지면, 금기를 깬 사람이나 공동체 전체에 커다란 재앙이 발생할 것으로 간주된다. 성난 영혼이 비를 내리기를 멈추고, 동물을 죽게 하고 곡물 수확을 망치게 하거나, 번개를 내리쳐서 집을 불태워 버릴 수도 있다고 생각한다.

이러한 금기들이 특별히 해로운 것은 아니라고 주장할 수도 있다. 축구 선수가 경기 전에 오른쪽 발에 입을 맞추어야만 득점

할 수 있다고 믿는 것과 같은 우리가 가진 금기들과 실제로 그리 다른 것이 아닐 수도 있다. 마빈 해리스*의 문화 유물론이 시사하듯, 때때로 사회적 혹은 생물학적 목적이 있는 것처럼 보일 수도 있다.[15] 근친상간이나 모유를 분비하는 동안의 여성과의 성관계(여성이 너무 일찍 다시 임신하는 것을 방지할 수 있다)에 대한 금기들의 경우는 이러한 의견이 사실일 것이다. 또 그것들은 상징적으로 공동체나 우주의 조화를 수호하는 등의 일종의 도덕적인 기능을 할 수도 있다. 로렌티 마게사는 "금기들은 우주의 도덕적 구조가 인간의 이익 때문에 교란되지 않고 유지되는 것을 확인하기 위해 존재한다"고 언급했다.[16] 그러나 나는 이러한 금기들은 구속적이며, 불필요한 공포감을 조성한다고 주장하고 싶다.

자아폭발의 결과로 생긴 새로운 지적 능력으로 사람들은 인과관계를 더 깊게 이해할 수 있게 되었기 때문에 미신을 덜 믿게 되었다. 그 결과는 지난 200년 내외의 기간 동안 미신적·종교적 세계관이 과학으로 대체되면서 나타나기 시작했다. 뉴턴의 법칙, 다윈의 진화론, 아이슈타인의 상대성 원리 그리고 현시대의 일반적인 과학이나 합리성은 자아폭발이 우리에게 선사한 논리적인 사고와 총명함 없이는 등장할 수 없었을 것이다.

과학과 합리성은 우리를 사실에 더 가까이 데려갔다. 원시인들처럼 모든 사물에 스며 있는 영혼의 힘과 모든 것들의 살아 있

---

◄ 미국의 문화인류학자로서 세계 곳곳을 답사하면서 문화 유물론의 체계를 정립했다. 그가 주장한 문화 유물론은 인간의 사회적 행동이나 윤리 등을 생존하며 부딪히는 문제에 대한 반응으로 본다.

음을 느끼지는 못할지언정 최소한 우리는 세상이 움직이는 방법에 대해 보다 분명하게 이해한다.[17]

그러나 이제는 우리가 자아폭발의 부정적인 측면에 주의를 기울여야 할 시간이다. 이 장의 나머지에서 우리는 자아폭발이 창조한 새로운 정신 안에 머물면서 그 이면에 있는 정신적 불화 또는 정신적 고통을 살펴볼 것이다. 이것을 살펴보는 것은 특히 중요하다. 타락 이후에 따라온 모든 사회 문제들은 그 관점에서만 설명될 수 있기 때문이다.

정신적 고통은 단지 타락과 함께 존재했다. 타락은 인간의 생활양식만을 변화시킨 것이 아니라, 인간이 생활을 체험하는 방식과 인간과 세계와의 관계에도 급격한 변화를 초래했다. "인생은 고통"이라는 붓다의 말씀은 타락 이전 세상에서는 분명 틀린 말이었을 것이다. 그러나 타락 이후의 세상에서 그것은 모든 말 중에서도 가장 근본적인 진실이었다. 인생은 더 이상 축복이 아니라 무시무시한 부담으로 갑작스럽게 바뀐 것이다.

이제 우리가 답을 찾아야 하는 문제는 이것이다. 자아폭발은 어떻게 인류에게 이러한 정신적 고통이 생기게 했는가? 그리고 현재에도 여전히 정신적 고통이 발생하고 있는가? 여기에는 네 가지 주요한 근원이 있다.

## 정신적 불화의 근원 1 - 고독

영국 빅토리아시대의 시인 매슈 아널드가 지은 〈마거리트에게〉라는 시가 있다. 이 시는 타락 이후 인간이 왜 고통에 빠지게 되었는지를 보여준다.

> 그래! 인생의 바다에 고립되고,
> 우리 사이에 던져진 해협들은 메아리치는데,
> 끝없는 물 젖은 황무지에 점을 찍으며,
> 우리 죽어야 하는 수백만은 홀로 산다.

문제는 예민하게 발달된 우리의 자아인식이 자신의 머릿속에 갇혀 자신은 두개골 안에 있는 하나의 '나'이며, 우주의 나머지와 다른 모든 인간을 반대편에 둔다는 것이다. 그 결과, 우리는 근본적으로 고독을 인식한다. 타락하지 않은 사람들이 자연이나 다른 살아 있는 것들과 연대감을 느끼는 것은 그들이 절대 혼자임을 체험하지 않는다는 것을 의미한다. 그들은 항상 세상과 연결되어 있다고 느낀다. 체로키 인디언인 징메 다르함의 표현을 빌리자면, "우리는 어릴 때부터 동물들 그리고 나무나 식물들조차도 우리의 형제자매들이라고 배운다. 그래서 우리는 땅에 대해 소유의 개념으로 이야기하지 않는다."[18] 그러나 우리의 자아인식이 예민해졌다는 것은 우리가 주변 세계와, 다른 피조물들과, 심지어는 사람들과 단절되었다는 것을 의미한다. 어떤 면에서 우리는 홀로 갇혀 산다. 우리는 다른 사람들과 말을 하거나 글을 써서 의사소통할 수 있고, 외부에서 무슨 일이 일어나는지 오감을 통해 인식할 수 있다. 그러나 우리는 본질적으로 항상 혼자다. 다른 사람들은 절대 이해할 수 없는 내면의 자아 그리고 결코 진정으로 공유할 수 없는 생각과 감정들을 가지고 있다. 우리는 이 고독

감에서 벗어나려 최선을 다하지만, 항상 고독한 상태로 돌아가야
한다. 그리고 그것은 항상 우리 안에서 불안의 암류를 발생시킨
다. 에리히 프롬이 주장한 대로 고독과 분리에 대한 인식은 분리
되고 단절된 스스로를 참을 수 없는 감옥으로 만든다.[19]

이 고독에 대한 인식은 불완전함에 대한 인식을 동반한다.
'자아분리'는 우리가 단절되어 있음을 의미한다. 타락하지 않은
사람들이 전체 우주의 일부인 반면, 우리는 전체로부터 깨져 나
와 고립된 조각들이다. 그 결과 우리는 근본적으로 우리 자신으
로는 충분하지 않다는 인식, 무언가를 잃어버렸다는 인식을 갖게
된다. 우리는 첼리스 글렌디닝이 말하는 '원초적인 정신적 외상'
으로 고통스러워한다.

> 우리는 자연계에 적극적으로 참여하며 살도록 태어난 피조물이
> 기 때문에, 자연계에 참여하지 못하는 것은 우리의 원초적인 정
> 신적 외상의 토대를 구성한다. 원초적인 정신적 외상은 우리가
> 의식적으로든, 무의식적으로든 경험하는 방향감각 상실이다. 그
> 것은 문명화된 생활에 내재하는 정신적 추방이며, 유배다. 그것
> 은 우리의 집이 없다는 것을 뜻한다.[20]

우리의 원초적인 정신적 외상의 뿌리는 단순히 물리적으로
자연환경 속에서 살지 않아서 발생하는 것이 아니다. 자아고립이
란 우리가 항상 세상으로부터 한 발짝 떨어져 있으며, 절대로 세
상에 완벽히 참여할 수 없음을 의미한다.

## 정신적 불화의 근원 2 - 자아의 수다

자아폭발은 우리에게 머릿속에 있는 우리 자신과 내면적인 대화를 할 수 있는 능력을 주었다. 이 능력으로 인해 우리는 추론하고 숙고할 수 있다. 그러나 어떤 순간에 우리는 이 능력을 통제하지 못한 것 같다. 자아가 일종의 야생동물로 변했고, 끊임없이 재잘거리며, 우리의 마음을 끝없이 많은 생각과 이미지, 기억들로 가득 채운다.

이러한 생각의 수다는 우리의 관심이 외부에 집중되지 않을 때마다 일어난다. 이동하는 동안 읽을 책이 없을 때, 아무 할 것도 없이 친구를 기다리고 있을 때 생각의 수다가 일어난다. 가장 흔한 경우는 우리가 밤에 잠들기 위해 침대에 누워 있을 때다. 이때 우리는 주의를 사로잡을 외부의 사물이 전혀 없이 우리의 마음과 함께 완전히 홀로 남겨진다. 가끔은 잠들 수 없을 정도로 생각의 수다는 매우 강력해진다. 이렇게 생각의 수다는 두 가지 이유에서 정신적 고통을 낳는다. 먼저 생각의 수다는 순전한 무모함으로 우리 내면에 혼돈과 교란에 대한 인식을 조성해 걱정을 불러일으킨다. 우리는 미하이 칙센트미하이가 '정신적 엔트로피'라 부르는, 우리 마음이 통제가 되지 않는 상황을 경험한다.[21]

반면 우리 마음은 고독의 결과로 늘 걱정에 사로잡혀 있기 때문에 생각의 수다는 보통 매우 부정적이다. 대부분 근심과 나쁜 기억들과 같은 부정적인 생각들로 이루어지고, 이러한 부정적인 생각들은 부정적인 감정을 유발한다. 걱정이 두려움을 유발하고, 나쁜 기억은 죄책감이나 쓸쓸한 감정을 유발하고, 지금과는 다른 삶을 꿈꾸며 야망에 대한 성취를 공상하게 한다. 그리고 이러한 공상으로 우리는 현재의 상태에 불만족감과 실패의 감정을 느낀다. 수다스러운 자아는 우울한 사람과 같다. 모든 것에 대해 불평하고, 끊임없이 자신의 문제를 이야기해 우울해지고 걱정에 휩싸인다. 이 자아는 우리의 머릿속에 항상 자리하고 있다. 그리고 우리가 그에 주의를 기울일 때마다 우리에게 부정적인 성향을 안긴다.

## 정신적 불화의 근원 3 – 인지의 수면

자아인식이 예민해진 것이 왜 정신적인 고통을 낳는가에 대한 세 번째 원인은 약간 더 복잡하다. 이는 타락의 결과, 세상에 대한 우리의 인식이 달라진 데에서 나온다.

타락하지 않은 사람들에게 세상은 굉장히 사실적인 장소다. 그들에게는 모든 것이 살아 있다. 바위·강·산과 같이 무생물적 사물들도 살아 있다. 그들에게는 D. H. 로렌스의 말대로 "모든 나뭇잎과 돌, 모든 가시와 싹에 창조의 경이로움과 환상이 어른거린다."[22]

그러나 우리 타락한 사람들에게 세계는 좀 더 따분하고 지루한 장소다. 우리는 과제들, 집중을 방해하는 것들, 머릿속에서 일어나는 생각의 수다에 집중하며 대부분의 시간을 보낸다. 우리에게 바위나 강, 나무들은 원자와 분자의 비활성적 집합체들일 뿐이다. 우리는 그것들에 내재하는 생명, 그것들이 '꿈꾸고 있다'는 인식을 상실했다. 로렌스의 말처럼 "우리는 고대 인류의 위대하고 복잡하게 발전된 감각적 인식과 지식을 거의 완전하게 상실했다."[23]

궁극적으로 모든 사물을 살아 있게 만드는 것이 이러한 감각적 인식이므로 우리는 우주와 만물에 스며 있는 영적인 힘에 대한 자각을 상실했다. 타락하지 않은 사람들은 이 영적인 힘에 대해 모두 다른 용어를 가지고 있다. 그러나 타락한 문화에서는 그 개념이 완전히 결여되어 있으며, 단지 극소수의 전문가들만 알고 있는 신비로운 개념이다. 그것은 힌두 철학의 브라만(Brahman), 중국 철학의 도(道), 그리고 대승불교의 진신(眞身)[◀]이다.

원시인들에게는 분명하고, 객관적 사실이었던 것이 우리에게는 극히 일부 사람들만 이해하는, 기나긴 영적 발달 과정을 통해서만 알 수 있는 고차원적 개념이 되었다. 그렇다면 우리는 이 세상 만물이 살아 있으며 영적인 힘이 존재한다는 자각을 어떻게 상실하게 되었는가?

이를 이해하는 최선의 방법은 에너지의 관점에서 생각하는 것이다. 우리 모두 어느 정도의 정신적 에너지 – 또는 내가 선호하는 용어를 사용한다면 '의식 에너지' – 를 갖고 있어서 이를 각자 다른 방식으로 소모한다. 우리가 이를 소모하는 데에는 크게 세 가지 방식이 있다. 첫째, 정신적 행동인 생각하기, 둘째, 집중적 노력이 필요한 일이나 단어 맞추기 혹은 악기 연주 같은 취미를 포함한 뭔가를 하기, 셋째, 다른 사람들로부터의 언어적 정

---

◀ 윤회를 거듭하는 몸이 아닌 진리를 획득한 영원한 몸.

보, 또는 책이나 인터넷 등을 통해 얻은 정보처리가 바로 그것이다. 타락하지 않은 우리 선조들은 정신적 행동이나 집중적 노력에 많은 에너지를 사용하지는 않았을 것이다. 그 결과 그들은 정보처리에, 특히 주위의 현상세계를 인지하는 데 사용할 정신적 에너지가 많았다. 그러나 자아폭발과 함께 이 균형은 극적으로 이동했다. 자아는 매우 강하고 능동적이어서 훨씬 많은 의식 에너지를 사용했다. 동시에 사람들의 생활도 매우 어려워졌기 때문에 더 많은 에너지와 주의를 집중적인 노력에 투입할 필요가 있었다. 그래야 자신들이 생존하기 위한 실용적인 문제들을 처리할 수 있었다. 그 결과 그들에게는 제3의 기능인 정보처리, 특히 주위의 현상세계를 인지하는 데 필요한 의식 에너지가 줄어들었다. 인지하는 것은 자아와 생존을 위한 실용적인 문제를 해결하는 데 희생되었다. 사람들은 더 많이 생각하고 행동하는 반면 더 적게 인지하기 시작했다.

어떤 시점에는 우리 선조들은 인지하는 행위에 에너지 쏟는 것을 멈추기 위해 심리적 기제를 발전시켜 그것이 사고와 행동으로 전환될 수 있도록 했다. 나는 이를 '둔감화 기제'라고 부른다.[24] 둔감화 기제는 우리가 주위 환경이나 경험에 한동안 노출되면 그것들에 대해 더 이상 주의를 기울이지 않게 한다. 우리가 사물에 익숙해지고 적응하면 발생하는 것이다. 예를 들어 처음 외국에서 생활하게 되면 모든 것이 매우 신나고, 사실적이며, 새로운 경험으로 넘치기 때문에 하루가 몇 배는 길게 느껴진다. 그러나 몇 달이 지나면 둔감화 기제가 작동하기 시작해 당신의 인지에서 새로움과 사실성을 편집해 삭제해 버린다. 당신은 새로운 환경에 익숙해지며 마침내는 지루한 일상으로 느끼게 된다.

　우리가 새로운 과제를 배울 때도 비슷한 일이 벌어진다. 처음으로 차를 몰거나 자판을 칠 때 우리는 엄청난 양의 집중적인 노력을 이러한 행위에 투입해야 한다. 그러나 많은 시간 동안 연습하고 나면, 결국 우리는 그것들을 자동적으로 처리하게 된다.[25] 심리학자 노먼과 살리스의 용어에 따르면 '의식적 처리'에서 '완전히 자동적인 처리'로 이동한다.[26] 가장 중요한 것은 에너지를 절약하는 것이다. 자동화가 되었으니 우리는 에너지와 주의를 다른 영역에 쏟을 수 있다. 그리고 콜린 윌슨이 지적한 대로, 정확히 똑같은 자동화의 과정이 우리의 인지에도 일어나는데, 이것 역시 에너지 절약의 한 방법이다. 둔감화 기제는 우리의 주위 환경을 친숙하게 만들어 우리가 더 이상 그것들에 주의를 기울이지 않도록 하며, 더 이상 그것들을 인지하느라 에너지를 사용하는 일이 없도록 한다. 그리고 이로 인해 자아는 항상 의식 에너지를 필요로 한다는 점이 분명해진다.

　이런 식으로, 자아폭발의 효과 중 하나는 에너지의 재분배라고 할 수 있다. 의식 에너지는 인지에서 멀리 떨어져 나가 자아로 다시 향했다. 그리고 이것은 왜 세상이 원시인들보다 우리에게 훨씬 덜 실제적인지를 설명해 준다. 원시인들에게는 둔감화 기제가 인지에 따라서 작동하지 않는다. 원시인들은 항상 우리가 낯선 환경에서, 특정 약물을 복용할 때 경험하는 '처음' 보는 듯한 시각으로 그들의 환경을 인지한다. 그러나 우리가 친숙함이라는 베일을 통해 세계를 보면, 자연현상의 생명력과 영적인 힘의 존재를 인지할 수 없게 된다.

둔감화 기제가 우리의 심리적 고통을 가중시키는 이유는 우리에게 세상을 덜 흥미롭고, 덜 재미있게 보이게 만들기 때문이다. 그것은 우리가 살면서 겪게 되는 모든 경험과 우리가 살아가는 모든 환경을 친숙함으로 바꾼다. 이는 우리가 세상에 무관심해지고, 지루해지고, 우리의 흥미를 끌거나 감동을 주거나 심지어는 주의를 기울일 만한 것이 아무것도 없다고 느끼기 쉽다는 사실을 의미한다.

그러나 보다 중요한 것은 이러한 인지의 수면 상태가 원시인들이 경험하는 의미에 대한 인식으로부터 우리를 단절시킨다는 점이다. 이는 원시인들의 세계와의 관계에서 우리가 매우 이해하기 어려운 부분이다. 그들은 세계와 연결되어 있다고 인식하고, 영적인 힘을 자각하기 때문에 세계가 의미 있고, 자애로운 장소라는 것을 경험한다. 이것은 우리가 높은 의식 상태에 있을 때 종종 경험하는 것이다. 바로 세계에서의 어떤 조화에 대한 자각과 그 안에서 살아 있음의 정당함에 대한 인식이다. 아메리카 원주민인 토마스 옐로테일◀은 이를 다음과 같이 설명한다.

나는 이전에도 전통적인 인디언들에게 항상 존재하는 성스러운 도움에 대해 말했다. 이 도움으로 당신은 적절한 삶을 영위하기 위해 필요한 것이 무엇인지 알 수 있었다. 당신이 매일 입는 옷에도 신성한 의미가 담겨 있다. 그리고 어딜 가든, 무엇을 하든

---

◀ 크로족의 의술사이자 인디언 선댄스 의식의 주관자.

당신은 신성한 삶에 참여하고 있었고, 내면에 신성한 감각을 간직하고 있다. 모든 형태는 의미가 있다. 심지어 티피◀의 신성한 원형도 의미가 있다.[27]

이 때문에 타락하지 않은 사람들은 아마도 세상을 '내 집처럼 안락하다'고 인식할 것이다. 그러나 이 의미에 대한 인식이 없으면 그리고 분리에 대한 우리의 인식으로 인해 우리는 세상에서 '제자리를 얻지 못했다'는 느낌을 받게 될 것이다. 우리에게 세상은 아무 의미가 없다. 그저 냉혹하고, 전혀 신성하지 않은 죽은 듯한 장소다. 그리고 분리에 대한 인식으로 세상은 이질적이고 심지어 적대적으로 보일 수도 있다. 이 '무의미함'은 19세기와 20세기의 실존주의 철학자들에 의해 아주 생생하게 설명되었다. 덴마크의 철학자 키르케고르는 그것을 '실존적 공포'라고 했고, 알베르 카뮈에게 그것은 인간의 삶을 '부조리'하게 만드는 것이었다. 실존주의 선두주자의 한 사람인 프랑스의 철학자인 블레즈 파스칼은 다음과 같이 설명했다.

내 인생의 짧은 기간이 이전과 이후에도 계속되는 영원함에 흡수된다고 생각하면, 내가 차지하고 바라보는 작은 공간은 끝없는 공간의 광대함에 삼켜진다. 그에 대해서 나는 아무것도 모르고, 그것도 나에 대해 전혀 모른다. 나는 그곳이 아닌 이곳에서 나

---

◀ 원뿔형 천막.

자신을 보는 것이 두렵고 놀랍다. 누가 나를 이곳에 데려다 놓았는가? 누구의 명령으로 이 시간과 공간이 나에게 주어졌는가?[28]

## 정신적 불화의 근원 4 - 죽음의 공포

살아 있는 존재들이 자의식을 발전시키고 자신의 존재를 자각하게 되면, 자신의 잠재적인 부재, 즉 죽음도 자각하게 된다. 돌고래나 침팬지 등의 예외를 제외하고 대부분의 동물은 자의식이 없으며 그 결과 죽음에 대한 인식이 전혀 없어 보인다.

　　선사시대 사람들이 자의식이 없었다면 그들은 죽음에 대해서도 몰랐을 것이다. 그러나 그들의 장례식, 무덤 그리고 내세에 대한 믿음들이 증언하듯 이는 사실과 다르다. 그러나 우리와 그들과의 분명한 차이점은 그들은 죽음에 대해 덜 두려워한다는 것이다. 개인성이 그들에게는 그렇게 중요하지 않기 때문이다. 그들은 자연이나 공동체 또는 그들이 속한 종족의 존재와 자신의 존재를 완전히 분리할 수 없었다. 때문에 개인으로서 더 이상 존재하지 않는다는 것은 그들에게는 그리 중대한 문제가 아니었다. 그러나 타락과 함께 개인은 더욱 분리되었고, 개인의 존재는 삶의 토대이자 축이 되었다. 그래서 개인의 종말은 무시무시한 두려움이 되었다. 개인이 죽은 뒤에도 공동체나 우주는 계속해서 살아간다는 점은 전혀 중요하지 않았다. 그 사람, 그 자신이 더 이상 존재하지 않는다는 것만이 문제였다.

　　타락한 사람들이 이 죽음의 공포를 처리하려 했던 방법 중 하나는 내세에 대한 관념을 통해서였다. 원주민들도 물론 내세관이 있다. 그러나 대부분은 죽음 이후의 삶을 이승의 삶과 크게 다르지 않은 매우 평범한 사건으로 본다. 예를 들면, 샤이엔 인디언들은 죽은 다음에도 사람들은 같은 방식으로 살아가지만, 그림자 같은 실체가 없는 영혼으로 살아간다고 믿는다.[29] 마찬가지로, 남아메리카 렝구아족의 한 구성원은 선교사인 W. B. 그룹에게 "사람을 떠난 영인 '아판각'은 육체에서 분리된 상태로만 현재의 삶을 지속할 뿐"이라고 말했다.[30] 그러나 원주민들에게 중요한 것은 죽음 이후의 삶에는 인격 또는 자아의 생존을 수반하지 않는다는 것이다. 그들에게 죽음 이후의 삶은 불멸을 의미하지는 않는다. 레비 브륄이 언급한 대로 "원시인들은 죽은 뒤에도 산다고 믿지만, 그것이 영원하다고 믿는 원시인은 어디에도 없다." 예를 들어 사라와크의 다야크족은 모든 사람은 그들의 영혼이 공기 중으로 흡수될 때까지 세 번에서 일곱 번은 죽는다고 믿는다.[31]

다른 원주민들은 사후 세계에 대해 보다 더 순수한 영적 관념을 가지고 있어서 개인의 생존은 전혀 특별한 것이 아니다. 예를 들어 에번스 프리처드의 말에 따르면, 아프리카의 누에르족은 "사람이 죽으면 생명은 천천히 약해지고 그로부터 떠나간다. 누에르족은 그것이 왔던 신(또는 영)으로 가버렸다고 말한다. … 생명은 신(또는 영)으로부터 오며 그에게 돌아간다."[32] 마찬가지로 케레산 푸에블로 인디언들은 사람이 죽으면 그들의 영혼은 '발생의 장소'인 시파프로 가서, 그들을 낳았던 '땅속 네 겹으로 된 자궁'으로 돌아간다고 믿는다. 원주민들은 죽으면 영혼이 세 부분으로 나누어진다고 믿는다.[33] '토템의 혼'은 그 사람이 살아 있는 동안 개인적 토템이었던 동물과 식물들로 돌아간다. '조상의 혼'

은 꿈의 시대 동안 세상을 창조했던 종족의 조상들을 만나러 간다. 영혼의 세 번째 측면은 '트릭스터◀'로 자아, 즉 우리가 인격이라고 부르는 것이다. 타락한 사람들의 자아처럼, 트릭스터는 사는 동안 애착을 가졌던 모든 사람과 물건을 죽은 뒤 남기고 떠난다는 생각을 싫어한다. 그래서 그 영혼은 이 세상에 붙어 있을 수도 있다. 사람들이 죽은 사람을 감정적으로 보내지 못하는 경우 죽은 사람의 트릭스터 혼이 사람들의 정신에 들어가 떠나기를 거부하고 있다는 것을 의미한다. 바꿔 말하면, 죽음 이후의 삶에 대한 원주민들의 생각에는 자아 자신이 살아 있다는 특징이 있기는 하지만 이는 전혀 중요하지 않은 측면이다.[34]

그러나 선조들의 자아인식이 예민해지면서 죽음 이후의 삶에 대한 개념도 매우 달라졌다. 여기에는 두 가지 중요한 특징이 있다. 첫째, 그들은 영혼이 아니라 자아의 불멸을 특징으로 한다. 사람들은 자신에게 너무나 소중한 '개인성'의 죽음을 마주할 수 없었다. 그래서 죽음 이후에도 이승에서 살았던 것과 똑같은 사람으로 영원히 존재하리라고 스스로 굳게 믿었다. 둘째, 죽음 이후의 삶에 대한 그들의 개념은 삶을 가득 채운 참담한 고통에 대한 위로로 설계되었다. 그들의 자아가 이승에서와 같은 끔찍한 세상에서 영원히 살아갈 수는 없었다. 그곳은 전쟁·억압·가난·질병이 없으며, 신들과 천사들과 나란히 살아갈 낙원이어야만 했다. 다시 말해, 사후 세계에 대한 그들의 생각은 인생을 조금이나

---

◀ 원시 민족의 신화에 나와 주술이나 장난 등으로 질서를 문란시키는 초자연적 존재.

마 더 참고 견딜 수 있게 해주는 일종의 집단적 몽상이었다. 영원한 낙원이 그들을 기다리고 있다면, 이승에서의 수십 년간의 고통스러운 삶은 중요해 보이지 않았다. 수입의 절반을 지주에게 바치는 소작농으로 살거나, 언제든 전쟁터로 끌려가 죽을 수도 있고, 노예로 살거나, 여성으로 살면서 남편에 복종하고, 다른 남자에게는 말도 걸 수도 없고, 허락 없이는 외출조차 할 수 없는 것도 중요하지 않아 보였다.

이러한 측면에서 볼 때 우리는 조상들보다 나쁜 처지에 있다고 할 수 있다. 우리 중 많은 사람이 선조들의 삶을 가득 채웠던 사회적·육체적 고통에서 크게 벗어나 있는 것은 사실이다. 또 그것들에 대한 반응으로 죽음 이후의 삶에 대한 개념을 발전시킨 것도 사실이다. 그러나 우리는 여전히 정신적 고통을 안고 있다. 그리고 우리는 여전히 개인적인 존재의 끝, 즉 죽음이라는 끔찍한 두려움에 대처해야 한다. 그러므로 이론적으로는 여전히 우리에게 내세에 대한 믿음이 필요하기는 마찬가지다. 문제는, 자아폭발로 인해 가능해진 합리적·과학적 세계관이 역설적이게도 우리로 하여금 불멸성과 천국에 대한 오래된 생각을 믿기 어렵게 만든 것이다. 그 결과, 우리는 어떤 종류의 위안도 없이 죽음과 직면해야만 한다. 그리고 우리는 아마도 이전의 타락한 사람들보다 죽음을 더 두려워할 것이다.

우리는 죽음에 대해 가능한 한 적게 말하고, 적게 생각함으로써 이 공포를 처리하려 한다. 19세기에 섹스가 중요한 금기였다면, 죽음은 20세기와 21세기의 중요한 금기다. 그러나 우리가 죽음을 극복하려고 아무리 애를 써도, 죽음의 전망은 뇌리에서 떠나지 않는다. 셰익스피어의 표현대로, 우리의 마음 뒤편에서 "우리의 작은 인생은 잠으로 둘러쳐 있음"을, 잠이 오면 우리가 행했던 모든 것의 중심이었던 자아는 처음부터 전혀 존재하지 않았던 것처럼 뒤덮일 것임을, 우리는 알고 있다. 심리학자 I. D. 얄롬은 이렇게 설명했다.

죽음에 대한 공포는 우리 내면에서 중요한 역할을 한다. 별것 아닌 것처럼 계속 떠오르지만 표면 아래에서는 지속적으로 우르릉거린다. 그것은 의식의 주변에 머물면서 우리를 어둡고, 불안하게 만든다.[35]

지금까지 살펴본 것들이 우리가 만족감을 잃은 이유이자 정신적 불화 상태에서 살아가는 네 가지 근본적 이유다. 그것들은 우리 경험의 너무나 근본적인 특징들이어서 우리가 진정한 행복을 발견하는 것을 불가능하게 만든다. 우리 중 일부는 부자가 되거나, 성공하거나, 끊임없는 기쁨과 오락에 빠지거나, 이상적인 배우자나 이상적인 직장, 좋은 집을 얻음으로써 스스로 행복해질 수 있다고 생각한다. 그러나 수십 년간에 걸친 많은 연구[36]가 보여 주듯 이러한 것들은 실제로 우리를 행복하게 만들지 못한다. 그것들은 우리의 정신적 불화를 그대로 방치하기 때문에 우리를 만족시킬 수 없다. 돈을 아무리 많이 벌고 성공하더라도 정신적 불화는 항상 우리 내면에 존재하면서 우리의 주의가 외부에 집중되지 않는 순간, 우리와 대면할 채비를 하고 있다.

우리 중 많은 사람이 인생을 일종의 무의미한 수수께끼라고 느끼고, 우주가 우리에게 장난을 치는 게 아닌가 하고 의심하는 것은 놀라운 일이 아니다. 우리는 별을 바라보며, 우주가 얼마나 광대하고 텅 비어 있는지 그리고 우리의 삶이 얼마나 보잘것없는지 깨닫게 된다. 우리는 스스로에게 "그게 도대체 무슨 소용이 있지?" 하고 묻지만 답은 없다. 대부분 우리는 이러한 질문들을 하지 않으려 한다. 이러한 종류의 심각한 생각은 금기가 될 정도다. 때때로 신경쇠약에 걸리거나 자살한 사람에 대해 들으면, 우리는 그들이 "생각을 너무 많이 했다"고 말한다. 그러나 대부분의 사람은 마음속 깊은 곳에서 인생은 부조리하고 어느 정도 무의미하다는 실존주의 철학자들에 동의할 것이다. 알베르 카뮈는 "부조리는 본질적 개념이며, 첫 번째 진리다"라고 썼다.[37] 실제로 이것은 모든 건 아무 의미가 없고, 우리는 언젠가는 죽을 테니 여기 있는 동안 즐길 수 있을 만큼 최대한 즐겨야 한다는 물질주의적이고 쾌락주의적 가치관의 핵심을 이루는 철학이다.

그러나 자각하지 못할 수도 있지만 정신적 불화에서 벗어나려는 욕망은 우리의 내면 가장 깊은 곳에 내재한 욕구 중 하나다. 우리는 정신적인 불화를 극복하고, 완전한 행복을 얻으려 노력하거나 아니면 적어도 고통에서 벗어나 중립적인 상태로 만들기 위해 노력하며 산다.

# 07

# 정신적 불화로부터의
# 탈출

우리가 정신적 불화에 대처하는 방법 중 하나는 직면하기를 피하
는 것이다. 우리는 상당 부분 운동이나 오락 활동 - 일, 취미, TV
시청과는 다른 종류의 여흥들 - 으로 인생을 채운다. 이 모든 것
들은 우리의 주의를 외부에 집중하게 하므로 정신적 불화와 직면
할 필요가 없게 만든다. 우리의 의식은 운동이나 TV 프로그램에
완전히 사로잡혀서 내면의 부조화를 경험할 틈이 없다.

우리는 우리의 마음으로부터 보호되어야 한다. 우리가 정신
의 내면에서 시간을 보내면, 그 결과가 파멸적일 수 있다. 원주민
들은 일주일에 10~12시간 동안만 일하거나, 몇 시간 동안 줄 서
서 기다리면서도 안절부절못하거나 흥분하지 않을 수 있겠지만,
우리에게는 활동하지 않는 건 저주다. 단지 몇 시간 동안 혼자 있
거나 아무런 활동을 하지 않는 것만으로도 우리 내면에 있는 지
루함, 걱정, 우울의 판도라 상자가 열릴 것이다.

우리는 이미 1장에서 실업과 은퇴의 부정적 효과를 주목했
다. 그리고 이것은 심리학자들의 자각 상실과 관련된 실험에서도

분명하게 드러났다. 예를 들면, 1950년대에 실시된 일련의 실험에서 실험 참가자들은 눈을 가리고, 귀마개를 하고, 팔과 다리에는 촉각을 느끼지 못하도록 튜브를 부착했다. 그들 대부분은 즉각적으로 정신적 불편함을 경험하기 시작했으며 그 불편함을 오래 참을 수 없었다.[1]

정신적 불화를 피하는 또 다른 방법은 마약을 복용하는 것이다. 물론 타락하지 않은 많은 사람도 마약을 복용한다. 남아메리카 전역에서 인디언들은 환각제 나무에서 추출한 가루를 흡입했으며, 오늘날에도 아마존 인디언들은 환각을 일으키는 코담배를 흡입한다. 중앙아메리카의 인디언들은 공통적으로 환각을 일으키는 버섯들을 복용하고, 일부 북아메리카 인디언들은 약용 메스칼린[◄]이 들어 있는 페로테를 복용한다. 마찬가지로, 시베리아와 뉴기니의 원시인들도 '마술' 버섯을 먹는데, 인류학자들은 이들에게서 '버섯 광증'의 사례를 관찰했다.[2]

그러나 마약에 대한 원시인들의 태도는 우리의 태도와는 완전히 다르다. 그들은 절대로 마약을 순전히 오락 목적으로 사용하지 않으며, 종교적인 의식이나 성인식, 장례식의 한 부분으로만 사용하거나, 의학적 처방으로만 사용한다. 그들에게 마약의 목적은 자각을 강화하고, 보이는 세계와 보이지 않는 세계 간의 간극을 없애고, 영혼과 접촉하기 위한 것이다. 다시 말해, 그들은 시야를 확장하기 위해 마약을 사용한다.

---

◄ 로포포라 선인장의 화두 페요테에 함유된 유독성 알칼로이드 물질로 진통 작용이 있으며 망상이나 구토를 일으키기도 한다.

그러나 타락한 사람들에게 마약의 목적은 오로지 탈출이다. 우리는 '더 많이'가 아니라 '더 적은' 현실을 경험하길 원한다. 마약은 술을 포함해 우리가 삶에서 주의를 충분히 집중시킬 만한 활동이나 구조를 갖추지 못했을 때 우리가 경험하게 될 정신적 불화에 대한 최후의 방어선이다. 이는 실업이나 은퇴로 인해 발생할 수 있다. 또는 음악가, 배우 그리고 직업적 활동이 멈춘 사람들에게도 발생할 수 있다. 신경안정제나 항우울제 같은 마약들은 우리 내면의 불만에 면역을 갖게 하는 무감각을 유발한다. 반면에 코카인과 엑스터시 같은 마약들은 내면의 불만을 압도하는 즐거운 감각으로 우리를 채운다.

## 물질주의의 근원

정신적 불화를 처리하는 두 번째 방법은 그것에 대한 보상이나 그것을 상쇄할 다른 행복의 원천을 찾는 것이다.

타락한 사람과 타락하지 않은 사람들 간의 가장 놀라운 차이는 물질적인 재화를 대하는 태도가 완전히 다르다는 것이다. 타락하지 않은 사람들은 일반적으로 재산이나 땅을 갖거나 소지품을 모으려는 욕망이 없다. 사적 소유는 도덕적으로 나쁘다고 생각한다. 개인별로 매일 사용하는 취사도구나 기구들과 같은 약간의 개인적인 도구들을 제외하고 모든 것을 의무적으로 공유하도록 되어 있다.[3] 다른 모든 것은 집단 공동소유다. 실제로 사적 소유는 타락하지 않은 사람들에게는 매우 생소한 관념이어서 그들 중 많은 사람은 '소유'나 '재산'이라는 단어의 개념조차 없다.

예를 들면, 콜린 스콧이 크리 인디언의 언어에 대해 지적한 대로 "영어에서의 '재산'과 동의어 혹은 비슷한 의미의 단어가 없으며, '소유한다'는 뜻의 동사도 없다.[4] 마찬가지로 로버트 롤러가 지적하듯, 수백 종의 애버리진 언어에도 '재산'을 의미하는 단어는 없다.[5]

아메리카의 식민주의자들도 아메리카 원주민들에게 물질주의가 없는 것을 보고 똑같이 당황했다. 인디언들은 필요한 만큼의 음식을 만들고 나면 일하기를 중단했다. 그들은 금이 어디에 있는지를 알아도 금을 캐느라 애쓰지 않았다. 또 유럽인들이 아름답고 고귀하다고 생각하는 물건들에 대해 거의 관심이 없었다. 앨빈 조세피는 《아메리카 인디언의 유산Indian Heritage of America》이라는 저서에서 이러한 태도가 식민주의자들에게는 너무나 생소해서 "인디언들이 영혼 없는 인간 이하이거나 동물과 같은 존재"인 증거라고 생각했다.[6] 일부 관찰자들이 지적했듯이, 많은 원시인은 유목민적 생활양식을 영위하기 때문에 재산을 축적할 수가 없다. 그들이 한 장소에서 다른 장소로 이동할 때 일정 정도의 물건만 운반할 수 있기 때문이었다. 그러나 그들은 정주 생활을 하면서도 물질적인 재화에 관심이 없었고, 공유를 우선시하는 도덕적 원칙을 가지고 있었다.

원주민들이 전쟁을 하지 않는 것처럼 물질주의가 없는 것은 진화심리학자와 신다윈주의 생물학자들이 제시한 인간 본성에 대한 견해가 얼마나 결함이 많고 한계가 있는가를 명백하게 보여 준다. 그들은 인간은 생존을 위해 물건을 소유하려는 본능이 있다고 말한다. 그러나 리와 드보레는 다음과 같이 주장했다.

경제학자들이 '경제인(economic man)'◀에 관해 세운 모든 가정은 이러한 수렵채집인 사회에는 맞지 않는다. 식량을 수집하면 즉각 귀환하는 사회의 사람들은 소유욕이 없으며, 자기중심적으로 비용과 이득을 계산한다. 이러한 사회에서 보편적인 형태로서의 경제인 개념은 허구임이 분명해 보인다.[7]

토지와 물질적 재화를 소유하려는 욕구는 전쟁과 가부장제처럼 타락한 사람들의 특성이다. 사실 세계의 타락 신화들 일부는 분명 '소유에 대한 애착'이 타락의 부정적인 결과 중 하나였음을 밝히고 있다. 특히 로마의 시인 오비디우스가 인류가 원래의 황금시대로부터 쇠퇴했음을 묘사한 것에서 분명하게 드러난다.

모든 태도의 악이 발생했다. 수치심이 사라졌다. 그리고 진실과 믿음도. 이러한 것들이 있던 자리에 사기와 협잡과 배신과 억압과 소유에 대한 저주받은 애착이 가득 찼다. … 그때까지 햇빛과 바람처럼 공동소유였던 토지에 이제는 측량사가 기다란 경계선들을 표시했다.[8]

마찬가지로 플라톤은 신화에 나오는 섬인 아틀란티스에 대해 "그들이 소유한 금과 다른 재산에 대한 부담은 가벼웠다. 그들은 사치품에 중독되지 않았고, 부유하다고 자제력을 잃는 법도

◀ 자신의 이익을 행동의 기준으로 삼는 인간 유형. 18세기 이후 영국 고전적 자유주의 경제학에서 경제사회의 합리성을 파악하기 위한 이론적 전제로 설정되었다.

없어서 몰락하는 일도 없었다"라고 서술한 바 있다.[9]

애버리진과 인디언들도 '소유에 대한 애착'이라는 유럽인들의 질병에 매우 당황했다. 우리가 본 것처럼 인디언들은 땅을 소유한다는 생각을 이해할 수 없었으며, 인디언들이 유럽인들의 생활양식에 적응하기 어려운 이유 중 하나였다. 가끔은 그들의 이러한 점이 유럽 식민주의자들에게 유리하게 작용했다. 왜냐하면 인디언들은 땅의 한 부분을 판다는 관념을 어리석은 농담으로 생각했기 때문에, 유럽인들이 형편없이 낮은 가격에 땅을 살 수 있었던 것이다. 세네카족의 한 족장이 말한 대로 "사람이 바다와 그가 숨 쉬는 공기를 팔 수 없듯이 땅도 팔 수 없다."[10]

금에 대한 유럽인들의 집착도 인디언들에게는 똑같이 이상하게 느껴졌다. 식민주의자들은 금에 아주 높은 가치를 매기고 금을 얻으러 멀리까지도 갈 준비가 되어 있었기 때문에 일부 부족들은 금이 초자연적인 힘을 가진 일종의 신일 것이라 생각했다. 그들의 관점에서는 논리적인 결론이었다. 쿠바의 한 인디언 족장은 스페인인들이 그의 섬을 침략하려 한다는 것을 알고, 그들의 분노를 달래기 위해 금의 영에 호소했다. 이는 그 족장이 스페인인들이 금을 숭배한다고 믿었기 때문이었다. 그는 큰 통에 금을 가득 담고 기도했지만, 불행히도 결과는 달라지지 않았다. 스페인인들은 섬을 침략해 그를 잡은 뒤 산 채로 불태웠다.[11]

그 이후에도 '소유'라는 질병은 걷잡을 수 없이 만연했다. 현대 세계는 물질주의에 빠져 미쳐 버린 것만 같다. 우리 문화의 행복 패러다임, 즉 행복이 무엇이며, 어떻게 얻을 수 있는가에 대해 사회적으로 인정되는 개념은 가능한 한 많은 돈을 버는 것이다.

그래서 큰 집, 고급차 등 가장 크고 좋은 것을 사고, 보석, 장신구 등 불필요한 사치품을 사고, 유흥에 돈을 쓰며 행복을 느낀다는 것이다. 인디언들이 금을 일종의 신으로 생각했던 관점에서 보면 현대 세계에서는 물질주의가 일종의 종교가 된 셈이다.

물질주의에 대한 욕망은 우리 내면의 정신적 불화를 넘어 행복의 원천을 찾으려는 욕망에서 비롯된다. 타락하지 않은 사람들은 정신적 불화로 고통받지 않으므로 물질주의적이지 않다.

물론 물질주의는 우리에게 어느 정도의 행복을 선사한다. 새로운 물건을 살 때 일시적으로 기쁨을 선사한다. 소유물은 지위를 상징하는 기능도 있어 행복감도 느끼게 한다. 이러한 것들을 갖지 못한 다른 사람들보다 우리가 더 중요한 존재 혹은 우월한 존재라고 느끼는 '자아 황홀감'을 선사한다.

그러나 가장 중요한 것은 재산이 우리에게 '안정감'을 준다는 점이다. 그래서 우리는 재산을 갈망한다. 우리는 세상을 근본적으로 위협적인 장소로 느끼고, 내면 깊은 곳에서는 살아 있는 존재로서 우리의 존재가 허약하고 일시적이라는 것을 알고 있다. 때문에 재산이 우리에게 일종의 영속성과 보호받는다는 느낌을 주는 것이다. 심리학자 팀 카서에 따르면, 물질주의적인 가치들은 근원적인 불안 증상이며, 사람들 일부가 근심을 완화시키려는 시도로 사용하는 일종의 대응 전략으로 볼 수 있다.[12]

이와 관련해 물질주의는 우리 자신을 완성하려는 하나의 시도라고도 볼 수 있다. 앞서 우리는 강한 분리 인식이 우리에게 우리 자신만으로는 충분치 않다는 결핍 인식을 남겼다는 것을 살펴보았다. 이는 마치 어린이가 부모의 충분한 애정을 받지 못해 내면에 공허함과 불안감을 느끼는 것과 같다. 이 때문에 우리는 자신을 완성시켜야 한다는, 내면의 구멍을 메우려는 강한 욕구가 생긴다.

마지막으로, 물질적 재화에 대한 열망은 자아폭발이 우리에게 남긴 죽음의 공포와 관련이 있다. 우리는 어느 정도 물건과 부를 소유함으로써 어떻게든 죽음을 속일 수 있고, 죽음으로부터 절연될 수 있다고 느낄 수 있다. 심리학의 '공포 관리 이론(Terror Management Theory, TMT)'에 따르면, 대부분의 인간 행동이 죽음에 대한 심연의 무의식적인 공포를 처리하기 위한 시도라고 본다. 공포 관리 이론에 바탕을 둔 팀 카서와 다른 학자들의 실험들은 사람들이 죽음에 대해 더 많이 의식할수록, 더욱더 물질주의적이 된다는 것을 보여 주었다.[13]

이 점에서 쾌락주의도 중요하다. 물질주의와 쾌락주의는 밀접하게 연계되어 있지만, 쾌락주의 – 가능한 한 많은 재미와 기쁨을 느끼려는 노력 – 는 정신적 고통을 처리하려는 별도의 방법이다. 우리는 본능적으로 즐거운 것들을 발견하도록 설계되어 있다. 군중에 둘러싸인다거나, 큰 소리의 음악, 현란한 불빛, 고속 운전, 쾌적한 기후조건 등 어떤 상황에서 우리는 본능적으로 흥분감을 느낄 수 있다. 이러한 것들은 모두 우리가 누르기만 하면 행복감을 주는 '쾌락 버튼'들이다. 일부는 생존과 번식을 위해 선천적으로 있는 것이다. 예를 들면 음식은 즐거움을 주므로 먹고 싶어 하며, 섹스도 즐거움을 주므로 우리는 번식을 하게 된다.

쇼핑이 쾌락 버튼을 누르는 행위라는 사실과는 별도로 쾌락주의와 물질주의의 관계는 돈이 많을수록 우리는 쾌락에 더 많이 접근할 수 있다는 것이다. 그리고 물질주의와 마찬가지로 쾌락주의의 목적은 우리의 근본적인 불행을 행복감으로 덮어씌우는 것이다.

오래된 종교인 기독교가 힘을 잃기 시작한 시점에 쾌락주의와 물질주의가 우리에게 그토록 중요해진 것은 우연이 아닐 것이다. 종교가 주는 위안이 더 이상 유용하지 않으므로 우리는 타락 이후 정신적 고통에 더 많이 노출되었고, 다른 곳에서 안녕을 찾아야 한다. 그러나 안타깝게도 우리의 모든 노력에도 불구하고 이것은 완벽하게 작동하지 않는다는 것이다. 물질주의와 쾌락주의는 우리를 절대 만족시키지 못한다. 그것들이 가져다주는 흥분감은 매우 일시적이기 때문이다. 우리의 정신적 불화는 늘 존재하는 반면, 쾌락 버튼을 통한 활기는 금세 사라져 버리고 우리는 다시 출발점으로 돌아온다.

## 지위에 대한 욕망

우리가 정신적 불화를 넘어서는 또 하나의 방법은 '자아 기반 행복'을 추구하는 것이다. 사실 이것은 우리 문화가 가진 행복 패러다임의 또 다른 중요한 부분이다. 우리는 중요한 사람이 됨으로써, 성공하고 유명해짐으로써, 다른 사람의 존경과 찬사를 받음으로써 행복을 발견할 수 있다고도 믿는다.

이러한 자아 기반 행복을 이루는 방법은 근본적으로 두 가지가 있다. 권력을 얻거나 성공하는 것이다. 우리는 다른 사람을 압도하는 권력을 갖거나 그들을 지배함으로써 우리가 갈망하는 높은 지위를 얻을 수 있고, 그렇게 함으로써 우리의 권위와 그들이 우리를 대하는 존경심이 우리의 자아를 부풀어 오르게 한다. 다음 장에서 보게 되겠지만, 전쟁, 가부장제 그리고 사회적 계급 분화는 모두 이 욕구와 밀접하게 연계되어 있다. 반면 우리는 우리의 업적과 재능을 통해 다른 사람들이 우리를 존경하게 만드는 일을 함으로써 지위를 획득할 수 있다. 또는 재능이 없거나 성공하지 않아도, 사고를 치거나 TV 프로그램 참가자가 되는 등의 방법으로 사람들의 관심을 끌어들일 수 있다.

타락하지 않은 사람들은 중요한 인물이 되려는 욕구가 없다. 그들 문화에 사회적 계급 분화가 일어나지 않았다는 점에서 분명하다. 사회적 계급 분화는 부에 대한 욕망과 함께 권력에 대한 욕망에서 나오기 때문이다. 또 권위주의적이거나 지도자적인 인물이 없고, 집단적인 정책 결정 과정 등 그들 사회들의 민주적인 본성을 보아도 이는 분명하다. 만약 그들이 지위에 대한 욕망이 있었다면, 권력을 평등하게 공유하는 것에 만족하지 않았을 것이며, 다른 사람들보다 높아지기 위해 더 많이 축적하고, 결정권을 장악하려고 애를 썼을 것이다.

자아 기반 행복에 대한 갈망으로 타락한 사람들의 사회는 언제나 매우 경쟁적이다. 권력, 성공 그리고 부의 양은 제한적이지만 모두가 그것을 원하므로, 우리는 그것을 얻기 위해 다른 사람들과 싸워야만 한다. 이는 일상에서도 마찬가지다. 공원에서 축구를 하거나, 춤을 추거나, 농담할 때조차도 우리에게는 이기는 것 혹은 최소한 잘하는 것 또는 다른 사람들보다는 잘하는 것이 중요하다. 그래야 존경과 지위를 얻을 수 있기 때문이다.

타락하지 않은 사회들은 이러한 경쟁적인 특징이 전혀 없다. 로버트 롤러가 지적하듯, 애버리진 종족에게는 경쟁적인 정신·태도·욕구가 없다. 게임이나 운동에도 경쟁은 포함되어 있지 않다.[14] 마찬가지로 인류학자 L. 마샬은 남서아프리카 쿵족 공동체의 아이들은 어떠한 경쟁적인 놀이도 전혀 하지 않는다고 했다.[15] 진 리들로프도 남아메리카 아마존 지역의 한 종족인 예쿠아나족에 대해 다음과 같이 썼다.

> 그들에게는 경쟁적 게임이 없다. 레슬링을 하지만 우승자는 없다. 남자들이 조를 짜서 일련의 경기를 벌일 뿐이다. 끊임없이 활쏘기를 연습하지만 다른 소년들과 경쟁하지는 않는다. 사냥 역시 경쟁하는 일이 아니다.[16]

개인 재산이라는 측면에서 보면, 경쟁은 타락 이전 문화의 공동체 원리에 위배된다. 사람이 자신을 누구보다 중요하게 여기는 순간 공동체의 균형과 조화가 흐트러진다. 타락하지 않은 문화에서는 위대한 예술가들조차도 우리의 관점에서 보면 이상할 정도로 이타적으로 보인다. 예를 들면 아이슬러가 고대 크레타에 대해 말한 것처럼, 지배 계급들 사이에서도 개인적인 야망은 알려지지 않았다. 작가의 이름이 남겨진 예술품이나 지배자의 업적에 대한 기록을 어디서도 발견하지 못했다.[17]

이러한 차이로 식민주의자들이 원주민들에게 경쟁 스포츠를 소개하려고 할 때 결코 일이 순조롭게 진행되지 않았다는 것은 놀라운 일이 아니다. 뉴기니의 한 학교에서 소년들은 축구 시합을 하도록 강요받았지만, 그들은 가능한 한 많은 골을 넣어 이기려 하는 대신에 득점이 같아질 때까지 계속 움직였다.[18] 축구는 원주민들의 공동체적 감수성에도 반하는 것이었다. 그들은 자신이 속한 공동체 구성원들에게 '이긴다'라는 생각을 이해할 수 없었고, 경기가 요구하는 일종의 공격과 대립도 보여 줄 수 없었다.[19]

물질주의와 마찬가지로 지위에 대한 욕망 그리고 그것을 동반하는 경쟁적인 욕구는 타락한 문화가 갖는 하나의 특징이다. 그리고 어쩌면 사라져가는 종교에 대한 반작용으로 현대 세계에서 지위에 대한 욕망은 소유라는 열병만큼이나 고질적이다. 바로 이것이 출세 사다리의 꼭대기까지 올라가고, 사업가로 성공하고, 언론에 이름이 나고, 외제차나 비싼 브랜드의 옷 같은 지위의 상징을 소유하려 한다. 우리는 더 좋은 자격, 더 좋은 일자리, 더 좋은 승진 기회, 더 큰 집, 더 좋은 차 같은 것을 얻기 위해 서로서로 경쟁한다. 많은 사람이 인생을 돈, 성공, 지위를 가능한 한 많이 얻으려는 경주라고 생각한다. 날이 바뀔 때마다 우리는 조금이라도 앞으로 전진해있거나 아니면 최소한 다른 사람보다 뒤처지지는 않는다고 느껴야 한다. 그래서 우리는 새로운 기술과 자격을 얻기 위해, 생활 수준을 높이기 위해, 조금이라도 호화로운 집을 만들기 위해 계속해서 노력한다.

그러나 누군가에게는 지위에 대한 욕망은 훨씬 더 멀리 나가서, 권력에 대한 광적인 추구로 변해 끔찍한 결과를 초래한다. 아마도 그들은 날 때부터 자아인식이 보통 사람들보다 강한 탓에 그들 내면의 정신적 불화의 수준도 높았을 것이다. 알렉산더 대왕, 나폴레옹, 히틀러 같은 정복자들은 전 세계를 정복함으로써 불멸의 신과 같은 지위를 얻으려 했다. 루퍼트 머독◀과 같은 현대 정치인들이나 사업가들 역시 권력에 대해 이와 같은 종류의 극단적인 욕구를 갖고 있다.

그리고 이 자아 기반 행복이 어느 정도 효과가 있다는 것도 사실이다. 어떤 면에서는 물질주의나 쾌락주의보다 더 효과적인 것처럼 보인다. 그것이 주는 행복의 광채가 더 오래 지속되는 것으로 보이기 때문이다. 마약 복용이나 쇼핑으로부터 얻는 행복감은 그 순간만 지속된다. 그러나 누군가 당신을 존경하며 바라볼 때, 청중이 당신의 연주에 환호할 때, 당신의 책이 출간될 때 당신이 얻는 긍정적 느낌은 그 뒤로도 한참 동안 지속될 수 있다. 그러나 그것 역시 언젠가는 사라진다. 그래서 자아 기반 행복도 우리를 완벽하게 만족시킬 수는 없다. 이것이 우리가 지금까지 이뤄온 성공이나 지위 등의 성취 수준에 만족하지 못하는 원인이다. 정복자들은 새로운 나라에 계속 쳐들어가야 한다. 사업계의 거물들은 또 다른 회사들을 계속 인수해 나가야 하며, 팝스타들은 더 많은 음반을 판매하며 시장을 더 장악해야 한다. 우리는 자아 기반 행복의 새로운 '성과물'을 만들어서 사라진 것들을 대체해야 한다.

여기서 또 하나의 문제는 자아 기반 행복이 '수확체감 법칙'의 대상이라는 점이다. 그래서 성과물이 지난번과 같은 수준으로 빛나는 광채를 내려면 지난번의 성과보다 더 강력해야 한다. 그

---

◀ 호주 출신의 미국 언론 재벌. 미국의 폭스 뉴스, 〈월스트리트 저널〉 등 강력한 매체들을 소유하고 있으며, 엄청난 영향력을 행사한다.

리고 어떤 시점에서는 더 이상 이것조차 불가능하다. 어느 순간이 되면 더 이상 정복할 새로운 나라나 시장이 없다거나, 우리가 필요로 하는 새로운 수준의 성공이나 권력을 얻을 수 없다는 것을 알게 된다. 그리고 이 순간 우리는 정신적 불화에 묶여 옴짝달싹 못 하게 되고 저항할 수도 없다. 알렉산더 대왕이 당시 세계에 알려진 것 가운데 가장 거대한 제국을 건설한 뒤에도 여전히 만족하지 못하고 새로 정복할 땅이 없어 울었다고 전해지는 순간이 바로 이러한 때이다.

## 타락한 정신의 결과

물질주의와 관련해 이 모든 것들을 이해하는 유일한 방법은 그것을 우리 내면의 부조화에 대한 반응으로 보는 것이다. 타락하지 않은 사람들은 정신적인 불화로 고통을 겪지 않기 때문에 지위에 대한 욕망이 없다. 그러나 우리는 정신적 불화를 넘어서거나 상쇄하기를 희망해 행복의 다른 원천으로 성공과 권력을 추구한다. 아마도 우리는 이러한 방법을 통해 우리가 느끼는 결핍을 채움으로써 자신을 완성시키려 할 것이다. 우리가 중요한 인물이 되려고 부단히 노력하는 것은 스스로 내면에서 '아무것도 아님', 또는 최소한 '전체가 아님'을 근본적으로 인식하기 때문이다.

　　죽음의 공포도 한 요인이 될 수 있다. 과잉 발달된 자아의 근본적 욕망 중 하나는 영원히 사는 것이다(마지막 장에서 보겠지만, 이것이 바로 타락한 사람들의 종교가 항상 천국에서 영원히 살아가는 것을 보여주는 이유다). 그러나 우리 가운데 많은 사람이 천국에서 영생할 가능성을 더 이상 받아들이지 않기 때문에, 지상에서 영생을 얻는 일이 더 중요해졌을 것이다.

우리가 불멸의 신과 같은 지위를 얻을 정도로 강력해지거나 유명해져서 우리에 대한 기억이 - 그리고 행위의 결과가 - 우리가 죽은 뒤에도 오랫동안 살아남는다는 의미에서 우리가 죽음을 초월하는 것이다. 다시 말해, 지위에 대한 욕망은 공포를 관리하는 또 하나의 모습이다.

이것을 바라보는 또 하나의 관점은 켄 윌버가 '아트만 프로젝트'라고 명명한 것이다. 그에 따르면, 인간의 진정한 본성은 순수한 영혼, 즉 아트만이다. 우리 존재의 가장 핵심에서 우리는 공간과 시간과 죽음을 초월하여 무한하고 영원한 우주와 하나가 된다. 비록 우리는 이 참된 본성으로부터 멀어졌지만, 우리는 여전히 그에 대한 직관이 있고, 우리의 가장 심연에는 우리가 잃어버린 전체성을 되찾으려는 욕구가 있다. 그러나 우리는 완전히 잘못된 방법으로 이를 이루려 헤맨다. 그리고 우리의 진정한 영적인 본성의 특징들을 자아의 영역으로 바꿨다. 우리 자신들 깊은 곳에서 우리는 신과 하나이며 실제로는 신이다. 그러나 자아의 수준에서 이는 신이 되고픈 욕망, 강해지고 싶은 욕망, 다른 사람들을 통제하고 지배하고 싶은 욕망으로 바뀐다.

윌버는 물질주의도 이 관점으로 설명한다. 우리 내면의 가장 심연에서 우리는 모든 것이지만, 자아의 수준에서 이는 모든 것을 갖고 싶은 것, 즉 물건을 소유하려는 욕망으로 바뀐다. 마찬가지로 우리의 영혼은 불멸이지만 자아 수준에서는 개인으로서 영원히 살고 싶은 욕망, 따라서 내세라는 타락한 문화의 사상으로 바뀐다. 우리의 잃어버린 전체성을 되찾으려는 이 욕구가 – 그러나 역설적으로 이것이 일어나지 못하게 가로막는 방법으로 – 바로 아트만 프로젝트다.[20]

이 모든 것을 염두에 두면 모든 타락한 사회가 자본주의 사회라는 사실은 놀랍지 않다. 이른바 '자본주의 체제'는 경제학자나 정치인들에 의해 강요된 것이 아니라, 타락한 정신의 한 부분인 부와 지위에 대한 욕망의 필연적 결과였다. 공산주의는 타락 이전 시대에 속한다. 마르크스와 엥겔스가 깨달은 것처럼 모든 타락 이전의 사회는 재산을 공동소유하고, 계급이나 카스트도 없고, 착취가 없는, 결과적으로 공산주의 사회들이었다. 그리고 이 사회체제는 단순히 타락한 사람들이 그토록 갈망하는 것들에 대한 욕망이 없기 때문에 발생한 결과였다.

그러나 지난 100여 년간 여러 사회에 공산주의를 강요하려는 시도가 모두 실패한 것은 전혀 놀랄 일이 아니다. 공산주의는 타락한 인류에게는 비정상적이다. 대다수의 사람에게 사유재산, 경쟁, 권력을 포기하라고 요구하는 것은 섹스나 음식을 포기하라고 하는 것처럼 부질없는 짓이다. 그러나 뒤에서 자세히 살펴보겠지만, 지난 수백 년 동안 새로운 종류의 정신이 미묘하게 나타나고 있다. 나는 이것을 '타락 초월' 정신이라고 부른다. 이는 일반적으로 사회들이 점차 더 평등해졌으며 민주적으로 되었다는 것을 의미한다. 최근 이러한 사회주의적 철학들이 등장하고 인기를 얻고 있다는 사실도 타락 초월 정신이 나타났다는 증거다.

이 책을 시작하면서 검토한 인류 사회의 다른 세 가지 특징 – 전쟁, 가부장제, 사회적 계급 분화 – 도 마찬가지다. 이것들도 타락한 정신의 필연적 결과지만, 타락 초월 정신의 등장으로 인해 특히 지난 수십 년간 점차 덜 심화되는 듯하다.

우리는 지금까지 타락이 어떻게 정신적 불화를 만들었는지 확인했고, 이것이 어떻게 인류에게 부와 지위에 대한 뿌리 깊은 열망을 주었는지를 살펴보았다. 이제 우리는 그것이 어떻게 전쟁, 가부장제, 사회적 억압을 발생시켰는지 살펴보고자 한다.

# 사회적 혼돈의 기원 1
# - 전쟁

인간의 본성에 대한 '이기적 유전자' 이론이 맞다면, 인간의 모든 종류의 병적인 행동은 타고난 것이며 필연적이다. 예를 들면 일부 진화심리학자들은 인종차별이 필연적이라고 주장했다. 한 집단에 다른 집단은 같은 식량의 원천을 두고 다투는 잠재적인 경쟁자다. 그러므로 그들의 생존에 잠재적 위험 요소이다. 그 결과 그들은 유전학적으로 다른 집단에 적대적으로 되도록 설계되어 있다. 사람들은 단지 자신의 유전자 생존에만 관심이 있다. 그리고 이는 항상 다른 집단 구성원들에 의해 위협을 받는다.[1] 이런 식으로 보면 강간도 필연적으로 보인다. 합법적인 성관계를 가질 수 있는 여성들을 찾지 못하는 남성들은 항상 있을 것이다. 그러나 그들의 유전자는 여전히 자신을 복제하기 위해 필사적이다. 그래서 이러한 남성들은 여성들의 뜻에 반하여 그들과의 성관계를 강제하는 것 말고는 다른 '선택'의 여지가 없다.[2]

인간이 전쟁을 좋아하는 것도 이와 비슷한 논리로 단순화되었다. '이기적 유전자' 이론에 따르면 전쟁은 인종차별에서 단 한

걸음 앞으로 나간 것일 뿐이다. 전쟁은 각기 다른 집단 간의 생존을 위한 이해가 충돌할 경우 발생한다. 자연은 우리에게 한정된 자원만을 주었다. 한 지역에 과일나무, 사냥감, 식수와 세탁을 위한 강줄기 등의 숫자는 제한되어 있다. 우리의 생존은 이러한 자원들에 대한 접근에 달려 있다. 그래서 다른 집단도 이 자원들을 사용하겠다고 위협하면, 우리의 이기적 유전자는 우리로 하여금 그들에 맞서 싸워서 죽이게 재촉한다. 진화심리학적 측면에서 집단은 서로 영원히 충돌하는 '선택의 힘'이 된다.

좀 더 노골적으로 말하면, 전쟁을 화학적 용어로 설명하려는 시도가 있다. 우리는 흔히 전쟁과 가부장제를 초래한 남성의 공격성이 남성의 체내에 있는 다량의 테스토스테론의 결과라는 설명을 듣기도 한다. 평균적으로 남성은 매일 5,100마이크로그램의 테스토스테론을 분비한다. 반면 여성의 하루 분비량은 100마이크로그램이다. 그리고 테스토스테론은 화학적으로 우리에게 - 켄 윌버의 표현으로 하면 - "섹스해, 아니면 죽여!"라고 지시한다.[3] 이는 마음속으로 모든 남성들은 싸우고, 섹스하며 시간 보내기를 좋아하는 바이킹족이라는 의미다.

또 다른 이론은 남성의 공격성이 뇌 화학물질 세로토닌의 감소로 인해 발생한다는 것이다. 실험 결과 동물에게 세로토닌을 주입하면 공격성이 떨어지는 것으로 나타났으며, 충동적 공격성을 지닌 아이들은 폭력적인 범죄를 저지르는 어른들처럼 세로토닌 수준이 낮은 경향이 있다는 사실도 연구 결과 발견되었다. 혈중 콜레스테롤의 낮은 수치, 또는 인슐린 수치가 보통 이상인 것도 폭력과 관계가 있다는 연구 결과들도 있다.[4]

이러한 화학적 이론의 문제는 닭이 먼저인지, 달걀이 먼저인지를 말하는 게 어려운 것처럼, 무엇이 먼저인지 판별하는 게 불가능하다는 것이다. 문제의 화학적 상태(낮은 수치의 세로토닌이나 높은 수준의 테스토스테론)가 공격적 행동의 원인이라기보다는 오히려 공격적 행동의 결과일 가능성도 있다. 그리고 어떤 화학적 상태가 어떻게 특정 시간에 한 개인을 공격적으로 만들 수 있을지 상상할 수 있지만, 이것이 어떻게 전쟁의 특징인 집단적이고, 고도로 조직적이며, 장기적인 공격을 일으켰는지 설명할 수 있다고 보기는 어렵다.

높은 수준의 테스토스테론 수치가 특정 순간에 싸우고자 하는 욕망을 설명해 줄 수 있지만, 이것에 앞서 일어나는 전쟁의 동기를 설명해 줄 수는 없다. 예를 들어 다른 집단을 정복하고, 노예로 만들거나, 국가의 부와 권력을 증가시키려는 욕망을 설명할 수 없다. 인류학자 클리프턴 크로버와 버나 드 폰타나는 "생물학적으로 타고난 개인의 공격성이라는 것으로부터 관습화되고, 사회적으로 인정되고, 제도화된 집단전쟁으로까지 이어지는 것은 아주 거리가 멀다"라고 지적했다.[5]

그러나 전쟁을 설명하려는 화학적·진화심리학적 시도들의 가장 큰 문제점은, 동물과 인간이 이러한 주장처럼 호전적이지는 않다는 사실이다. 만약 인간이 유전적·화학적으로 공격적이고 전쟁을 벌이도록 설계되어 있다면 왜 6,000년 전의 인류사에는 전쟁이 거의 없었는가? 아마도 당신은 타락 이전의 인류는 그 후의 인류보다 더 낮은 수치의 테스토스테론(혹은 높은 수치의 세로토닌)을 지녔다거나, 아니면 그들의 유전자가 그리 이기적이지 않다고 말할 수도 있지만 두 주장 모두 가능성이 희박하다.

## 전쟁에 대한 환경적 설명

다른 학자들은 전쟁이 상대적으로 최근에 일어난 역사적 전개이며, 전쟁이 반드시 인간이 타고난 것은 아니라는 점을 인정한다. 그들은 전쟁의 원인으로 사회적·환경적 원인을 제시한다. 예를 들면, 전쟁은 인구 압력의 결과라는 것이다. 인구밀도가 낮고, 종족들이 광대한 지역을 가지고 있었을 때는 전쟁할 필요가 없었다. 그러나 인구가 증가하고, 서로의 영토와 식량 공급을 침해하기 시작하면서 살아남기 위한 싸움이 시작되었다는 것이다.

　이 '인구 압력' 이론은 보통 농업의 출현을 설명하는 데에도 사용된다. 중동, 중앙아시아, 유럽의 인간 집단들이 수렵과 채집 방식의 생활을 포기한 이유는 인구 증가로 인해 너무 좁은 지역에 너무 많은 사람이 살게 되었기 때문이라는 것이다. 수렵과 채집으로는 유지될 수 없을 정도로 인구가 증가했기에 공간을 훨씬 더 효율적으로 사용하고, 이동식 생활방식이 필요하지 않은 원예 재배인이 되었다. 이것이 사실이라면 그리고 학자들이 동의한다면 우리는 농업으로의 전환으로 다른 집단들과의 충돌이 발생했으리라고 예상할 수 있다. 집단끼리 줄어드는 자원을 놓고 경쟁을 벌여야 했기 때문이다. 그러나 우리가 이미 살펴본 대로 이들 지역에서는 농업이 도입되고 나서 3,000년 이상 지난 기원전 5000년 이전까지는 전쟁의 흔적을 찾아볼 수 없다.

　어떤 경우든, 인류학적 연구들은 자원의 부족이 반드시 집단

간의 갈등을 초래하지는 않는다는 것을 보여 준다. 인류학자 캐롤과 멜빈 엠버 역시 자원 부족이 전쟁의 중요한 변수가 아니라고 밝혔다.[6] 브라이언 퍼거슨도 "인구밀도 증가와 전쟁의 증가가 직접적으로 연계되지 않는다는 것을 자료들을 통해 알 수 있다"라고 말했다.[7] 진화심리학자들은 인간의 본성이 이기적이고 경쟁적이라고 주장한다. 그러나 반대로 수렵채집인들은 식량 부족을 폭력에 의지하기보다는 장소 이동으로 해결하려 하며, 땅이 부족하면 다른 집단과 통합함으로써 해결하려는 경향이 더 강하다. 예를 들면, 아프리카의 쿵족은 이웃 종족에게 선물을 줌으로써 의식적으로 우호적 관계를 유지하며, 자원이 떨어지면 이웃 종족들의 자원을 공유해서 쓸 수 있다.[8] 이것은 수렵채집인 집단 대부분에게 적용되는 모습이다. 인류학자 앤더슨의 말에 따르면, 수렵채집인들은 변화하는 날씨와 환경 그리고 변화하는 인구와 자원 공급에 직면해 하나의 안전보장 수단으로 광범위한 전략적 사회연대를 '화목하게' 유지하는 것을 보통의 관행으로 삼았다고 한다.[9]

이러한 관행이 가능한 근본 원인은 아마도 수렵채집인들이 일반적으로 영토에 집착하지 않기 때문일 것이다. 즉, 그들은 땅의 특정 지역을 그들만의 소유물이라고 생각하지 않으며, 그곳에 누군가 침입하더라도 공격적으로 저항하지 않는다. 그들은 영토에 대한 개념이 없으므로 땅이나 자원을 지키기 위해 전쟁을 할 것 같지 않다는 점은 분명하다.

전쟁이 타락 이후의 문명에서 시작되었다는 이론도 있다.[10] 그러나 전쟁과 문명을 연계시키는 이론들의 문제는 초기 인도유럽인들이나 셈족 같은 사람들은 문명 혹은 정착 생활방식조차도 갖지 않았지만 극단적으로 호전적이었다는 점이다. 우리가 2장에서 본 대로, 분명히 많은 초기의 인류들이 문명화된 상태였고, 상당히 높은 수준의 기술 발전과 대규모의 생활공동체를 갖고 있었지만, 극도로 평화적이었다.

## 그 밖의 이론들

《전쟁의 기원》이라는 저서에서 반 데르 덴은 인류가 다른 동물 종들과 비교해 왜 그토록 잔혹하게 호진적인가를 연구했다. 그는 해답이 인간 뇌 구조에 있다고 믿었고, "이러한 폭력의 형태들을 동물과 연계하는 것이 아니라 인간의 특별한 뇌와 연계하는 것이 더 논리적이지 않은가? 즉 파충류의 뇌와 대뇌변연계(limbic system)◀ 위에 덧씌워진 신피질의 획득과 연관이 있는 것은 아닌가?"라고 설명했다.[11] 여기서 문제는 왜 이전의 인류는 같은 뇌 구조를 가졌음에도 그리 폭력적이지 않았는가를 설명하는 것이다. 반 데르 덴에 따르면, 우리의 뇌 구조가 계속해서 전쟁을 해야만 한다는 점을 의미하는 것이 아니다. 전쟁은 우리가 특정 환경에서 선택할 수 있는 하나의 선택지일 뿐이다. 이러한 환경은 기원전 8000년 이후 인간이 정주 생활을 시작하고 나서야 비로소 발생했다. 이 시점에서 그들은 영토를 방어하기 위해 '남성 동맹 전

---

◀ 척추동물의 전뇌에서 대뇌신피질에 대해 구피질, 원피질, 신피질과의 중간부를 포함하는 부위. 변연계는 개체 유지, 종족 보존에 필요한 기본적 생명 현상의 중추다. 신피질은 이 위를 덮고 있다.

략'을 발전시킬 필요가 있었다. 그러나 인간 집단이 수천 년간 전쟁에 의존하지 않고 농경적 정주 생활방식으로 살았다는 사실은 이 이론에 대한 분명한 반박이 된다. 반 데르 덴 이론의 문제는, 많은 현대 과학자처럼 인간의 행위가 단지 육체적인 조건에서만 설명될 수 있다고 가정하고, 인간의 마음이나 정신이 어느 정도는 독립적인 실체여서 육체적 구조를 바꾸지 않고서도 자신이 정한 방향에 따라 변화하고 발전한다는 사실을 무시하는 것이다.

제라드 렌스키의 이론에 따르면, 전쟁은 사람들이 수렵채집 생활에서 원예재배로 생활방식을 바꾸어 남자들이 더 이상의 사냥할 기회가 없어졌을 때 발생했다는 것이다. 그 결과 남자들은 용기와 기술을 발휘할 수 있는 대체 수단으로 전쟁을 하기 시작했다. 그러나 인간 집단이 원예재배로 전환하고도 3,000년 동안이나 평화로운 정주 생활을 해 왔다는 사실이 이 견해를 무력하게 만든다.[12]

그 외에도 전쟁을 설명하려는 많은 시도가 있다. 그중 켄 윌버는 가장 독창적이고, 실제로 내가 제시하려는 주장과 매우 근접한 설명을 제시한다. 그는 전쟁의 기원을 예민해진 자아인식의 발달과 연계한다. 그는 이렇게 설명한다.

어떠한 자연적인 공격성이 인간 내면에 선천적으로 존재한다고 해도, 중요한 점은 관념적인 영역을 통하여 그것이 증폭된다는 것이다. 그리고 증폭은 단지 인간에게만 알려진 특별하고, 병적이고, 과도한 공격성을 구성한다.[13]

월버는 인간이 자아를 더욱 의식하게 되고, 더욱 분리되어 죽음을 더 두려워하게 되었기 때문에 '관념적인 영역'이 공격성을 강화시킨다고 주장한다. 그 결과 "인간은 대규모의 대체 희생물을 기꺼이 처리하며, 그렇게 다른 사람을 죽임으로써 자신의 불멸성은 강화된다"라는 것이 그의 설명이다.[14] 다시 말해, 죽음의 공포가 우리 대신 다른 사람들을 죽게 만드는 것이다.

## 전쟁의 세 가지 원인

월버의 설명도 하나의 요인이 될 수 있겠지만, 나는 타락한 정신이 전쟁에 더 근본적인 원인이 되었다고 믿는다.

우리는 자아폭발이 인간의 내면적 불화와 불완전성을 만들어냈고, 이것들이 차례로 부와 지위에 대한 욕망을 만들어냈음을 살펴보았다. 그리고 우리는 보다 광범위하게 전쟁을 욕망의 징후로 볼 수 있다. 결국, 역사를 통하여 인간 집단이 다른 집단들에게 전쟁을 벌인 데에는 두 가지 중요한 이유가 있다. 하나는 영토와 재산을 훔치기 위하여, 두 번째는 다른 집단을 정복하고 지배하기 위해서였다. 역사상 모든 위대한 제국들은 이 두 가지 동기가 있었다. 그러나 어떤 경우 국가들은 아무런 물질적 이득이 없을 때조차도 순수하게 지위를 얻고자 다른 국민들을 정복했다. 우리가 값비싼 소유물들로 주위 사람들에게 깊은 인상을 줌으로써 지위를 높이려는 것과 같이 정부도 단순히 힘을 과시하는 상징으로 식민지를 얻으려 전쟁을 벌였다.

동시에 자아폭발은 인간들 사이에 '공감(empathy)'이 사라지게 만들었는데, 이것이 전쟁의 두 번째 중요한 원인이다. 공감의 문제는 약간의 주의를 요한다. 왜냐하면 공감의 결여를 자아폭발의 가장 중요한 결과 중의 하나로, 또 그에 따른 대대적인 파괴의 가장 중요한 원인의 하나로 보기 때문이다. 사실 부와 권력에 대한 욕망과 공감의 결여를 한데 묶으면, 우리는 지난 6,000년의 인류 역사를 형성한 대부분의 사회 병리 현상의 근본적 원천을 확보한 셈이 된다.

공감은 다른 사람의 마음을 읽거나, 다른 사람의 입장에서 생각해 볼 수 있는 능력이다. 사이먼 배런코언에 따르면, 공감은 '감정적인 분위기를 읽는 것'과 '다른 사람의 생각과 느낌을 경험하는 것'이다.[15] 그러나 나는 단 한 순간도 이것이 공감의 한 형태라는 점을 반박하지 않는다. 다만 또 하나의 더 깊은 것이 있다고 믿는다. 근본적인 의미에서 모든 인간은 같은 '의식(consciousness)'을 공유한다. 여기에서의 의식은 뇌의 산물로 보기보다는 오히려 뇌를 초월해 존재하고, 우주 전체에 스며 있는 하나의 근본적인 힘으로 보는 것이 훨씬 더 이치에 맞는다.[16] 로버트 포먼 역시 의식은 뇌를 통해 작동하며 자신의 존재에 대한 개별적인 인식과 인격을 만들어낸다고 주장한다. 뇌는 라디오가 전파를 수신하는 방식처럼 의식의 수신기로서 행동한다. 이 견해가 맞다면, 우리가 공유하는 의식은 우리의 개인성을 초월한다. 그리고 이러한 의미에서 공감은 이러한 공유된 의식을 통해서 작동한다. 그것은 내가 당신의 고통, 당신의 두려움, 당신의 기쁨을 경험하는 것을 가능하게 한다. 본질적으로 당신의 존재는 나의 것이기도 하므로 나는 당신의 심정을 나의 존재 내부에서 체험할 수 있다.

동정심이 많은 사람은 이 연관성에 대한 영적 인식을 자주 경험한다. 심리학자 아서 데이크먼은 최근에 봉사 활동자들을 인터뷰하고, 그들 대부분이 자신들보다 더 큰 무언가와의 연관성에 대한 인식을 경험한다는 것을 발견했다. 암으로 고통받는 환자들을 지원하는 기구를 설립한 한 여의사는 봉사 활동이 그녀에게 '지금 이 순간을 넘어서는 무언가에 대한 연결감'을 주었으며 "그 것은 나를 시작도 끝도 없는 훨씬 더 큰 과정의 일부로 느끼게 한 다"라고 말했다. 또 다른 봉사 활동자들은 실제로 느낄 수 있는 에너지의 관점에서 말했는데, 그들과 그들이 봉사하는 사람들 사이에 일종의 전기가 흐른다는 것이다. "에너지의 차원에서 연관성은 감정 또는 신경 체계를 위한 음식과 같다. 그것은 분명히 실재하는 에너지 교환"이라고 말했다.[17]

이것이 타락하지 않은 사람들이 가졌던 다른 사람, 다른 생물, 자연 세계와의 공감에 대한 민감한 인식이었다. 그들은 자아인식이 덜 발달했었기에 의식의 네트워크를 공유하는 경험을 할 수 있었다. 그래서 그들은 그들이 잡은 사냥감을 매우 존중했고, 광산 개발을 위해 땅을 갈아엎는 등 자연을 훼손하거나 남용하기를 꺼리는 온건한 수렵인들이었다. 그러나 자아폭발로 이러한 종류의 공감은 더 이상 가능하지 않았다. 자아가 강하게 발달하면 이 공유 의식을 버리게 된다. 인간은 분리되어 개인성의 섬으로 들어갔다. 그 결과 우리는 다른 사람과 공감하는 능력을 상실했다.

이것이 자아폭발 이후의 전쟁 발발에 대한 부분적인 원인이다. 단순히 다른 사람의 고통을 인식하지 못하게 됨으로써 다른 사람에게 훨씬 많은 고통을 가하게 되었기 때문이다. 그들은 여성과 어린이를 죽이고, 도시 전체를 파괴해 폐허로 만드는 것이 더 이상 문제라고 생각하지 않았다. 왜냐하면 그들은 희생자들을 불쌍하게 여기는 공유의식과 분리되었기 때문이다. 권력과 부를 향한 욕망은 다른 사람의 재산을 차지하고 싶은 욕망을 느끼게 했고, 공감 결여는 이러한 욕망을 이루기 위해 다른 사람들을 괴롭히고 심지어 살인도 가능하게 했다. 다른 인간들을 실용적 가치로 판단하며, 자신의 욕망을 달성하는 데 방해가 되면 장애물로 인식했다. 사이먼 배런코언이 지적한 대로, 공격은 공감 능력이 줄었을 때만 발생한다. 당신이 만약 다른 사람이 어떻게 느낄까에 마음을 쓴다면 다른 사람을 해치려 할 수 없다.[18]

전쟁의 근본적인 원인 중 세 번째는 조금 덜 명확하다. 전쟁에 대한 커다란 수수께끼 중 하나는 사람들이 항상 전쟁을 즐겼으며, 전쟁을 영광스럽고 명예로운 것으로 여겼던 듯 보인다는 점이다. 반 크레벨드는 《전쟁의 변형 *Transformation of War*》에서 이렇게 설명한다.

> 역사를 통해 알 수 있는 사실은 전쟁에 대해 공포를 표시하는 사람이 있으면, 자신의 인생에서 가장 경탄할 만한 느낌을 전쟁에서 느끼는 사람도 반드시 있다는 점이다. 그 사람은 나중에 자신의 공훈을 이야기하며 여생을 보내며 후손들을 귀찮게 할 정도다.[19]

그러나 타락의 결과, 권태가 근본적인 인간 상태의 일부분이 되었고, 우리 자신이 비현실성에 대한 인식의 희생물이 되었다는 점을 고려하면 이것은 어느 정도 이해가 된다. 권태는 둔감화 기제가 작동한 결과 발생한다. 이로 인해 세상은 어슴푸레하고 절반만 사실인 장소이다. 이곳에서는 실제로 아무것도 우리를 감동시키지 못하고 흥미를 끌지도 못하며, 주의를 기울일 가치가 있는 것조차 없어 보인다. 그리고 비현실감은 우리의 마음속에서 퍼져 나가는 끊임없는 생각의 수다의 결과다. 생각의 수다는 우리 밖에 있는 어슴푸레한 세상보다 좀 더 즉각적이고 강력할 수 있으며, 더 사실적으로 보일 수도 있다. 우리가 실제 세상에서 사는 것이 아니라 환각적인 영상과 자본의 혼돈으로 채워진 머릿속에서 산다고 느낄 수도 있다.

전쟁은 이 권태와 비현실감을 덜어 주려는 시도의 한 방법으로 발달했을 수도 있다. 바꿔 말하면, 전쟁은 권태와 무목적성의 공포가 가까이 오지 못하게 하기 위한 일종의 오락 내지는 운동으로, 그리고 인간이 살아 있음을 느끼게 만드는 하나의 방법으로도 중요해졌다. 미국의 철학자 윌리엄 제임스는 이것의 본질을 포착하고 "전쟁은 믿을 수 없는 노력, 분투에 더 하는 분투를 요구할 뿐 아니라 새로운 에너지가 방류되며, 삶은 높이 나는 강력한 비행기 위로 던져질 정도"라고 썼다. 제임스는 계속해서 인간은 이와 똑같은 효과를 지닌 '도덕적으로 전쟁과 동등한 것'이 필요하다는 주장을 펼친다.[20] 그리고 전쟁이 350년간 끊임없이 지속되던 시대에 살았던 철학자 파스칼은 권태와 전쟁의 연관성을 인식하고, 전쟁에 대해 우리가 살펴본 바와 같이 "인간 불행의 유일한 원인은 자기 방에서 조용히 머무는 법을 모른다는 것"이라고 썼다. 파스칼은 이어 "인간에게 유일하게 좋은 일은 무언가를 생각하는 것에서 다른 데로 생각을 돌리는 것이다. 그것이 도박과 유흥, 전쟁과 고위 관직이 인기 있는 이유"라고 말했다.[21]

이것이 왜 전쟁이, 특히 전장에 나가 싸워야 할 젊은 남성들에게 그토록 흥분되는 일이었는가에 대한 이유다. 《나의 투쟁》에서 히틀러는 1차 세계대전이 그에게 얼마나 활기를 띄게 하는 효과를 주었는지 정확히 묘사한다. 그는 "전쟁은 나에게 새로운 목적의식을 주었고, 젊은 나날 동안 나를 짓누르던 곤경으로부터 구제하였다. 나는 무릎을 꿇고 그러한 시대에 살 수 있도록 허락해 주신 하늘에 감사드렸다"라고 썼다.[22] 역사학자 앨런 불록도 독일 국민 일반에 대하여 다음과 같이 설명했다.

전쟁 발발은 그들의 일상생활을 단조로움으로부터 해방시켜주었다. 1914년 8월 초의 하루하루는 국가 통일과 고양된 애국심에 대한 인식이 비할 데 없이 높았으며, 그것을 체험한 사람들은 결코 잊지 못했다.[23]

이러한 것들이 전쟁 발발의 세 가지 중요한 원인이고, 그 외 두 가지 작은 원인이 더 있다. 전쟁은 인간 집단에게 집단적 정체성에 대한 강력한 인식을 부여하여, 자아폭발이 만들어낸 고립감을 극복하도록 도와준다. 미국의 심리학자 G. E. 패트리지는 《국가들의 심리학 The Psychology of Nations》이라는 저서에서 "전쟁은 개인의 입장에서는 몸체의 부분이 된다는 느낌과 더 거대한 전체 내부로 잠긴다는 사회적 도취에 대한 감각을 창조한다"고 말했다.[24] 이러한 논리로 패트리지는, "전쟁은 그것이 없었으면 사

랑·종교·중독·예술 등으로 충족될 심리학적인 욕구를 충족시키려는 하나의 시도"라고 덧붙였다.[25]

또 하나의 가능한 요인이 성적 억압이다. 빌헬름 라이히는 당신이 만약 정기적인 오르가즘을 느끼는 건강한 성생활을 하지 못한다면, 당신 내부에 방전되지 못한 바이오에너지의 긴장이 쌓이게 된다고 주장한다. 이것은 좌절감과 잠재적인 공격성을 만들기 때문에 출구를 찾아야만 한다. 유라시아 사회는 예나 지금이나 항상 성적으로 억압된 사회였기 때문에, 전쟁이 방전되지 못한 바이오에너지 긴장의 배출구로서 역할을 할 수 있었던 것이다.[26]

신경심리학자 제임스 프레스콧은 연구를 통해 라이히의 주장을 옹호한다. 그는 400개의 각기 다른 문화들로부터 자료를 수집하고, 성적 자유와 사회적 폭력 간에는 강력한 상관관계가 있음을 발견했다. '자유방임적 혼전 성행위'가 특징인 사회들은 어른들의 물리적 폭력의 수준이 낮았던 반면, 혼전 성관계를 처벌하는 사회들은 가장 폭력적이라는 것이었다. 그 결과 그는 "젊은 이들이 혼전 성관계의 자유를 갖고 있으면 그 사회의 폭력을 줄이는 데에 도움이 된다"라고 결론지었다.[27] 프레스콧은 또한 사회의 폭력 수준과 아이들이 부모로부터 얼마나 많은 애정을 받고 신체적 접촉을 했는가의 상관관계도 발견했다. 그는 다음과 같이 설명했다.

아이들에게 최대한의 신체적인 보살핌을 주는 사회는 절도나 폭력이 적다. 이는 유아 시기에 신체적 즐거움을 박탈하는 것이

범죄와 폭력의 발생률이 높아지는 것과 중대한 상관관계가 있다는 이론을 지지한다.[28]

그러나 이러한 상관관계들로부터 성적 억압 또는 어릴 때 부모의 보살핌을 받지 못한 것이 폭력과 전쟁의 주요 원인이라고 결론을 내릴 필요는 없다. 그러한 상관관계가 존재하는 것은, 전쟁이 자아폭발의 결과였던 것과 마찬가지로 성적 억압과 부정적인 양육 관행도 자아폭발의 결과였기 때문이다. 동시에 이러한 다른 특징들은 이차적 수준에서 서로 영향을 주었음에 틀림없다. 예를 들면, 타락한 정신이 성적 억압과 전쟁의 주요 원인이라고 하더라도, 이차적 수준에서는 성적 억압에서 솟아난 방전되지 못한 바이오에너지의 긴장이 분명히 이에 더해졌을 것이며, 더 큰 폭력의 가능성의 원인이 되었다.

## 1차 세계대전과 2차 세계대전

이 모든 것은 매우 이론적이다. 그래서 몇몇 전쟁의 실제 사례를 간략히 살펴보려 한다.

독일이 1차 세계대전의 발발을 환영한 유일한 나라는 아니었다. 1차 세계대전의 발발로 유럽 전체에는 일반적으로 어떤 환희의 느낌이 돌았다. 전쟁은 권태와 단조로움을 해방시켜주었으며, 모든 사람에게 하나의 집단적 통일감을 제공했다. 배리 매카시는 이렇게 설명한다.

역사상 1914년 8월 유럽의 젊은이들만큼 전투에 열렬히 참가하고, 여자들에 의해서 열광적으로 환호를 받은 사람들은 거의 없다. 그들의 기쁨은 신문 사진과 뉴스 영화에 영원히 보존되어 있다.[29]

전쟁 초기 18개월 동안, 영국의 젊은 남성 250만 명이 자원 입대했다. 전쟁이 선포된 후에는 군중들이 버킹엄궁을 에워싸고 수일 동안 환호했다. 1917년 미국이 참전했을 때, 뉴욕 메트로폴리탄 오페라하우스의 청중들은 열광적으로 환호했다.[30] 시인들은 전쟁의 영광에 대한 승리의 찬가를 지었다.

1차 세계대전은 19세기 후반 동안 유럽 전역에서 발달한 '국가적 자존심'이 강해진 것과 관계가 있었다. 배리 매카시가 지적한 대로, 교육이 더 확산되고 더 많은 사람이 글을 읽을 수 있게 되자, 각국 정부는 언론을 통해 국민에게 국가적 업적과 가치에 대한 단순하고, 과장된 개념을 주입시킬 수 있는 기회를 잡았다. 즉 정치 선전의 시대가 도래했다. 그리고 동시에 국가적 자존심이 증대되자, 정부들은 다른 국가들을 폄하하는 내용으로 언론을 채웠다. 다시 말해, 정치 선전은 국가 간에 서로 다르다는 인식을 심화시켜 공감을 줄이고, 적대감은 높아지도록 이끌었다. 그리고 지위와 부에 대한 욕망은 여기서도 분명히 중요했다. 각 국가는 스스로 위대하다는 생각으로 고무되었으므로, 다른 나라 국민을 지배할 자격이 있다고 느끼기 시작했고, 새로운 영토와 권력을 획득하려는 충동을 강화하였다.

1차 세계대전이 종결되면서 맺어진 베르사유 조약은 독일에 아주 심한 처벌을 내렸다. 독일 경제는 이후 수년간 황폐해졌으며, 대규모의 실업과 엄청난 빈곤이 초래되었다. 동맹국들은 독일이 다시는 전쟁을 벌이지 못하도록 하기 위한 최선의 길이라고 믿었지만, 그것은 정확히 반대의 결과를 가져왔다. 그것은 독일 국민에게 엄청나게 심각한 국가적인 모독감과 복수에 대한 욕망을 낳았으며 이 두 감정이 들끓으며 곧바로 2차 세계대전이 시작됐다.

　1차대전으로 인한 파괴가 워낙 엄청났기에 그 어떤 국가도 2차대전을 환영하지 않았다. 그러므로 2차대전을 '권태로부터 우리를 구원하는 전쟁'이라고 말하는 것은 불가능하다. 대신 우리는 빼앗긴 부와 지위를 되찾고 다시 위대해지려는 독일 국민의 자기중심적 욕망의 결과라고 볼 수 있다. 1차대전 이후의 굴욕에 대한 하나의 반응으로 독일 국민은 자신들이 인종적으로 우월하고, 세계를 지배하도록 선택된 국민이라고 믿기 시작했다. 이전의 다른 제국 건설자들처럼 나치스는 인류의 나머지를 지배함으로써 천년 제국을 건설해 죽음을 초월하려 했다. 그리고 여기에 더해 나치스의 선전과 전쟁 그 자체는 그들에게 도취된 국가통일감, 단일한 민족의식, 즉 개인적 존재의 정신적 불화를 초월하는 강력한 집단적 존재 인식을 선사하였다.

　독일 국민에게 공감 의식이 전혀 없었다는 것도 하나의 요인이었다. 독일 국민은 다른 인종 집단, 특히 유대인·집시·슬라브 민족에 대해 너무 강한 타자성을 느꼈기 때문에 그들을 살아갈 가치가 없는 인간 이하의 존재라고 보았다. 공감을 하지 못하게 된 그들의 폭력과 잔인한 능력은 무한해져서, 이전에는 보지 못한 규모로 다른 인종을 공포에 떨게 하고 말살하도록 했다. 이것이 가능했던 것은 독일인들이 20세기의 발달된 과학과 기술을 이용했기 때문이다. 고대의 아시리아인이나 페니키아인들에게 이러한 과학과 기술이 있었다면 그들도 똑같은 잔인함을 보였을 것이다.

## 범죄, 개인적 차원의 전쟁

내가 앞에서 이야기한 대부분의 주장은 개인의 범죄 행동에도 적용된다. 우리는 살인·강간·강도와 같은 범죄들과 인간의 잔혹함이 타락 이전의 시기에는 매우 낮았으며, 전쟁의 폭발과 동시에 범죄가 폭발적으로 일어났음을 확신할 수 있다.

범죄는 타락하지 않은 문화들에서는 대체로 찾아보기 힘들다. 인류학자들은 반사회적 행동이나 개인 간의 폭력이 매우 낮은 수준임을 거듭 강조하였다.[31] 그들은 강한 소유욕이 없고, 공유를 대단히 중요하게 여기기 때문에 절도나 강도 같은 범죄는 실제로 알려진 것이 없다. 일부 인류학자들은 수렵채집 종족들이 '용인되는 절도'를 통해 평등을 유지한다고 주장했다.[32] 그러나 이는 사실 공유와 자유로운 소지품 교환의 관행을 바라보는 유럽 중심적인 시각일 뿐이다. 애초에 소유라는 관념이 없기 때문에 '절도'라는 관념은 전혀 맞지 않는다.

강간이나 가정 폭력, 아동 학대 같은 범죄도 극히 드물다. 사실, 원시인들에게 가장 심각한 범죄는 우리가 전혀 범죄라고 생각하지 않는 행동 형태다. 가장 심각한 범죄는 개인주의를 억제하지 않고 드러내는 것이다. 탐욕스럽거나, 으스대거나, 다른 사람들을 지배하려 드는 것 등이다. 이조차도 금기를 깨뜨리는 것을 제외하면 거의 일어나지 않는다.

타락 신화들은 우리에게 이전의 사람들이 올바르고, 법이나 정부가 존재할 필요가 없었다고 말해 줌으로써 범죄 행위는 타락 이후에 발달한 것임을 시사한다. 예를 들면, 로마의 역사학자 타키투스 ◀는 《연대기》에서 "초기 인류가 그들의 본성을 고무함으로써 올바른 길을 따랐기 때문에 죄와 범죄 없이, 따라서 형벌이나 강제도 없이" 사는 것으로 묘사한다.³³ 반면 역사 기록은 우리에게 타락 이후에 일반적인 범죄가 어떻게 발생했는지를 말해 준다. 마을들이 해안가가 아닌 내륙에 자리 잡고, 터를 높이 쌓고 담을 둘러친 것은 전쟁의 위험 때문만이 아니었다. 강도떼나 해적의 습격 위험도 있었다. 기원전 5세기에 그리스의 역사가 투키디데스는 기원전 1600년경 전설적인 크레타의 미노스 왕이 바다를 장악하기 전까지 1,000년 이상은 해적과 강도질이 지중해에서 심각한 문제였다고 기술하였다. 그는 다음과 같이 설명한다.

고대에는 그리스인들과 야만인들 모두 섬과 해안가의 주민들이었다. 그들이 바다를 이용해 서로를 찾아가기 시작했을 때 그들은 해적질에 의지했다. 그들은 담이 없거나 동떨어진 마을이나 도시들을 습격하고, 약탈하고, 약탈한 것으로 생활을 유지하였다. 육지에도 강도가 우글거렸다. 그리고 그리스의 일부 지역

---

◀ 고대 로마시대의 역사가로 아시아주 총독을 지냈다. 《연대기》는 티베리우스 황제의 등극으로부터 도미티아누스 황제의 죽음에 이르기까지를 연대기 형식으로 기술한 것이다.

들에서는 이러한 오래된 관행이 아직도 지속된다. 이러한 대륙의 부족들 사이에서는 무기를 차고 다니는 패션은 그들의 오래된 약탈적인 습관의 한 유물이다. 왜냐하면 고대에는 집의 방비도 잘 안 돼 있었고, 내왕하는 일도 안전하지 않았기 때문에 모든 그리스인은 무기를 휴대했다.[34]

이는 타락 이후 무기들이 왜 그처럼 흔해졌는가에 대한 또 하나의 원인을 제시한다. 즉 사람들은 전쟁의 발발 때문만이 아니라, 자신을 보호하기 위해 무기가 필요했던 것이다.

범죄는 고대 이집트인들에게도 일상생활의 일부분이었다. 기원전 2180년경 고왕국이 붕괴했을 때 뒤따른 범죄와 폭력의 혼돈에 대해 현자 이푸웨르는 다음과 같이 기술했다.

범법자들 천지다. 어제의 인간은 없다. 밭 갈러 나갈 때도 방패를 들고 나간다. 사람들은 자기 어머니의 아들인 형제도 공격한다. 남자들은 어수룩한 여행자가 올 때까지 덤불 속에 숨어 있다. 그의 짐을 강탈하려는 것이다.[35]

물론 범죄에는 많은 사회적·경제적 원인도 있다. 마약 중독, 가난, 사회적 압력 등과 같은 것들이다.[36] 그러나 범죄가 타락한 정신과 얼마나 밀접한 관계가 있는지를 알기는 쉽다. 부에 대한 욕망은 확실히 특정 범죄의 동기이며, 지위에 대한 욕망도 마찬가지로 범죄의 동기가 된다. 범죄학자들은 많은 범죄 행위들(특히 살인)은 모욕감 때문에 일어난다고 주장하였다. 악행을 인식하거나, 존경받지 못하는 데 대한 보복으로 범죄를 저지른다는 것이다. 달리와 윌슨은 모든 살인의 3분의 2는 사람들이 자신이 경멸당했다고 느끼고, 잃어버린 지위를 되찾으려 한 결과로 발생했다는 것을 알아냈다.[37] 그리고 어떤 경우 범죄는 고립된 자아가 '중요한 인물'이 되려는 욕구를 만족시키는 하나의 직접적인 방법이 될 수도 있다. 또 존 아처가 《남성 폭력Male Violence》에서 지적한 대로 젊은 남성들이 저지른 대부분의 폭력은 높은 지위를 추구하려는 것과 관계가 있다. 특히 그들이 처한 사회 환경에서 사회적으로 허용되는 방법으로는 지위를 얻을 수 없을 때 폭력을 저지른다.[38] 지위에 대한 욕망은 중산층 출신의 청년이 대기업 임원이 되도록 노력하게 만들 수 있다. 그러나 더 불우한 환경의 청년, 자격 요건도 없고, 글 읽는 수준도 낮고, 부모의 역할도 매우 좋지 못한 사람에게는 지위에 대한 욕망이 그를 마약 밀매업자가 되게 할 수도 있다.

범죄와 자부심의 관계는 왜 그처럼 많은 폭력 행위가 술 때문에 저질러지는가에 대한 부분도 설명할 수 있다. 술에는 자아를 강화시키는 효과가 있으며, 자기과시의 욕구를 강하게 발생시킨다. 존 아처의 지적대로 "알코올은 개인의 정체성을 더 쉽게 위협받게 만드는 힘과 자신의 중요함에 대한 강렬한 느낌"을 만들어낸다.[39] 사람은 취하면 스스로 더 중요하다고 느낀다. 즉 그의 지위가 높아지고, 높아져야만 한다. 그리고 모욕이나 경멸에 더 민감해진다. 인체 내에서 화학적 변화도 일어나 사람을 더 공격하기 쉽게 만든다. 그 공격성이 표출되지 못하도록 억제하는 것은 거의 없으므로, 술에 취한 사람은 폭력적으로 반응할 가능성이 훨씬 더 커진다.

범죄와 공감 능력이 없는 것 사이에도 분명한 관계가 있다. 범죄는 대부분 다른 사람들을 학대하거나 구박하는 행동이 뒤따르는데, 이는 공감 의식이 없을 때만 가능하다. 예를 들어, 사이먼 배런코언의 주장에 따르면 폭력 범죄가 남성보다 여성 사이에서 훨씬 적은 이유는 여성이 공감 능력을 더 뛰어나기 때문이라고 한다.[40]

과거의 그리스인들과 야만인들이 마을들을 습격할 수 있었던 이유는, 희생자들의 정신과 분리되어 자신들이 초래하는 파괴적 행동으로 인한 그들의 비탄감을 인식하지 못했기 때문이었다. 나이 든 사람이나 여성을 때리고, 지갑을 빼앗아 달아나는 등의 범죄 형태에 대해서도 정확하게 같은 설명을 할 수 있을 것이다.

강간도 마찬가지다. 강간에 대한 진화심리학의 설명은 도발적이라고 할 수 있을 정도로 조잡한 환원주의다. 강간은 번식에 대한 유전적인 충동이 원인이 아니라, 다른 사람들과 공감할 수 있는 능력이 병적으로 없기 때문에 발생한다. 남성들의 여성들에 대한 공감 인식이 정상적이라면, 그들의 유전자들이 아무리 처절하게 번식하려 하더라도 강간을 저지르는 것은 불가능하다. 강간범을 정의하는 특징은 정신적 고립, 여성들에 대한 공감 능력의 병적 결여다. 사실 살인범, 강간범, 소아성애자들과 우리와의 중요한 차이는 그들의 자아 고립 상태가 정상인보다 더 심각하다는 것이다. 그들은 다른 사람들과 공감할 능력을 완벽하게 상실했으며, 다른 사람의 고통을 인식할 능력이 없기 때문에 고통을 가한다.

내가 앞에서 언급한 세 번째 요인, 권태와 비현실성에 대한 반응으로써의 전쟁도 범죄의 중요한 요인이다. 콜린 윌슨은 범죄 행동을 인류 진화의 어두운 측면, 즉 과학과 창조적인 업적을 가능하게 한 좌뇌인식의 무시무시한 부수 효과로 본다. 윌슨에 따르면, 좌뇌인식이 비현실감을 가져오는 게 문제다. 그것은 위험스러운 편협함을 낳고, 우리를 머리 안에 가두고, 우리를 본능과 세계를 체험하는 일에서 소외시킨다. 그리고 범죄 행동은 이러한 현실감을 상실한 결과물이다. 범죄는 그들로 하여금 살아 있음을 느끼게 하는, 현실과 다시 연결하려는 시도다. 윌슨은 성범죄의 경우가 특히 그러하다고 믿는다. 윌슨은 "범죄자는 자신의 마음을 정상적으로는 도달할 수 없는 어떤 초점에 맞추려 시도한다. 이처럼 자각이 예민해진다는 점이 범죄의 중독적인 요소를 설명한다"라고 말한다.[41]

전쟁과 범죄는 동전의 양면이다. 한 면은 집단적이고, 다른 면은 개인적이다. 그것들은 같은 병리 현상의 산물로, 지위와 부에 대한 욕망 그리고 더 현실적으로 느끼려는 욕망 등이 공감 능력의 결여와 더해져서 발생한다.

09 ───────────

# 사회적 혼돈의 기원 2
# - 가부장제

테스토스테론은 수천 년 동안 전쟁과 살인에 대한 원인이 되는
것만으로는 충분하지 않다는 듯, 수천 년간 남성의 여성 지배에
대한 원인이 되기도 한다. 사회학자 스티븐 골드버그는《왜 남성
이 지배하는가*Why Men Rule*》라는 저서에서 남성들은 테스토스테
론 수치가 높기 때문에 필연적으로 지배하도록 '몰린다'고 주장
한다. 그는 "남성과 여성들 간의 호르몬 수치의 차이로 남성이 사
회에서 높은 지위를 열망하도록 사회화된 것은 필연적"이라고 말
한다.[1] 여성들보다 50배나 높은 남성들의 테스토스테론 수치가
남성들을 더 공격적이고, 경쟁적이고, 높은 지위의 역할을 움켜
쥐게 만든다는 것이다. 여성들도 권력과 위신을 얻기를 원하지만,
불행히도 테스토스테론이 결핍되어 항상 줄에서 뒤로 밀린다는
것이다.

　남성들-최소한 타락 이후의 남성들-이 여성들보다 더 공
격적이고 경쟁적인 것은 맞다. 그러나 이것이 호르몬 분비의 차
이 때문인지의 여부는 별개의 문제다. 다시 한번 말하지만, 높은

수준의 테스토스테론 수치는 공격적·경쟁적 행동의 결과일 수 있다. 그리고 어쨌든 높은 지위의 역할을 갖는 것과 실제로 여성들을 억압하고 학대하는 그리고 심지어는 일부 타락한 문화들이 그랬던 것처럼 실제로 여성들을 경멸하고 혐오하는 것은 다르다. 여아 살해나 의례적인 과부 살해, 수백만 명의 여성을 마녀로 몰아 죽이는 관행과 여성의 교육 기회, 민주적 권리를 가로막는 것, 여성에게 신체와 얼굴을 가리게 하고 격리되어 살도록 하는 것 등 높은 수준의 테스토스테론 수치가 이러한 모든 것들을 설명할 수 있다고 보기는 어렵다.

　신다윈주의나 진화심리학에서는 남성 지배에 대해 여성보다 남성이 권력과 지위를 얻기 위해 더 몰리는 것은 권력이 생기고 지위가 높아지면 번식 가능성도 높아지기 때문이라고 설명한다. 여성들은 강력한 남성들에게 유혹당한다. 강한 남성들이 자원을 제공하고 보호해 줄 수 있기 때문이다. 그래서 남성에게는 권력이 많을수록 번식의 가능성도 더 커진다. 그리고 남성의 이기적 유전자는 단지 번식에만 관심이 있으므로, 섹스를 위한 간접적인 경로로 권력을 추구한다. 그러나 여성에게는 더 많은 권력이 더 많은 번식 가능성을 가져오지는 않는다. 왜냐하면 여성의 경우 유전자 번식을 위한 최선의 방법은 결국 매년 아이를 갖는 것이기 때문이다.

　물론 골드버그와 신다윈주의 이론에 대한 주요 반론은 남성이 항상 여성을 지배하지는 않았다는 점이다. 가부장제는 필연적일 수만은 없다. 상대적으로 최근에 발전한 역사이기 때문이다. 그러므로 가부장제는 호르몬 수치의 차이에 따른 결과일 수는 없다. 골드버그는 그의 책의 많은 부분을 여가장제가 존재한 적이 없다는 것을 증명하는 데에 바쳤다. 그러나 그는 여기서 사회가 가부장적이거나 여가장적이어야만 한다고 믿는 함정에 빠진다. 가부장제가 아니라고 해서 반드시 여가장제 사회를 의미하는 것은 아니다. 골드버그의 견해를 입증하는 증거들도 있다. 물론 남성이 여성에게 복종하고, 여성들이 더 많은 권력과 지위를 누렸던 사회는 없었다. 그러나 남성과 여성이 동등한 지위를 누리고, 서로를 억압하지 않고, 높은 지위나 지배를 위해 경쟁하지 않은 많은 사회가 있었다는 것이 중요하다. 이러한 일부 타락하지 않은 사회들은 피상적으로 여가장제 사회의 특징을 보일 수도 있다. 예를 들면, 모성선호적일 수 있으며 여성들이 권위를 갖는 일부 자리를 차지할 수도 있다. 그러나 그것을 여가장적이라고 생각하는 것은 완전히 잘못된 것이다. 왜냐하면 그 사회에는 지배와 복종의 정신이 전혀 없기 때문이다.

골드버그와 마찬가지로 나 역시 가부장제는 주로 남성들이 여성들보다 더 큰 지배 욕구를 가진 결과라고 믿는다. 그러나 이 지배 욕구는 호르몬의 차이에 기인하는 것이 아니라, 남성들과 여성들 간의 정신의 차이에 기인한다. 그리고 이러한 정신적 차이는 타락의 결과로 발전한 것이다.

## 남성과 여성의 차이

일반적으로 남성과 여성 사이에 차이가 있다는 것은 학문적으로나 상식적으로나 인정되는 사실이다. 켄 윌버는 남녀 간의 차이를 다음과 같이 요약했다.

> 남성들은 자율성, 권리, 정의, 행위를 강조하는 초개인성을 지향
> 하는 경향이 있다. 여성은 교감, 배려, 책임감, 관계 등을 강조하
> 는 등 관계를 좀 더 인지하는 경향이 있다. 남성들은 자율을 강
> 조하고 관계를 두려워하는 반면, 여성들은 관계를 강조하고 자
> 율을 두려워한다.[2]

여성들은 교감을 강조하므로 새로운 관계를 잘 형성하고, 친
절한 모습을 보인다. 부부가 새로운 지역으로 이사하는 경우 이
웃과 먼저 사귀는 것은 보통 아내다. 반면 남성은 냉담하고 과묵
하게 있다가 마침내 아내가 확보해 놓은 관계에 스며들어 간다.
남성과 여성은 다른 종류의 관계를 맺는 것처럼 보이기도 한다.
연구에 따르면, 여성의 우정은 상호 협력과 문제 해결에 바탕을
두는 경향이 있지만, 남성은 관심사 공유에 바탕을 두고 우정을
발달시키며, 친밀도는 낮다.[3] 이러한 차이점들은 남성과 여성들로
하여금 문제가 발생할 경우 각각 다른 방식으로 대응하게 만든
다. 여성은 문제가 생기면 보통 그것을 공유하고 설명하려는 욕
구를 갖는다. 남성은 문제가 생기면 자기 방에 홀로 있으면서 그
것에 대해 혼자 골똘히 생각하는 경향이 있다.[4]
　자신을 집단과 동일시하고 명분에 맞추려는 욕구도 남성이
여성보다 더 강한 것 같다. 남성들이 축구팀이나 정치적·종교적
명분에 대해서도 강박적인 정도로 옹호하는 경향이 커 보인다.
이것은 부분적으로는·심리학자 사이먼 배런코언이 말한 남성의

'체계화하는 뇌'가 원인이 될 것이다. 예를 들어 축구는 그 결과와 리그 성적표로 인해 남성의 체계화 욕구를 만족시킨다. 그러나 남성들은 자신들보다 더 커다란 무엇의 일부가 되는, 소속감의 욕구가 더 강한 것 같기도 하다.[5]

여성들은 일반적으로는 남성들만큼 권력과 지위에 대한 욕구가 있는 것처럼 보이지는 않는다. 남성과 여성의 대화 스타일이 다르다는 것을 보여 주는 연구 결과도 있다. 여성들은 전형적으로 협동적이고, 호혜적이다. 여성의 대화는 보통 오래 지속되는 데, 이는 여성들이 공감적 지지를 더 많이 사용하기 때문이다. 고개를 끄덕이거나, 미소 짓거나, 그 외 다양한 제스처 같은 언어적·비언어적 피드백으로 구성된다. 여성들은 동의하지 않을 때에도 자신들의 의견을 서술문보다는 의문문으로 표현하는 경향이 있다. 예를 들면, 남성들은 "그것은 잘못된 일이다. 당신은 이것을 했어야 했다"라고 말하는 반면, 여성들은 "그 방법도 이해가 가지만, 그보다는 차라리 … 하는 편이 더 좋을 것 같은데 어때?"라고 하는 식이다. 이는 의견에 차이가 있음을 전하면서도 상대방이 무안하지 않도록 하는 것이다.[6] 반대로 남성들은 직설적으로 말하는 경향이 있어서, 겉보기에도 상대방의 감정과 의견을 무시하는 것처럼 보인다. 남성들의 말에는 명령과 지시가 흔하다. 반면, 여성들은 공감의 표현을 더 자주 사용한다. 또 남성들은 떠벌리고, 위협하고, 다른 사람들에 대해 냉담하게 말하거나 무시하는 경향이 훨씬 더 강하다. 바꿔 말하면, 남성들에게 언어는 상당 부분 지위를 과시하고 다른 사람을 지배하려는 욕구의 도구이다. 사이먼 배런코언은 이렇게 말한다.

남성들은 그들의 지식과 기술과 지위를 과시하기 위한 언어 사용에 더 많은 시간을 보낸다. 남성들은 과시하거나 강한 인상을 주려는 경향이 더 강하다. 반면 여성들에게 언어는 다른 방식으로 기능한다. 즉 친밀하고 상호적인 관계, 특히 다른 여성들과의 관계를 발달시키고 유지하기 위해 사용한다.[7]

권력과 지위에 대한 남성의 욕구는 아주 일찍부터 모습을 드러낸다. 여름 캠프에 참가한 10대 남학생들의 행동 연구 결과 그들은 함께하는 순간부터 지위를 놓고 다투며, 지배 계급을 확립하기 위하여 조롱과 폭력을 사용한다. 여름 캠프에서 여학생들도 지배 계급을 확립하지만, 조롱이나 험담, 아첨보다는 '인도적' 방식을 사용한다. 그리고 남학생들의 지배 계급은 여름 내내 지속되는 경향이 있는 반면, 여학생들의 지배 계급은 금방 깨진다. 여학생들은 둘 또는 세 개의 그룹으로 쪼개져 새로운 '제일 친한 친구들'을 사귀어 친밀한 관계를 발달시킨다.[8]

사이먼 배런코언은 남성 정신과 여성 정신의 가장 큰 차이가 공감 능력이라고 주장한다. 그는 《본질적인 차이*The Essential Difference*》라는 저서에서 대부분의 남성들이 약한 형태의 자폐증으로 고통을 받는다고 주장한다. 그는 자폐증을 '공감 장애', '마음이 눈먼 것'의 한 형태라고 정의한다. 이 상태에서는 다른 사람의 입장이 되어서 생각하지 못하며, 다른 사람들이 무엇을 생각하고 느끼는지를 알 수 없고, 다른 사람들에게 적절한 방법으로 대응하기도 어렵다. 자폐증 혹은 아스퍼거 증후군과 관련된 사람들은 사회성이 약하고, 강박적인 관심사를 갖고 있으며, 보통 감동이 없고 과도하게 논리적이다. 그리고 배런코언이 설명하듯 이는 보통의 남성 뇌의 극단적인 형태일 뿐이다. 남성들은 또 어느 정도는 '마음이 눈먼 것'으로 고통받는다. 이는 남성들이 여성들보다 사람들의 표정이나 눈을 통해 감정을 읽는 것을 잘 못하고, 말할 때 눈을 마주 보는 일이 적다는 사실에서도 드러난다. 배런코언은 "여성의 뇌는 압도적으로 공감에 직접적으로 연결되어 있다. 남성의 뇌는 압도적으로 체계를 이해하고 만드는 데에 연결되어 있다"라고 말했다.[9]

남성이 공감 능력이 결여되어 있다는 것은 어린 시절에도 명백하게 나타난다. 어린아이들에게 장난감을 주고 같이 놀게 하면, 남자아이들은 제멋대로 갖고 놀면서 보통 여자아이들을 멀리 밀어내거나 그들의 장난감을 훔친다. 이는 고도의 이기심과 낮은 수준의 공감을 보여 주는 것이다. 심리학자 B. E. 맥코비의 연구는 여자아이들이 남자아이들보다 평등 구조를 유지하려는 경향이 있다는 것을 보여 준다. 그리고 남자아이들은 명령을 내리거나 지시하는 경향이 강한 반면, 여자아이들은 공손히 제안하며 의사소통하는 경향이 더 강하다.[10]

왜 이러한 성에 따른 차이가 존재하는가의 문제는 역시 논란거리다. 물리주의적⁴ 과학자들은 그것은 단지 호르몬 차이의 결과일 뿐이라고 말할 것이다. 그들은 테스토스테론이 남성들의 공격 성향을 강하게 만드는 반면, 여성들은 옥시토신이라는 호르몬

---

◂ 물리주의는 수학과 물리학을 제외한 모든 과학의 개념을 물리학에 나오는 개념으로, 과학의 모든 명제를 물리학의 명제로 환원할 수 있다는 입장이다.

수치가 높아 공감 능력과 애정이 많다는 사실을 지적할 것이다. 페미니스트 학자들은 이러한 차이는 타고난 것이 전혀 아니며, 사회적으로 길들여진 결과일 뿐이라고 반박한다. 남성들이 사회적 역할을 규정할 수 있는 것은, 그들이 대부분 권력과 자원을 쥐고 있어 여성들을 복종적이고 지배당하는 역할로 밀어 넣는 '성의 청사진(gender blueprint)'를 만들었기 때문이다. 남성들이 여성들보다 더 목표지향적이고 경쟁적이며, 덜 공감적인 것은 남성들이 지배적인 성으로서 항상 이 역할을 수행하도록 길들여져왔기 때문이다.[11]

그 대신에 사이먼 배런코언은 이러한 다른 특징들이 발달한 이유가 단순히 남성과 여성에게 진화적으로 유리하기 때문이라고 설명한다. 그는 진화심리학의 논리에 따라 주장한다. 그러한 특징들을 만들어낸 특별한 유전자들이 선택된 것은 우리 선조들에게 더 좋은 생존의 기회를 부여했기 때문이다. 체계화하는 재능은 남성에게 중요했다. 그것은 사냥꾼과 수색자, 교역자 그리고 무기와 도구 제작자로서의 남성의 역할 때문이었다. 동시에 공감 능력이 없으므로 남성들은 사회적 지배를 위해 노력할 수 있었고, 체계화하는 기술을 완성할 수 있었고, 공격과 폭력을 용이하게 했다. 반면에 공감 능력이 높은 것은 여성들에게 유리했다. 여성들은 아이들의 마음을 이해할 필요가 있었고, 친구를 사귀는 능력으로 대화를 나누며 많은 시간을 보낼 수 있었으며, 이는 그들의 생존에 도움이 될 정보를 획득할 기회를 주었다.[12]

그러나 나는 이러한 차이들이 타락의 결과로 생겨난 것이라고 생각한다. 중요한 점은 타락이 남성과 여성에게 똑같은 영향을 끼치지 않았다는 것이다. 여성의 특징들은 타락하지 않은 상태와 연관된 것들이다. 반면 남성의 특징들은 타락한 상태, 강력하게 발달된 자아인식과 연관된 것들이다. 이는 소속에 대한 남성의 강력한 욕구에도 적용된다. 이는 아마도 남성의 자아가 여성의 자아보다 더 고립되어 있으며, 더 고독하고, 덜 자기충족적이어서 외부 지원에 대한 욕구가 더 크다는 사실에서 비롯된다. 바꿔 말하면, 우리가 '남자다운' 행동이라고 하는 것은 대개 자아 폭발의 결과물이다.

이러한 견해를 뒷받침하는 중요한 증거 중 하나는, 타락하지 않은 사람들은 성에 따른 차이가 우리보다 적다는 것이다. 타락하지 않은 세계에서는 남성과 여성의 인격은 좀 더 비슷해 보이며, 남성들은 우리의 관점으로는 좀 더 여성적이다. 남성들은 여성들처럼 공감도가 높으며 지위와 권력에 대한 전형적인 남성적 충동도 갖고 있지 않다. 남성들은 현실적인 의미에서도 여성적이다. 남성들이 아이들을 자주 돌보고 집안일의 역할을 했기 때문이다. 아마도 이처럼 역할을 교환하고, 성 분화가 없는 것은 단지 남성과 여성의 정신이 가까웠기 때문이리라. 우리가 앞서 지적한 대로 타히티인들과 트로브리안드 제도 주민들 같은 사람들은 '성 도식(gender schema)', 즉 남성과 여성의 성격에 차이가 있으며 그에 따라 다른 역할을 한다는 관념이 없다.

이것이 배런코언 이론의 실제적인 문제다. 오늘날의 비공감적인 남성의 뇌가 고대 과거에는 형성될 수 없었던 이유는, 단순히 당시의 남성들에게는 그것이 없었기 때문이다. 낮은 수준의 공감 능력이 남성들에게 진화적으로 유리했기 때문이라고도 설명하기 어렵다. 남성들은 지위나 권력을 획득하려 노력하지 않았고, 공격적이지도 않았다. 그러므로 '비공감적 남성의 뇌'가 유전자 번식을 위한 적응이라고 보는 것도 불가능하다.

'남성의 뇌'는 상대적으로 최근에 발달했다. 6,000년 전 자아폭발이 있고 나서야 남성과 여성은 다른 행성에서 살기 시작했다. 자아폭발은 남성과 여성을 떼어 놓았으며 남성과 여성의 정신 사이에 깊은 간극을 만들었다.

물론 여성들도 자아폭발의 영향을 받았지만 남성들처럼 큰 영향을 받지는 않았다. 사실 '여성의 정신'은 원시인들의 타락하지 않은 정신과 남성의 타락한 정신 사이의 일종의 중간지점이라고 말할 수 있으리라. 남성의 자아가 엄청나게 강화되는 동안, 여성의 자아는 뒤처지게 되었다.

## 남성의 범죄성

이것을 규명하는 증거가 있다. 전쟁에서 해적질까지 그리고 강도질부터 사회적 억압(상당 부분은 물론 여성들에게 가해졌다)에 이르기까지 지난 6,000년의 역사를 엉망으로 만든 거의 모든 사회적 혼돈은 남성들이 원인이었다는 사실이다. 해체주의자◂들은 이것이 단순히 여성들이 권력을 가진 적이 없어서 전쟁이나 낮은 계급을

---

◂ 해체주의는 종래의 로고스 중심적인 철학을 근원적으로 비판하는 사고방식을 일컫는다. 프랑스의 철학자 자크 데리다가 제창하였다. 서유럽의 전통적 형이상학을 철저하게 비판하고 그 사상의 축이 되었던 것을 상대화시킴으로써 새로운 사상을 구축하려 하였다.

억압할 만한 위치에 있지 않았기 때문이라고 말할 것이다. 그러나 여성들이 권력을 얻었을 때 '남성적인' 방식으로 전쟁을 일으키거나 다른 사람들을 억압한 사실도 있다. 대표적으로 엘리자베스 여왕, 빅토리아 여왕, 마가렛 대처 등이 그 예다. 그러나 왜 남성들이 항상 지배적인 지위들을 점하는가에 대한 이유는 다른 부분에서 찾을 수 있다. 남성들이 지배에 대한 욕구가 더 크고, 더 잔인해질 수 있기 때문이다. 이는 남성이 여성을 억압하는 결과를 초래했다. 오늘날 모든 범죄의 절대다수는 남성이 저지른다. 여러 나라의 통계 결과에서도 놀라울 정도로 일정한 패턴을 보여 준다. 어떤 시대에서든 보통 모든 범죄의 80~90퍼센트는 남성들이 저지른다. 이러한 통계에 오해의 소지가 있을 수 있는데, 여성의 범죄는 보통 사기나 절도 같은 비대립적인 범죄 수준이 상대적으로 높기 때문이다. 강도, 살인, 성폭행 같은 범죄 각각에 초점을 맞춘다면 남성 범죄자의 비율은 90퍼센트대로 올라간다.[13] 달리와 윌슨에 따르면, 여성들 간의 치명적인 폭력의 수준이 남성들의 수준에 비슷하게라도 근접하는 인간 사회는 알려진 바 없다.[14] 그들의 연구는 남성이 남성을 살인하는 경우가 여성이 여성을 살인하는 것보다 30~40배나 많음을 보여 준다.

## 남성과 여성의 자아 발달

나는 남성과 여성의 본질적인 결정적 차이는 호르몬의 차이나 공감 능력의 차이가 아니라, 남성의 자아인식이 여성보다 강하기 때문이라고 주장한다. 그러면 타락은 왜 여성보다 남성의 정신에 더 강한 영향을 미쳤는가?

그 이유 중 하나는 여성은 남성의 자아와 비슷한 정도로 분리될 수 없기 때문이다. 이는 여성이 자신의 아이들과 공감해야 할 필요가 있기에 가능한 것이다. 어머니가 되기 위해서는 공감의 모든 것을 필요로 한다. 그리고 어머니는 아이와 가까운 유대 관계를 느낌으로써 아이들이 필요로 하는 사랑을 주고 보호해 줄 수 있다. 아이를 돌보는 일은 자아분리를 초월하는 유대감을 낳는다.

게다가 자아와 육체, 자아와 세계 간의 분리는 여성들에게는 그다지 심하지 않을 수 있었다. 여성의 신체에서 일어나는 생명 활동의 관점에서 보면 여성이 남성보다 자연에 더 밀접하게 연결되어 있다는 사실 때문이었다. 남성의 생명 활동은 섹스, 배고픔, 배변 활동 정도로 활성이 없으며 요구도 거의 없다. 그 결과 육체에서 이탈된 자아적 실체가 되어, 그들의 생명 활동 위로 솟구쳐 올라 마음과 몸의 이원성을 체험하기가 매우 쉽다.

반면 여성의 생명 활동은 훨씬 더 힘차고 확연하다. 한 달에 한 번씩 주기적으로 배란과 생리를 하고, 임신하고 모유를 분비한다. 이것이 여성의 자아가 발달하는 것을 억제하고, 마음과 몸의 이원성이 형성되는 것을 막았을 것이다. 그래서 여성들은 완전한 자아 고립 상태를 발달시킬 수는 없었다.

사회적·환경적 요인들도 중요하다. 나는 사하라시아의 사막화가 두 가지 방법으로 자아인식을 예민하게 만들었다고 주장했다. 첫째, 생존이 훨씬 더 어려워졌고, 주위에서 더 이상 자원을 쉽게 찾을 수도 없어서 경쟁과 이기주의라는 새로운 정신이 발달하게 되었다. 이에 따라 개인들은 전체 공동체의 행복보다는 자신의 행복만을 생각하기 시작했으며, 자신의 필요를 충족하기 위해 다른 사람들과 경쟁해야만 했다. 둘째, 그들의 생활에 들이닥치기 시작한 어려움들로 인해 새로운 종류의 논리적·내성적(자기 성찰적) 능력을 발달시키지 않을 수 없었다. 이와 함께 더 강해진 자아인식이 생겨났는데, 논리와 자기성찰은 선명하게 정의된 '나'가 생각하는 역할을 수행할 것을 요구했다.

　여성도 어느 정도는 이러한 요인들의 영향을 받았겠지만, 남성만큼 영향을 받지는 않았다. 이 사실을 입증하는 이유는 다음과 같다. 여성은 임신을 하고, 모유를 먹인다. 나중에 아이들을 돌보는 것도 절대적으로 여성의 몫이다. 여성은 이처럼 아이를 키우는 역할로 인해 생존의 문제에는 덜 개입했을 것이다. 더 많이 이동할 수 있는 남성이 우선적으로 새로운 생존 전략을 세우는 역할을 했을 것이다. 예를 들면, 관개를 통해 물과 식량 공급을 극대화하는 방법들, 더 많이 수확할 수 있는 종류의 곡물을 발견하는 것, 새로운 수원과 땅을 찾아내는 것 등이다. 장거리 여행과 위험이 따르는 이러한 과제들을 여성들이 수행하기는 어려웠다. 그리고 일단 사하라시아의 땅이 건조해져 관개가 인류 집단의 유일한 선택이 되자, 남성들은 대체로 안전과 생존을 책임지게 되었다. 즉, 여성은 육아의 책임을 맡느라 남성의 자아를 예민하게 만든 사회적·환경적 압력들에 덜 노출되었을 것이다.

## 가부장제의 근원

이 모든 것들이 남성과 여성의 차이를 만든다. 그러나 이제 우리는 왜 이러한 차이점들이 지난 6,000년간의 남성 지배와 여성 억압을 만들어냈는지에 답해야 한다.

많은 학자는 과거의 인류 사회는 가부장적이지 않았음을 인정하고, 남성 지배가 등장하는 것을 전쟁 연구에서처럼 사회적·경제적 요인으로 설명하려 한다. 예를 들면 켄 윌버는 여성들의 지위가 경제에 공헌하는 것과 직접적으로 관련되어 있다고 주장한다. 많이 공헌하면 높은 지위를 얻고, 적게 공헌하면 낮은 지위를 얻는다는 것이다. 수렵채집 사회와 원예 사회에서 여성들은 일을 많이 했으며, 식량도 많이 제공해 높은 지위를 누렸다. 그러나 발전한 농경 사회에서는 쟁기를 사용하는데 이는 임신한 여성들에게는 위험하다. 그래서 여성들은 대체로 경제로부터 배제되어 낮은 지위를 갖게 되었다는 것이다.[15]

그러나 이 주장의 문제점은 가부장제가 실제로는 말이 끄는 쟁기를 사용한 때보다 최소한 1,000년은 더 오래되었다는 사실이다. 사람들은 기원전 3000년경부터 쟁기를 사용하기 시작했다. 인도유럽인들이나 셈족 같은 사하라시아인 집단이 가부장적으로 되고, 사회적 계급 분화가 발생하고, 호전적으로 된 것은 기원전 4000년경이다. 그리고 이 사람들은 유목민들이다. 그들은 전혀 농경에 종사하지 않으면서도 극도로 가부장적이었다. 브라이언 그리피스는 《그들의 꿈의 정원The Gardens of their Dreams》이라는 저서에서 비슷한 주장을 한다. 그는 "사하라시아가 사막으로 변하면서 여성들의 역할은 남성들의 역할보다 더 고통을 겪었는데, 여성들이 식량을 재배하고 채집하는 방식이 남성들보다 덜 생산적이었기 때문이었다"라고 주장했다.[16] 쟁기를 사용하기 시작하면서, 물을 공급하는 관개수로가 필요해졌고, 비옥한 토지는 다른 집단들에게 빼앗기지 않도록 강력하게 방어되어야 했고, 장거리 목축과 교역도 필요해졌다. 그리고 폭력과 위험이 따르는 여행은 남자들의 일이 되었다. 이러한 주장은 윌버의 이론보다는 설득력이 있다. 그리피스가 많은 다른 요인들을 언급하고 특별히 사하라시아 지역에 사는 사람들에 대해 말하고 있기 때문이다. 그러나 윌버의 '4분면◀ 모델'이 보여 주듯, 경제적 생활이 생활의 모든 것은 아니다.[17] 여성들이 경제 영역에서 배제되기 시작했다는 사실은 남성들이 왜 여성들을 그토록 무지막지하게 억압하고, 착취하고, 심지어는 죽이기까지 했는가에 대한 설명이 되지 못한다. 여성들이 경제적으로 배제되면서 어느 정도 낮은 지위를 갖게 되었다는 것은 논리적으로 보인다. 그러나 여성들을 극도로 낮은 지위 그리고 여성에 대한 극단적인 적대감으로 이끌어 순장과 격리, 대규모 여아 살해 그리고 유럽에서의 마녀사냥 같은 관행을 발생시킨 것까지도 여성들이 경제적으로 배제되었기 때문이라고 하는 것은 논리적으로 타당해 보이지 않는다.

비대해진 남성 자아가 어떻게 가부장제로 이끌었는가를 살펴보기 위해서는 스티븐 골드버그의 주장으로 돌아갈 필요가 있다. 호르몬 때문이 아니라, 남성들의 자아인식이 강해졌기 때문에 그들은 여성들보다 선천적으로 더 큰 지위에 대한 욕구를 가진

---

◀ 윌버는 모든 생명체는 자신과 전체의 부분으로써의 이원성을 가지며, 각각 내면적인 것과 외부적인 특성으로 인해 나(I)와 그것(It), 우리(We), 그것들(Its)이라는 4분면으로 나뉜다고 본다.

다. 그로 인해 남성들이 사회에서 높은 지위와 역할을 움켜쥐는 것은 필연적이다. 어떤 민주주의에서도 같은 원칙이 작동한다. 야망이 큰 사람, 즉 권력, 성공, 부에 대한 욕망이 큰 사람들은 그 사회의 계층에서 가장 높이 올라가며, 대기업 간부, 정치인, 각 분야의 권력자가 된다.[18] 특히 이전 시대에는 가장 야망이 큰 사람들은 대개는 남성들이었다.

그러나 남성들이 여성들이 권력이나 영향력을 갖는 것을 전혀 불가능하게 만들고, 여성들을 억압하고 무지막지하게 학대했다는 사실은, 남성들만큼 지위를 열망하지 않은 여성들의 문제가 아니다. 이는 여성을 지배하려는 남성 욕구의 문제다. 지위에 대한 욕망은 있으면서 공감 능력은 없는 남성의 고립된 자아가 과연 이에 얼마나 책임을 지는가. 남성들을 다른 인간 집단을 지배하게끔 몰아가고, 여러 다른 카스트와 계급들을 형성하도록 이끌어 갔던 것과 같은 욕구로 아내와 자식을 지배했다. 남성들이 공감 능력이 없다는 것은 여성들과 함께 느낄 수 없으며, 자신들이 일으키는 고통을 인식하는 것도 불가능함을 의미했다.

그러나 이것조차도 여성들에 대한 남성들의 비인간적인 행위, 무시무시한 일련의 사건들을 설명하는 데는 충분치 않다. 남성에게는 여성에 대한 근본적인 적대감도 존재하는데 이는 많은 타락한 문화의 한 부분을 차지한다. 이 시각은 여성은 남성을 잘못된 길로 빠뜨리려고 악마가 보낸 존재이기 때문에 순수하지 못하며, 선천적으로 죄지은 피조물이라고 본다. 이러한 견해는 15세기부터 18세기까지 유럽에서 지속되었던 마녀 살인 광풍의 핵심을 이루었으며, 사하라시아 3대 종교의 특징이기도 하다.

가부장제의 이러한 측면은 자아폭발이 만들어낸 육체와의 분리 인식과 연관되어 있다. 사람들은, 특히 남성은 육체 안에 살면서도 육체를 자신보다 저열한 것으로 보았다. 본능과 관능적인 욕망들을 동물적인 본성의 한 부분으로 보았으며, 그 결과 천하고 사악하다고 간주하였다. 그리고 여성들이 육체의 생물학적 활동 과정이 더 확연하기 때문에, 육체에 대한 이러한 태도는 여성에게로 확대되었다. 남성들은 남성은 마음의 '순수함'과, 여성은 육체의 '부패함'과 각각 연관지었다. 마리나 워너가 설명한 대로 "몸과 마음의 전투에서 여성들은 몸의 자리에 확고하게 놓여졌다.[19] 모유를 먹이고 임신하는 것조차도 육체에서 분리된 남성들의 자아에는 혐오감을 유발했다. 워너는 다음과 같이 덧붙인다.

> 성 아우구스티누스◂의 말에 따르면 전형적으로 출산 시에 배출되는 똥, 오줌 속에 극도로 더럽고, 불쾌하고, 부패할 수 있는 물질적인 모든 것들과 여성이 가깝다는 것을 볼 수 있다. 생리의 저주 속에서 여성들은 야수에 더 가까이 놓여 있다. 여성의 아름다움의 유혹은 에덴동산에서 아담을 유혹해 초래한 죽음의 한 측면일 뿐이다.[20]

여성이 남성에 비해 우위를 갖는 성적인 능력도 하나의 요인

---

◂ 알제리와 로마에서 활동한 신학자로 서양 철학에 지대한 영향을 주었다. 주요 저서《고백록》에서 인간의 참된 행복은 신을 사랑하는 그 자체에 있다고 주장하였다.

이 되었을 것이다. 남성들은 성적인 욕망을 만들어내는 여성들을 향해 적대감을 느꼈다. 게다가 여성들의 성적인 능력은 틀림없이 남성들의 자제 욕구에 모욕을 주었을 것이다. 그것은 남성들이 여성들 그리고 자신들의 몸에 대해 그토록 갈망했던 '완전한 지배'를 성취할 수는 없었음을 의미하였다. 남성들은 여성들에게 강제로 전신과 얼굴을 가리게 만들고, 노예처럼 살게 했지만, 그럼에도 여성은 언제든 남성의 내면에 강력하고 통제할 수 없는 성충동을 불러일으킬 수가 있었다. 남성들이 지난 6,000년 동안 여성들을 잔혹하게 대한 것도 부분적으로는 이에 대한 보복이라고 볼 수 있다.

# 사회적 혼돈의 기원 3
# - 사회적 불평등

여기까지 읽은 독자들은 아마 진화심리학이 사회적 불평등에 대해 무슨 말을 할지 이미 추측할 수 있을 것이다. 그것은 물론 모두 생존에 관한 이야기다. 우리가 더 많은 권력과 지위를 가질수록 식량과 다른 자원에 대해 더 잘 접근할 수 있고, 여성들의 마음을 끌어당길 기회가 더 많아지므로, 번식의 기회도 더 많아진다. 따라서 모든 인간은-물론 주로 남성들부터지만-유전적으로 권력과 지위를 획득하도록 설계되어 있다. 그 결과, 모든 인간 사회는 불평등으로 가득 차, 여러 다른 사회적 계급들이 나타나고, 권력과 부의 분배가 불공정하게 이루어진다.

물론 이러한 종류의 이론을 제시하려면 원시사회에서는 불평등과 사회적 계급 분화가 전혀 없는 이유를 설명해야 한다. 또한 수렵채집인들에게 왜 지배자가 없었는지, 어떻게 모든 결정을 합의해서 내렸는지, 어떻게 모든 식량을 공유했으며, 다른 계급이나 카스트도 없고, 왜 탐욕이나 이기심을 표출하는 것을 금하는 강력한 윤리적 원칙을 갖고 있었는지를 설명해야 한다. 진화심리학자 스티븐 핑커는 "많은 지식인이 가장 좋아하는 믿음 중 하나는 모든 사람이 무상으로 공유하는 문화들이 저기 밖 어디엔가 있다는 것"이라고 말한다. 그는 이어 무상 공유는 불가능했으리라고 덧붙이는데, 그 이유는 무상 공유는 '생존 가치(survival value)'가 없어서 무상 공유를 할 수 있는 뇌는 절대 진화할 수 없었기 때문이라는 것이다.[1] 마찬가지로 E. O. 윌슨은 "평등이 인간 본성에 대한 부정확한 해석에 근거를 두고 있다"라고 말한다.[2] 그러나 우리가 본 대로, 평등한 사회가 존재한다는 데 대한 반론의 여지가 없는 증거들이 아주 풍부하게 있다. 그러니 부정확한 것은 핑커와 윌슨의 인간에 대한 견해이며 그들의 견해는 수정될 필요가 있다.

내가 아는 한 이 문제를 다루려고 시도한 진화심리학자는 없다. 아마도 진화심리학자들은 자신들의 견해에 배치되는 방대한 양의 고고학적·민속학적 증거들에 대해 알지 못했기 때문일 것이다. 그러나 일부 인류학자들이 이에 대해 설명했다. 예를 들면, 엘리자베스 캐시던은 수렵채집인들의 평등주의는 이동성 생활방식으로 인해 재산을 축적할 수 없게 된 데에 따르는 단순한 결과라고 주장했다.[3] 맥스 글럭먼에 따르면, 중요한 요인은 역할 전문화가 없기 때문이다.[4] 이 두 견해의 저변에 깔린 가정은 사회적 불평등이 정주하는 농경 생활양식과 관련이 있다는 것이다. 재산이 불평등을 낳는 이유는 단순히 사람들이 보유한 재산의 양이 다르기 때문이라는 것이다. 장인, 관료, 군인, 지도자 등 역할의 전문화는 여러 다른 집단들을 형성하는 결과를 낳는데 이것은 결국 각기 다른 정도의 부와 지위를 갖는 계급들로 완전히 변화한다.

일부 학자들도 사회적 불평등은 도시들이 재화와 서비스 잉여를 만들어내면서 발생했다고 주장한다. 사람들은 이 잉여를 차지하거나, 그의 분배를 통제하려고 서로 경쟁하기 시작했으며, 뜻을 이룬 사람들이 그 사회에서 가장 부유하고 가장 힘 있는 구성원이 되었다.[5]

그러나 이러한 주장의 큰 문제점은 농경을 시작하고 경제적 전문화가 진행되면서도 여전히 평등했던 많은 사회 – 심지어는 문명들 – 가 존재했고 현재에도 존재한다는 점이다. 역사적으로 농업으로 전환하면서 사회적 평등이 종말을 맞지는 않았다. 농업혁명이 기원전 8000년경에 시작되었지만, 우리는 기원전 4000년경까지는 아무런 사회적 불평등의 흔적을 찾아볼 수 없다. 그리고 연대기적 관점에서 보면, 수렵채집인 무리들과 같은 평등주의적 원칙을 따르며 이동하지 않는 농경 종족들도 많이 있다. 인류학자 크리스토퍼 보엠은 다음과 같이 설명한다.

> 수렵채집인들 이외에도 농사를 지어서 잉여를 축적하며 영구적 정착 집단생활을 하는 다른 많은 종족은 수렵채집인들과 정치적으로 흡사하다. 이 종족 구성원들에게는 강력한 지도자도 없으며, 성인 남성들 사이에 지배도 없다. 그들은 합의를 통해 집단의 결정을 내리며 평등주의적 이념을 보여 준다.[6]

우리는 불평등을 문명과 연결시킬 수도 없다. 알다시피 큰 마을들, 예를 들면 차탈회위크, 일본 아오모리시의 조몬 정착민과 문명들에서는 기술 전문화와 높은 수준의 사회조직이 존재했지만 부는 분명히 평등하게 분배되었고, 계급의 차이도 없었다. 반대로 북아프리카의 베두인족들처럼 재산도 거의 없고 경제적 전문화도 거의 없지만 극도로 계급을 이루는 유목 생활을 하는 많은 목축민이 있다는 사실도 알고 있다.[7]

크리스토퍼 보엠은 이러한 점들을 고려하면서도 여전히 신다윈주의나 진화심리학의 입장에서 원시인들의 평등주의를 설명하려 한다. 그는 자신의 기본이론을 다음과 같이 과거 시제로 기술한다.

전제는 인간들이 선천적으로 사회적 지배의 계급 구조를 구성할 생각을 한다는 것이었다. … 그러나 저 선사시대의 수렵채집인들은 도덕적인 공동체로서 행동하며, 그러한 경향을 대체로 중립화할 수 있었다. 오늘날의 원시적 채집인들이 사회통제의 기술을 지배적 지도자와 과도한 경쟁력을 억제하는 데 적용하는 것과 똑같다.[8]

우리는 이미 이러한 기술들의 일부를 살펴보았다. 많은 원시인은 으스대는 사람들을 깎아내리거나 바보로 만드는 습관이 있다. 아프리카의 쿵족은 사냥을 떠나기 전에 화살을 교환하고, 동물을 잡으면 칭찬은 화살을 쏜 사람에게 가지 않고 화살을 가진 사람에게 돌아간다. 그리고 가끔 지배적인 남성이 집단을 통제하려 들면, 원시인들은 보엠이 "평등주의적인 제재"라고 부르는 것을 실행한다. 그들은 으스대는 사람을 상대로 단결하여 맞서고, 배척하고 사막에 유기한다. 또는 자신들의 생활이 그 사람의 독재적 행동으로 인해 위험에 처했다고 느끼는 극단적인 상황에서는 그를 암살하기조차 한다. 보엠에 따르면, 이처럼 원시사회들은 '역지배(reverse-dominance)' 사회이며 이러한 사회에서는 일반 구성원들이 방심하지 않고 뛰어난 알파형 구성원들을 집단적으로 기를 죽여 꼼짝하지 못하게 만들어 그들에게 예속되는 것을 피한다.[9]

이 이론의 한 가지 문제점은 보엠도 인정하지만 평등주의적 제재가 매우 드물게 발생한다는 것이다. 그는 "엄청난 양의 채집인들에 대한 민속지학을 조사해 평등주의적 제재에 관한 단지 몇 건의 유용한 기록을 발견했을 뿐"이라고 말했다.[10] 그러나 확실히 평등주의적 제재가 권력과 지위에 대한 인간의 선천적 욕구를 억제하는 문제였다면 훨씬 더 자주, 끊임없이 일어났을 것이다. 그것이 진정 선천적인 것이라면 소수의 뛰어난 남성 구성원들이 평등주의적인 규칙을 깨뜨리는 것에 국한되는 문제가 아니었을 것이다. 모든 사람이 그 규칙을 깨려 했을 것이다. 모든 사람이 경쟁을 벌였을 것이므로 평등주의를 유지하는 것 또한 불가능했을 것이다. 결국, 비평등 사회에서는 일부 뛰어난 남성들이 다른 모든 사람을 지배하는 것이 문제가 아니라, 모든 사람이 공유하는 권력과 지위에 대한 일반적 욕망이 문제가 되었을 것이다.

그리고 만약 수렵채집인들이 사회 전체의 이익을 위해 다른 사람들을 지배하려는 알파형 구성원들의 타고난 경향을 중화시키려 했다면, 후대 사람들은 왜 이를 할 수 없었을까? 왜 그들은 자신들을 지배하려는 소수의 충동을 억누르는 일을 하지 못했을까?

나는 잠재적 지배자들에 대한 통제는 단지 원시사회에서만 가능하다고 주장하고 싶다. 원시사회에는 잠재적 지배자들이 거의 없기 때문이며, 지위와 권력에 대한 욕구는 타고난 것이 전혀 아니기 때문이다.

확실히 원시인들의 평등주의를 설명하는 가장 쉽고 합리적인 방법은 단순히 그들에게는 지위와 권력에 대한 선천적인 욕구가 없다고 말하는 것이다. 그들에게는 전쟁을 벌이거나, 여성을 지배하려는 선천적인 욕구가 없었다는 것과 같은 이유이다. 그들에게는 우리 같은 과도하게 발달한 자아인식이 없기 때문이다. 지위와 권력에 대한 욕구 그리고 그 결과로 나타난 고도로 계급화되고 경쟁적인 사회들은 자아폭발 이후에야 선천적인 것이 되었다.

우리는 이미 앞에서 이 지위에 대한 욕구를 살펴보았다. 우리는 정신적 불화를 넘어서기 위한 행복의 다른 원천으로써의 지위를 열망한다. 우리가 어떤 성공이나 권력을 가졌다는 인식을 경험할 때마다 그것들은 우리 자부심을 빛나게 한다. 즉 자아에 바탕을 둔 일시적인 행복인 셈이다. 그리고 우리가 결핍과 불완전성을 느끼는 근본 인식이 우리로 하여금 세상에 우리의 표식을 남기고, 특별하고 중요한 사람이 되고, 뭔가 다른 중요한 인물이 되기를 열망하도록 만든다. 어쨌든 우리는 이것이 우리를 완전하게 만들어 줄 수 있다고 여긴다. 죽음에 대한 공포도 이와 연관되어 있을 것이다. 지위, 특히 명성은 우리에게 일종의 불멸성을 부여한다.

불평등은 분명 물질주의와도 연관이 있다. 평등주의적 사회의 한 가지 특징은 부의 완전하고 동등한 분배다. 아무도 다른 누구보다 더 많은 재화나 재산을 갖지 않는다. 실제로 우리는 소유라는 생각 그 자체가 타락하지 않은 사람들에게는 거의 의미가 없다는 것을 살펴보았다. 개인의 소유가 없으므로 부의 불균등한 분배는 절대 일어날 수 없었을 것이다. 그러나 개인의 소유 욕구가 발달하면, 불평등은 필연적이다. 정신적 불화는 사람들을 가능한 한 많은 재화를 구매하고 가능한 한 많은 재산을 소유하도록 몰아간다. 그리고 이를 위해 사람들은 돈을 벌어야만 한다. 부의 양은 한정되어 있다. 그리고 사회적으로 유리한 점을 이용하든, 타고난 능력을 이용하든 사람들 가운데 일부만 다른 사람들보다 더 많은 부를 가질 수 있다.

공감의 결핍은 확실히 여기서도 중요한 요인이다. 그것은 과도하게 발달한 자아인식을 동반한다. 예를 들면 봉건사회의 귀족들과 지주들이 굶어 죽는 농노들과 공감할 수 있었다면 그들을 그토록 잔혹하게 탄압하지 못했을 것이다. 그러나 그들은 농노들과 너무나도 분리되어 있어서 그들을 인간이 아니라 가축으로 생각할 정도였다.

# 신과
# 종교의 탄생

타락한 문화들이 지닌 다른 많은 특징처럼, 우리는 '신'이라는 개념을 워낙 당연한 것으로 받아들이기 때문에 그게 실제로 얼마나 이상한 것인지 상상하기가 어렵다. 외계인 관찰자의 관점에서 보면 인간이 최소한 지난 6,000년 동안 전능하고 보이지 않는 실체들이 그들을 보살핀다고 믿고 있다는 사실은, 인류사가 끝없는 전쟁들로 가득하다는 점이나, 지위와 부에 만족할 줄 모르는 욕구만큼이나 당혹스러워 보일 것이다. 누구든 이런 신들을 실제로 본 적이 있는가? 누구든 신들의 존재에 대한 어떤 실제 증거라도 본 적이 있는가?

인간들은 항상 신들에게 기도나 제물을 이용해 영향을 줄 수 있다고 확신했다. 예를 들면, 우리는 전쟁에 나갈 때 승리를 다짐하기 위해 기도하거나 제물을 바쳤다. 현대 사례를 들면 수술을 받거나 중요한 경기를 할 때 우리는 모든 것이 계획대로 진행될 수 있도록 기도를 한다. 외계인 관찰자가 이상하게 여길 부분은, 이런 방법을 통해서 신들이 실제로 우리를 돕는다는 어떠한 증거도 없다는 점이다. 만약 신 - 또는 신들 - 이 우리를 보살피고 돕는다면, 왜 자동차 사고가 나고, 질병으로 사망하거나, 지진이 발생하도록 내버려두겠는가? 왜 무고한 어린아이들이 죽고, 악한 사람들이 번영하도록 허락하는가? 아마도 외계인은, 인간에게는 높은 존재가 자신을 보살피며 그들의 삶을 통제하고 있다고 느끼려는 욕구가 있으며, 그 믿음의 비합리성을 무시하려는 욕구가 있다는 결론에 도달할 것이다.

## 원시적 영혼신앙

그럼에도 이상한 점은 전쟁도 마찬가지이지만 신들도 인간만큼 오래되지는 않았다는 것이다. 전쟁처럼 신들에 대한 믿음은 타락의 특별한 특징이다.

타락하지 않은 사람들의 종교는 유신론이 아니다. 즉, 신들의 숭배에 바탕을 두지 않는다. 그들에게는 신에 관한 개념은 별로 중요하지 않다. 일부 타락하지 않은 사람들은 창조주 신에 관한 개념을 가지고 있다. 그러나 그런 신은 항상 아주 멀리 떨어져 있는 존재로, 순전히 세상이 어떻게 존재하게 되었는지를 설명하기 위한 하나의 방법으로 발달한 것 같다. 이 신은 세상을 창조한 다음 물러나서 세상과는 별로 관계가 없다. 엘리아데◄는 다음과 같이 설명했다.

---

◄ 루마니아 태생의 미국 종교학자. 20세기의 가장 위대한 종교학자로 평가받으며《세계 종교 사상사》를 집필했다.

원시적 사람들의 많은 하늘의 최고 존재들처럼, 아프리카 인종 집단들의 많은 신들은 창조자들로 간주된다. 모두 힘 있고 인자하다는 특성이 있다. 그러나 그들은 종교적 생활에서는 오히려 중요하지 않다. 너무 멀리 있거나 너무 선해서 실제 숭배에서는 필요하지 않다. 그들은 단지 큰 위기의 경우에만 관여한다.[1]

예를 들면, 아프리카의 아잔데족에게는 '음보리'라는 최고 존재의 관념이 있다. 그러나 인류학자 에번스 프리처드는 그와 연관된 공식 행사는 하나뿐이며 거의 실행되지 않는다고 지적한다. 그리고 그는 누군가 음보리에게 기도하거나 그 이름을 언급하는 것을 들어본 적도 없다고 한다.[2] 카메룬의 팡족은 자연 세계가 '메베게'라는 신에 의해 창조되었으며, 도구·집·사냥·농사 등과 같은 문화적 세계는 '엔자메'라고 불리는 다른 신에 의해 창조되었다고 믿는다. 그러나 파스칼 보이어가 지적하듯 이러한 신들은 그리 중요해 보이지 않는다. 그들에게는 특별히 메베게나 엔자메를 향한 숭배나 제례가 없다. 실제 그들은 거의 언급되지 않는다.[3] 마찬가지로 아메리카 대륙의 온타리오와 오클라호마의 레나페 인디언들은 최고의 존재가 세상을 창조했으며 그들이 가진 모든 것을 주었다고 믿는다. 그러나 이 신은 너무 멀리 떨어져, 가장 높은 열두 번째 하늘에 있기 때문에 거의 주의를 기울일 수가 없다. 그들은 매일의 일출과 뇌우 그리고 모든 바람에 존재하는 '마니 토와크', 즉 최고 존재의 대리인들에게 대부분의 관심을 쏟는다.[4] 《인류 사회들Human Societies》에 나온 렌스키의 통계에 따르면 수렵채집 사회들의 단 4퍼센트와 단순 원예 사회들의 10퍼센

트만이 인간들의 도덕적 행동과 관련 있는 창조신의 개념을 갖고 있다.[5]

타락하지 않은 사람들의 모든 종교는 놀라울 정도로 흡사하다. 하도 비슷해서 나는 그 모두를 포함해 '원시종교'라는 일반적인 용어를 사용하는 것도 가능하다고 믿는다. 원시종교에는 두 가지 중요한 측면이 있는데 그 어느 것도 우리가 생각하는 의미의 신들을 포함하지 않는다. 우리는 앞에서 이들 중 하나에 대해 언급했다. 즉 세상 전체 그리고 그 안에 있는 모든 것에는 생기를 불어넣는 힘이 스며들어 있다는 원시인들의 인식이다.

이 영혼의 힘이 우리가 보통 사용하는 의미에서의 신은 아니라는 점이 중요하다. 인류학자들이 이러한 용어들을 흔히 '신'으로 번역하기 때문에 여기서 때때로 혼란이 발생한다. 에번스 프리처드는 이것을 누에르족의 용어로 영혼의 힘을 뜻하는 '크오트'라고 했다. 그러나 그는 동시에 크오트가 인격화된 신이 아니라는 점을 분명히 한다. 그의 설명대로 "누에르족의 신에 대한 관념에서 인격화된 모습들은 매우 약하다. 그리고 앞으로 살펴보겠지만 누에르족은 그들을 향해 행동하지도 않는다. … 나는 어떤 누에르인이든 신이 인간의 형태를 하고 있다고 주장하는 것을 들어 본 적이 없다."[6] 그러나 다른 인류학자들도 이러한 용어들을 번역하면서 신을 다루는 것이 아니라는 점을 분명히 한다. 초기의 인류학자들은 '생명의 힘', '영혼 물질', '포텐즈'[7] 등의 용어들을 사용했으며, 과거 영국의 인류학자인 J. H. 홈즈는 '영혼' 또는 '살아 있는 원칙'이라고 불렀다. 그는 뉴기니에 있는 푸라리델타의 원주민들에 대해 다음과 같이 썼다.

'이무누', 즉 영혼은 모든 것과 관련되어 있다. 아무것도 그것과 떨어져서는 태어나지 않았다. … 생물이든 무생물이든 어떤 것도 그것과 떨어져서는 존재할 수 없었다. 그것은 사물의 영혼이 었다. … 그것은 손으로 만질 수 있는 것도 아니었지만, 공기나 바람처럼 그것은 자신이 존재를 나타낼 수 있었다. 그것은 푸라 리델타 사람들에게는 생명을 구성하는 모든 것에 스며들었다. … 그것은 모든 것이 우리가 아는 대로 존재하게 하는 것이었으며, 그 옆에 있는 다른 것들과 구분 짓게 하는 것이었다.[8]

원시종교의 두 번째 중요한 측면은 복수로 지칭하는 '영혼들(spirits)'에 대한 개념이다. 보통 영혼에는 두 종류가 있다. 죽은 사람의 영혼들과 영혼들로서 늘 존재하는 자연의 영혼들이다. 그것들은 어디에나 있다. 모든 사물과 모든 현상에는 특별한 영혼이 관계되어 있다. B. 볼라지 이도우가 아프리카 전통 신앙에 대해 쓴 것처럼, "땅의 어느 지역이든, 어떤 사물이든, 또는 생물이든 그 자신의 영혼을 갖지 않거나 영혼이 살지 못하는 것은 없다."[9] 신들처럼 영혼들은 자연의 진행 과정을 통제한다. 그들은 두통을 유발하고, 상처를 치유하며, 화살을 목표물에 맞추고, 바람의 방향을 바꾸고, 비를 내린다. 그러나 이러한 유사성에도 불구하고, 그것들을 신들처럼 인격을 가진 의인화된 존재라고 생각하는 것은 실수다. 영혼들은 절대로 존재하는 것들이 아니다. 이도우가 쓴 대로 "그것들은 대개 거의 추상적인 힘이나 그늘, 또는 증기로 생각된다."[10] 그것들은 신들과는 다른 방법으로 세계에 존재한다. 신들은 밖에서 꼭두각시를 조종하듯 인간 생활을 통제하지만,

영혼들은 자연계 일부로 항상 보이지 않게 공기를 통해 이동하거나, 바위·나무·강 그리고 동물들 안에서 살아간다.

영혼들이 실제로 존재하지 않으며, 순수하게 미신과 환상의 문제라고 추정하는 것은 상식인 듯하다. 프랑스의 종교학자이자 철학자인 오귀스트 콩트[4]는 우리의 조상들은 의식이 있는 존재였으므로, 모든 자연현상도 그것들의 내면적 존재와 함께 살아 있는 존재라고 생각했을 것이다.[11] 프로이트는 영혼들과 악령들이 바로 '원시인들의 감정적 충동의 투사'라고 믿었다.[12] 그러나 우리는 최소한 영혼들이 존재한다는 가능성은 열어 두어야 한다. 불교 철학은 아수라[44]와 데바스[444] 같은 인간의 눈에는 보이지 않는 전체 존재들의 무리가 존재함을 인정한다. 그리고 우리 의식이 영혼 수련을 통해서 더욱 정화되면 이것들을 인지하게 된다.[13] 우리가 주변에 있는 '영혼의 힘'의 존재를 인식하는 능력을 상실한 듯하므로, 우리가 우리 주변의 '영적 실체'들의 존재를 인식할 능력도 상실했다는 말도 최소한 틀린 것은 아니다.

그러나 영혼들이 환상에 불과할지라도, 그것들을 타락하지 않은 사람들이 주위 세계를 설명하기 위한 일종의 전략으로 보는 것은 가능한 일이다. 세상 전체에는 영혼의 힘이 스며 있고, 영혼의 힘들로 인해 살아 있으므로, 타락하지 않은 사람들은 모든 사

---

[4] 실증주의를 창시한 프랑스의 철학자. 사회학이라는 용어도 그가 만들었다. 인지 발달을 신학적 단계·형이상학적 단계·실증적 단계로 구분하는 3단계설을 주장하였다.

[44] 선신들의 적(敵)에 대한 총칭.

[444] 선신들. 단수형은 데바.

물이 개별적으로 살아 있다고 보았다.

모든 나무, 바위, 강은 영혼의 힘과 함께 살아 있으며, 그것들 자신의 영혼과 존재를 가졌다. 그리고 아마도 자연의 변화 과정을 설명하기 위해 원시인들은 사물들이 단순히 이러한 일반적인 의미에서 살아 있을 뿐 아니라, 존재라는 의미에서도 활동적이고 자주적인 힘들이라고 믿게 되었다. 영혼은 개성을 부여받아 영혼들로 되었으며, 그것들이 각기 다른 자연의 진행 과정들을 제어했다.

그러나 각 사물이 개별적인 힘들로 행위할 수 있는 것과는 별개로, 우리는 타락하지 않은 사람들이 영혼들을 '위대한 영혼'의 한 표현으로 보았다는 점에 주목할 필요가 있다. 에번스 프리처드가 누에르인들에 대해 기록하듯 "신은 특별한 공기의 영혼이 아니라, 영혼이 신의 모습이다. 영혼들이 따로따로 있는 것이 아니라 그것들은 다른 모습들을 한 신이다."[14]

## 여신 종교

영혼의 힘으로서 신에 대한 믿음은 신, 사원, 성직자 그리고 천국과 지옥의 관념들이 나오기 이전의 '구종교(old religion)'였을 것으로 보인다. D. H. 로렌스는 뉴멕시코 인디언들의 구 종교를 다음과 같이 설명했다.

그것은 방대하고 순수한 종교다. 우상도 없고, 형상도 없고, 정신적인 것조차 없다. 그것은 가장 오래된 종교다. 모든 사람에게 똑같은 우주적 종교이며 특별한 신들이나, 구원자들이나, 체계들로 쪼개지지 않았다. 그것은 신의 개념에 선행하며, 그러므로 신을 믿는 다른 어떤 종교보다 위대하고 심오하다.[15]

여기서 논쟁을 일으킬 수 있는 소재가 '여신 종교'다. 마리야 김부타스와 리안 아이슬러 같은 학자에 따르면 여신 종교는 선사시대 인류들에 의해 기원전 3000년경까지 행해졌다.[16] 김부타스는 구유럽인들이 기원전 8000년부터 문명을 번창시켰는데 일종의 지모신(地母神)을 숭배했다고 믿는다. 그러나 선사시대의 여신 종교라는 생각은 실제로는 하나의 가정에 불과하다. 옛날의 인간들은 분명히 여성적인 형태를 숭배 했고, 여성들의 출산능력에 대해 커다란 외경심을 느끼고 있었다. 특히 유럽과 중동 지역을 통해 많은 수의 작은 여성 신상이 발견되는 것을 두고 판단하건데, 작은 여성 신상이 그들의 중요한 예술 형식이었던 것으로 보인다. 그들은 여성의 성기 조각과 그림들도 아주 많이 만들었다. 또 여성 성기 모양의 구멍들을 붉은 황토색(생리혈을 대신해)으로 얼룩지게 만드는 관습과 질 모양의 조개들을 사체 주위나 위에 올려놓는 관습이 있었다. 그러나 여기서 우리 선조들이 여신을 숭배했다고까지 말하기는 어렵다. 모리스 버먼이 지적한 대로 "이러한 형상들 속의 여신은 확실히 구경꾼의 눈 속에 있는 것이다. 그것은 형상들 그 자체 내부에 있는 것은 아니다."[17] 고고학자 티모시 테일러는 작은 조각상들 가운데 실제로 어머니의 특징들을 가진 것들은 거의 없다고 지적한다. 그 이후의 문화들에서 나타나는 지모신 형상과는 반대로 여신이 출산하거나 모유 수유를 하는 조각상들은 거의 없다.[18] 여신들은 타락 이후 시대 초기에는 확실히 일부에 의해 숭배되었다. 숭배된 여신들은 지상과 천국을 낳은 수메르의 여신 남무, 이집트의 여신 누트, 크레타의 여신 아리아드네 등이 있다. 그러나 우리는 분명한 여신숭배의 후기 국면을 원시적 영혼 종교와 가부장적 일신론적 종교 사이의 과도기적 단계로 볼 수 있다. 드메오가 주장한 대로 "역사에서 아주 짧은 기간만 우리는 사원들을 가진 여신들"을 발견할 수 있다. 그리고 이러한 기간들은 과도기적 국면들로 이 기간 동안 과거의 모성선호사상이 지배적인 가부장적 전사 문화들에 압도된다."[19]

김부타스와 아이슬러에 대해 공정하게 말하자면 그들은 여신 종교가 순수하게, 혹은 중요하게라도 의인화된 것이 아님을 강조한다. 그들은 여신을 영혼의 힘을 대변하는 것으로 보기도 한다. 실제로 한 여신 종교의 일부 서술은 원시인들의 영혼 신앙과 아주 비슷하다. 아이슬러에 따르면, 여신 종교는 "모든 것이 영적이며 식물·동물·태양·달·우리 인간의 육체 등 세상 모두가 성스러운 것들로 가득 차 있다는 세계관을 보여 준다."[20] 앤 배어링과 줄스 캐시포드는 《여신의 신화 The Myth of the Goddess》에서 다음과 같이 설명한다.

지모신은 어디에서 발견되든, 우주는 하나의 유기적이고, 살아 있고 성스러운 전체라는 인식에 영감을 주고 초점을 맞추게 하는 하나의 이미지다. … 모든 것은 우주의 망(web)에 함께 짜여져 있으며, 거기서는 보이는 생명과 보이지 않는 생명의 모든 질서가 관련되어 있다. 왜냐하면 모든 것은 원래의 원천으로부

터의 성스러움을 공유하기 때문이다.[21]

선사시대 여신 종교 사상은 일부 선사시대의 사회들이 모성 중심이었다는 믿음과 비슷한 종류의 오류일 것이라고 나는 믿는다. 선사시대 사회들이 가부장적이 아니었다고 해서 반드시 모성 중심이라는 뜻은 아니라고 아이슬러는 지적한다. 실제로는 지배에 대한 이념 자체가 전혀 없었으며, 어느 한 성이 다른 성을 억압하지 않았다. 같은 방식으로, 선사시대의 사회와 원시인들이 압도적인 남신을 숭배하지 않았다고 해서 그들이 관대한 여신을 믿었다는 것을 의미하지는 않는다. 신이라는 개념 자체가 존재하지 않았을 가능성이 더 크다.

## 신들의 탄생

오귀스트 콩트와 제임스 프레이저 같은 과거의 종교학자들도 오래전의 인류 사회는 신들을 갖지 않았다고 믿었다. 콩트는 원시적 인간들은 그가 '주물 숭배적◂' 단계라 부르는 수준에 머물렀다고 믿었는데, 이는 다신교와 일신교 단계 전에 나온다.[22] 원시종교에 대해 지금까지 출판된 책들 가운데 가장 유명한 책인《황금가지》의 저자 프레이저는 과거의 인간을 마법의 단계에 놓았는데 이는 종교적 단계(신들이 그림에 들어가는 단계)와 과학의 단계(인간들

---

◂ 자연물 또는 인공물에는 초자연적, 신비적 힘이 있다고 믿는 원시종교.

이 신들에 대한 필요성을 초월하는 단계) 이전에 오는 것이다.[23] 당시의 전형적인 생각대로, 콩트와 프레이저는 원시종교를 계층의 제일 하층부에 있다고 생각했으며 유일신 종교는 한 발짝 앞으로 나아가는 것으로 보았다. 이는 인간을 야만에서 문명으로 가게 하는 일반적인 진보의 한 부분이었다. 이는 상당히 논쟁의 여지가 있다. 왜냐하면 유일신 종교는 영혼의 힘에 대한 인식의 상실과 세상에 대한 세속화된 개념과 함께 도래했기 때문이다. 그러나 그들이 확신한 것과 같은 종류의 이행은 일어나지 않았던 듯하다. 사실 변화는 우리가 살펴본 다른 극적인 변화가 일어났던 것과 같은 역사적 순간에 발생했다. 기원전 4000년경 호전적이게 됐고, 사회적으로 계급이 분화됐고, 가부장적으로 되었던 사람들 - 인도유럽인·셈족·이집트인·수메르인 그리고 다른 사람들 - 이 유일신 종교도 발전시켰다.

처음에는 다신교가 있었다. 사랑의 신, 전쟁의 신, 농사의 신 등 수백의 다른 신들이 있어서 생활의 여러 다른 측면들을 관장했고, 다른 마을이나 산과 강 그리고 각각의 가족들을 돌보는 지역신들도 있었다. 예를 들면, 카시러는 로마의 신들에 대해 "말하자면 그들은 인간 생활의 다른 부분들을 그들 사이에서 나누어 가진 행정적 신들"이라고 기록한다.[24] 우리가 아는 신들의 가장 오래된 신전은 고대 수메르부터 시작한다. 수메르에서 안은 최고의 하늘의 신이었으며, 우투는 태양의 신, 난나르는 달의 신, 난세는 물고기와 마법의 여신, 니니시나는 글의 여신 등이었다. 그래도 우리에게 가장 친숙한 신들은 고대 그리스의 신들이다. 제우스는 신들의 왕이며, 포세이돈은 바다의 신, 아레스는 전쟁의 신,

아프로디테는 사랑과 미의 여신 등이다. 다른 많은 종족의 신들처럼 그리스의 신들은 만화책에 나오는 슈퍼히어로들처럼 거의 우스울 정도로 의인화된 모습들이었다. 그들은 서로 다투었고, 법정으로 끌고 갔고, 두통을 앓았다. 그리고 가끔씩 인간들과 성관계를 맺기도 했다. 임신을 하면 헤라클레스 같은 반신적인 영웅들이 태어났다. 이 다신교적 전통은 인도에서는 오늘날까지 남아 있다. 인도에는 최대 300만의 다른 신들이 있다고 추정되기도 한다.

처음에 오래된 영혼 종교의 흔적들은 새로운 신의 종교들과 뒤섞였다. 앞에서 주장했던 대로 과거의 여신은 남신과 영혼 사이, 일종의 중간 단계였을 수 있다. 왜냐하면 여성의 정신은 자연에 훨씬 더 밀접하게 연계되어 있고, 자연과 같이 치유하며 돌보는 특징들이 있었기 때문이다. 김부타스와 아이슬러의 주장대로, 여신은 자연의 일체성·다산성·자애로움의 상징이었다. 그래도 초기 이집트인들이 영혼의 힘이라는 생각을 완전히 망각한 것은 아니었다. 그들의 '아크(Akh)'라는 개념은 우주의 영혼을 가리키며 '바(Ba)'는 아크에서 흘러나와 자연 전체에 스며드는 생명을 불어넣는 힘을 가리킨다. 그리스에서도 유일신 이전의 단계가 있었는데 '유테이아'는 카시러의 표현대로 '사람을 식물이나 동물과 연결시키는 자연의 친족·혈족'이었다.[25]

그러나 이러한 측면들은 이내 사라져 버렸다. 기원전 2000년경에 이르면, 모든 유명한 신들은 남성이었으며, 영혼의 힘은 하나의 밀교적 개념으로만 존재했다. 배어링과 캐시포드가 주장한대로 청동기시대 중반까지 지모신은 배경으로 후퇴하며, 아버지신들이 무대의 중앙으로 이동하기 시작한다.[26] 자연과 함께 참여한다는 오래된 인식은 자연을 지배하려는 욕망으로 대체되었는데, 강력한 새로운 남성신들이 이를 반영하였다. 영혼의 중심기둥이었던 신은 자연을 정복하고 정리하는 역할을 떠맡았다.[27] 이러한 변화는 아마도 타락한 특징들이 전체적으로 강화되어 가는 현상 – 그리고 오랫동안 이어지던 모성선호주의가 사라져 가는 것 – 의 일부였을 것이다. 이는 기원전 2000년경에 발생했는데, 아마도 자의식의 심화가 원인이었을 것이다.

일신교도 자의식의 심화에 따른 결과였을 것이다. 세계 최초의 유일신 종교는 기원전 14세기경 이집트의 파라오 아케나톤◀에 의해 만들어졌다. 아케나톤은 유일한 신은 태양신인 아톤이며 오래된 모든 다른 신들은 폐기한다고 공표했다. 모세가 이 시기에 이집트에서 살았다는 증거들이 있다. 모세는 귀족의 아들이었다. 모세는 이 하나의 신이라는 개념을 완전히 이해했으며 사막으로 갈 때 가져갔다.[28] 이렇게 해서 유대교가 시작되었다. 유대교를 시작으로 기독교와 이슬람교도 만들어졌다.

이 3대 종교, 특히 기독교와 이슬람교는 사하라시아 후손들 사이에서 엄청나게 지배적인 종교가 되었다. 서기 1000년까지 단지 인도와 사하라시아 세계의 극동(중국·한국·일본)에만 이 종교들이 전파되지 않았다. 기독교는 서쪽으로는 아일랜드, 동쪽으로는 러시아까지 유럽 전체에 전파되었다. 이슬람교는 중동, 북아프리카 그리고 중앙아시아에 전파되었다. 기독교인들과 이슬람교도들

---

◀ 기원전 1350년에서 기원전 1334년 동안 이집트를 지배한 왕. 아멘호테프 4세라고도 하며 왕비는 네페르티티이다.

은 그들의 종교들이 그처럼 널리 신속하게 전파된 것이 신의 은총을 받은 증거라고 종종 주장하지만, 사실 이것은 역사적·정신적 요인들에 기인한다. 기독교가 그처럼 신속하게 전파될 수 있었던 이유 중 하나로 로마의 콘스탄티누스 황제◀가 기독교로 개종한 역사적 사건을 들 수 있다. 그로 인해 로마제국은 갑자기 기독교 제국이 되었다. 이때 로마제국을 개조하기 위해 제국의 명칭에 형용사 '신성한(Holy)'을 덧붙였으며, 로마는 현재까지도 가톨릭교의 수령부다. 이슬람교도 비슷하게 빠른 속도로 전파되었는데 강력한 이슬람 아랍 군대 덕분이었다. 그들은 정복한 사람들에게 그들의 종교를 강요했다.

그러나 이러한 종교들이 그렇게 넓은 세계를 정복한 주요 원인은 아마도 그 종교들이 타락 이후의 정신에 이상적으로 들어맞았기 때문이었을 것이다. 단 하나의 신만이 있다는 생각, 즉 전능한 아버지 같은 형상이 우리를 항상 보살피며, 일어나는 모든 일들을 통제하며, 우리의 선행에 보상하며, 완전한 복종과 헌신을 요구하는 것은 타락한 인간의 깊은 정신적 결핍을 분명히 만족시켰다.

## 자아폭발에 대한 반응으로의 신

그러면 이제 우리가 답해야 할 문제는 이것이다. 자아폭발이 어

---

◀ 원래 태양신을 믿었던 그는 기독교 신자가 되어 313년 밀라노칙령을 공표하고 기독교 신앙을 공인하였다.

떻게 원시의 영혼 종교의 막을 내리고, 일신교를 만들어냈는가?

사실, 우리는 이미 질문의 첫 번째 질문에는 답을 했다. 영혼 종교는 자아폭발과 함께 온 정신에너지의 재분배로 인해 끝이 났다. 이는 사람들이 더 이상 세상에서 영혼의 힘의 존재를 자각할 수 없게 되었다는 의미다. 새로운 자아는 인간 정신에너지의 아주 많은 부분을 독점했으므로 주위 현실을 자각하는 데 투입할 정신에너지는 아주 조금밖에 남아 있지 않았다. 철학자 필립 노바크는 우리의 마음이 어떻게 끝없는 연상들과 풍부한 상상력, 감정을 자극하는 정교한 경험들로 가득 차 있는지에 대해 설명한다.[29] 그리고 자아폭발은 우리가 이 '현재 중심적 인식'과 영혼의 힘에 대한 인식을 상실한 역사적인 순간이었다. 그리고 영혼의 힘에 대한 인식을 상실하게 되자 그것을 바탕으로 하는 개별적인 영혼들에 대한 관념도 떨어져 나가 버렸다. 세상은 영혼을 빼앗겨버렸다. 영혼들과 함께 살던 나무·바위·강들은 이제는 생명이 없는 물체가 되었다.

타락한 인간들은 부분적으로는 이 영혼의 힘에 대한 인식을 상실한 데 대한 반응으로 신이 필요했다. 이제 세상은 차갑고, 낯설고, 심지어는 적대적인 장소였으며 실존주의 철학의 용어를 사용한다면, 사람들의 삶은 '부조리하고' 불필요하게 보이기 시작했다. 신들의 개념은 이 문제에 대처하는 하나의 방법으로, 세상을 좀 더 온유하고 덜 무질서한 장소로 보이게 하려는 방법이었다. 만약 신들이 세상을 내려다보며 사람들을 보호하고, 일어나는 모든 일들을 조정했다면 삶은 부조리하지 않았을 것이며 세상도 이렇게 냉담하지는 않았을 것이다. 보호와 질서에 대한 이 느낌이 어떻게 타락 이후 사람들의 삶을 지배했던 전쟁과 사회적 억압에 대한 반응으로 필요했는가를 알기도 쉽다. 사람들의 생활은 이전 그 어느 때보다 더 불안전하고 더 위험했다. 그러나 신들이 세상을 보살피고 그들을 돌보고 있었다면, 결국 모든 것은 잘 관리될 수 있다고 그들은 믿었다.

더 중요한 것은 신들은 자아폭발이 만들어낸 분리와 불완전함의 인식에 대한 반응이라는 것이다. 신들이 항상 존재하며, 그들을 보살핀다는 믿음은 타락한 인간의 고립감에 대한 하나의 방어기제였다. 여기서 D. H. 로렌스는 신에 관한 사상이 고립감으로부터 어떻게 떠올랐는지를 설명한다.

아주 고대의 세계는 완전히 종교적이었고 무신론적이었다. 전체 우주는 살아 있었으며 사람의 육신과 접촉하고 있었다. 신에 대한 생각이 차지할 여지가 없었다. 개인이 단절되었다는 느낌을 갖기 시작하면서, 그가 자신에 대해 인식하고 단절에 빠져들면서 비로소 신에 대한 개념이 생겨났다. 인간과 우주 사이에 끼어들기 위해서였다. 신과 신들은 인간이 단절감과 고독감에 빠져들었을 때 그 사이로 들어온다.[30]

이 구절은 놀라운 통찰력을 보여 준다. 그러나 신은 인간과 우주 사이에 개입하는 문제라기보다는 고독감을 완화시켜주는 것에 관한 문제다. 타락한 인간들은 그들이 어디에 있든, 그들이 무엇을 하든, 항상 저곳에 있으면서 그들을 보살피는 실체가 있다고 믿을 필요가 있었다. 신들이 있다면 사람들은 결코 혼자가 아니었다.

신은 부차적인 기능도 있었다. 타락한 인간들은 영혼의 힘에 대해 몰랐으므로 자연에서 일어나는 현상들을 설명하는 데 영혼들의 개념을 사용할 수 없었다. 의인화된 신들이 이 역할을 떠맡고 모든 것을 설명하게 되었다. 예를 들어 갑자기 바람이 불면 바람의 신이 화를 냈기 때문이며, 사람이 병으로 죽으면 신이 그가 죽어야 한다고 결정했기 때문이었다.

## 다른 관점들

아메리카에 처음 정착한 많은 유럽인은 아메리카 원주민들이 기도도 하지 않고 사원이나 교회도 짓지 않았으므로 비종교적이라고 추정했다. 그러나 아메리카 원주민들에게 종교와 일상생활은 구별되지 않았다. 그들은 영혼이 그들 주위에 어디에나, 언제나 있다고 느꼈기 때문에 신을 숭배하기 위해 교회나 사원에 갈 필요가 없었다. 로널드 라이트는 이렇게 설명한다.

> 체로키족은 워낙 종교적이어서 성스러움과 불경의 경계가 없을 정도였다. 생명의 주인, 위대한 영혼의 숨결은 모든 사물 안에 있다. 공동주택, 들과 숲 그리고 집은 그들에게는 모두 사원이었고, 땅이었다. 체로키인들이 행하는 매일의 경배는 강물 속으로 들어가는 의식이었다.[31]

이것은 종교라는 관점에서 타락의 또 하나의 결과를 보여 준다. 즉 성스러운 것과 불경한 것의 새로운 분리다. 원시 문화들에는 성스러움, 초자연적인 것의 개념들이 모든 활동에 스며 있어서 종교적인 활동과 음악이나 춤 또는 노는 것과의 분리가 어려울 정도다.[32] 원시인들에게는 교회나 절 같은 특별한 경배의 장소도 없을 뿐 아니라, 특별한 종교 주간도 없고, 성직자들과 같은 종교 전문가들도 없다. 이것의 핵심은 물론 그들이 영혼의 힘을 인식하는 것이다. 그들에게는 세상 전체가 성스러운 곳이었기 때문에 특별한 경배의 장소는 필요 없었다. 모든 바위, 모든 물줄기가 영혼으로 가득 차 있으니 다른 모든 장소들 같이 성스럽고 특별하다. 그리고 신성함은 모든 사람에게 분명히 항상 존재하므로 인간과 신들 사이에서 중개자로서 행동할 종교 전문가들도 필요하지 않다.

그러나 영혼의 힘에 대한 인식을 상실하면서 이 모든 것이 변했다. 종교는 일종의 취미가 되었다. 사람들이 일상적인 매일매일의 활동에 추가해 실행하는 것이며, 특정 시간에 특정 장소에서 전문가의 지도를 받으며 수행해야 하는 것이 되었다. 먹는 것, 춤추는 것, 노래하는 것 등은 더 이상 종교적인 활동이 아니었다. 이제 종교는 단지 사람들이 기도하며 보내는 특별한 시간, 사람들이 수행하는 의식 그리고 사원을 방문하는 일을 의미한다. 신과의 교감은 단지 특별히 정해진 장소에서만 가능했다. 마치 신은 이제는 일상에서는 사라진, 만나기 어려운 저명인사가 된 것 같았다.

우리는 이미 타락의 다른 중요한 결과를 종교적 측면에서 살펴보았다. 바로 내세에 대한 새로운 태도다. 우리가 앞서 살펴본 대로, 원시인들에게는 그들 각 개인이 살아남는 것은 그리 중요하지 않다. 그러나 타락은 죽음에 대한 공포, 외로움, 걱정, 허무함에 대한 인식 그리고 전쟁과 억압으로 인한 사회적 고통을 강화시켰다. 그 결과 사하라시아인들은 죽음 이후에도 삶이 있으며, 다음 생은 현세의 삶이 주는 고통에 대한 커다란 위안이 될 것이라고 믿어야만 했다. 천국이 있다는 생각은 잔인하고 무자비하게만 느껴지는 삶을 이해하도록 도움을 주었으며, 그들의 생활이 주는 고통을 견디게 하는 일종의 몽상을 가능하게 하였다.

## 신의 모양을 한 구멍

마르크스와 프로이트는 종교가 보상 기능을 한다는 것을 알았다. 마르크스는 종교를 자본주의 국가에서 일어나는 소외와 억압과 가난에 대한 반응으로 발달시킨 환상이라고 보았다.[33] 프로이트는 종교가 문명으로 인해 생겨난 궁핍에 대한 하나의 보상이라고 믿었다. 문명화는 우리의 본능과 충동을 억압하는 것을 의미하는데, 이는 우리를 좌절하게 한다. 그리고 억압은 서로를 억누르고 고문하게 만든다. 그리고 프로이트의 설명대로 "종교의 역할은 문명의 결함과 악을 극복하고, 사람들이 살아가면서 서로에게 가하는 고통을 함께 돌보는 것이다."[34]

프로이트와 마르크스는 모두 종교가 인간 발달의 특정 단계에서만 필요할 뿐이라고 믿었다. 마르크스는 공산주의 국가가 도래하면 종교는 자연히 사라질 것이라고 생각했다. 왜냐하면 종교를 만들어낸 소외와 억압이 더 이상 존재하지 않기 때문이다. 프로이트는 종교를 신경증과 미성숙의 징후로 보았는데, 종교는 단지 그가 칭한 '대상 선택' 단계에서만 필요했다. 이 단계를 넘어서면 그가 칭하는 '성숙 단계'에 도달하게 된다. 이때 우리는 세상에 적응해 우리의 문제들에 대한 합리적 태도를 발전시키고, 보상을 찾지 않고도 우리 욕망의 한계를 인정한다.[35]

그러나 마르크스가 말하는 유토피아 국가가 실현된다 해도 타락한 정신은 여전히 그곳에 있을 것이다. 그러므로 사람들은 여전히 종교, 또는 최소한 고통에 대한 보상을 얻을 다른 방도가 필요할 것이다. (물론 타락한 정신은 공산주의 국가 자체를 막아서겠지만.)

프로이트의 성숙 단계도 마찬가지다. 이 단계에서 우리가 발달시키도록 되어 있는 합리적인 세계관이 종교에 대한 환상을 더 이상 받아들이기 어렵게 만들 수 있지만, 종교에 대한 심리적 필요는 여전히 존재할 것이며, 다른 영역으로 향하게 될 것이다.

이것이 요즘 많은 사람의 입장이다. 거듭난 기독교도들은 가끔 우리 안에 '하느님 형상을 한 구멍'이 있다고 말한다. 그들의 생각에 따르면, 우리 중 일부는 그 구멍을 돈, 명예, 성공 등으로 채우려 하지만, 어떤 것들도 실제로 만족시키지는 못한다. 하느님을 발견해야만 비로소 만족할 것이다. 그리고 그들의 견해는 어느 정도는 옳다. 구멍은 타락한 정신과 함께 발생한 단절감과 불완전함에 대한 인식이다. 우리는 이미 사람들이 물질적인 재화를 축적하고, 쾌락에 빠져 살거나 권력과 성공을 추구함으로써 어떻게 이것을 보상하려 노력하는가를 보았다. 그리고 종교는 과도하게 발달한 자아의 정신적 고통에 대한 가장 효과적인 방어라는 것도 사실이다. 종교는 신의 보호 기능과 타락한 문화의 내세관으로 인간에게 보상을 제공할 뿐만 아니라, 강한 소속감을 제공함으로써 우리의 단절감을 완화시킨다. 또 의미, 목적, 구조에 대한 인식을 제공해 우리를 정신적 불화에 덜 취약하게 만든다.

그러나 현대 세계에서 종교라는 마약은 우리가 쉽게 구할 수 있는 것이 아니다. 자아폭발이 우리에게 선사한 강력한 사고(추리·판단) 능력이 자아폭발의 부정적인 영향, 즉 종교를 통한 위로가 더 이상 그 기능을 하지 않게 한다는 것은 아이러니하다. 과학은 종교의 2차적 기능인 세계를 설명하는 과제를 떠맡았으며 그과정에서 1차적 기능을 무력화했다. 그 결과 우리 대부분은 '하느님의 형상을 한 구멍'을 물질주의, 권력 욕구, 쾌락주의 같은 방법에 의존해 채워야만 했다.

궁극적으로 종교는 실제로 작동하지도 않는다. 종교는 실제로 질병을 치료하지 않으며, 우리의 고통을 약간 완화시킬 뿐이다. 즉 종교는 우리로부터 분리나 불완전성에 대한 인식을 없애주는 것이 아니라 단지 보상할 뿐이다.

그 문제를 처리하는 또 하나의 방법이 있다. 영성 또는 영적 발달을 통하는 것이다. 여기서 우리는 우선 영성을 종교와 혼동하지 않아야 한다. 영성이란 아주 순수한 의미에서는 기도·성경·천국·설교자 심지어는 신과도 아무런 관계가 없다. 불교·요가·수피즘 같은 영적인 전통은 변형적인 체계들이다. 그것들의 목표는 모두 우리의 정신적 불화를 치유하고 현재의 고통스러운 상태를 초월하는 것이다. 그것들은 우리에게 어떻게 우리의 단절감을 극복할 것인가, 어떻게 정신적 엔트로피에서 벗어날 것인가, 어떻게 영혼의 힘과 다시 연결할 것인가 등을 가르친다. 다시 말해, 그것들은 우리의 정신적 불화로 인한 증상을 처리하기보다는 정신적 불화를 치유하는 방법을 가르친다. 그리고 다음에 보게 되겠지만, 이러한 변형적 체계 사용을 통해 우리는 종교 그리고 우리의 정신적 고통에 대한 다른 형태의 보상이 더 이상 필요하지 않은 곳에 도달할 수 있다.

# 육체로부터의
# 분리

《성경》에는 타락 이전에는 아담과 이브가 "두 사람이 벌거벗었으나 부끄러워하지 않았다"◂라고 말해 준다. 그러나 이브가 지식의 나무에서 선악과 열매를 따먹고 나서부터는 그 둘은 '자신을 의식하게' 되었고, 벌거벗은 것을 알게 되었다. 그들은 수치심을 느꼈고, 무화과 나뭇잎을 엮어 자신의 몸을 가렸다!

이 구절은 타락과 함께 찾아온 또 하나의 엄청난 변형을 보여 준다. 섹스와 육체에 대한 완전히 새로운 태도다. 타락 이전에는 아담과 이브처럼 타락하지 않은 많은 종족은 완전히 벗고 살았으며, 그들의 생식기가 신체의 다른 부분에 비해 더 특별하다거나 부끄럽다고 생각하지 않았다. 애버리진 성인들은 재미 삼아 어린아이들의 생식기를 간지럼 태우거나 쓰다듬었는데, 영국 문화에서 아이들의 코를 꼬집고 턱을 간지럽히는 것과 흡사한 방식

---

◂ 〈창세기〉 2장 25절.

이다.[2] 타락하지 않은 사람들이 생식기를 가릴 때도 여성들은 따뜻한 기후에서는 유방을 드러내고, 개방된 상태에서 아이에게 젖을 먹인다.

원시 종족들은 일반적으로 섹스에 대해 완전히 개방된 태도를 가지고 있다. 섹스는 건강하고, 자연스러운 기쁨의 원천이며 자유로운 대화 주제다. 처녀성의 개념도 전혀 중요하지 않다. 인류학자 쇼스타에 따르면, 쿵족에게는 처녀성이라는 단어조차 없다.[3]

## 성과 육체에 대한 선사시대의 태도

선사시대 사람들에 대해 우리가 아는 모든 것은 그들도 똑같이 성과 육체에 대해 죄의식을 갖지 않았음을 시사한다. 우리가 살펴본 대로, 구석기시대와 신석기시대의 예술품은 성적인 형상을 한 것들이 압도적으로 많았다. 여성의 모습을 본뜬 작은 조각상, 거대한 유방이나 질의 모습을 새긴 것, 남성 성기, 성교하는 모습의 조각들, 자궁 형상의 무덤 등등. 이 모든 것들은 여성의 형태에 대한 숭배를 보여 줄 뿐 아니라 섹스에 대한 건강하고, 남의 눈을 의식하지 않는 태도를 보여 준다. 우리는 이미 고대 크레타가 가장 오래 생존했던 구유럽 문화임을 알았다. 그리고 그곳에 번영했던 문화는 고고학자 자케타 호크스가 말한 대로 "모든 종교적 표현을 통해 성생활을 두려워하지 않고 자연스럽게 강조"하는 것이 주목할 만했다.[4]

크레타인들의 섹스에 대한 개방적인 태도는 남성들과 여성들이 성적으로 도발적인 옷들을 입고 있는 그들의 그림에서도 확실하게 드러난다. 여성들은 유방을 드러내고, 짧은 치마를 입고 있다. 남성들은 가느다란 허리를 강조하기 위해 무거운 금속 벨트를 하고 허벅지를 과시하기 위해 짧은 속옷을 입고 있다. 호크스에 따르면, 이 자유롭고 균형 잡힌 성생활은 크레타인들이 공격 성향과 호전적인 행동을 갖지 않은 데 대한 한 가지 이유였다.[5] 이는 공격 성향은 성적으로 억압적인 사회에서 극대화되는 '방전되지 못한 바이오에너지의 긴장'과 연계되어 있다는 빌헬름 라이히의 관점에서 봐도 타당하다.

## 생리에 대한 태도

후대의 문화와는 완전히 대조적으로 선사시대의 우리 조상들은 여성의 생리에 대해서도 건강한 태도를 보인 것 같다. 사실 그들은 여성의 출산 주기에 대해, 여성의 신체에 대해 일반적으로 갖는 것과 같은 종류의 외경심을 느낀 것 같다. 후기 구석기시대의 예술에는 여성의 음문을 나타내는 것들이 많은데, 이것들은 리처드 리글리가 주장하듯 "성적인 즐거움을 느낄 때의 역할을 묘사한 것이 아니라, 오히려 그것들이 출산, 임신, 생리와 연계되어 있기 때문에 묘사된 것이다."[6] 구석기인들은 질과 같은 모양을 한 동굴 입구를 발견하면 황토색으로 표시했는데 이는 분명 생리혈을 의미하는 것이다.[7] 이는 생리혈이 아마도 성스러운 것으로까지도 여겨졌음을 시사한다. 1980년에 러시아 우랄 지방에서 고고학자들은 구석기시대 후반부의 것으로 추정되는 한 여성상을 발

견했는데 다리 사이에는 28군데에 붉은 점이 찍혀 있었다. 이는 생리 주기를 나타낸 것으로 보인다.[8]

생리에 대한 태도가 약간 부정적인 원시 종족들도 있었다. 치카소족 같은 일부 아메리카 원주민들에게는 여성이 생리 중에 들어가 살게 하는 오두막집이 있었는데, 생리 중의 여성이 항아리나 도구들을 만져서 더럽히는 일이 없도록 하기 위한 것이었다.[9] 아프리카에서 가장 순수하게 모성선호적인 종족의 하나인 칼라하리 사막의 쿵족조차도 여성들이 생리 중에는 사냥 무기들을 만지지 못하게 한다. 그리고 많은 아프리카 종족처럼 쿵족은 생리 중의 섹스는 금기로 여긴다.[10]

그러나 이는 생리 그 자체에 대한 혐오는 아니다. 만약 그렇다면 이 종족들이 모유 수유, 임신, 섹스 등 신체의 다른 과정들에 대해서도 비슷한 종류의 혐오감을 보였어야 한다. 이는 단지 피에 대한 공포인 것으로 보인다. 많은 원시 종족에게 피의 출현은 안 좋은 조짐이다. 아프리카 콩고 밀림의 주변 마을 주민들에 대해 콜린 턴불이 쓴 대로 "그들은 생리혈이 신비스러우면서도 끊임없이 발생하기 때문에 훨씬 더 무섭다고 느꼈다."[11]

여기서 문제는 이 종족들이 생리 주기와 출산 사이의 관계를 인식하지 못한다는 것이다. 피그미족도 피를 무서워하지만 생리에 대해서는 부정적인 태도를 갖지는 않는다. 그들은 생리혈이 출산과 관계가 있음을 알고 있었기에 그들에게 생리혈은 생명을 상징한다. 소녀가 초경을 하면 '달의 은총'을 받았음을 의미하며 크게 기뻐할 사건이었다. 턴불은 다음과 같이 설명한다.

소녀에게서 처음으로 피가 나오면, 그것은 그녀에게는 감사와 축하로 받아들여지는 선물이다. 소녀가 잠재적인 어머니가 된 데 대한 축하, 그녀가 자랑스럽게 그리고 정당하게 남편을 얻을 수 있는 데 대한 축하이다. 그리고 모든 사람에게 이 좋은 소식이 전해진다.[12]

애버리진들도 생리에 대해 긍정적인 견해를 가지고 있다. 사실 그들은 선사시대에 살았던 우리 선조들처럼 생리혈에 대해 경건한 태도를 가지고 있는 것 같다. 정액과 생리혈은 흔히 종교 행사에 사용되며, 섹스 관련 화제들 가운데 공개적으로 언급될 수 없는 유일한 것들이다. 두 물질 모두 종교적으로 매우 중요하기 때문에 사소하게 취급되어서는 안 된다. 롤러의 설명대로 "생리혈은 크게 존중받으며 애버리진 종교 생활의 많은 부분에서 초점이 되는 관심 사안이다. 남자들은 생리에 대해 혐오나 공포로 대하지 않으며, 생리 중인 여자들을 불결하다고 낙인찍지도 않는다."[13]

## 자아폭발로 인한 인식의 변화

기원전 4000년부터 계속된 섹스와 육체에 대한 태도 변화는 감지하기는 더 힘들지만, 전쟁·가부장제·사회적 불평등 또는 유일신 종교만큼이나 분명한 타락의 조짐이었다.

타락은 인간과 자연이 분리되는 것과 같은 종류로 자아와 육체의 분리를 초래했다. 타락한 인간은 과도하게 발달한 자아인식을 갖고 자신들이 육체로부터 분리되었다고 보았다. 그들은 머릿속에 있는 생각하는 자아였으며, 그들이 주위 환경을 내다볼 때 체험했던 것과 같은 분리 인식을 가지고 육체를 바라봤다. 그들은 육체를 실제로 자신들의 몸이라고 보기보다는, '속세의 번뇌' 안에 갇힌 마음처럼 단순히 자신들이 육체에 거주하고 있다고 보았다. 육체는 그들에게는 '다른 것'이었다.

〈까타 우파니샤드〉에는 "다른 것이 있는 곳에 공포가 있다"는 유명한 구절이 있다.[14] 그리고 우리는 "다른 것이 있는 곳에 적대감이 있다"고 말할 수 있을 것이다. 분리되었다는 인식이 발달하면 충돌은 항상 손 닿을 만큼 가까이에 있다. 다른 인간 집단 간의 충돌(보통 의미에서의 전쟁), 다른 사회계급들과 사회 집단 간의 충돌(사회적 불평등), 남성과 여성 간의 충돌(가부장제) 그리고 인간과 자연의 충돌(환경문제) 등이 발생한다. 그리고 우리가 이번 장에서 조사하는 이행도 충돌로 볼 수 있다. 즉 자아와 육체 간의 충돌이다. 자아폭발에 이어 자아는 육체에 전쟁을 선언했다. 과도하게 발달한 남성의 자아가 다른 사람들, 특히 여성들을 지배하려 한 것과 같은 방법으로 육체를 지배하려 했다. 완전히 자연스러운 인간의 본능들이 죄가 되는 것이었고, 자연스러운 몸의 생물학적 작용은 불결한 것이 되었다. 성적 문제나 육체의 생물학적 작용을 언급하는 것조차 외설적인 것이 되었다. D. H. 로렌스가 쓴 대로 "외설은 마음이 육체를 경멸하고 두려워할 때 그리고 육체가 마음을 미워하고 마음에 저항할 때만 등장한다."[15]

## 성과 육체에 대한 수치심

모든 영역에서 타락의 가장 분명한 결과 중 하나는 원시 종족들이 벌거벗고 살다가 온몸을 완벽히 가리는 방식으로 전환한 것이다. 사우디아라비아와 이란 같은 일부 중동 문화들의 여성들에서는 여전히 행해지고 있다. 이러한 문화들에서 여성들은 눈과 손을 제외한 신체의 어느 부분도 노출할 수 없다. 이들보다 온건한 중동 국가들은 얼굴이 드러나는 건 허용하지만, 많은 나라에서는 히잡으로 얼굴을 가릴 것을 요구한다.

흔히 히잡을 쓰는 것이 이슬람교도의 관습이라고 생각하지만, 사실은 그렇지 않다. 무함마드가 그것을 권장했다는 증거는 어디에도 없으며 코란에도 그에 대한 언급이 없다. 예언자 무함마드의 아내들조차 히잡을 쓰지 않았던 것으로 보인다. 나중에 무함마드가 죽은 뒤 두 번째로 이슬람의 지도자 칼리프가 된 우마르◀는 무함마드에게 이렇게 불평했다는 기록이 있다.

> 신의 전달자여, 당신은 집에서 모든 종류의 사람들을 맞이합니다. 도덕적인 사람, 나쁜 사람을 모두 만납니다. 왜 모든 믿는 자들의 어머니들에게 히잡을 쓸 것을 명하지 않습니까?[16]

실제로 히잡은 이슬람교보다 몇 세기나 앞서 있다. 히잡에

---

◀ 무함마드에 이어 이슬람의 제2대 지도자가 된 그는 메소포타미아, 시리아, 이집트 등을 정복했으며 칼리프라는 칭호를 최초로 사용하였다.

대한 최초의 역사적 기록은 기원전 1500년부터 시작되었는데, 기록에 따르면 베일로 가리는 것은 구금 중인 여자임을 나타내는 방법의 하나로, 습격 무리가 그 여자를 다시는 잡지 않도록 하였다.[17] 무함마드가 죽은 후에도 이슬람 세계에서는 이 기능이 유지되었다. 이슬람 여성들은 일종의 제복으로써 베일을 쓰고 있어야 했기 때문에, 공격자들이나 전사들이 강간과 납치할 여자를 수색할 때 그들을 그냥 놔둘 수밖에 없었다. 그러나 이러한 기원이 있는 동시에 히잡은 여성의 육체에 대한 남성들의 신경증적인 억압적 태도와 여성을 지배하고 자유를 제한하려는 충동을 보여 준다.

타락 이후 혼전정사나 혼외정사는 모두 죽음으로 처벌되었다. 청소년의 성관계를 막기 위해 타락한 문화에서는 소년들과 소녀들을 떼어 놓았으며 어떠한 낭만적인 관계들도 허용하지 않았다. 결혼은 부모들이 주선하는 경제적 거래가 되었고 신부의 가치는 성적인 순결성에 바탕을 두었기 때문에 낭만적인 관계를 맺지 않도록 하는 것은 특히 중요했다. 아내가 불결한 것으로 드러나면, 많은 인도유럽인 및 셈족 문화에서는 여자를 돌로 쳐 죽이거나 불에 태워 죽였다. 유부남과 여성 간의 관계도 죽음으로, 아니면 최소한 여성들의 죽음으로 처벌당했다. 혼외정사를 가진 남자들은 종종 거세되기도 했지만, 죽음을 당하는 일은 거의 없었다.[18]

일부 문화들에서는 여전히 부정한 성관계는 금기에 가깝다. 《수치의 베일The Veil of Shame》이라는 저서에서 에블린 아카드는, 처녀성의 개념이 없는 타락하지 않은 문화들과는 정반대로, 얼마나 많은 현대의 중동 문화에서 여성들이 처녀성에 대한 강박으로 고통받고 있는지를 설명한다.

아주 어릴 때부터 여자는 처녀성을 상실할 것에 대한 끊임없는 두려움 속에서 양육된다. 이들 문화에서 남자는 신부가 결혼 첫날밤 침대에 온전한 처녀막을 가지고 와야만 한다고 확신한다. 남자는 그것을 배타적 소유의 증거이며, 이 물건(아내)이 새로운 상품이라는 증거라고 생각한다. 처녀성은 여자의 명예를, 보다 중요하게는 그녀 가족의 명예를 대변한다.[19]

이 명예는 가족에게는 너무 소중해 그녀의 아버지나 오빠는 흔히 자신들을 누이의 처녀성의 수호자들이라고 생각할 정도다. 그들은 그녀가 어디를 가든 보호자 역할을 하며, 다른 남자들과 함께 지내거나 우정을 쌓을 기회가 생기지 않도록 감시했다. 이런 종류의 사회적 압력 속에서 설사 기회가 되더라도 감히 성관계를 꿈꾸어 보는 여성은 극히 적다. 그럼에도 대부분의 남성은 여성의 성적 취향에 대해 너무나도 왜곡된 견해를 가지고 있어서 여자들은 기회만 되면 순간적으로 유혹에 넘어갈 것이라고 생각할 정도다.

이러한 방법들에도 여자가 혼전 성관계를 갖게 되면 남자 가족들은 그녀를 살해함으로써 가족의 명예를 되찾으려 한다. 많은 경우 여자는 주로 가족 구성원에 강간당해 처녀성을 잃기도 하지만 그렇다고 해도 사정은 다르지 않다. 중요한 사실은 그녀가 더 이상 처녀가 아니라는 것, 아무도 그녀와 결혼하려 하지 않으리라는 것 그리고 가족의 이름은 불명예스럽게 남으리라는 것이다. 1998년 파키스탄에서 10대 소녀가 삼촌에 강간당한 일이 있었는데, 결국 오빠에 의해 살해당했다. 그리고 두 문화 간의 가치체계가 충돌한 비극적인 사건이 있다. 2001년 중년의 파키스탄 남성이 영국에서 태어난 딸이 남자친구와 함께 침대에 있는 것을 발견하고는 칼로 찔러 죽였다. 같은 해 인도에서는 다른 카스트 출신의 10대 두 명이 성관계를 맺고는 각각의 가족에 의해 살해당했다. 이 경우는 10대들이 단순히 혼전 성관계를 금하는 금기를 깨뜨렸을 뿐만 아니라, 다른 카스트 간의 관계를 금하는 금기도 깨뜨렸던 것이다.

## 성과 종교

성과 육체에 대한 이 적대감은 사하라시아 종족들의 종교들에서는 하나의 필수적인 부분이 되었다. 가장 오래된 사하라시아 종교 중 하나가 기원전 6세기경 페르시아의 스승인 조로아스터가 창시한 조로아스터교다. 이 종교의 중심 사상은 인간의 육체를 포함한 전체 물질세계는 부패하고 사악하며 오로지 영혼만이 '선하다'는 것이다. 조로아스터교도들에게는 출산을 목적으로 하지 않는 섹스는 죄악이었다. 역시 기원전 6세기 동안에 나온 인도의 자이나교도 육체에 대해 비슷한 적대적인 태도를 보였다. 자이나교도들은 '사악한' 성교행위를 하고 싶다는 욕망이 솟구치지 못하도록 여성에게 말을 거는 것, 심지어는 바라보는 것조차 금지되었다.

　사하라시아의 3대 종교인 유대교·기독교·이슬람교에는 모두 육체의 퇴폐와 영혼의 순수함이 겨루는 이원적 태도가 있다는 점이 비슷하다. 기독교 초기의 금욕주의자들은 육체적 욕망을 길들이고 자신들을 좀 더 영적으로 만들기 위해 스스로에게 엄청난 고통을 겪게 했다. 긍정적으로 보면 금욕주의는 저급하고, 쾌락적이고 물질주의적인 충동을 멈추게 하고 우리가 가진 의식 에너지를 독점하기 위한 일종의 영적인 기술이라고도 볼 수 있다. 우리의 본능과 욕망을 통제하는 방법을 배워서 그것들이 평소에 빼가는 에너지를 보유하고 우리 내면이 더 영적으로 될 수 있다는 것은 분명 장점이다. 그러나 일부 금욕주의자들은 이 과정을 우매하고 소름 끼치는 극단으로까지 끌고 갔다. 옛날 기독교의 성자인 성 시미언◀은 일주일에 한 차례만 식사했고, 팜나무 잎으로 만든 밧줄을 몸에 두르고, 사순절 기간에는 전혀 먹고 마시지 않았고, 말년의 몇 년 동안은 쇠로 만든 목걸이를 두르고 67피트 높이의 기둥에서 보냈다. 14세기 독일의 신비주의자인 하인리히 소이세◀◀는 안쪽에 150개의 날카로운 황동 못들이 박힌 가죽 벨트를 차고, 헤어 셔츠◀◀◀를 입고, 쇠사슬을 찬 채로 몇 년을 지냈다. 그는 25년간 목욕을 한 번도 하지 않았으며, 겨울에도 추위를 피하지 않았고, 자기 몸에서 손과 발을 제외한 다른 부분을 만지거나 긁지도 않았다.[20]

기독교에서는 혼전 성관계 혹은 혼외정사 등으로 성적 욕망

◀ 시리아 알레포에서 나무 기둥 위에서만 37년을 살았다고 전해지는 금욕주의 성자.

◀◀ 독일의 신비주의 신학자. 1831년 로마 교황 그레고리 16세에 의해 성자가 되었다.

◀◀◀ 종교적인 고행을 하던 사람들이 입던 털이 섞인 거친 천으로 만든 셔츠.

을 드러내는 사람들은 지옥으로 보내져 영원히 고통을 당한다고 가르친다. 그러나 죄스러운 것은 혼외정사만이 아니었다. 알렉산드리아의 성 클레멘트♦와 성 아우구스투스 같은 기독교 스승들은 결혼한 부부조차 성관계로 퇴폐하게 된다며, 참된 기독교인들은 결혼하지 말고 순결을 지켜야 한다고 믿었다. 시리아 교회와 같은 일부 기독교 집단은 결혼한 부부들에게는 세례를 주는 것조차 거절했으며 섹스의 죄를 극복하기 위한 단 하나의 확실한 방법으로 거세를 권했다.[21] 이러한 주장을 하는 초기 기독교 신학자들은 유대교 스승인 필로♦♦의 영향을 받았다. 필로는 이렇게 썼다.

> 모든 욕정 중에 남자와 여자가 성교하려는 욕정이 가장 크므로, 율법제정자들은 이 강력한 욕정은 억제되어야만 한다고 지적하며, 성교할 때 쓰이는 도구는 못 쓰게 만들어야 한다고 권하였다.[22]

놀라운 일은 아니지만 여성이 성적인 기쁨을 누리는 것도 역시 금기였다. 조금 덜 극단적인 기독교 스승들은 부부의 섹스는 허용했지만 단지 출산을 목적으로 하는 것이어야만 했다. 특히 여자는 섹스를 즐기는 것이 허용되지 않았다. 성적인 희열은 여성을 임신시키지 못하게 한다는 믿음까지도 있었다. 바바라 워커

---

♦ 기독교에 그리스 철학 전통을 혼합한 기독교 이론을 정립한 것으로 평가되는 신학자.

♦♦ 알렉산드리아 출신의 고대 유대인 신학자.

가 언급한 대로, '정상 체위'만이 유일하게 허용되는 체위였는데, 그것이 아내에게 가장 적은 희열을 주기 때문이었다.[23] 그리고 일부 문화들에서는 남성들이 여성들이 섹스를 즐기지 않는 것을 확인하기 위한 신체적 조치를 취하기까지 하였다. 많은 중동 국가와 아프리카 문화들에서는 여전히 여성의 생식기를 손상시키는 의식을 행하는데, 대부분은 음핵을 절제한다. 남성의 할례가 소년의 지위를 높이고 축하받을 일로 간주되는 것과는 반대로 여성의 생식기를 손상하는 일은, 에블린 아카드의 말에 따르면 "대개는 비하의 행위"이며, 소녀의 성적 욕망을 감소시키거나 없애 버리려는 의도로 행해졌는데 이는 부분적으로는 신혼 첫날밤 온전한 처녀로 도착하는 것을 확실히 하기 위해, 부분적으로는 절대적으로 수동적인 성적 파트너로 만들려는 의도였다.[24]

## 육체에 대한 적대감의 원인들

육체에 대한 긍정적이고 개방적이었던 태도가 타락 이후 억압적이고 죄의식으로 가득 찬 태도로 이행한 이야기가 어떤 점에서는 이 책에서 가장 우울한 내용이다. 타락 이전 시대의 건강하고 자유로운 분위기가 종말을 고한 뒤, 타락 이후 시대는 억압과 죄책감에 시달리는 병든 분위기로 바뀌었다. 지난 6,000년 동안 인류가 일종의 정신병을 앓았다는 증거가 더 필요하다면, 다음의 사례도 바로 그것이다.

인간의 본성은 어떻게 이런 식으로까지, 자신의 육체와 생명 활동을 상대로 갈등을 일으킬 정도로 뒤틀리게 되었을까? 이 질문에 대한 해답을 우리는 물론 알고 있다. 바로 자아폭발이다. 자아폭발은 마음과 육체가 분열되는 것의 원인이 되었다. 그리고 육체가 자아로부터 분리되자마자 충돌이 일어난 것은 필연적이었다. 자아는 육체를 '다른 것' 뿐만이 아니라, 열등한 무엇으로 여겼다. 타락 이후의 인간들에게 육체는 본능인 반면, 자아는 영혼 혹은 마음이었다.

그것은 통제의 문제이기도 하다. 무엇보다도 과도하게 발달한 자아는 권력을 갈망한다. 우리는 이 권력에 대한 욕망이 전쟁, 사회적 불평등 그리고 가부장제의 근본 원인 중 하나임을 이미 살펴보았다. 자아는 물론 육체도 통제하기를 원한다. 성과 육체의 생명 활동에 대한 모든 제한과 금기들은 생명 활동을 억압하고 본능을 억누르려는 시도로 간주할 수 있다. 그러나 문제는 자아가 육체를 완전히 통제할 수 없다는 것이다. 당신이 타고난 본능을 억누르고 억압하려 아무리 애를 써도 그것들은 너무 강력해 계속 솟아나고 당신을 지배한다. 아무리 마음을 순수하게 하고 순결한 삶을 살려 하더라도 성적 충동은 계속 당신의 내면을 뒤흔든다. 간디는 37세 때부터 순결하게 살았으며, 30년 뒤에는 마침내 성욕을 정복했다고 느꼈다. 그러나 노인이 된 어느 날 아침에 일어나 몽정을 한 것을 발견하고는 엄청난 충격을 받았다. 그리고 이처럼 자아가 궁극적으로 육체를 통제할 수 없다는 사실이 육체에 대한 적개심을 더한다. 지배하기를 열망하는 만큼 자아는 지배당하는 것을 싫어한다. 그래서 육체가 자아를 지배하는 것에 격렬하게 분개한다.

육체에 대한 적대감은 물론 여성들에 대한 적대감과도 연계되어 있다. 우리가 앞에서 지적한 대로, 이러한 적대감은 남성들의 성적 충동을 여성들이 자극하고 통제한다는 사실에서 촉발된다. 역시나 앞서 살펴본 대로, 육체에 대한 적대감은 전쟁과도 관련 있다. 성과 육체에 대한 억압적인 분위기는 내면에 '방전되지 못한 바이오에너지의 긴장'을 쌓게 하며, 이는 공격성과 폭력성으로 그 모습을 드러낼 것이다.

자아폭발로 인한 소유 본능도 하나의 요인이 될 것이다. 남자들은 그들이 재산을 소유한 것과 같은 방식으로 여성들을 '소유했다'고 느끼기 시작했다. 그래서 다른 남자의 아내와 성관계를 갖는 것은 절도 혹은 무단 침입 행위였다. 경쟁과 소유를 추구하는 타락한 본능은 집단 공유 관행의 종말을 의미했다. 사람들은 더 이상 음식이나 재화, 또는 그들의 결정을 공유하지 않았다.

# 13

# 시간의
# 자각

자아폭발의 또 하나의 결과로 우리가 시간을 자각하는 방식이 변화했다. 실제로 자아폭발이 시간을 창조했다고 말하는 것도 가능하다.

우리의 일상적 시간 인식은 선형이다. 과거는 우리의 뒤에 있고, 미래는 앞에 놓여 있고, 현재는 과거와 미래가 교차하는 짧은 순간이다. 현재는 아주 짧은 순간 빛나고 난 뒤 사라진다. 과거는 오래된 현재의 순간들이 들어 있는 거대한 '쓰레기통'이며 어떤 것들도 다시는 경험할 수 없다. 미래는 일어나기를 기다리는 끝없는 새로운 순간들의 연속이며, 그것은 실제로 도착할 때까지는 알 수 없다.

시간이 이런 식으로 항상 흐른다는 인식은 우리에게 지속적으로 압박을 가한다. 우리는 시간이 계속 사라진다고 느끼며, 그에 뒤떨어지지 않으려고 애쓴다. 우리는 항상 시간에 뒤처지며, 시간이 충분치 않다고 느낀다. 그리고 순간순간들을 잘 활용하지 못하고 보내면 우리는 시간을 낭비한 것 같다고 느낀다.

이 시간의 흐름은 우울한 현상이기도 하다. 시간의 흐름은 아무것도 영원하지 않으며, 우리를 행복하게 만드는 모든 상황도 곧 사라져 버린다는 것을 의미한다. 쇼펜하우어가 썼듯, "이러한 세상에서는 안정이라는 것은 없으며, 어느 것도 지속될 가능성은 없다. 다만 모든 것이 변화의 소용돌이 속으로 던져져 가만히 있지 못한다. … 행복을 상상하는 것은 불가능하다."[1] 시간은 우리에게서 모든 것을 앗아간다. 우리의 젊음, 아름다움, 건강, 낙관주의 그리고 우리의 삶 자체도 삼켜 버린다. 삶의 매 순간순간이 우리를 죽음에 더 가까이 다가가게 한다.

이처럼 시간을 선형으로 보는 관점은 우리에게는 자명해 보이지만, 어떤 면에서 그것은 남성 지배, 유일신 종교나 육체에 대한 적대감만큼이나 타락한 정신의 산물이다.

## 타락하지 않은 문화에서의 시간 개념

타락하지 않은 사람들은 시간의 흐름을 체험하지 않는 것 같다. 사실 시간 개념이 그들에게 도대체 어떤 의미가 있는지도 논란거리다. 타락하지 않은 종족 중에 시간 혹은 과거나 미래에 해당하는 단어를 가지고 있는 경우는 극히 적다. 예를 들면, 롤러가 기술하듯 "애버리진의 수백 가지 언어들 가운데 시간에 해당되는 단어는 없으며, 애버리진에게는 시간이라는 개념도 없다."[2] 그리고 에번스 프리처드는 누에르족에 대해 다음과 같이 설명한다.

누에르족의 시간에 대한 관점은 매우 짧은 기간으로 한정된다.

어떤 면에서 그들은 대부분의 원시사회들과 마찬가지로 시간이 없는 사람들이다. 그들에게는 유럽적인 의미에서의 시간에 해당되는 단어가 없다. 그들에게는 낭비, 절약, 흘러가는 추상적인 것으로써 시간에 대한 개념이 없다.[3]

마찬가지로 에드워드 홀은 호피족의 언어에는 시간에 해당하는 단어가 없으며, 나바호족의 언어에는 과거나 미래 시제가 없다고 지적했다. 그들은 '영원한 현재' 속에서 사는 것처럼 보인다. 그는 "시간을 체험하는 일은 자연적인 것임에 틀림없다. 숨쉬기처럼, 삶의 리드미컬한 부분이다"라고 설명한다. 또한 그는 아메리카 인디언들이 기다림에 대해 그다지 불안해하지 않는 것을 보고 놀랐다. 유럽인들과는 달리 병원에서 그가 본 인디언들은 지루해하거나 기다리는 걸 힘들어하는 모습을 전혀 보이지 않았으며, 그들의 차례가 올 때까지 조용히 앉아 있었다. 이것이 가능한 이유는 아마도 타락하지 않은 사람들이 정신적 불화로 고통스러워하지 않기 때문일 것이다. 유럽인들의 경우 정신적 불화로 인해 외부의 사물에 주의를 기울이지 않고, 잠깐이라도 내면에서 시간을 보내는 일을 어렵게 느낀다. 그러나 여기서 또 하나의 요인은 아메리카 원주민들이 시간이 지나가는 것을 유럽인들처럼 예민하게 인식하지 않는다는 것이다. 그들이 기다림으로 불안해하지 않는 이유는 시간이 사라지고, 그들의 귀중한 순간들이 도난당하고 있다는 인식을 하지 않기 때문이다. 그들에게는 기다리느라 보내는 시간이 나누어진 순간들로 구성된 시간의 흐름이 아닌 하나의 정적인 전체로 여겨질 따름이다.

타락하지 않은 사람들은 시간의 흐름을 체험하지 못하므로 미래와 과거도 거의 의미가 없다. 우리가 미래와 과거에 집착해 현재로부터 멀어지는 반면, 그들에게는 현재가 유일한 사실이다.

이것이 타락하지 않은 사람들이 유럽적 생활방식에 적응하기 어렵다고 여겼던 또 하나의 이유이다. 유럽 식민주의자들은 원주민들로 하여금 수렵채집 생활양식에서 농사짓는 생활방식으로 바꾸도록 강요하려 했다. 그러나 이는 보통 성공할 수 없었는데, 원주민들이 미래를 인지하지 않을뿐더러 관심도 없었기 때문이었다. 그들은 식량 공급원 – 동물과 식물들 – 이 매 순간 주위에 널려 있는데 몇 달 내에는 얻지도 못할 많은 식량을 수확하기 위해 열심히 일한다는 주장을 이해하지 못했다.

이것은 원주민들이 유럽인들의 기한과 시간표에 대한 개념을 다루기 어려워했다는 의미이기도 하다. 나바호족과 호피족에게는 유럽인들이 가진 '마감'에 대한 욕구가 없으며, 과제를 끝내지 않고 놔두는 것을 무능함의 증거라고 생각하지도 않는다고 에드워드 홀은 지적했다. 호피족 마을에는 짓다 만 집들이 널려 있다. 아름답게 쌓은 담장과 창문들은 있지만 지붕은 없다. 지붕을 만들 나무는 집 옆에 쌓여 있다.

몇 주만 일하면 끝날 것 같은데도 수년 동안 그대로 놓여 있다. 3개월만 일하면 완성될 댐도 1년이 지나도록 그대로 있었다. 홀이 설명한 대로 "나바호족에게 미래는 비사실적인 동시에 불확실했으며, 그들은 미래의 보상에는 관심도 없었고 동기부여를 받지도 않았다."

홀이 깨달은 것은, 유럽인들이 시간을 선형으로 인식한다는 것은 그의 말대로 우리가 '단일연대기적'임을 의미한다는 것이다. 이것은 우리가 보통 한 번에 한 가지 일을 하며, 해야 할 과제가 있으면 모든 주의를 집중해 최단 시간 내에 그것을 마친 다음, 과제 목록에 있는 다음 과제로 이동한다는 뜻이다. 그러나 아메리카 인디언들은 '복수연대기적'이다.

하나의 특정 과제를 끝내는 것이 그들에게는 그리 중요하지 않다. 그들은 좀 더 광범위하게 관심을 분산시키고, 동시에 여러 가지 다른 프로젝트를 진행하는 것이 행복하다.

다른 면에서도 그렇다. 타락하지 않은 사람들은 과거에 대해 제한된 인식을 한다. 그리고 거의 관심이 없다. 인류학자 모리스 블로크가 지적한 대로 하즈다족과 음부티족처럼 아프리카의 타락하지 않은 종족들은 절대로 과거에 대해 말하지 않으며, 역사라는 개념조차 없다.[4] 이는 모든 타락하지 않은 문화들에는 사실인 것 같다. 그들에게는 일반적으로 한 세대에서 다음 세대로 전해지는 구전 역사의 전통이 없으며, 과거의 사건들이나 과거의 중요한 인물들에 대해서도 관심이 거의 없는 듯하다. 그들이 모두 이런저런 형태의 기원 신화(origin myths)를 가지고는 있지만, 이런 것들은 우리의 개념으로는 역사가 아니다. 그들은 사물이 차례로 창조되는 과정을 설명하지 않으며, 세계 창조는 반드시 완전하거나 과거의 사건으로 간주되어야 할 필요도 없다. 엘먼 서비스는 트로브리안드 제도 주민들에 대해 이렇게 설명한다.

많은 원시 종족처럼 트로브리안드 사람은 현상을 시간이 지남에 따라 변하는 하나의 과정에 있다고 보지 않는다. 존재는 변하지 않는다. 트로브리안드 언어에는 현재 '어떻다(to be)' 또는 미래에 '어떻게 될 것이다(to become)'에 해당하는 단어가 없다.[5]

애버리진도 현재와 과거에 대해 명확한 구분을 하지 않는다. 그들의 신화에 따르면, 세상은 '꿈의 시간' 동안 창조되었다. 거대한 존재가 지구 표면으로 성큼성큼 걸어와서 발자국으로 산, 호수 그리고 대양과 지구의 나머지 지형들을 남겼다. 그러나 꿈의 시간은 오래전에 일어나서 지금은 지나가고 끝나버린 역사적 기간이 아니다. 어떤 의미에서 꿈의 시대는 지금도 여전히 일어나고 있으며, 세상은 창조되는 과정에 있다.

## 시간 속으로의 타락

켄 윌버는 《에덴을 넘어Up From Eden》라는 책에서 선형 시간 개념의 발달을 타락한 자의식의 등장과 연계시켰다. 그는 그것을 자의식이 가져온 죽음에 대한 더 크나큰 인식의 관점에서 설명한다. 우리가 앞서 지적한 대로 자신의 존재에 대해 더 잘 알게 된다는 것은 잠재적인 부재에 대해서도 더 잘 알게 된다는 뜻이기도 하다. 그리고 죽음에 대해 더 잘 알게 되는 것은 죽음의 공포도 더 커졌다는 의미이기도 하다. 그리고 윌버에 따르면, 최초의 타락한 정신은 '자신은 죽지 않을 것이며, 정신이 육체를 벗어던진 다음에는 영원한 선형의 시간이 정신을 기다리고 있다'고 스스로 설득함으로써 죽음의 공포를 처리했다.

그러므로 선형 시간 인식의 발달은 타락한 내세 개념과 밀접하게 연관되어 있다. 우리 조상들은 영원히 살게 될 것이라고 믿었으며 이를 위해 시간을 선형으로 상상해야만 했다. 그리고 윌버는 영원한 미래라는 개념이 우리에게 분리된 자기 인식이 만들어낸 권력과 부에 대한 끝없는 욕망을 충족시킬 기회를 주었다고 덧붙인다. 그는 다음과 같이 설명한다.

죽음에 대한 인지가 더욱 심화되면서 자아는 시간이 더 필요해졌다. … 그 자신을 선형으로 꾸준히 진행되는 시간의 세상에 풀어놓음으로써 자아의 본질적으로 채워지지 않고 만족할 줄 모르는 욕망은 영원히 앞으로 나아갈 여지가 생겼다.[6]

윌버의 설명은 매우 독창적이며 선형 시간 인식이 발생한 하나의 요인이 될 수 있다. 그러나 새로운 자아가 왜 선형 시간을 만들어냈는지에 대한 좀 더 근본적이고 단순한 이유가 있다고 생각한다. 우리가 주의를 기울여야 할 중요한 내용은 과거와 미래는 실제로는 존재하지 않는다는 것이다. 존재하는 것은 오로지 현재뿐이다. 그리고 우리는 현재에 있는 동안에만 미래와 과거에 대한 생각을 갖고 있다. 우리는 현재 이전에 우리에게 무엇이 일어났는지를 기억하며, 현재 이후에는 무엇이 일어날 것인지를 기대한다. 성 아우구스투스가 말했듯이 "과거는 단지 기억이며, 미래는 단지 기대일 뿐이다. 둘 다 현재의 사실들이다."[7]

다른 말로 하면, 선형 시간은 관념에 의해, 생각함에 의해 창조된다. 타락하지 않은 사람들은 선형 시간 감각이 없다. 단순히 그들의 마음이 우리 마음처럼 관념적으로 작동하지 않기 때문이며, 그들의 마음이 과거를 기억해 내고 미래를 기획하느라 끊임없이 재잘거리지 않기 때문이다. 미래와 과거는 그들에게는 별로 관련이 없다. 단순히 과거와 미래가 끊임없는 생각의 수다로 인해 관념으로써 지속적으로 강화되는 일이 없기 때문이다.

그러므로 역사적으로 선형 시간 인식은 고도의 추상화 – 또는 쉬지 않는 생각의 수다 – 가 우리 정신의 한 특징이 되었을 때 발달했다고 말할 수 있다. 그리고 이것은 물론 자아폭발과 연계가 되어 있다. 앞에서 살펴본 대로 사하라시아의 사막화 이후, 우리 조상들은 생활이 고통스러워지고 복잡해지자 새로운 자기성찰 능력을 발달시켰다. 그들은 생활의 실제적인 어려움들을 처리하기 위해서는 더 심사숙고하고, 계획하고, 판단해야 했다. 이에 대한 반응으로, 조상들이 성찰하고 심사숙고하는 것을 가능하게 하는 하나의 방법으로 자아가 예민하게 발달되었다. 철학자 에리히 노이만은 자기성찰과 선형 시간과의 연관성을 주장하면서 "통각적◀ 자의식이 없으면 역사도 있을 수 없다. 역사는 성찰적 의식을 요구하기 때문인데, 성찰을 통해 역사를 구성한다"라고 말했다.[8] 우리가 보았지만 어떤 점에서는 우리의 자기성찰 능력은 일종의 자동적 기제, 즉 생각할 소재들이 우리 자신도 모르게 마음을 채우고 끊임없이 흘러가는 것이 되었다. 그리고 아마도 이것이 과거와 미래가 관념으로 확고하게 자리 잡은 때였을 것이다.

---

◀ 경험이나 인식을 자기의 의식 속에서 종합하고 통일하는 작용.

## 순환하는 시간과 선형의 시간

그래도 처음에는 타락한 사람들의 시간 인식은 엄격한 선형이라 기보다는 순환적이었다. 시간이 흐르기는 하지만 앞으로만 가는 것은 아니었다. 마야인들은 역사가 260년을 주기로 진행된다고 믿었다. 그리스인들은 3만 6,000년의 주기를 생각해냈다. 고대 힌 두교도들은 역사가 4개의 마하유가를 통해 진행되는데, 이 시대 는 450만 년 동안 지속되고, 다시 시작된다고 믿었다.[9]

순환적 시간관은 원시 종족들의 시간이 없는 상태와 진정한 선형 시간관 사이의 일종의 중간 단계라고 볼 수 있다. 이는 다신 교처럼 타락의 첫 국면 동안 나타난 덜 심화된 부성선호사상의 일반적 형태의 한 부분이다. 진정한 선형 시간관은 자의식이 더 심화된 다음에 나타났으며, 타락의 두 번째, 더 심화된 국면에 속 한다. 이것이 아마도 생각의 수다나 일반적 자기성찰 능력을 강 화시키는 결과를 낳았을 것이며, 그 결과 인간은 과거와 미래에 대해 보다 예민하게 인식하게 되었을 것이다.

그리고 실제로 선형 시간은, 유일신 종교와 전쟁의 심화 등 타락의 두 번째 국면에 나타나는 다른 결과들과 대충 비슷한 시 기에 발달했던 것 같다. 즉 기원전 2000년기 중반부터 후반부 사 이다. 이것은 유대인들의 강력한 선형 세계관이 발달한 때였다. 즉 세계는 과거 어느 순간에 창조되었으며, 그 시간은 과거에서 미래로 화살처럼 움직이며, 미래의 어느 순간에 세상이 끝날 때 까지 계속 움직일 것이라는 믿음이다. 이것은 역사가 기록되기 시작한 순간이기도 하다. 물론 순환적인 시간관을 가진 문화들도 역사에 대한 인식이 있었다. 수메르와 이집트의 창조 신화들은 세상이 과거 어느 순간에 창조되었다는 믿음을 보여 준다. 그러나 기원전 2000년기 중반부에 이르면 우리는 최초로 상세한 역사적 기록이 시작되는 것을 볼 수 있다. 이 기록으로 우리는 당시 사람들에게 사건들이 선형으로 흘러간다는 인식이 생겼다는 사실과 미래 세대들이 그들의 과거를 돌아볼 것을 분명히 알고 있다는 사실을 유추할 수 있다. 기원전 1300년경에는 메소포타미아에 있는 왕실 건물들에 새겨진 명문에 중요한 변화가 나타난다. 그 이전에는 왕의 이름과 그의 신들 그리고 건물이 언제, 어떻게 세워졌는가에 대해서만 언급되었다. 그러나 기원전 1300년부터는 명문에 건물 건축이 시작되기 전에 발생했던 사건들에 대한 언급과 왕의 군사적 무훈과 업적 등에 대한 기록 등 상세한 역사적 내용들이 가득 찼다. 그리고 수 세기 안에 아시리아의 왕들은 통치 기간 동안의 상세한 연대기를 남기게 되었다.[10]

## 현재로부터의 소외

사하라시아 선조들의 과거와 미래에 대한 예민한 인식은 생존하는 데에는 엄청난 이점을 선사했다. 자아폭발이 낳은 지적이고 실용적인 능력 – 그리고 현대 문명의 발달을 이끌어낸 능력 – 은 선형 시간관과 상당히 연계되어 있다. 선형 시간 인식은 우리에게 과거와 이전 세대의 실수에서 배울 수 있는 기회를 제공했으며, 그들의 업적에 대해 조사하고, 더 많은 성취를 이룰 기회를 제공했다. 이것이 기원전 4000년부터 계속되는 빠른 기술적 성장을 촉진했음에 틀림없는데, 당시부터 모든 발명이나 발견은 다음 단계로 가는 징검다리가 되었다.

또한 미래를 기획하는 능력은 우리가 사건들의 발생을 예상하고 그에 대비할 수 있게 했으며, 가능한 시나리오를 상상함으로써 미래를 만들어내고, 일련의 사건들을 계획하는 것을 가능하게 했다. 그리고 뿐만이 아니라, 우리의 예민한 미래 인식은 앞에 언급한 단일연대기적 기한, 즉 종말의 중요성에 대한 인식을 주었으며, 이는 실제적이고 조직적인 면에서 커다란 이점이 되었다.

그러나 일반적으로 자아폭발과 함께 선형 시간 인식은 문제점들을 초래했다. 이 장 초반부에 두 가지 문제점을 언급했다. 시간이 지나간다는 생각이 우리를 압박한다는 것 그리고 현재가 쏜살같이 흘러가며 쇠퇴와 죽음은 필연적이라는 우울한 인식이다. 살아 있는 것은 순간이라는 인식은 타락 이후 시대를 특징짓는 염세적이고 비관주의적 분위기의 한 측면이다. 19세기의 낭만주의적 시인들과 20세기의 실존주의 철학자들에 이르기까지, 타락한 문화들의 시인과 철학자들은 끊임없이 세상만사가 덧없음을 한탄했다. 기원전 6세기에 붓다는 이것이 인간의 삶이 필연적으로 고통으로 가득 찰 수밖에 없는 이유라고 말했다.《구약성경》의 〈전도서〉⁴를 보면, 전도자는 - 그는 최초의 실존주의 철학자라는 특권을 누릴 수 있다 - 시간이 지나가는 것을 고통스럽고 예민하게 인지하는 모습을 보여 준다. '미래에는 죽는다'라는 공포는 항상 우리 머리 위에 걸려 있으면서, 우리가 하는 모든 것의 의미를 앗아 가 버린다. 그 결과 인생은 "헛됨의 헛됨이요, 모든 것이 헛되다"⁴⁴¹¹와 같은 인식이 셰익스피어의 연극 전편에 흐른다. 예를 들면 멕베스는 이렇게 말한다.

> 내일, 그리고 내일 또 내일,
>
> 매일매일 작은 걸음걸이로 살금살금 기어간다.
>
> 기록된 시간의 마지막 음절까지.
>
> 그리고 모든 우리의 어제가 바보들에게 비춘다.
>
> 먼지투성이 죽음으로의 길을, 저기, 저기, 짧은 촛불![12]

19세기 프랑스의 시인 보들레르는 "시간의 무서운 짐이 당신들의 어깨를 짓누르고 땅바닥으로 무너뜨린다"라고 한탄했다.[13] 18세기 영국의 시인 존 키츠는 "아름다움이 그녀의 빛나는 눈을 계속 지킬 수 없고 / 내일이 지나면 새로운 사랑의 소나무가 그녀의 눈에 머물도록 할 수 없는" 세상에 대해 탄식했다.[14]

그러나 선형 시간 인식이 우리에게 주는 가장 큰 문제는 아마도 우리가 삶의 현재 시제의 사실로부터 소외된다는 점일 것이다. 우리가 너무 많은 시간을 미래와 과거에 대한 생각에 몰두하며 보낸다는 사실은 우리가 현재를 충분히 살지 않는다는 것을 의미한다. 특정한 순간에 우리가 처한 상황이나 그 상황에서 하는 일에 주의를 기울이기보다는, 과거의 어느 순간에 하던 일들(또는 처했던 상황) 또는 미래에 하려고 계획하는 일들에 대해 생

---

◂ 솔로몬 왕이 저술한 《구약성경》의 한 편.

◂◂ 헛되고 헛되며 헛되고 헛되니 모든 것이 헛되도다(〈전도서〉 1장 2절.)

각한다. 현재는 우리가 가진 유일한 사실이다. 우리는 오직 현재에만 살 수 있다. 우리가 대체로 현재에서 소외되었다는 것은 상당 부분 우리가 실제로는 살고 있지 않다는 것을 의미한다. 블레즈 파스칼이 말한 대로 "우리는 너무 어리석어서 우리가 갖고 있지 않은 시간 속에서 방황한다. 그리고 단 하나뿐인데도 그 하나뿐인 것에 대해서는 생각하지 않는다. 우리가 존재하지 않는 시간에 대해 꿈꾸는 것은 매우 덧없는 일이며 존재하는 유일한 시간은 맹목적으로 달아난다. 그래서 우리는 결코 실제로 살지 않으며, 단지 살기를 희망할 뿐이다."[15]

좀 더 엄격하게 말하면, 이것은 미래와 과거에 대한 우리 인식의 특별한 결과가 아니라, 대개는 생각의 수다가 만들어낸 결과다. 우리가 미래와 과거에 대해 너무 생각해서가 아니라 단지 생각하기 때문이며, 주의가 자유로워지면 머릿속에서 관념의 세계에 몰두하게 되기 때문이다.

우리는 삶에서 현재 일어나는 사실에 주의를 기울이기보다는, 생각-혹은 그게 안 되면 TV 시청, 인터넷 같은 오락-에 주의를 기울인다. 우리가 가끔 사는 것에 가까이 다가가는 유일한 시간은 춤추고, 글 쓰고, 그림 그리고, 악기 연주 같은 활동에 전념하는 순간인데, 이때에는 우리의 주의는 완벽하게 그 활동에 집중된다. 그리고 그것에 너무 빠져서 우리 자신이나 주위 상황에 대해서도 잊어버린다.[16] 이러한 순간들에는 모든 주의를 현재하고 있는 일에 집중함으로써 우리는 현재를 산다. 그러나 이것은 매우 제한된 형태로 현재를 인지하는 것이다. 그것이 우리의 주위 상황 전체를 보이지 않게 하여 주위 상황의 작은 일부분조차 체험하지 못하도록 하기 때문이다.

그리고 우리가 현재를 살 수 있는 능력이 없는 것은 둔감화 기제와도 연관이 있다. 이는 현재의 주위 상황과 그 속에서 우리가 체험하는 사물을 매우 지루하고 친숙하게 만들어 그것들에 우리가 주의를 기울일 필요를 느끼지 않게 된다.

현재를 충분히 사는 능력은 내가 '타락 초월'이라고 부르는 상태가 우리에게 가져다줄 이점 중 하나다. 우리가 지속적인 생각의 수다를 가라앉히고 거기에 소비하는 활력의 일부나마 우리의 주위에 있는 세상을 자각하는 데 쓴다면, D. H. 로렌스의 표현대로 "경탄할 만큼 풍부한 관계로 가득 찬 세상과 순전하고 우아한 아름다움 / 그리고 이제는 벌거벗은 사람들이 두려움 없이 얼굴을 마주 보며 알아보는 세상"이 우리를 기다리고 있다.[17]

# 14

# 자연의
# 종말

21세기가 시작되면서 인간의 미래는 위기에 처했다. 우리의 외계인 관찰자는 전체 인류가 집단 자살 조약에 서명했다고 결론 내렸을 수도 있다. 아마도 그는 인류가 정신적 불화를 더 이상 견딜 수 없었다거나, 타락한 정신을 통해 보는 암울한 현실 인식이 그들로서는 참아내기 어려운 정도라고 요약했을 것이다. 그 결과 그들은 고통을 끝내고, 하나의 종으로서 스스로를 멸종시키기로 결정했다. 원래 계획은 핵무기로 자신들을 말살하는 것이었는데 아마도 그 방법은 너무 극단적이고 폭력적이라고 생각되었던 모양이다. 이제 그들은 훨씬 덜 극단적 방법을 도입하기로 한다. 이는 너무 점진적이어서 많은 사람은 그것이 일어나는지조차 모를 정도다. 해수면은 계속해서 상승하고, 지구의 기후 체계는 이미 혼란에 빠졌다. 2억 5,100만 년 전 이첩기가 끝날 무렵 지구에 있는 생물종의 95퍼센트가 사라지는 대량 멸종이 발생했다. 지질학자들은 이 대재앙이 시베리아의 대규모 화산폭발로 지구 온도가 전체적으로 상승한 지구온난화가 원인이 되었으리라고 믿는다. 이러한 화산폭발은 제어되지 않는 온실효과를 촉발해 어마어마한 양의 이산화탄소 구름을 발생시키고, 대양으로부터는 방대한 양의 메탄이 터져 나오게 했다.

세계의 수원도 위험할 정도로 고갈되고 있다. 세계적인 물소비는 20년마다 두 배씩 증가한다. 많은 국가가 심각한 물 부족을 겪고 있으며, 이 수치는 계속해서 증가할 것이다. 머지않아 세계 인구 3명 중 2명이 심각한 물 부족 국가에서 살게 될 것이다.[1]

엄청난 수의 생물종들이 이미 인간으로 인해 멸종하고 있다. 세계자연보전연맹은 모든 식물종과 동물종의 20퍼센트가 다음 30년 이내에 멸종할 수 있으며, 다음 100년 이내에 절반은 멸종할 수 있다고 추정한다. 1970년 이후 목재와 종이의 소비는 3분의 2가 늘었고, 어류의 소비는 두 배 가까이 증가해 이제는 공급이 심각하게 감소하고 있다.[2] 그리고 인구과잉과 환경오염, 높아지기만 하는 경제 발전 등이 이러한 문제의 심각성을 가중하고 있다.

이는 마치 시애틀 족장◀이 150년 전에 미국 프랭클린 피어스◀◀ 대통령에게 한 예언이 현실화되는 것 같다. 그는 "백인들은 대지의 한 부분과 다음 부분의 차이를 느끼지 못한다"라고 탄식하며, "그들은 대지에서 자기가 필요로 하는 것은 뭐든 가져가는 이방인이다. … 그들의 탐욕은 지구를 집어삼킬 것이며 결국 사

---

◀ 미국에 이주하는 백인들과의 공존을 모색했던 아메리카 인디언 족장. 환경보호에 대한 인식이 깊은 것으로 유명하며 미국 서부의 대도시 시애틀은 그를 기려서 명명되었다.

◀◀ 미국의 제13대 대통령. 노예제를 둘러싼 갈등을 제대로 처리하지 못해 최악의 대통령이었다는 평가를 받는다.

막만이 남을 것이다"라고 말했다.[3]

어떻게 이런 상황이 발생했는가? 어떻게 세상에서 가장 지적인 생명체, 이성과 예지의 힘을 가진 유일한 동물인 인간이 지구상에서 스스로의 존재를 그처럼 파멸적인 방식으로 관리할 수 있는가? 게다가 왜 우리는 문제의 심각성을 알고 있으면서도 긴급하게 대응하지 않는가? 우리는 문제의 심각성을 알고 있으면서도 직면하고 있는 위험에 대해서는 충분히 인식하지 못해 적절한 행동을 취할 준비가 되어 있지 않은 것 같다.

중요한 문제 중 하나는 우리가 가진 세계관의 편협함이다. 우리는 당장 눈앞의 현실에만 주의를 기울인다. 매일매일 일어나는 문제들, 우리 자신의 필요와 욕망, 당장 또는 내일, 또는 다음 주에 우리가 해야만 하는 것들에 매몰되어 있다. 사회적·정치적인 문제들에 대해 무관심하게 지내다가 자신이 직접적인 영향을 받아야만 비로소 관심을 가진다. 원자력 발전소가 자신이 사는 지역에 세워지고, 그로 인한 건강상의 문제가 현실로 다가와야만 비로소 원자력 발전 문제에 대해 신경을 쓰게 된다. 바닷가에 살면서 해수면이 상승해 자신의 집이 곧 가라앉을 것 같은 위험에 처해야만 비로소 지구온난화 문제에 관심을 기울일 것이다. 이렇듯 우리의 관심은 보통 매일매일의 세상일에 한정되어 있다. 그리고 이것은 환경과 관련된 문제들이다. 그것들은 너무 광범위해서 우리가 파악하기 어렵다. 지구온난화, 열대우림의 남벌, 다른 생물종의 멸종 같은 사안들은 우리의 일상에서 너무 멀리 떨어져 있으며, 우리가 분명히 자각하기에는 너무 모호하고, 눈에 띄지도 않으며, 우리와도 무관하게 느껴진다.

우리의 편협한 세계관은 또 다른 문제도 일으킨다. 이는 바로 예지력의 부재에서 비롯된다. 인간이 다른 어떤 동물들보다 미래를 계획하고 예상하는 능력이 크다는 것은 의심의 여지가 없다. 하지만 우리의 예지능력은 여전히 제한적이다. 우리가 가진 보통의 인지능력처럼 예지능력은 아주 가까운 미래에 대해서는 잘 작동하지만, 장기적인 것에 대해서는 그렇지 않다. 15년, 20년 뒤에 어떤 일이 일어날지는 안개에 덮여 있는 듯 모호하다. 그래서 그때 무슨 일이 일어날 것인지에 대해 우리는 실제로 별 관심이 없다. 그 결과 우리는 미래를 위해 희생할 각오가 되어 있지 않다. 미래 세대들을 위해 불편함을 감수하는 것도 꺼린다.[4]

타락하지 않은 사람들도 예지력과 폭넓은 관점이 없어서 종종 환경문제를 일으키기도 한다. 다른 생물종들을 멸종케 하는 인간의 습관은 수천 년이나 되었을 것이다. 맘모스, 남아메리카의 아르마딜로, 사이프러스의 난쟁이하마 같은 선사시대의 동물들은 남획이나 인간이 일으킨 환경 변화로 인해 사라졌다.[5] 그리고 선사시대 인간들은 방대한 삼림 지역이나 초지를 불태워 일부 중요한 환경 변화들을 일으켰던 것 같다. 테오도르 로작은 다음과 같이 설명했다.

> 선사시대에 지중해 연안의 종족민은 숲을 너무 많이 베어내고, 유목민들은 가축을 너무 많이 방목했으며, 그로 인한 토양 침식으로 발생한 손상은 아직도 볼 수 있다. 그들은 자연에 대해 신성하다는 생각을 가지고 있었지만, 자신들의 생활 터전에 저지른 광범위한 손상에 대한 무지를 상쇄하지는 못한다.[6]

## 원시적 생태 인식

그럼에도 타락하지 않은 사람들의 기술력이 훨씬 낮고, 인구가
적은 것을 감안하더라도, 그들이 절대로 현대의 인간들만큼 환경
파괴적이지 않다는 것을 증명할 타당한 이유들이 있다. 우리의
문화 이념은 환경파괴를 부추기는 반면, 대부분의 원시 문화의
이념과 도덕체계는 자연 존중을 권장한다. 그들 대부분은 자신들
을 지구의 청지기나 수호자로 본다. 예를 들면, 호피족 인디언들
은 자신들을 영혼의 힘인 '마사우'의 도제로 간주했다. 그들의 신
화에 따르면, 마사우가 오래전 지구 표면을 떠났을 때, 그들에게
지구의 균형을 지키는 일을 맡겼고, 이를 위한 의식들을 수행하
는 것을 가르쳤다. 호피족은 그 이후 이를 꼼꼼하게 수행했다. 나
무 한 그루, 동물 한 마리마다 각각 하나의 의식을 수행했으며 전
체의식의 주기는 종종 수주일 간이나 계속되었다.[7]

　　원시 종족들은 또 동물들과 식물들에 대한 존경을 표하는 생
활양식들을 통해 자연의 조화를 유지하려 세심한 주의를 기울인
다. 그들은 물론 생존을 위해 동물을 죽여야 하고, 종종 나무를 베
어내거나 다른 식물들을 파괴해야 한다. 그러나 이러한 일들은
정중하게 이루어져야 한다. 동물들과 식물들의 영혼에게 사과하
고 죽은 것들을 명예롭게 해야 한다. 이것을 하지 않으면 조화가
교란될 것이다. 앨빈 조세피는 "아메리카 원주민들은 자연과 균
형을 유지하며 살려고 노력했다. 자연과의 조화가 흐트러지면 고
통, 질병, 죽음 또는 불행이 일어날 수 있었다"라고 설명했다.[8]

　　원시 종족들의 자연에 대한 태도의 핵심은 자연을 길들여야

하는 적이나 자신들의 이득을 위해 사용될 자원 공급원으로 간주하기보다는 오히려 자연이 원하는 상황에 적응하고, 자연과 조화를 이루어 살려는 바람이다. 그들은 결코 스스로를 자연과 구분할 수 없었으며, 스스로를 자연의 주인이라고 생각할 수도 없었다. 하이메 게레로가 토착 종족에 대해 쓴 것처럼, "북아메리카 원주민 영성의 본질은 사람들이 상호 간에 그리고 살아 있는 다른 것들과 생태학적 균형을 유지하는 가운데, 자연환경과도 호혜적으로 살았다는 것이다."[9]

그리고 어쨌든 타락하지 않은 종족들 가운데 일부가 자연계를 다루는 데 선견지명이 없을 수는 있지만, 많은 종족은 자연 자원을 우리보다 훨씬 더 현명하게 아주 잘 관리한 것 같다. 그들은 자연과 공감적으로 연결되어 있어서 자연을 배려하는 태도를 갖게 되었다. 북서아메리카와 캘리포니아에 사는 인디언 집단은 특별한 행사 감독들의 주관하에 정교한 둑 또는 물고기 댐을 만들어 연어를 잡았다. 의식을 주도하여 자원을 관리하는 것이 그들의 일이었으며, 그들은 연어를 남획하는 일이 절대로 일어나지 않도록 조심스러운 방법을 취했다. 연어는 특정한 때에만 잡을 수 있었는데, 이는 충분히 많은 연어가 상류로 헤엄쳐 올라가 다른 집단들도 잡을 수 있게 하고, 연어 개체 수 자체가 위험할 정도로 격감하는 일을 막기 위한 것이었다. 같은 이유로 올가미도 강폭의 3분의 2까지만 펼칠 수 있었다.[10] 그러나 유럽인들이 같은 강에서 고기를 잡기 시작하면서 그들은 장기적인 미래에 대해서는 무모할 정도로 관심 없게 행동했다. 그들은 자신들의 상류에 있는 다른 어민들까지도 무시한 채 아주 많은 그물로 강을 채웠다.

그것은 물론 우리가 열대우림을 베어내고, 다른 생물종을 죽이는 것, 지구온난화 그리고 에너지 공급과 수원을 잘못 관리하는 것과 정확히 같은 종류의 단기적인 탐욕이며 무모함이다.

원시 종족들이 자연을 존중하는 부분적인 이유는 자연과의 공감 능력이 있기 때문이다. 에드워드 홀이 이야기한 푸에블로족 인디언처럼 – 땅이 새 생명을 잉태한 봄에 쟁기질을 시작하기를 꺼렸던 사람들 – 원시 종족들은 자연현상들과 공감하는 능력이 있으며, 동물을 죽이는 것을 꺼리는 것과 같이 자연현상들을 손상하거나 파괴하기를 꺼린다. 사물들이 영혼과 함께 살아 있다고 인식한다면 자연현상들을 손상하거나 파괴하는 것은 영혼 그 자체를 범하는 범죄가 되고, 우주 조화를 교란하는 것을 의미한다. 시애틀 족장의 말에 따르면, "지구를 해치는 일은 창조자를 지독하게 멸시하는 것이다."[11]

그것은 가치의 문제이기도 하다. 모든 사물이 영혼의 현시이므로 모두 다 똑같이 성스럽고 가치 있으며, 어느 하나가 – 인간과 같은 – 어떤 다른 것들을 착취하거나 남용할 권리가 없다. 동등한 가치는 동등한 존중을 의미한다. 우리가 본 대로 원시 종족들은 아이들에게도 어른들과 같은 자율권을 준다. 그리고 어느 면에서는 이 평등주의 철학은 자연계 전체로까지 확장된다. 어떤 인간도 다른 인간뿐만 아니라, 다른 어떤 사물도 지배할 권리가 없다. 동물·나무·바위·강 그리고 자연현상도 억압받거나 착취당하지 않고 존재할 권리가 있다.

이러한 이유로 우리에게는 제2의 본성이 되어버린 자연의 남용과 착취가 대부분의 원시 종족에게는 상상도 할 수 없는 일이다. 아메리카 인디언인 와나품족의 한 족장은 유럽계 미국인들의 광업과 농업에 대한 태도에 대해 이렇게 말했다. "칼로 내 어머니의 가슴을 찢어야만 하는가? 내가 뼈를 얻으려고 그녀의 피부를 파내야 하는가? 당신은 나에게 풀을 베고 건초를 만들어 팔아서 백인처럼 부자가 되라고 요구한다. 내가 어떻게 감히 우리 어머니의 체모를 자르겠는가?"[12]

지금도 원시 종족들과 그들이 신성하다고 생각하는 땅을 개발하고 싶어 하는 유럽이나 미국의 기업 간에는 자주 충돌이 일어난다. 아메리카 원주민 집단들은 엄청난 재정적인 이득이 예상됨에도 불구하고 흔히 보호구역 내의 광산 개발을 거부한다. 미국 몬타나주의 노던 샤이엔 보호구역에는 500억 톤가량의 석탄이 매장되어 있는 것으로 추정된다. 이곳은 매우 가난하고 실업자들도 많지만, 인디언들은 대지가 살아 있다고 생각하고, 대지와 공감하므로 광업회사들이 대지를 강간하고 약탈하게 허용할 수는 없다.[13]

## 자연에 대한 적대적 태도

우리의 환경문제는 가끔은 우리 문화의 반자연적 이념들의 결과물로 간주된다. 《여신의 신화》라는 책에서 앤 베어링과 줄스 캐시포드는 "신화들은 의식의 진화에 대한 근본적인 영감"을 준다고 주장한다.[14] 그들은 우리 문제들의 연원을 캐다가 기원전 1500년경 철기시대의 초기까지 거슬러 올라간다. 그때 개인들이 괴물들이나 용들에게 승리를 거두는 영웅 신화들이 나타나기 시작했다. 이러한 것들은 인간의 자연 정복을 상징하며, 자연계에 대한 새롭고 적대적인 태도를 구성하게 만들었다. 그리고 이 새로운 태도는 새로운 종교적 신념에 의해 강화되었고 반영되었다. 오래된 여신은 잊히고 사라져 갔으며, 그 자리는 자연계로부터 분리되어 하늘에 있는 새로운 남성신들이 차지해 나갔다. 생태학자들이나 생태심리학자들도 비슷한 주장을 한다. 생태학자이자 시인인 게리 스나이더는, 예를 들면 우리의 문제들은 우리가 내세의 신들을 만들어낼 때 시작됐다고 주장했다. 이것은 자연이 세속화된 순간이었다. 오래된 다신교 신들은 산과 강과 바다를 관장하는 등 자연현상들과 연계되어 있었다. 그러나 그 뒤에 온 유일신교의 신들은 자연과의 연계가 없었다. 그들은 지구로부터 멀리 떨어진 영역인 하늘에 있었다. 이는 자연은 더 이상 성스럽지 않으며 인간은 자연을 학대할 자유를 얻었음을 의미했다.[15]

이것은 우리를 기독교로 이끌고 가는데 기독교는 우리의 환경 학대에 상당히 많은 책임이 있다. 기독교가 자연에 대해 매우 적대적인 태도를 가지고 있음은 의심할 바가 없다. 《성경》의 맨 앞에서 신은 인간에게 "지구를 채우고 정복하라. 그리고 바다의 물고기와 공중의 새, 그리고 지구 위에서 움직이는 모든 살아 있는 것들을 지배하라"◀라고 충고한다.[16] 기독교적 믿음에 따르면, 우리가 이처럼 자연을 지배할 자격이 있는 이유는 부분적으로 우

---

◀ 하나님이 그들에게 복을 주시며 그들에게 이르시되 생육하고 번성하여 땅에 충만하라. 땅을 정복하라. 바다의 고기와 공중의 새와 땅에 움직이는 모든 생물을 다스리라고 하시니라(〈창세기〉 1장 28절).

리가 영혼을 가진 유일한 생명체이기 때문이다. 동물들과 식물들은 영혼이 없다. 그 결과 그것들은 신을 위해서나 우리를 위해서나 아무런 가치가 없다. 다만 자원 공급원으로써 우리가 좀 더 편안하게 살 수 있도록 도울 뿐이다. 영국 더럼의 마이클 페리 부주교의 말대로 이 성경적 관점은 우리에게 다음과 같은 것들을 할 자격을 주었다.

취하고, 또 취하고, 절대로 돌려주지 말라, 숲속에서 쌓이는 데 100만 년이나 걸린 화석 유물을 낭비하라. 그리고 한 세대 만에 그것들을 태워 버려라. 밀밭을 건조지대로 만들고, 수확이 많은 땅을 사막으로 만들어라. 그리고 창조의 주인들로서 우리는 그렇게 하도록 허용되었을 뿐만 아니라 성스럽게 명령받았다고 믿어라.[17]

서기 1600년부터는 자연에 대한 훨씬 더 부정적인 태도를 가진 물질주의적 과학이념이 기독교를 대체하기 시작했다. 데카르트는 자연 전체는 하나의 기계이며, 살아 있는 것처럼 보이는 현상들은 사실은 영혼이나 마음이 없는 자동 장치일 뿐이라고 선언했다. 뉴턴은 우주라는 '기계'는 다수의 엄격한 법칙들에 따라 작동하며, 모든 사물은 (살아 있는 존재들을 포함하여) 비활성의 기본적인 미립자들의 배열일 뿐임을 보여 주었다. 데카르트와 뉴턴이 주도한 과학혁명은 인간에게 자연을 지배해야 한다는 새로운 인식을 부여했는데, 이것이 일부 철학자와 과학자들을 극단적 과대망상증으로 이끌었다. 데카르트 스스로는 "인간이 자연의 주인이

자 지배자가 될 운명"이라고 말했으며, 철학자 베이컨은 "자연은 노예가 되어야 한다"라고 선언했다.[18] 현대의 과학자 루퍼트 셸드레이크가 쓴 대로 17세기에는 "인간이 자연을 고유 가치나 생명이 없는 것으로 대하게 되었다. 인간이 자연계를 다루는 하나의 방법으로 자연을 지배하고 통제하려는 야망은 방대하게 팽창했다. 인간의 지식과 권위에 대한 전통적인 자제가 사라졌다."[19]

　　이 이념은 21세기에도 여전히 우리 문화를 지배한다. 많은 사람이 여전히 돌·강·태양·달과 같은 자연현상들은 영혼도 없고, 그것들 자체도 존재하지 않는, 생명 없는 원자의 집합체일 뿐이라고 믿는다. 현대 과학은 우리에게 살아 있는 존재들 역시 마찬가지라고 확신시키려고까지 한다. 그것은 우리도 비활성 물질에 지나지 않는다고 말한다. 우리는 생명이 없는 화학물질과 입자들로 구성되었지만, 그것들은 너무나도 놀랍도록 난해하고 복잡한 방법으로 함께 작동해 우리가 '살아서 활동한다'는 환상을 창조하고, 우리의 환경과 상호작용을 하고, 우리 주위의 세상을 인지할 수 있는 능력을 준다. 우리 자신의 의식조차도 우리 뇌에 들어찬 회색 물질의 생산물일 뿐이며 수백만 개의 뉴런이 윙윙거리면서 창조한 일종의 환상이다. 다른 말로 하면, 현대 과학에 관한 한 우주와 그 안에 있는 모든 것들은 바로 죽은 물질일 뿐이다.

## 환경 학대의 근원

원시 종족들의 이념이 자연을 존중하는 자세를 증진시키는 것과 같은 방식으로 이러한 모든 요인은 환경 학대를 조장했다. 그러나 그 어떤 것들도 그 자체로는 생태파괴의 한 원인으로 간주되어서는 안 된다. 자연 정복을 상징하는 신화들, 신들과 대지의 분리를 특징으로 하며 자연에 적대적인 태도를 부추기는 종교들은 사실은 타락이 발생하면서 자연과의 관계가 달라진 데에 따른 2차적 결과일 뿐이다.

내가 앞에서 언급한 편협한 관점과는 별도로 환경 위기에는 세 가지 근본 원인이 있다. 첫째, 우리에게는 자연과 연결되어 있다는 인식이 없다. 다른 사람들과의 공감을 어렵게 만드는 것과 같은 '분리'로 인해 자연과의 어떤 연대감도 느끼기 어렵게 만든다. 우리는 나무들을 베어 내거나 땅을 채굴해도 아무런 가책을 느끼지 못한다. 자연계는 우리에게는 육체와 마찬가지로 '타자'이기 때문이다. 유전학자 데이비드 스즈키에 따르면, 우리는 자연과 분리되었다는 인식으로 인해 자연에 영향을 주고, 무시하고, 이용하고, 분해하는 것이 가능하게 되었다. 우리는 자연을 망가뜨릴 수 있다. 왜냐하면 그것은 다른 것이고 외계의 것이기 때문이다.[20]

자연과 분리되었다는 이 인식은 육체와 분리되었다는 인식과 매우 밀접하게 연계된다. 두 가지 경우 모두 자아는 생물학적 – 또는 물질적 – 세계로부터 분리되었다. 이러한 관점에서 켄 윌버는 생태 위기를 하나의 거대한 신경증으로 볼 수 있다고 지적했다. 그는 "모든 신경증은 생태 위기의 축소판이다. 그리고 세계적인 차원의 생태 위기는 사실 세계적인 차원의 신경증"이라고 설명한다. 그리고 육체와 마찬가지로 이러한 '다른 것'이라는 인식이 자연에 대한 적대적인 태도를 만들어냈다.[21] 자연 세계는 육체와 똑같이 천하고, 의식 없는 물질로 구성되어 있다. 그리고 우리는 육체와 마찬가지로 자연도 우월한 인간의 자아 앞에 굴복해야 한다고 믿는다.

둘째, 타락한 정신은 자연현상이 살아 있음을 인식할 수 없다는 사실이다. 좀 더 정확하게 말하면 타락한 정신은 모든 사물 안에 영혼의 힘이 존재함을 인식할 수 없다. 우리의 자각에는 둔감화 기제가 작동한 탓에 현상세계는 어슴푸레하고, 1차원적인 장소다. 자연의 사물은 깊이나 내면의 존재가 없는 물체들일 뿐이다. 한 애버리진 노인이 말한 대로 "백인은 식물이나 동물을 먹기 전에 그것들의 꿈속으로 들어갈 능력이 없다. 그 결과 그는 병들고, 미쳐서 그 자신을 파괴하게 될 것이다."[22] 나무·식물·바위·강 그리고 지구 그 자체가 생명이 없는 대상이라면, 우리가 그것들을 해치거나 남용하지 못할 이유가 절대로 없다. 물체들은 우리가 활용할 수 있는 것을 제외하면 가치가 없으며, 다치거나 손상당할 내면적 존재가 없다.

셋째, 타락한 정신의 지배 욕구도 하나의 요인이다. 타락한 정신은 다른 인간 집단들 그리고 같은 집단 내에서도 여성과 어린이를 비롯한 다른 사람들을 지배하도록 부추기며, 자신의 육체를 지배하기를 열망했던 것과 같은 방식으로 자연계를 지배하기를 갈망한다. 그것은 자연을 정복하고, 자원을 활용하고, 혼돈스러운 자연을 질서 있게 만들려고 한다. 자연의 작동원리를 통제하기 위해 자연의 작동 방식을 이해하려 한다. 이것이 데카르트나 베이컨 같은 과학자들로 하여금 자신들이 주인 행세를 하며 통제하는 하나의 영역으로 자연을 바라보게 한 것이다. 그리고 지금도 많은 과학자는 같은 태도를 견지하고 있다. 현대 과학은 모든 자연적·생물학적 현상을 조작하고, 세계를 완전히 이해하고, 모든 것에 대한 완전한 설명을 구축해내려는 열망에 휩쓸려가고 있는데, 이러한 열망이 자연을 지배하고, 정복하고 있다는 만족스러운 인식을 줄 것이기 때문이다. 이러한 측면에서 대부분의 과학자가 남자라는 사실은 놀라운 일이 아니다. 남성의 자아는 여성들의 자아보다 이러한 종류의 지배를 훨씬 더 갈망하기 때문이다.

## 인류의 멸종은 필연적인가

환경문제는 우리가 개선할 의지가 있다고 해도 이미 개선하기 어려울 정도로 악화되었다. 인류가 처한 곤경은 암울해 보인다. 그러나 근본적인 문제가 6,000년이나 타락 상태에 있는 우리의 정신이라는 것을 고려하면 상황은 훨씬 더 절망적으로 보인다. 우리의 정신이 문제라면, 환경문제를 극복할 수도 있는 단 하나의 확실한 방법은 이 정신이 변화하는 것이다. 어떻게든 타락한 정신을 초월해 우리가 자연과 연결되어 있으며, 자연현상이 살아 있다는 인식을 회복하고, 자연을 지배하려는 욕망을 버리는 것이다.

사실 이 생태학적 대재앙은 처음부터 필연적이었으며, 자아 폭발이 일어나자마자 인류는 종말에 직면했다는 생각을 갖는 것도 가능하다. 우리들의 환경문제에는 이제껏 바라보지 못했던 또 하나의 표면적인 이유가 있다. 바로 인구과잉이다. 세계 인구가 단지 5억 명 정도였다면 자연을 남용하는 우리의 태도는 심각한 문제가 아니었을 것이다. 물이나 다른 자원들이 부족하지도 않았을 것이며, 다른 생물종의 서식지에 최소한의 손상만 일으켰을 것이며, 세계의 생태계는 우리가 뿜어내는 이산화탄소나 다른 오염 물질의 양을 쉽게 처리할 수 있었을 것이다. 그러나 50억이 넘는 인간의 오염과 소비는 다른 문제이며 환경이 대처하기에는 너무 큰 부담이다. 그리고 궁극적으로는 인구과잉의 기원은 자아폭발이 우리에게 선사한 새로운 지능과 창의성이라는, 자아폭발의 긍정적 측면으로까지 거슬러 올라갈 수 있다. 이 지능은 우리에게 대규모의 인구를 유지할 수 있는 기술적 방법을 선사했다. 그것은 우리에게 식량을 먼 곳에서 가져오는 수송 체계뿐만 아니라, 기계화되고, 고도로 효율적인 식량 생산 방법을 선사했다. 영국 정도 크기의 나라는 수렵채집인 생활방식으로 산다면 단지 수십만 명만이 살 수 있었을 것이다. 원예적 생활방식으로 살면 수백만 명이 살 수 있다. 그러나 타락한 정신이 낳은 예리한 지적 능력이 이룬 기술혁신으로 6,000만 명까지 살 수 있게 되었다. 동시에 타락한 정신의 또 하나의 중요한 공헌, 바로 의학·위생시설의 발전으로 영아 사망률이 크게 줄어들고, 인간의 수명은 늘어나면서 세계 인구는 지금처럼 높은 수준에 도달했다.

자아폭발로 인해 인구과잉은 필연적이었다. 그리고 세계 인구가 엄청나게 많아졌기 때문에 대다수 인간은 자연을 착취하고, 남용하지 않을 수 없었으며, 생태계의 대재앙도 필연적이었다. 그나마 다행스러운 것은 상황은 아직 아주 암담하지는 않다는 것이다. 이 책의 3부에서 우리는 실제로 변화가 일어나고 있으며, 전체로서의 인류가 어느 정도 분리된 자아인식을 넘어서 움직이고 있으며, 타락한 정신을 초월하고 있음을 시사하는 증거들을 살펴볼 것이다.

그 전에 우리는 '타락'을 조사하며 제기한 몇몇 이슈들을 정리해 봄으로써 이 책의 1, 2부에서 살펴본 내용의 결론을 낼 필요가 있다.

## 자아폭발과 문화 변동

앞에서 우리는 자아폭발로 인해 발생한 문화 변형의 많은 다른 측면들을 살펴보았다. 그리고 나는 모든 변화들의 상호의존성을 강조하고 싶다. 인류학자들은 사회적 특성들은 항상 연계되어 있다고 지적했다. 예를 들면, 비교문화 연구는 여성의 낮은 지위는 보통 사회적 계급 분화, 사유재산, 쟁기의 사용과 연관되어 있음을 보여 주며, 사회적 계급 분화는 성적 자유의 결핍과 연계되어 있음을 말해 준다.[23] 마틴 휘트는 비교 문화 연구를 통해 전쟁 발생 빈도가 높은 문화들에서는 거의 항상 여성의 지위가 낮았음을 발견했다.[24] 가이 스완슨은 50개 문화에 대한 연구를 통해 계급적 구조(3개 이상의 의사결정 집단들)를 가진 사회들은 전능한 '높은 신'을 믿는 경향이 있음을 알아냈다.[25] 그리고 우리가 앞에서 지적한 대로 제임스 프레스콧은 비교 문화 연구 결과, 부정적인 육아 관행과 성적 억압 그리고 사회적 폭력 사이에는 매우 높은 상관관계가 있음을 발견했다. 사실 프레스콧은 이러한 상관관계를 더 발전시켜, 이 3개의 특징을 가진 사회는 계급 분화, 신부 지참금, 노예제 그리고 높은 신들도 있을 경향이 크다는 것을 언급했다.[26]

인류학자들은 필연적으로 이러한 상관관계를 각각의 측면에서 설명하려 시도했다. 예를 들면, 엠버와 엠버는 성적 억압과 사회적 계급 분화 간의 상관관계는 "사회적 불평등이 증가해 집단 간 부의 격차가 발생함에 따라 부모들은 자기 아이들이 그들보다 밑에 있는 사람들과 결혼하기를 막는 데 더 관심을 갖게 되었기 때문"이라고 주장한다.[27] 반면에 스완슨은 사회적 계급 분화와 높은 신들 사이에 상관관계가 있는 이유는 종교가 사회 구조를 개념화 한 것이기 때문이라고 주장한다. 그래서 전능한 신을 생각해내는 것은 권력이 소수에게 집중되고, 고위층과 고위 인사들의 계급 구조가 있는 사회에서는 자연스러운 일이다.[28] 많은 사회에서 여성들의 지위가 낮은 것은 전쟁 빈도가 높기 때문이거나 중앙집권화된 정치적 계급 구조 때문이라는 이론들도 있다. 남성들이 전쟁과 정치적 계급을 지배하므로 그들이 특별히 중요한 사회에서는 여성들의 가치가 낮아진다는 추론이다.[29]

이러한 이론들 가운데 만족스러운 것은 없다. 그것들은 사실 책임을 전가하는 답변일 뿐이다. 남성의 지배를 전쟁의 측면에서 설명하는 것은 왜 이런 사회들은 전쟁 빈도가 높은가를 질문하게 할 뿐이다. 그리고 사회적 계급 분화의 관점에서 높은 신들을 설명하는 것은 왜 사회적 계급 분화가 존재하는가를 질문하게 할 뿐이다.

이러한 일부 요인들이 2차적 수준에서는 서로 간에 영향을 줄 수 있다. 예를 들면, 성적 억압은 방전되지 못한 바이오에너지의 긴장을 만들어내서 폭력 성향을 높일 수도 있다. 그러나 궁극적으로는 이러한 특징들이 왜 서로의 관점에서 설명될 수 없는가에 대한 이유는 그것들 모두가 '왜 존재하는가' 하는 데 대한 이유와 같다. 그것들 모두가 같은 사건 즉 타락의 결과들이기 때문이다.

　내가 강조하고 싶은 요점은 이 모든 변화가 동시에 발생한 사건들이라는 점이다. 우리가 살펴본 모든 문화적 변화가 역사상 정확히 같은 시간에 그리고 최소한 처음에는 정확히 같은 인간 집단들에게 발생했다는 사실은 타락이 실제로 일어난 사건임을 증명한다. 이것들보다 더 분명한 증거는 아마도 없을 것이다. 새로운 수준의 기술, 문명, 치열한 전쟁, 가부장제, 사회적 불평등('자본주의' 사회로 현시됨), 유일신 종교(내세에 대한 새로운 개념을 포함), 성·육체·자연에 대한 적대감 그리고 선형 시간 인식 등 이 모든 것은 중앙아시아와 중동의 같은 지역에서, 같은 시간에, 같은 사람들에게 발생했다. 그리고 이러한 사회적·문화적 변화들과 함께 인간이 개인으로서 존재하는 방식에도 변화가 발생하였다. 즉, 새로운 물질주의와 소유, 지위를 향한 새로운 충동, 정신적 불화를 회피하기 위한 쾌락의 추구, 타인 그리고 자연계와 공감할 수 없는 현상 등이 새로 발생했다.

　이러한 변화들은 고고학적 역사적 기록에는 나타나지 않으므로 사회적 문화적 변화들만큼 분명하지는 않다. 그러나 엄밀하게 말하면, 그것들이 타락의 사회적·문화적 결과를 발생시켰으므로 가장 근본적인 변화다.

## 타락 이후

오늘날의 세계를 들여다본다면 다른 사람들보다 좀 더 부성선호적인, 즉 좀 더 자아가 강한 사하라시아적인 사람들이 있다. 제임스 드메오가 만든 사하라시아 지역의 '세계 행동 지도'에는 그가 '극도의 부성선호적 문화'라고 부르는 북아프리카·중동·중앙아시아를 뒤덮는 거대한 중심지가 있다. 이러한 지역들의 특징은 높은 수준의 가부장제, 섹스와 육체에 대한 강한 적대감, 강력한 유일신 종교 등이다.

문제는 왜 일부 사하라시아 종족들은 다른 사람들보다 더 부성선호적인 성향을 강하게 가지게 되었는가 하는 점이다. 서유럽의 사하라시아인들이 섹스에 대해 좀 더 자유로운 태도를 갖고, 민주주의적이며, 여성들에 대해 높은 지위를 보장해 주는 데 반해 중동의 사하라시아인들은 왜 지금까지도 섹스와 육체에 대하여 극도로 적대적인 태도를 보이며 강력한 가부장제를 가지고 있는가? 여기에는 아마도 두 가지 이유가 있을 것이다. 하나는 사하라시아의 중심지인 중동·중앙아시아·북아프리카가 현재까지도 지속적으로 건조해지는 불모의 땅으로 남아 있기 때문이다. 역사를 통해 그곳에 살던 사람들은 원래의 사하라시아인들을 괴롭히던 것과 같은 종류의 문제에 직면했다. 이 때문에 원래의 사하라시아인들이 발달시킨 강력한 자아인식은 지속적으로 강화되었을 것이다. 그러나 다른 사하라시아인들은 생활하기가 더 편한 서유럽이나 동아시아 같은 좀 더 풍요로운 지역으로 이주했다. 그 결과 이 사람들의 강력한 자아인식은 같은 정도로 강화되지는 않았을 것이다. 시간이 지나면서 그들의 자아인식은 실제로 약화되어, 좀 더 온건한 종류의 부성선호사상을 발달시키는 결과를 낳았을 것이다.

다른 이유는 거리와 관계가 있다. 사하라시아 중심지에서 멀어질수록, 유럽의 서쪽 끝이나 아시아의 동 쪽 끝으로 갈수록, 부성선호사상은 온건해진다. 예를 들면, 영국에서는 부성선호적 특징이 아주 늦게 발달되었다. 드메오는 "11세기 노르만 침략 이전에 영국 국민은 유럽 대륙 사람들보다 훨씬 자유로운 조건에서 살았다"라고 말했다. 여성은 토지를 소유할 수 있었고, 혼전 성관계도 흔했으며, 농민도 권리가 있었고 아주 제한된 노예제만 있었다. 그러나 1066년 이후 노르만족이 스스로 잔혹하고 독재적인 지배 계급이 되면서 부성선호사상의 수준은 급격하게 증가했다.

다시 말해, 사하라시아 중심부에서 멀어질수록 이주해 온 사하라시아인들도 적었을 것이므로 부성선호사상은 거리가 멀어질수록 회석되었다. 이러한 지역에서는 토착민들의 모성선호적인 문화적 영향이 더 커지는 결과를 낳았다. 이러한 지역에서는 토착문화가 살아남아 침략자들의 새로운 문화와 혼합돼 부성선호사상을 약화시키는 경향이 더 강하다.

## 진화적 관점으로서의 자아폭발

우리는 자아폭발이 실제로 하나의 진화적 발달일 가능성에 대해서도 앞에서 살펴보았다. 자아폭발은 지역적 현상이어서 진화 이론에는 맞지 않는다는 사실도 지적했다. 확실히 그것이 진화적 발달이라면 전 인류에게 일어났어야 했다. 그러나 나는 이러한 주장이 사실이 아닐 것이라는 또 하나의 보다 이론적인 이유를 언급했다.

이를 이해하려면 우리는 먼저 진화적 발달이 실제로 어떻게 일어나는지를 살펴보아야 한다. 신다윈주의자들은 보통 진화를 순전히 생명체가 육체적으로 변화하는 하나의 과정으로 본다. 그러나 진화에는 내면적인 측면도 있다. 그것은 의식의 발달도 포함한다. 프랑스의 목사이자 철학자인 샤르댕은 생명체들이 신체적으로 더 복잡해지면, 예를 들면 뇌세포가 늘어나고 뇌세포 간의 상호작용도 복잡해지면 더 많은 의식을 갖게 된다고 지적했다.[30] 즉, 생명체들은 주위 환경을 더 많이 인식하게 되고, 환경과 상호작용하는 능력이 발달하며, 세상에서 생명체로서 그들이 처한 조건에 대해 더 잘 알게 된다.

바꿔 말하면 진화는 육체적 차원만이 아니라 정신적 차원에서도 일어난다. 그리고 두 차원은 평행적으로 발달한다. 가장 단순한 생명체는 아메바다. 아메바는 장기가 없는 단세포 유기체다. 어떤 식으로든 그것들도 '의식이 있는가'의 문제는 논쟁의 여지가 있다. 하지만 그것들은 환경에 반응하므로 – 예를 들면, 식량의 원천이나 빛에 반응하여 움직임으로써 – 어느 정도는 환경에 대해 알고 있는 것이 틀림없다. 그것들은 아주 작고 희미하게 깜박이는 의식을 가지고 있어서 현실에 대해 아주 조금 인식한다고 말할 수 있을 것이다. 그리고 최초의 생명체에서 박테리아를 거쳐 식물·곤충·파충류·새 등으로 진화가 진행되면서, 육체적으로 보다 더 복잡해짐과 동시에 그 희미하게 깜박이는 의식은 점차 강력해진다.

수십만 년 전에는 이 과정을 통해 지금까지 세계에서 있었던 생명체 가운데 가장 복잡하고 가장 의식을 잘하는 생명 형태인 인간이 발달하였다. 이 인간은 다른 어떤 동물들보다 그들 주위의 경이적인 세계에 대하여 더 강렬하게 인식했다. 이는 그들이 이 세계를 묘사하기 위해 발달시킨 복잡한 언어에도 드러난다. 그들은 자신들이 언젠가는 죽어야 한다는 것을 알았다. 그리고 아마도 그 깨달음에서 가장 중요한 사실은 인간이 자신을 의식한다는 것이었으리라. 그들은 의식할 뿐만 아니라, 자신들이 의식하고 있음도 알았다. 한때는 작고 희미하게 깜빡이던 의식이 이제는 인간에게는 강렬한 조명이 되었다.

이 모든 사실은 다음 질문을 낳는다. 정확히 의식이란 무엇인가? 그것은 어디에서 오는가? 현대의 물질주의 과학자들은 그것은 단지 뇌에서 만들어진 것이라고 추정한다. 어떤 신비한 방법으로 우리의 뇌세포들은 연결되어 '자기 인식'을 만들어낸다. TV 회로들이 연결되어 화면에 영상과 소리를 만들어내는 것과 같은 방식이라는 것이다. 과학자들은 의식이 실제로 TV 회로만큼 단순한 것인 양 '의식 회로망'이 있다고 말한다.[31] 그러나 수십 년간 신경생물학 분야에서 연구가 진행된 결과 의식이 훨씬 더 이상하고 복잡하다는 것이 분명해졌다. 신경과학자들이 '뇌가 어떻게 환경 자극을 처리하는가', 또는 '어떻게 정보를 통합하는가' 하는 일부 쉬운 문제들을 해결할 수는 있었지만, 어떻게 뇌의 물질적 과정이 주관적인 체험을 생성시키는가 하는 어려운 문제들을 해결하는 데에는 아무런 진전이 없었다.[32]

보다 열린 마음을 가진 일부 과학자들과 철학자들은 이러한 관점에서 의식을 설명하는 것이 도대체 가능한지에 대해 의심하기 시작한다. 문제는 당신이 아무리 뇌를 조사해도 물질적 처리와 주관적 의식 체험 사이에는 항상 건널 수 없는 간극이 있다는 것이다. 뇌는 단순히 물질이다. 그러나 의식은 완전히 다른 무엇이며, 완전히 다른 차원의 현실이다. 철학자 콜린 맥긴이 말한 대로 "'뇌'라는 질척한 물질 덩어리에서 의식을 만든다고 주장한다면 당신은 숫자가 과자에서 나오고, 장군풀에서 윤리가 나온다고 주장할 수 있을 것이다."[33] 현대의 철학자와 물리학자들은 급진적인 다른 이론을 주장했다. 의식이 뇌의 내부에서 오는 것이 아니라 뇌의 외부로부터 온다는 것이다. 실제로 그것은 모든 사실에 스며 있는 우주의 근본적인 힘이다. 예를 들면 호주의 철학자 데이비드 찰머스는 의식이 질량·변화·공간·시간과 함께 세계의 근본적인 특징으로 간주되어야 한다고 주장한다.[34] 물론 타락하지 않은 사람들은 이것을 항상 알았다. 그들은 이 의식의 우주적 영역을 '위대한 영혼', '삶의 주인' 등으로 인지했다. 그것은 모든 사실에 스며들어 생명을 주는 힘이며, 모든 사물은 그것의 현시이다.

하지만 이것이 뇌가 의식에서 아무런 역할을 하지 않음을 의미하지는 않는다. 인간의 뇌 – 혹은 다른 생명체의 뇌 – 가 실제로 의식 그 자체를 만들어내기보다는 라디오가 전파를 수신하듯 일종의 의식 수신기로서 행동한다고 할 수 있다. 그것은 생경한 우주 의식의 정수를 개성이 부여된 의식으로 바꾼다. 미국의 철학자 로버트 포먼은 이렇게 말한다.

의식은 어떤 지점이라기보다는 하나의 영역이다. 육체를 초월하지만 여전히 육체와 어떻게든 상호 작용하는 영역이다. 뇌세포들은 어찌됐든 그것들을 초월하는 인식을 받아들이고, 안내하고, 중재하고, 돌린다. 인식의 분야에서 뇌는 발전기보다는 수신기나 변압기에 더 가깝다.[35]

이 이론은 살아 있는 것들과 살아 있지 않은 것들과의 차이를 바라보는 흥미로운 관점을 제시한다. 어떤 면에서는 원시 종족들의 믿음처럼 모든 사물은 살아 있다. 그것들 모두에는 의식 또는 영혼의 힘이 스며 있기 때문이다. 그러나 바위나 강이 살아 있는 방식은 곤충이나 심지어 아메바와 같은 생물이 살아 있는 방식과는 차이가 있다. 바위나 강은 그것들 자신의 정신이 없기 때문에 개별적으로 의식을 가지고 있지 않다. 의식은 그것들을 통해 지나가지만, 그것들 자신은 의식이 없다. 그것들은 의식을 전달할 세포들이 전혀 없으므로 의식이 있을 수가 없다. 세포들이 그 형태를 구성하기 시작해야만 이것이 가능하다. 하나의 세포도 의식의 수신기처럼 행동한다. 그래서 아메바조차도 가장 기초적인 종류의 정신을 갖고 있으며 따라서 개별적으로 살아 있다. 그리고 생물체는 더 복잡해지면서 더 많은 의식을 수신할 능력을 갖게 된다. 의식의 원상태의 정수는 그것들을 통해 더 강력하게 전해지며, 그것들은 더 생기 있고, 더 자율적이고, 더 자유롭고, 사실에 대해 더 깊이 인식하게 된다. 샤르댕의 표현대로 "그것들의 영적 에너지가 증가한다."

그러나 우리의 논점으로 돌아가면, 진화적 발전이 일어나면 의식이 심화되어야 한다는 점이 중요하다. 더 많은 영적 에너지가 유입되어야만 생물체는 더 의식이 있고, 더 생기 있게 된다. 중요한 것은 자아폭발은 이를 포함하지 않았다는 것이다. 어떤 면에서 자아폭발은 확실히 우리에게 더 많은 영적 에너지를 선사하는 것처럼 보였다. 우리의 선조들은 확실히 자신들에 대해 더 많이 의식하고, 그들의 삶을 관리하고 환경을 변화시키는 데 더 많은 자유를 누리게 되었다. 그러나 이는 의식 에너지의 심화 때문이 아니라 재분배 덕분이었다. 우리는 앞서 자아폭발과 함께 사람들이 이전에 현상세계를 자각하는 데 썼던 의식 에너지를 강력한 새로운 자아가 먹어 치우는 모습을 살펴보았다. 새로운 자아는 끊임없이 생각의 수다를 지속시키기 위해 의식 에너지를 필요로 했다. 우리는 우리 선조들이 특별히 의식 에너지를 인지 행위로부터 분리시켜 자아로 향하게 하기 위해 둔감화 기제를 발달시켰음을 알게 되었다. 그 결과 현상세계는 지루하고 절반만 사실적인 장소가 되었으며 우리는 영혼의 힘을 인식할 수 없게 되었다.

이것은 재분배였다. 의식 에너지는 당장의 것을 인지하는 데에서 자아를 향해 전환되었다. 인간의 자아인식은 영적 에너지가 새롭게 유입됐기 때문에 증가한 것이 아니라, 일종의 내면적인 대개편, 즉 자원 재분배 때문에 증가했다. 정말로 의식의 심화가 있었다면 자아인식을 예리하게 발달시키는 것과 동시에 현상세계에 대한 심화된 인식을 갖게 되었을 것이다. 의식 에너지를 한쪽에서 빼내서 다른 쪽에 줄 이유도 없었을 것이다.

그러므로 내 생각에는 선사시대와 역사시대를 통해 의식의 진정한 진화는 일어나지 않았다. 물론 문화적 진화와 6,000년 전에 발생한 환경재앙이 일으킨 극적인 정신적 변화, 즉 자아폭발은 있었다. 그러나 근본적으로 인류는 같은 진화 단계에 머물고 있다. 우리의 의식이 심화된 정도는 이전과 같은 수준이지만 다른 쪽으로 분배되었다.

그러나 이것이 진화적 발전이 전혀 일어날 수 없다는 의미는 아니다. 이 책의 마지막 부분에서 우리는 인류 역사상 최초의 진정한 진화적 발전이 현재 일어나고 있으며, 최근 수 세기 동안 일어났다는 증거를 살펴볼 것이다.

# THE FALL

THE INSANITY OF THE EGO IN HUMAN HISTORY AND THE DAWNING OF A NEW ERA

3

# 타락 초월 시대

# 15

# 1차 물결
# – 자아인식의 초월

기원전 1000년기 초반에 타락한 세계의 소수의 인간 집단들은 놀랄 만한 발견을 하기 시작했다. 인간의 정신적 불화에 대한 주요한 반응은 항상 그것으로부터 달아나거나 위안을 받으려 한다는 것이었다. 우리는 부나 권력과 같은 다른 행복의 원천을 좇아가거나, 끊임없는 활동, 오락, 유흥 등에 주의를 집중시킴으로써 항상 정신적 불화로부터 달아나려 했다. 반면에 우리는 이상적인 내세를 믿음으로써 정신적 불화와 우리의 암울한 실존적 조건과 사회적 고통에 대항하며 스스로를 위로했다.

그러나 극소수의 인간은 훨씬 만족할 만한 또 하나의 가능성이 있음을 깨달았다. 그들은 정신적 불화로 인해 나타나는 증상을 피하려 하기보다는 정신적 불화를 치유할 수 있었다. 그들은 어떤 수행을 따르고, 어떤 생활양식을 받아들임으로써 그들 스스로의 상태를 변형시킬 수 있음을 깨달았다. 그들은 분리된 자아인식을 초월할 수 있으며, 이 과정을 통해 자아가 초래하는 고통을 초월할 수 있음을 발견하였다. 우리가 아는 한 이 깨달음이 처음으로 나타난 곳은 인도다. 기원전 800년경 그곳에서는 몇몇 사람들이 새로운 삶의 방식을 추구하기 시작했다. 그들은 가족과 공동체를 떠나 숲속에 들어가 혼자 살며 현재 우리가 명상이라고 부르는 것을 수행했다. 고독하고 외떨어진 생활방식과 오랜 기간의 명상은 분명히 그들의 세계관을 변형시켰으며, 그들에게 사실과 인식의 본질에 대한 심오한 직관을 주었다. 숲속에 있는 그들 주위에는 학생들이 모여들어 집단을 이루었으며 그들을 리시, 즉 현자로 숭배했다. 학생들은 그들의 가르침을 배우고 다른 사람들에게 그 가르침을 전하며 마침내는 글로 쓰였다. 이것이《우파니샤드》◀다.

《우파니샤드》가 주장하는 세계관은 타락한 세상에서는 완전히 새로운 것이었다.《우파니샤드》는 우리의 가장 근본적인 가정, 즉 우리가 보는 세계가 있는 그대로의 세계인 것인지 의문을 제기한다. 고대 인도의 현자들에 따르면, 우리가 보통 바라보는 사실은 진짜가 아니다. 우리는 부분적으로 눈이 멀었으면서도 자기가 눈이 멀었다는 사실을 모르는 사람처럼, 세상을 있는 그대로 보고 있다고 추정한다. 하지만 실제로 우리는 눈먼 사람들처럼 세상의 희미한 그림자만 볼 뿐이다. 특히 우리가 주변 어디서나 보는 분리와 이원성 - 우리 자신과 세상과의 분리, 그리고 다른 사물들과 현상 간의 분리 - 은 환상이다. 진실은 우주 전체와 그

---

◀ 인도 고대 철학의 바탕을 이루는 경전. 현존하는《우파니샤드》는 200여 개지만, 정통으로 인정받는 것은 18개이다. 'upa(가까이)', 'ni(아래로)', 'sad(앉는다)'의 합성으로 제자가 스승 바로 아래 가까이 앉아서 전수받는 지식이라는 의미다.

안의 모든 것에는 브라만, 즉 영혼이 스며 있다는 것이라고《우파니샤드》에서는 말한다. 브라만은 우주의 궁극적인 진실이며, 시간과 공간의 모든 것을 초월하지만 동시에 그것들 안에서 발산한다. 〈찬도갸 우파니샤드〉*는 그것을 우주의 영혼인, 보이지 않는 미묘한 본질'이라고 설명하며 〈문다카 우파니샤드〉**는 다음과 같이 설명한다.

빛나지만 숨겨진 채 영혼들은 동굴에서 산다.
흔들리고, 숨 쉬고, 열리고, 닫히는 모든 것은 영혼 안에서 산다.
영혼은 왼쪽, 오른쪽, 위, 아래, 뒤, 앞 어디에나 있다.
영혼이 없으면 세상은 무엇인가?[2]

브라만이 만물에 스며 있으므로 분리도 있을 수 없다. 모든 사물은 하나이며, 만물에 스며 있는 영혼에 안겨 통일되어 감싸진다. 이것에는 인간도 포함된다. 《우파니샤드》는 '아트만'에 대해서도 언급한다. 아트만은 우리 자신의 의식이며, 존재의 정수이며, 우리가 생각하고, 보고, 듣고, 느끼고, 행동할 수 있게 한다. 〈마이트리 우파니샤드〉***의 설명대로 아트만은 보는 자, 생각

---

◂ '찬양의 우파니샤드'라는 뜻으로 찬양의 상징적 용어들을 형이상학적 견지에서 풀이한다.

◂◂ 브라만에 도달할 수 있는 길은 제례나 숭배 의식이 아니라 오직 고귀한 지혜이며, 모든 것을 버린 고행자만이 그 고귀한 지혜를 얻을 수 있다고 말한다.

◂◂◂ 나와 다양성의 관계, 우주의 원리를 설명하는 브라흐마, 비슈느, 시바의 상징성, 지고의 존재로 다가가는 지름길인 오옴 소리 등을 담고 있다.

하는 자, 가는 자, 제거하는 자, 창시자, 하는 자, 말하는 자, 맛보는 자, 냄새 맡는 자, 보는 자, 듣는 자다.[3] 그리고 중요한 점은 브라만과 아트만은 하나이며 같다는 것이다. 우리의 개인적 의식은 우주 자체의 의식이기도 하다. 그래서 우리가 곧 우주다. 〈찬도갸 우파니샤드〉는 브라만을 "보이지 않는 미묘한 본질"이라고 설명하고, 계속해서 "그것은 진실이다. 그것은 아트만이다. 당신이 그것이다"라고 말한다.

그러나 이는 물론 완전히 새로운 이야기가 아니었다. 그것은 예전의 타락하지 않은 사람들이 항상 알고 있던 내용을 재발견한 것이었다. 《우파니샤드》의 현인들은 그런 식으로 그들의 상태를 변형시키는 방법을 발견하여 자아폭발에 따른 중요한 정신적 결과를 역전시킬 수 있었다. 즉 잃어버린 영혼의 힘을 인식할 수 있게 된 것이다.

인도 현인들은 타락한 정신이 하는 거짓말을 벗겨내고 있었다. 자아는 고립되었으며, 자기 이외의 우주는 저기 밖에 있는데 자기만 머릿속에 갇혀 있고, 아무 상관도 없는 외계에 살고 있다는 무시무시한 인식, 이것이 인간에 대한 진실이 결코 아니라는 것을 발견하면 거대한 안도의 한숨이 타락한 세상 전체를 휩쓸어야 했다. (물론 그렇게 되지는 않았다. 그들의 가르침을 들은 사람은 너무 적었으며, 이해하는 사람들은 더 적었기 때문이었다.) 그러나 그들은 훨씬 더 직접적으로 타락한 정신을 해체했다. 그들은 예리해진 자아인식이 우리가 누구인가에 대해 거짓된 인식를 주는 일종의 가면현상임도 깨달았다. 우리는 잘못된 정체성으로 고통받는다. 우리는 자신이 이러한 자아라고 믿지만, 자아가 사라져야만 진정한 본성이 될 수 있다. 우리는 두 가지의 다른 자아를 가지고 있다고 《우파니샤드》는 말한다. 거짓의, 피상적인 자아(《우파니샤드》의 일부 번역에서는 소문자 S를 쓰는 "spirit"로 옮겨지기도 한다)와 우리의 진정한 자아인 아트만(대문자 S를 쓰는 "Spirit"로 종종 번역된다)이다.

## 불교와 자이나교

이것은 타락을 넘어서려는 첫 번째 운동의 물결의 시작이며, 타락에 대한 하나의 반항이며, 타락의 결과를 지워 버리려는 시도였다. 그리고 기원전 600년경 – 철학자 칼 야스퍼스◀는 이 시기를 '축을 이루는 시대'◀◀가 시작할 때라고 불렀다 – 붓다가 타락한 정신을 초월하는 방법을 가르치기 시작하면서 이 반항은 훨씬 더 강력해졌다.

《우파니샤드》는 분석적이라기보다는 서술적이다. 《우파니샤드》는 "이것이 사물의 실제이다. 이것이 세상이 실제하는 방식이다. 그리고 이것이 인간의 진실된 상태이다"라고 외치는 거대한 모닝콜 같다. 반면에 불교는 완전히 반대이다. 불교는 사물의 궁극적인 사실에 대해서는 절대로 말하지 않는다. 붓다는 제자들이 "깨어난 사람들은 죽고 나서도 존재합니까?" 같은 철학적인 질문을 했을 때 답을 주지 않았는데, 이러한 종류의 토론은 시간과 에

---

◀ 실존철학을 체계적으로 정리한 독일의 철학자.

◀◀ 야스퍼스는 기원전 800년~기원전 200년 동안에 중국 · 인도 · 유럽 등에서 비슷한 형태의 혁명적인 사고가 탄생했으며, 후에 철학과 종교에 엄청난 영향을 주었다고 설명했다.

너지 낭비라고 믿었기 때문이다. 그에게 단 하나의 중요한 문제는 타락 이후 삶의 한 부분이 되어버린 '고통으로부터 인간을 자유롭게 하는 것'이었다.

붓다는 타락한 정신이 어떻게 이러한 고통을 낳았는지에 대해 심오하게 이해하고, 그것을 초월하기 위한 매우 상세하고도 체계적인 방법을 발달시켰다. 우리가 앞에서도 보았지만, 그 가르침의 밑바탕은 "인생은 고통"이라는 선언이다. 불교에서 이 고통은 육체적일 수도 있고 정신적일 수도 있다.

육체적 고통은 우리가 늙어감에 따라 몸이 쇠퇴하는 데서 그리고 질병과 죽음에서 비롯된다. 정신적 고통은 우리의 욕망이 좌절되면, 우리가 원하는 것을 갖지 못하면, 우리가 경멸하거나 두려워하는 것들과 마주할 때 비롯된다. 그리고 이 모든 고통에는 하나의 원인이 있다. 바로 갈망이다. 《법구경》◂에는 "갈망에서 슬픔이 일어나고, 갈망에서 공포가 일어난다. 사람에게 갈망이 없으면, 공포도 슬픔도 없다"라는 언급이 나온다.⁴ 갈망은 우리를 윤회의 사슬에 매어 둔다. 가장 근본적인 수준에서는 우리가 세상에 집착하며, 우리가 살기를 갈망하며, 삶이 우리에게 줄 수 있는 기쁨을 갈망한다는 바로 그 사실은 우리가 계속 다시 태어나고 계속 고통받는다는 것을 의미한다.

고통은 갈망을 극복해야만 극복할 수 있다. 이를 위한 방법은 팔정도를 따르는 것이다. 팔정도는 정견, 정사, 정어, 정업, 정

---

◂ 불교 초기에 전해 내려온 시들을 모은 잠언 시집으로 모두 423편으로 되어 있다.

명, 정근, 정념, 정정 등과 같은 다양한 생활양식으로 구성되어 있다. 불교 철학에 따르면, 우리는 환생할 때마다 조금씩 더 깨우치며, 수천 번을 다시 태어날 수도 있지만 마침내는 모두가 고통이 없게 될 것이다. 그러나 우리는 팔정도를 따름으로써 이 과정을 가속화 할 수 있으며, 자신의 의식적인 노력을 통해 현생에서 깨우침에 도달할 기회를 얻을 수 있다. 그리고 모든 욕망이 사라지는 순간에 이르게 되면 우리는 해탈에 이르게 된다. 이름과 형식을 초월하여 순수한 기쁨을 체험할 것이다.◀ 그리고 이때 우리가 죽으면 그것이 끝이 된다. 우리는 다시 돌아올 필요가 없다. 우리는 절대적인 실체와 일치되어 영원히 머물게 될 것이다.

어떤 의미에서 불교는 완전한 '타락 초월' 운동은 아니다. 불교에는 이 세상이 성스럽다는 인식이 없다. 생에 관한 한 이승에서의 생은 항상 고통스러울 것이다. 자유는 우리가 물질의 세계를 초월해야만 온다. 그러나 다른 모든 면에서 불교는 타락의 측면에서 완전히 이해된다. 붓다가 말하는 갈망은 자아폭발로 생겨난 권력·부·재산·쾌락을 추구하는 욕망이다. 나는 과도하게 발달한 자아인식이 근본적 원인이며, 이것이 행복에 대한 대안적 근원으로 권력과 부에 대한 열망을 만들어냈다고 주장하는 반면, 불교는 갈망 그 자체가 고통의 근원이라고 말하는 점에서 약간의 차이가 있다. 그러나 결론은 같다. 분리된 자아인식이 존재하

---

◀ 불교에서는 보통 욕계(欲界, 욕망의 세계), 색계(色界, 물질은 있으나 욕망은 없는 세계), 무색계(無色界, 물질적인 것도 없는 순수한 정신세계)의 삼계(三界)를 벗어나 무애자재(無礙自在)의 깨달음을 얻는다.

는 한 갈망은 항상 존재할 것이다. 그러므로 갈망을 극복하는 것은 분리된 자아인식을 극복한다는 의미이기도 하다. 그리고 이것이 우리가 열반에 도달했을 때 정확히 일어나는 일이다. 우리의 자아정체성은 '불꽃이 바람에 꺼지듯이' 사라진다.[5]

붓다와 거의 비슷한 시기에 바르다마나 마하비라◀라는 또 한 명의 스승이 인도에 나타났다. 그는 정신적 불화를 초월하기 위해 불교와 비슷하지만 다른 방법을 만들었는데 그것이 자이나교다. 《우파니샤드》처럼 자이나교도 우리의 제한된 자아가 진정한 자아가 아니며, 우리가 세상과 분리되었다는 인식은 환상이라고 가르친다. 우리는 본질적으로 자유로우며 우주와 하나다. 하지만 우리의 행동과 욕망의 업이 우리를 육체에 묶어 놓고, 자아가 분리되었다는 환상을 유지시킨다. 자이나교는 업을 육체와 마음에 지속적으로 흐르는 실제적인 물질로 본다. 해탈은 이 업의 흐름을 중단시키는 데에 있으며, 이는 명상·금욕 그리고 다른 생명체는 절대 해치지 않는 것을 포함한 도덕적 생활양식을 따르는 것 등을 통해 이루어질 수 있다. 이러한 수행이 성공적이고 업의 흐름이 멈춘다면 타락한 정신의 분리와 고통은 초월된다. 고대 자이나교 경전에 따르면 "능숙한 사람은 자신이 벌 받을 일도 없고, 적도 없고, 나에 대한 인식도 없고, 결점도 없고, 망상도 없고, 공포도 없는 상태에 도달한다."[6]

---

◀ 크샤트리아 계급 출신으로 12년 고행 끝에 깨달음을 얻고 자이나교를 창시했다. 한자 이름은 대웅(大雄)이다.

## 또 다른 스승들

인도는 확실히 이 타락 초월 운동의 중요한 중심이었지만, 비슷한 종류의 저항은 타락한 세계 전역에서 일어났다. 예를 들면, 기원전 6세기 중국에서는 공자가 살아 있는 동안 은둔자로 지내면서, 인생에 대해 사색하며 시간을 보낸 사람들이 있었다는 사실을 우리는 알고 있다. 인도와는 완전히 별개로 이 은둔자들은 명상 수행을 발견했던 것 같다. 그들은 '텅 빈 마음으로 앉아 있기'라는 의미의 초월 상태에 대해 언급했는데 이러한 상태로 가기 위해 '호흡 통제 운동'◂을 했다. 기원전 4세기까지 중국 전역에는 정신적 안정을 가르치고 수행을 통해 사물의 궁극적 진실을 알 수 있다고 주장하는 많은 스승이 있었다.[7]

이러한 스승들은 인도의 현자들과 같은 발견을 했다. 전체 우주에는 영혼, 혹은 의식이 스며 있기 때문에 사물이 명백하게 분리되었다는 이야기는 환상이라는 것이다. 그들에게 브라만에 대한 용어는 바로 '도'였으며, 그들이 발전시킨 철학이 '도가'로 알려지게 되었다. 우리가 아는 초기 도가의 주요 스승들인 장자와 노자는 조화로운 시대에서 멀어진 역사적인 타락이 있었음을 알고 있었으며, 그들의 가르침을 예전 사람들이 경험했던 순수한 상태를 되찾는 방법으로 보았다. 우리는 이미 앞에서 장자

---

◂ 도교에서는 생명력을 기르는 것, 즉 양생(養生)을 위해 단전호흡을 통해 우주의 기(氣)를 받아들여야 한다고 본다.

가 사람들이 '천도'를 따르고 '의롭고 바른', '풍요하다고 자랑하지 않으며', '사물이 있는지도 모르는' 완벽한 미덕의 시대가 있었다고 말하는 것을 들었다.[8] 그러나 어떤 시점에서 인간은 '인도(人道)'를 따르기 시작했다. 그들은 구별하게 되었고, 옳고 그름을 인식하게 됐으며, 자만하고 이기적인 사람이 되었다. 그 결과 그들은 도와 조화를 이루는 삶 밖으로 떨어져 나갔다. 그러나 도가 철학자들의 가르침은 초월을 수행하고, 초탈의 삶을 사는 것을 통해 분리를 극복하고 도와 조화를 이루는 상태로 돌아갈 수 있다고 말한다. 장자는 "평정한 마음에는 전체 우주도 굴복한다"라고 말했다.[9]

고대 그리스에서는 기원전 7세기경부터 신비주의 추종 집단들이 타락한 정신을 초월하는 조야하고 직접적인 방법을 발견했다. 그들은 명상을 통해 극복하려 하기보다는 단식·마약 복용·자학적 구타 등을 통해 그들의 일상적 상태를 폭력적으로 교란시키는 방법을 택했다. 이것은 인도의 영혼이나 중국의 현자들이 경험했던 것 같은 심오한 일치의 인식을 주지는 않았지만, 분리와 친숙함이 특징인 보통의 타락한 세계를 초월하는 것을 가능하게 하였다.

기원전 5세기의 플라톤 철학도 타락 초월의 세계관에서 영감을 얻은 것으로 보인다. 인도의 현자들처럼 플라톤은 우리가 '진짜'라고 바라보고, 당연하게 여기는 세계는 단지 '잿빛 그림자', 실재의 하나일 뿐이라고 했다. 그는 저서 《국가론》에서 이것을 그의 유명한 동굴의 비유로 설명한다. 우리 대부분은 마치 어두운 동굴 안에 갇혀 있는 죄수처럼 세상을 바라본다고 플라톤은 말한다. 모든 현상은 우리를 지나쳐가고 우리가 보는 모든 것은 그 현상들에 투사된 빛에 의해 벽에 생긴 그림자들이다. 우리가 돌아앉아 그것들을 실제 있는 그대로를 바라보면, 그것들이 뿜어내는 너무나도 밝은 빛 때문에 시력을 잃을 것이다. 그러나 우리는 이성을 이용해 스스로를 정화하고 실제의 빛에 점진적으로 적응해 나가는 것이 가능하다.[10] 플라톤이 여기서 언급하려는 것은 타락한 사람들이 알고는 있지만 우리의 의식 에너지가 타락 이후 재분배되면서 잃어버린 강렬한 번쩍이는 실체다.

플라톤이 태어난 100여 년 후 그리스에서는 스토아학파라는 다른 철학자 집단이 타락 이전 시대를 상기시키는 세계관을 발전시켰다. 그들은 전체 세계에 '프뉴마'◂라는 하나의 힘이 스며 있다고 믿었다. 프뉴마는 우주의 영혼이며, 모든 공간과 모든 사물을 채우는 보이지 않는 정수이다. 스토아 학자들은 일부 철학적인 문제들을 해결하는 데에도 이 개념을 이용했다. 그들은 프뉴마를 생명체를 구성하고 성장으로 이끌도록 유지하는 원인이라고 보았다. 그것은 왜 일부 생명체들은 다른 것들보다 더 지적이고 더 잘 의식하는가에 대한 이유였다. 즉, 모든 생명체 내부에는 프뉴마가 다양하게 집중되어 있다. 고등 생명체에는 저급한 것들보다 프뉴마가 더 많이 집중되어 있다는 것이다.[11]

---

◂ 공기와 불로 이루어진 생명의 기. 스토아철학에서 만물은 물질과 프뉴마로 구성되어 있다.

# 명상

이러한 집단들이 찾아낸 중요한 발견은 그들이 자신들의 상태를 변화시키는 것이 가능하다는 사실이었다. 그들은 타락과 함께 찾아온 자신들의 정신적 혼돈을 치료하고 타락 이전의 상태로 돌아가는 일이 가능하다는 것을 발견했다.

그들이 이를 달성하기 위해 사용한 기본적인 도구는 명상이었다. 철학자 필립 노박은 강력하게 발달한 자아가 어떻게 우리의 정신적 에너지를 독점하는지를 설명할 때, 명상을 수행하는 것이 어떻게 이 과정을 역전시킬 수 있는가도 함께 언급한다. 의식구조가 정상적으로 작동하려면 지속적으로 주의력이 공급되어야 한다. 그러나 우리가 명상할 때처럼 현재에 주의를 집중하면, 의식구조는 주의력이라는 자양분을 박탈당해 약화되기 시작하고 사라져 버린다. 결과적으로 노박의 말대로 "마음은 욕망과 걱정을 풍부한 상상력으로 정교하게 만들어내는 데 보다 적은 에너지를 쓰는 새로운 습관을 얻게 되고" 현재의 사실을 인식하는 데 더 많은 에너지를 쓰게 된다.[12]

다시 말해, 명상 수행은 에너지 재분배의 결과를 낳는다. 정확히 말하면 타락과 동시에 발생했던 재분배의 역전이다. 타락 직후에는 경이로운 세계를 자각하는 데 들어갔던 의식 에너지가 자아로 향했다. 그러나 명상 수행이 성공하면 자아는 차츰 사그라들고, 그토록 많은 에너지를 먹어 치우기를 멈춘다. 그리고 그 에너지는 자연스럽게 자각하는 데로 돌아간다. 그 결과 당신은 세계 안에 있는 '의식의 힘'을 인식할 수 있게 되고, 원시인들이 알고 있는 강력한 현존과 아름다움을 알게 된다.

또한 우리는 이것을 자아를 위한 에너지 보유를 위해 친숙한 것들만 자각하는 둔감화 기제라는 관점에서도 살펴볼 수 있다. 자아가 조용해지면 그렇게 많은 에너지를 다 써버리지 않으며, 둔감화 기제가 작동할 이유도 없다. 그것은 자연스럽게 서서히 사라지며 우리는 타락하지 않은 사람들처럼 강렬한 시각으로 세계를 보게 된다.

명상이 자아폭발의 효과들을 제거하는 또 다른 방법은 우리가 주위 환경과 분리되었다는 인식을 약화시키는 것이다. 상당한 정도로, 우리의 자아인식은 자아가 만들어내는 생각의 수다로 유지된다. 자아가 조용해지면 그것의 경계는 불분명해진다. 그리고 자아가 완전히 조용해지면 모든 경계 인식은 사라진다. 그리고 우리는 《우파니샤드》가 설명한 우주와의 일체감을 인식하는 체험을 한다.

그러나 이 모두가 단순히 타락하지 않은 사람들의 세계관을 다시 경험하는 것만은 아니다. 타락하지 않은 사람들에게는 평범했던 의식이 우리에게는 더 높은 의식의 상태로 존재한다. 그러나 고양된 의식 상태에는 타락하지 않은 보통의 상태를 넘어서는 수준들을 포함해 여러 등급이 있다. 사실 우리는 아마도 타락하지 않은 전형적인 상태를 단지 중간 수준의 고양된 의식 상태라고 생각할 수 있다. 물론 타락하지 않은 사람들도 자아를 가지고 있다. 그들의 자아는 우리의 자아보다 덜 강하게 발달되었을 뿐이다. 그들의 자아 활동은 조용하다. 그러므로 그들이 영혼의 힘을 인식하지 못하게 할 정도는 아니지만 의식 에너지를 약간은 쓴다. 그러나 우리가 명상할 때 자아가 완전히 조용해지면, 보통의 타락하지 않은 사람들보다 훨씬 높은 수준의 의식 에너지를 발생시키는 것도 가능하다. 의식 에너지의 유출이 완전히 멈출 수도 있다. 그 결과 당신은 우주와 훨씬 더 강한 일체감, 영혼의 힘에 대한 더 강렬한 인식 그리고 내면적 평화에 대한 훨씬 더 강한 인식을 체험할 것이다.

이것의 사례로 우리는 명상으로 인한 신비한 의식 상태에 대한 보고서들을 살펴볼 수 있다. 그것은 타락하지 않은 사람들의 전형적인 의식 상태보다 훨씬 더 강렬해 보인다. 신비주의 철학자인 W. T. 스테이스는 신비체험에는 외향성과 내향성의 두 가지 종류가 있다고 지적했다.[13] 외향성 유형은 타락하지 않은 의식 상태와 가장 가깝다. 여기서 당신은 모든 사물 내부에 신 또는 브라만의 임재를 인지하게 되며, 전체 세상을 그것의 현시로 보게 된다. 그의 외향성 신비체험에 대해 다음과 같이 서술했다.

이것은 하나가 됨을 인식하는 것이었다. 모든 것이 존재의 현시였다. 방 안의 모든 사물을 통하여 한줄기 광채가 빛났다. 모든 문제가 사라졌다. 아니 그보다는 문제들이 없었다. 죽음도 없었고 "나라는 것"도 없었다. 그것은 절대적 황홀의 느낌이었다. 내가 차츰 세상 속으로 돌아오자 이것에 이은 도취감이 뒤따랐다. 참으로 커다란 행복이었다.[14]

이러한 체험에는 보통의 타락하지 않은 상태의 모든 특징이 있다고 볼 수 있다. 모든 사물에 스며 있고 그것들이 하나가 되게 하는, 세상의 궁극적인 실체로서의 영혼의 힘에 대한 인지, 세상의 현존함과 아름다움에 대한 인지, 내면적 웰빙에 대한 인식 등이 특징이다. 그러나 이 모든 특징은 한 수준, 약간 더 높은 강렬함으로 밀려 올라간다.

내향성 신비체험은 타락하지 않은 의식 상태와는 다르다. 그것이 세상을 체험하는 새로운 방식에 대한 것이 아니라, 우리 내면의 자신들에 대한 새로운 체험이기 때문이다. 그것은 매우 깊은 명상의 상태에서 일어난다. 그때는 자아인식이 완전히 사라지고, 모든 형태와 물질 그리고 모든 경계인식도 사라진다. 우리는 모든 사물이 발생하는 우주의 근본적인 실체로 보이는 '공허'를 체험한다.

D. T. 스즈키 같은 일부 신비주의 철학자들은 내향성 체험이 외향성 체험보다 우월하다고 믿는다. 내향성 체험은 형태를 가진 세계를 넘어서고, 형태를 가진 세상을 통하지 않고 순수한 상태의 궁극적 영적 실체를 체험하는 것이기 때문이다. 이것은 사실일 수도 있고, 아닐 수도 있다. 하지만 우리는 이러한 체험을 보통의 타락하지 않은 상태보다도 더 강렬한 의식 상태로 간주할 수 있다.


## 금욕과 고행

타락 이후 시대의 영적 전통에는 명상 수행만 있는 것은 아니었다. 현자들과 신비주의자들이 이끌었던 단순하고 고독한 삶도 타락한 정신을 초월하려는 노력의 한 부분이었다. 이것이 금욕의 영적 전통이며, 가족·사업·재산과 같은 매일의 관심을 포기하는 것이다. 이 모든 것들은 우리의 주의와 에너지를 소모시킨다. 현자들은 의식 에너지를 항구적으로 높은 수준으로 집중시키려면, 그것들에 쓰이는 에너지를 절약해야 한다는 것을 깨달았다. 가장 심오한 신비주의 학자 중 하나인 에블린 언더힐에 따르면, 일상 생활로부터 초탈하는 목적은 자신의 값비싼 에너지를 소멸시키는 그 불필요하고, 비사실적이고 그리고 해로운 것들을 제거하는 일이다.[15] 그녀는 특히 "재산은 자아의 에너지를 서서히 소모시켜서 그녀에게 꼭 맞는 강렬한 삶에 이르는 것을 가로막는다"라고 지적했다.[16]

현자들은 육체적 욕망을 길들이는 방법을 통해서도 의식 에너지를 절약하려 하였다. 그들은 우리의 에너지가 성욕, 좋은 음식을 먹고 싶은 식욕, 편안함과 사치스러운 생활에 대한 욕망 등 우리가 지속적으로 욕망을 느낌으로써 소모되기도 한다는 것을 깨달았다. 많은 은둔자와 성자들은 이러한 욕망을 다스리기 위해 순결을 지키고, 재산과 쾌락 없이 살기 위해 노력했다. 3~5세기의 기독교에 나타난 일부 황야의 교부들◀처럼 스스로를 고문하는 극단으로까지 갔다. 그들 중 한 사람인 성 도로테오는 동굴에서 60년간을 벌거벗고 지내며, 심지어 잠잘 때조차 절대로 눕지 않았으며, 한낮의 뜨거운 태양 아래에서 밖으로 나가 무거운 돌을 모았다.[17] 고행이 이렇게 극단까지 간 것은 분명히 피학대 성

---

◀ 이집트 사막에서 최초의 기독교 수도원을 설립하였다.

도착증적 요인도 있기 때문이다. 이는 육체(그리고 물질적 세계 일반)에 대한 적대감을 손쉽게 표현한 것으로도 볼 수 있다. 이들은 과거에 있던 일부 종교적 전설들의 한 부분으로 영혼만이 순수하고 성스러운 것이며 모든 육체적인 것은 부패했다고 생각한다. 그러나 좀 더 온건한 형태로 말하면, 고행도 의식 에너지가 욕망과 본능으로 소모되는 것을 막으려는 시도였다. 명상과 금욕과 함께 고행은 신비주의자들이 내면에 의식 에너지를 높은 수준으로 축적하려는 투쟁의 한 부분이었다. 그래야 타락한 정신을 초월할 수 있기 때문이었다.

## 새로운 종류의 도덕

과도하게 발달된 자아인식이 어떻게 전쟁·남성 지배·불평등·억압과 같은 사회적 병리 현상을 자연스럽게 발생시켰는가를 살펴보는 데 우리는 이 책의 많은 부분을 할애하였다. 우리는 또 이러한 것들은 타락한 정신과 함께 나타나는 공감 능력 결여와 강력하게 연결되어 있음을 알았다. 이러한 과거의 종교적 달인들이나 전승들이 자아폭발의 결과들을 제거하는 방법들을 발견했다면 우리는 그들이 이러한 방법을 통해여 변했으리라고 기대한다. 우리는 그들이 다른 사람, 다른 생명체 그리고 자연계와 공감하는 능력이 더 커졌음을 보여 주고, 이러한 사회적 병리 현상들을 초월할 것을 기대할 것이다.

그리고 기대한 대로 되었다. 타락 초월 운동의 첫 번째 물결은 새로운 종류의 도덕을 낳았다. 예를 들면, 붓다의 가르침의 핵심은 타락한 세상에는 완전히 새로운 일종의 동정심이었다. 붓다가 해탈의 길을 찾기로 결심한 것은 바로 고통을 겪는 인간에 대한 동정심 때문이었으며, 모든 불교 신자는 똑같이 다른 사람의 고통을 완화시키려는 간절한 희망을 느낄 터였다. 대승불교에서는 동정심◀은 지혜와 함께 두 개의 최고의 덕이다. 이처럼 연민을 느끼는 대상은 인간에게만 국한되지 않는다. 불교 신자는 우주 전체, 심지어 곤충 같은 모든 생명체에게까지도 자비를 베풀어야 한다.

《자애경》◀◀에서 언급하듯, "모든 존재가 행복하고 안전하기를! 그들의 마음이 건전하기를 한없는 사랑이 전 세계에, 아무 장애물 없이, 아무런 증오 없이, 아무런 적대감 없이 스며들도록 하라"고 열심히 권한다.[18]

이러한 공감은 붓다의 가르침과 견해의 모든 측면에서 나타난다. 그는 여성 차별에 반대했으며, 세계에서 두 번째 여성 수도회로 보이는 비구니 수도회를 설립했다. 그는 노예제도에 반대했고, 동물의 희생을 금했으며, 카스트 체제도 거부했다. 그는 "날 때부터 버림받은 자도 없으며, 날 때부터 브라만 승려인 자도 없다. 누구나 행실에 따라 버림받고, 행실에 따라 브라만 승려가 된다"고 선언했다.[19] 붓다는 추종자들을 대할 때도 똑같은 평등주의적인 태도를 보였다. 그는 요즘 흔히 볼 수 있는 위압적인 종교

---

◀ 중생에 대한 보살의 자비.

◀◀ 불교 초기 가장 오래된 경전으로 전해지는 숫타니파타 내의 작은 경전.

지도자들과는 정반대였다. 그는 절대로 자신의 권력과 영향력 확대를 위해 추종자들을 끌어들이려 하지 않았으며, 누구에게도 자신의 가르침을 받아들이라고 무조건 강요하지 않았다. 그는 추종자들에게 그가 말한 것을 곧이곧대로 믿지 말고, 그것이 진실인지를 스스로 알아내라고 지속적으로 가르친다.

자이나교를 창시한 마하비라도 카스트 체제에 반대하는 설교를 했으며, 붓다처럼 모든 생명체에 동정심을 보였다. 자이나교도들의 아힘사◀ 서약은 워낙 엄격해서 물을 마실 때도 곤충을 삼키는 일이 없도록 미리 물을 거르고 입에다가 거즈를 대야 할 정도다. 마하비라는 여성 억압에도 반대했으며, 붓다가 비구니 수도회를 만들기 20년 전에 세계 최초의 여성 수도회를 설립했다.

고대 그리스에서는 스토아학파들이 비슷한 타락 초월의 도덕을 발달시켰다. 그리스 철학자들 가운데에서는 유일하게 그들은 플라톤조차도 필연적이라고 생각했던 노예제도를 개인의 존엄성에 대한 모욕이라며 반대했다. 그들은 평등주의를 옹호했는데, 이는 불교와 자이나교의 평등주의가 인도의 카스트 제도에 반대되듯 당시의 계급적인 그리스 사회에 반대되는 것이었다.

그들은 그 누구도 다른 사람보다 우월하지 않다고 보았다. 그리스인과 야만인, 남성과 여성, 시민과 노예들은 모두 평등하다고 생각했다. 금욕주의자들은 '제우스'라는 이상적인 도시를 상상

---

◀ 인도 종교의 기조 사상으로, 살아있는 모든 생물에 대한 불살생·비폭력·동정·자비를 뜻한다.

했다. 그곳에서는 공동체의 필요가 개인의 필요보다 선행하며 모든 것은 다수의 이익을 위해여 결정된다. 이것은 공산주의 정치 철학을 앞지른 것인데, 타락 이전 시대의 평등주의적 공동체를 상기시킨다고 말할 수도 있다.

이 새로운 종류의 도덕은 우리가 '자아초월적' 상태라고 부르는 데에서만 나타날 수 있다. 자아초월적 상태란, 타락한 정신의 고통스러운 자아분리에서 초월한 상태다.

도덕적인 차원에서 보면 타락 초월 운동의 일부임이 분명한 영적 혹은 종교적 집단들이 과거에도 몇몇 있었다. 예를 들면, 에세네파 신도는 기원전 150년경부터 서기 1세기까지 사해(死海) 서부 해안에 살던 유대인 공동체였다. 금욕주의자였던 그들은 세상의 종말이 가까이 왔으며 그에 대비해 자신들을 정화해야 한다고 믿었다. 대부분의 시간을 기도나 공부, 육체노동으로 보냈으며 꼭 필요한 경우를 제외하고는 공동체 외부 사람들과의 접촉을 피했다.《사해문서》는 에세네파 공동체에 의해 작성되었다. 일부 학자들은 이것이 금욕주의적이고 명상을 하는 생활방식을 가진 사람들로부터 기대할 수 있는, 실체에 대한 일종의 영적 비전을 분명하게 보여 준다고 믿는다. 〈훈련 교본〉에서는 "내 눈은 영원한 존재를 바라보았다"라고 말하고, 〈도시테우스 계시록〉은 "우리는 태초에 실제로 존재했던 것, 최초의 영원한 것, 독립적으로 존재하는 것을 보았다"라고 선언한다.[20] 우리는 그들의 견해와 생활방식의 도덕성을 통해 에세네파 신도들이 자아초월 상태에 틀림없이 도달했음을 확신할 수 있다. 에세네파 신도들은 스토아학파의 '공산주의적' 이상을 실천했다. 모든 재산은 공유되었다. 요리와 식사는 공동으로 했다. 개인에게는 필요에 따라 지급되었다. 스토아학파나 자이나교도나 불교도들처럼 그들도 노예제도에 반대했다. 동물을 제물로 바치지도 않았다.[21]

세례 요한과 예수도 에세네파였으리라고 믿는 사람들도 있다. 이는 물론 의심스러운 내용이지만, 에세네파의 믿음이 예수의 가르침과 초기 기독교 일반에 영향을 준 것은 분명해 보인다. 우리는 예수의 가르침을 자아초월 상태가 작용해 타락한 정신의 이기심과 분리의식을 초월한 훌륭한 사례로 볼 수 있다. 〈복음서〉에는 예수가 타락 이전 또는 타락 초월의 일체와 영적인 임재를 체험했음을 시사하는 대목들이 있다. "하늘의 왕국이 네 안에 있다"라는 구절이나, "나는 하느님 안에 있으며, 하느님은 내 안에 있다"라는 대목은 이를 시사하며, 우주의 영혼인 하느님과의 일치 상태를 암시한다. 그리고 〈공관복음서〉 이외에도 약 1세기 전 이집트에서 발굴된 옥시린쿠스 파피루스◂에서 나온 〈예수 말씀집〉을 보면, 예수는 그 뒤의 기독교 신비주의자들이 묘사한 것 같이 하느님과 하나가 되는 상태를 설명한다. 그는 "너는 네가 하느님 속에 있고 하느님이 네 안에 있음을 너 자신이 알게 될 것이다. 그리고 네가 하느님의 도성이다"라고 말한 것으로 기록되어 있다.[22]

예수의 생활방식과 도덕률에 대한 가르침을 살펴보면 그가

---

◂ 영국의 고고학자 버나드 그렌펠이 이집트 옥시린쿠스(현재의 바나사)에서 발굴한 파피루스 문서. 1~6세기 사이에 작성된 것으로 보이며 성경 복음서 등의 일부도 들어 있다.

자아초월 상태를 체험한 것은 분명하다. 붓다와 마찬가지로 예수의 가르침의 본질은 분리되어 있다는 인식을 초월해야만 올 수 있는 일종의 강렬한 동정심이다. 예수는 그와 사도 간에 정체성의 분리는 없다고 할 정도로까지 자신을 사도들과 동일시한다. 그가 곧 그들이었다. 〈마태복음〉을 보면 예수는 "네가 그것을 여기 내 형제들 그 누구에게 하는 것과 마찬가지로, 너는 나에게 그것을 하라. 그리고 너희를 받아들이는 자는 나를 받아들이는 것이며, 나를 받아들이는 자는 나를 보낸 그(하느님)를 받아들이는 자다"라고 말했다.[23] 예수는 가난한 자와 병든 자들에 대한 사랑과 동정심을 가르쳤으며 어떠한 형태의 폭력에도 반대했다. 예수는 제자들에게 원수에 대해서도 연민들 느끼고 "다른 쪽 뺨을 내보이라"라고 충고하기까지 했다. 그는 또 간음한 여성에 돌팔매질하는 관습에도 반대했으며, 여성들을 그와 동등하게 받아들이고 심지어는 창녀와도 사이좋게 사귀어서 그가 살던 공동체를 분개하게 했다.

이 모든 것이 그 자체로 전쟁, 남성의 지배, 사회적 불평등 같은 사회적 병리 현상들이 강화된 자아인식의 결과물이라는 증거다. 분리된 자아인식이 초월되는 순간 이러한 병리 현상은 사라져 버린다.

이는 신들의 개념에도 적용됨을 주목하는 것이 중요하다. 나는 앞에서 인격신들이 세상을 돌보며 세상사에 관여한다는 믿음은 자아인식이 분리된 결과로 나타난 것이라고 주장했다. 그리고 이 견해는 신들의 개념이 이러한 타락 초월 운동들에는 일반적으로 나타나지 않는다는 사실에 의해 뒷받침된다. 《우파니샤드》

의 베단타 철학이나 자이나교, 불교, 또는 중국의 도교에도 신들에 대한 개념이 전혀 없다. 타락하지 않은 사람들에게는 우주에서 가장 높은 능력은 신이 아니라 영혼이며, 이는 존재가 아니라 비인격적인 힘이다. 이는 필연적이다. 이러한 집단 구성원들이 자아분리를 초월해 우주와 하나임을 체험하면 신 또는 신들은 필요하지 않을 것이었다. 스토아학자들은 신에 대한 개념이 있었지만, 개인적 존재는 아니었다. 그들에게 신은 '로고스', 즉 영원한 이성이었으며, 삶의 발전을 지시하는 힘이었으며, 모든 사물을 생기게 하는 씨앗이었다.[24] 옥시린쿠스 말씀집에서 예수가 말하는 신조차도 기독교가 전통적으로 숭배하는 분리되고, 의인화된 독립체가 아니다. 신은 인간 내부에 있는 영혼이며, 예수 자신이 ─ 신의 현시로서 ─ 모든 피조물 안에 든 영혼이다. 그는 "돌을 들어라. 그러면 너는 나를 발견할 것이다. 나무를 쪼개면 거기에 내가 있으리라"라고 말했다.[25]

## 속세를 부정하는 태도

타락 초월 운동의 1차 물결이 발생한 때부터 납득할 수 없을 정도로 타락한 정신의 한 부분은 육체와 자연에 대한 부정적 태도다. 《우파니샤드》의 베단타 철학과 도교 철학에서는 자연을 분명 성스럽게 본다. 모든 자연에는 '브라만' 또는 '도'가 스며 있는 것으로 간주된다. 그러나 다른 초기의 타락 초월 운동들은 영혼과 물질 간의 이원성이라는 관점에서 생각했다. 불교의 원형인 남방불교⁴처럼 자이나교에는 영혼의 힘이라는 개념이 없다. 전승들에 나타나듯 세상에는 영혼이 스며 있지 않다. 즉 세상은 무의식적인 물질로 구성되었으며, 영혼은 다른 영역에 속해 있다는 것이다. 지상에서의 삶은 윤회이자 환상이며 언제나 만족스럽지 못하고 고통으로 가득 찰 것이다. 불교에서는 우리의 업을 모두 없애야만 고통을 초월해 이승에 다시 태어날 필요가 없다고 말한다. 자이나교에서는 우리가 육체의 천한 욕구와 욕망을 정복함으로써만 자유를 발견하고, 업의 흐름을 정지시킬 수 있다고 이야기한다.

플라톤도 비슷하게 속세 부정적인 태도를 취한다. 그의 견해로는 일상 세계는 항상 완벽한 이데아 세계의 만족스럽지 못한 모조품이 될 것이다. 에세네파도 분명히 반물질적이었으며, 그노시스파◀◀와 마니교도들과 같은 중동 주변의 다른 옛날의 신비주의적인 분파들도 마찬가지였다. 그노시스파는 인간의 육체를 포함한 물질계는 악이며, 인간 내부의 아주 작은 신성한 불꽃만이 자유의 가능성을 준다고 믿었다. 서기 2세기 인도의 신비주의자이며 철학자인 파탄잘리가 창시한 요가조차도 물질과 영혼을 반대되는 것들로 취급한다. 파탄잘리의 타락한 정신의 분리와 고통을 초월하려는 체계는 붓다의 가르침만큼이나 자세하다. 그것은

---

◀ 동남아시아의 불교. 아소카 왕 이후 남인도·스리랑카·미얀마·인도네시아 등지에 전파되어 있는 소승 불교다. 상좌부 불교라고도 한다.

◀◀ 헬레니즘 시대에 유행했던 기독교의 한 종파. 다양한 지역의 신앙들이 혼합된 모습을 보인다. 이단으로 배척되어 3세기 이후에는 쇠퇴했으나 기독교 교리와 사상에는 다양한 영향을 주었다.

다른 팔정도를 따르는 것, 도덕적 규율로부터 시작해 여러 자세와 호흡 통제 그리고 여러 다른 등급의 명상과 집중으로 이동하며, 무아경 또는 삼매*에서 절정에 달하는 것을 포함한다. 그리고 불교에서처럼 파탄잘리의 견해로는 '삼매'는 물질계를 넘어서서 유한한 마음과 몸을 떨어뜨리고, 초월적인 영역으로 들어가는 것을 의미한다.[26]

이러한 태도는 이들 일부 그룹의 금욕적 수행에서 나타났다. 우리는 금욕주의가 의식 에너지의 많은 부분을 독점하고 있는 본능과 욕망을 통제함으로써 의식 에너지를 강화하는 진정한 기술일 수 있음을 살펴보았다. 그러나 금욕주의가 자이나교나 그노시스파 또는 기독교에서처럼 반물질적 전통으로 발전하면, 단순히 금욕주의를 넘어서서 퇴폐와 천박함을 이유로 어떻게 육체를 벌하는 체계로 발전하는가는 알기 쉬울 것이다.

다시 말해, 이러한 모든 전승은 초자연적이며, 이원론적이다. 그들이 물질계 전체를 영혼의 힘의 현시로 보는 것은 아니기 때문에 타락 이전의 세계관을 완벽하게 상기하게 하지는 않는다. 그들은 주로 타락한 정신의 부조화를 극복하는 데 집중한다. 단순히 이러한 사람들은 부분적으로만 타락한 정신을 초월했기 때문이라고 설명할 수 있다. 그들은 정신 내부에서 의식 에너지를 부분적으로만 재분배했을 것이다. 이것은 그들이 내면적 평화와 정신적 불화로부터의 자유를 인식할 수 있게 했지만, 의식 에

---

◀ 명상의 최고 경지.

너지를 충분히 고도로 집중시켜 만물에 스며 있는 영혼이나, 영혼과 일체 되는 느낌을 알 수 있도록 하는 것은 분명히 아니었다. 이것이 불교와 자이나교에서 그렇게 중요하지 않다는 사실을 인정한다. 두 종교는 자아가 완전히 사라지고, 의식 에너지가 극히 고도로 집중되는 의식 상태를 다루기 때문이다. 그러나 에세네파, 그노시스파, 광야의 교부들 같은 집단들은 이원론적일 수 있는데, 그들은 인도 전승들에 나오는 사람들처럼 영적으로 높은 수준에 도달하지는 못한 것처럼 보이기 때문이다. 동시에 이들 집단은 욕구와 본능이 의식 에너지가 빠져나가는 중요한 통로이며, 그것들을 통제하면 더 영적으로 될 수 있다는 것을 발견하면서 육체에 대해 부정적인 태도를 취했다. 그들은 육체를, 더 나아가 나머지 물질계를 적으로 여기기 시작했다.

불교·자이나교·파탄잘리 요가에서 나타나는 물질계에 대한 부정적인 태도는 내향성과 관계가 있다. 불교에서의 열반 상태, 자이나교의 삼매, 파탄잘리의 요가 상태는 내향성 신비주의 상태다. 반면, 베단타⁴나 도교의 신비주의는 외향성인 동시에 내향성이다. 세상을 부정하는 전통은 외향성 차원을 완전히 무시했다. 그들은 그 위로 뛰어올라 곧바로 순수한 상태의 공허(또는 브라만)와 일치되어 들어갔다. 기본적으로 경제적 차원에서 볼 때, 그들은 아마도 본능과 욕망이 육체와 연합해 깨우침을 가로막는다는 것을 발견하고는, 물질의 총체적 영역 모두를 영혼에 반대되는

---

◀ 《우파니샤드》를 이르는 말.

것으로 간주하고 외향성 신비체험을 할 수 있는 가능성을 외면하게 되었을 것이다.

## 비이원적 전통

그러나 2세기경부터는 타락 이전 세계관으로 완전히 돌아가고 그것을 넘어서는 새로운 외향성 영적 전통들이 일어나기 시작했다. 예전 베단타와 도교처럼 그것들은 모든 사실을 영혼의 현시로 보았으며, 인간의 육체와 총체적인 물리적 영역 전체를 신성한 것으로 취급했다.

    이 시기에 열반과 삼매는 하나이며 같은 것이라는 급진적이고 새로운 견해를 가진 대승불교가 오래된 남방불교적 전통으로부터 나타나기 시작했다. 대승불교의 주요 경전 중 하나인《반야심경》에 따르면, "물질이 곧 공이요, 공이 곧 물질이다."◀ 즉, 영혼이 물질이며, 물질이 곧 영혼이다. 우주 최고의 실체는 법신 또는 불성이며, 이는 만물의 기저를 이루며 만물에 스며 있다. 그리고 이러한 맥락에서 열반은 육신을 두고 떠나 물질적 영역을 초월하는 일을 의미하는 것이 아니다. 현세에서 그리고 육신 안에서도 열반을 체험할 수 있다. 열반은 세계의 본질적 진실이기 때문이다. 옛 대승불교 철학자인 아슈바고샤에 따르면, 열반은 "자아 개념의 소멸, 주관성으로부터의 자유, 진정한 본질에 대한 통

---

◀ 색불이공 공불이색(色不異空 空不異色), 색즉시공 공즉시색(色卽是空 空卽是色)

찰력, 존재의 하나됨에 대한 인식"을 의미한다.

　동시에 서구에서는 신플라톤주의 전통이 확립되기 시작했다. 이는 주로 그리스의 신비주의 철학자인 플로티누스의 가르침으로부터 나왔다. 그의 철학은《우파니샤드》철학과 놀라울 정도로 비슷하다. 플로티누스는 그노시스파를 "세상과 그 안에 있는 모든 아름다움을 경멸했다"라는 이유로 비난한 것으로 유명하다. 그는 물질계에는 그가 하나 또는 선(Good)이라고 부르는 본질적인 영적 실체가 배어 있음을 알았다. 그는 "어떻게 이 세상이 영적인 세계와 분리될 수 있는가?"라고 강조했다. 영(Spirit)은 세상에 몰두하며, 세상을 관통하며 비춘다. 그리하여 세상은 살아 있고 축복받은 존재가 된다. 그리고 같은 측면에서 영은 인간의 핵심적인 본성이라고 플로티누스는 말한다. 우리가 이 본성의 높은 부분과 하나가 되는가, 아니면 우리의 저열하고 동물적인 자아가 우리를 지배하도록 놔둘 것인가는 우리에게 달려 있다.[27]

　인도로 돌아가면, 대승불교와 힌두교는 모두 탄트라라고 불리는 새로운 전통의 영향을 받았다. 탄트라는 대승불교보다 2~3세기 뒤에 발전했다. 탄트라는 엄청난 영향을 미쳤다. 탄트라는 아시아로 퍼져 나가 참, 선, 티벳 불교와 같은 불교 전통에 꽃을 피웠는데 이러한 것들은 사물의 신성한 본성을 강조한다. 탄트라는 육신의 신성함을 강조하는 점에서는 다른 어떤 전통들보다도 더 나아갔다. 그것은 자주 섹스에 관한 것으로만 간주되지만, 탄트라의 주요한 통찰은 대승불교와 같다. 모든 세상 그리고 인간의 육신을 포함한 모든 살아 있는 것들에는 영이 퍼져 있다. 육신의 모든 부분과 모든 육체적·생물학적 과정은 신성하며, 성적인 결합은 우주의 능동적·피동적 원칙들인 시바와 샤크티의 신비스러운 결합이다. 육체의 생물학적 과정에 대한 타락한 정신의 전형적 태도와는 반대로 그리고 애버리진이나 음부티족에게서 보이는 여성의 생리에 대한 긍정적인 태도로 완전히 회귀해 탄트라 경전 중 하나인 《자나나르나바 탄트라》는 다음과 같이 말한다.

> 여성의 생리
> 육체에서 내뿜는다.
> 그것이 어떻게 불결할 수 있는가?
> 그것을 통하여
> 최고의 경지에 이른다.
> 똥, 오줌, 생리, 손톱 그리고 뼈들 – 이 모든 것들은,
> 오, 친애하는 사람들이여, 순수한 것으로 생각한다,
> 만트라◂의 달인은.[28]

타락한 정신의 종교들이 인체의 생물학적 과정에 보이는 혐오와 역겨움에서 이보다 더 멀리 떨어진 것은 없었다.

타락 초월 운동의 첫 번째 물결은 수 세기 동안 지속되며 더 많은 영적인 스승들과 신비주의적인 전통들을 배출했다. 모든 문화에서 극소수의 사람들이 의식 에너지의 재분배를 통해 타락한 정신을 초월하는 것이 가능하다는 사실을 발견했다.

---

◂ 신들을 부르는 신성하고 마력적인 어구.

이러한 1차 물결은 타락 이후 상태, 선명해진 자아인식의 고통스러운 단절과 그것이 만들어낸 사회적 병리 현상들을 극복하려는 운동이 일어나는 것을 보여 주었다. 때문에 그것을 하나의 진화적 발달로 보려 할 수도 있다. 그러나 자아폭발을 진화적 발전이라고 하지 않은 것처럼 1차 물결도 진화적 발전이라고 볼 수는 없다. 그것은 의식 에너지의 심화에서 온 것이 아니라 의식 에너지의 재분배에서 온 것이기 때문이다. 이러한 타락 초월 전통들의 바탕은 개별적인 인간들이 이룩한 발견에 바탕을 둔다. 이 발견은 과거에 수백만 번이나 반복되었으며, 역설적이게도 자아폭발이 선사한 예민해진 지적 능력을 이용해 파탄잘리와 붓다 같은 철학자가 고안한 타락한 정신을 초월하는 체계적 방법의 기초가 되었다.

　　진화는 이것의 한 부분이다. 어떤 면에서는 자신의 의식 에너지를 재분배해서 스스로를 보다 더 의식 있게 만드는 사람은 누구나 자신의 손으로 진화하는 것이며, 개인으로서 진화 과정을 앞으로 진행시키는 것이다. 그러나 이것이 자연스럽게 진행되는 집단적인 진화적 발전과 같은 것은 아니다. 이러한 종류의 진화 발전은 타락 초월 운동의 2차 물결이 시작되면서 비로소 일어났다.

# 16

# 2차 물결
# – 새로운 공감인식의 확산

누구든지 18세기 영국으로 돌아간다면, 사람들이 절대 서로에게 동정심을 보이지 않는 모습을 보고 공포에 질리게 될 것이다. 요즘에는 영화에서 검투사들끼리 피투성이가 되도록 싸우는 것을 보고 로마 시민들이 환호성을 지르는 장면을 보면 움찔할 것이다. 그러나 300년 전 영국에서 처형은 많은 관중이 동원되는 하나의 운동경기였다. '교수형의 날'에는 은행도 쉬었다. 사람들은 범죄나, 빈집털이, 소매치기, 좀도둑, 심지어는 나무를 베거나 양어장을 버려 놓아도 교수형을 당할 수 있었다. 또 하나의 흥행 가치가 있는 징벌은 바로 칼을 씌우는 것이었다. 이것은 형틀과 같았으며 범법자의 머리와 팔이 들어가는 구멍이 있었는데 범법자들을 처벌하는 데 사용되었다. 형틀과 다른 점은 구경꾼들이 범죄자에게 돌을 던지거나 다른 탄환 같은 발사체를 발사할 수도 있었는데 이로 인해 머리에 상처를 입고 죽는 일이 자주 발생했다. 덜 심각한 범죄에 대해서는 손이나 뺨에 뜨겁게 달군 쇠로 낙인을 찍는 벌을 받았다. 부랑자들(vagrants)에게는 V자를, 거지들에게는 노예(slave)의 첫 글자인 S를 새겼다. 싸움(fights)을 시작한 사람에게는 F자를 새기거나 귀를 자를 수도 있었다!

아이들에 대한 학대도 끔찍한 수준이었다. 원치 않는 아이가 태어나면 시궁창에 던져 버렸다. 가난한 부모들은 자식들을 소매치기나 창녀로 만들었으며, 구걸을 시키거나 더 불쌍하게 보이게 해서 앵벌이를 시키기 위해 일부러 상처를 내거나 불구로 만드는 부모들도 있었다. 수천 명의 집 없는 아이들이 거리를 배회했으며, 주기적으로 부랑죄라는 명목으로 체포되어 감옥으로 보내졌다.

동물에 대한 잔인함도 믿을 수 없을 정도였다. 가장 인기 있는 스포츠는 고양이 떨어뜨리기, 투계, 테리어 개 한 마리가 1분 안에 얼마나 많은 쥐를 잡아 죽이는가에 사람들이 돈을 거는 쥐잡기 같은 형태의 동물 괴롭히기였다. 다른 인기 스포츠는 곰 곯리기◄, 황소 곯리기◄◄였는데, 동물을 두세 마리의 개와 함께 링에 집어넣어 싸우게 만들고 누가 이기나를 보는 것이었다. 이러한 동물 싸움은 흔히 술집에서 열렸으며, 오늘날의 노래 경연 대회나 퀴즈 행사처럼 지역신문에는 광고가 실렸다.²

장애인은 악령에 사로잡혔다고 여겨졌으므로 사람들이 동정심을 표하는 일도 거의 없었다. 장애아를 낳은 여성들은 자주 추방되거나 살해당했다. 장애아들은 보통은 살아남지 못했으며 설령 살아남는다 하더라도 끔찍한 편견과 속박에 시달렸다. 그들은

---

◄ 쇠사슬에 묶인 곰에게 개를 덤비게 하는 놀이.

◄◄ 개를 부추겨 황소를 성나게 하는 영국의 옛 놀이.

악마이며 위협적인 존재라고 간주되어 교회 출입이 금지되었으며, 마을에서는 쫓겨났고, 심지어는 살해당했다.[3]

18세기 초의 영국은 전형적인 타락한 사회였다고 말할 수 있다. 곰 곯리기 같은 관행, 어린이와 장애인에 대한 학대 등은 타락한 정신의 공감 능력 부재와 단절을 나타냈다. 역사학자 크리스토퍼 히버트는 이 시기를 표현하며 "동정심은 여전히 생소하고 귀중한 감정이었다"라고 말했다.[4]

그러나 21세기인 지금은 다르다. 물론 아직도 어린이와 동물을 학대하는 사례가 많이 있으며 장애인들에 대한 처우가 완벽한 것은 절대로 아니다. 그러나 이러한 관행은 일반적으로 매우 드물다. 현대 유럽과 아메리카 대륙 일부 그리고 세계의 다른 일부에서는 사람들은 훨씬 더 높은 수준의 동정심을 보이며 다른 사람들의 심리적 공간에 들어가고, 그들의 고통과 아픔을 느낄 수 있는 훨씬 더 큰 능력이 있어 보인다. 우리 대부분은 어린이들과 동물들을 그처럼 지독한 잔혹함으로 대할 수 없을 것이다. 우리가 그들과 공감하기 때문이다. 우리는 고양이 떨어뜨리기와 쥐잡기 놀이에서 채식주의와 동물권 운동으로, 잔인하기 그지없던 아동 학대에서 이제는 체벌 금지법이나 학대로부터 아이들을 보호하려는 다양한 자선단체들의 노력에 이르렀다. 우리는 사소한 범죄를 저지른 가난한 사람들을 교수형시키는 대신 그들이 스스로 통제할 수 없는 요인들 때문에 범죄자가 된다는 것을 인정하고, 단순히 벌하기보다는 다시 사회에 복귀시키는 관점에서 생각하는 수준에 이르렀다.

'자선'이라는 생각은 18세기 사람들에게는 터무니없는 것이었다. 그러나 우리는 이제 우리보다 덜 행복한 사람들에 대해서는 그들이 어린아이든, 지진이나 기근의 희생자든, 노숙자들이든, 어느 정도의 연민을 느끼고 양심상 구호단체에 기부하기도 한다. 사회 전체적으로 모든 사람의 기본적인 생존 필요 조건들이 확실히 충족될 수 있도록 어느 정도는 나아가고 있다. 실업자나 노인, 장기요양 환자들은 사회보장제도에 따라 기본적인 도움을 받을 수 있다.

동정심과 함께 공민권도 강조된다. 다른 사람들의 마음 공간으로 들어가 그들의 관점에서 세상을 보는 능력을 통해, 겉으로는 우리와 다른 사람도 본질적으로는 우리와 같으며, 우리와 정확히 똑같은 공민권을 가질 자격이 있음을 깨닫는다. 이제 우리는 장애인도 우리와 같은 직업을 갖고, 우리와 같은 시설을 이용할 권리가 있음을, 여성도 남성과 동일한 임금을 받을 권리가 있음을, 소수 인종도 다수 인종과 똑같은 공민권을 가져야 한다고 인식한다. 채식주의의 인기가 높아지는 것은 부분적으로는 동물들도 자연환경 속에서 평화롭게 살아갈 권리가 있다는 인식에서 나온다. 그리고 불행히도 동성애 혐오가 여전히 남아 있지만 많은 사람이 이제는 동성애자들도 이성애자들과 똑같이 공민권을 가지며 원하면 결혼도 할 수 있다고 인식한다.

나는 우리의 동정심과 자선을 과장하고 싶지는 않다. 우리가 아직도 이러한 영역에서는 갈 길이 멀다는 것은 의심의 여지가 없다. 그러나 우리가 사는 사회를 300년 전의 영국 사회와 비교하면 이미 어느 정도 실질적인 발전을 이룩했음은 분명하다.

이 새로운 동정심의 영혼은 어디에서 왔는가? 누군가는 번영의 결과일 뿐이라고 주장할 수 있다. 300년 전 영국인들은 개인으로서 살아남기 위해 싸우느라 너무나도 바빠서 다른 사람들을 생각할 수가 없었지만, 이제 배는 음식으로 가득 차 있으며 은행 계좌에는 돈이 가득 들어 있어서 관심 범위를 넓힐 수 있다고 말할 수 있다. 이것도 한 요인은 될 것이다. 하지만 내 생각에 이 새로운 동정심의 영혼은 보다 심오하고, 중요한 것을 상징한다.

동정심은 때때로 상상력을 이용한다. 다른 사람의 입장에서 생각하고, 그들이 느끼는 것 또는 그들의 눈으로 본 세상의 모습을 상상하고, 그 결과로 그들을 동정하게 된다. 또는 우리가 앞에서 본 바와 같이 심리학자 사이먼 배런코언은 동정심을 사람들의 표현이나 일반적 행동을 살피는 것을 통해 그들의 감정적 분위기를 읽고, 그들이 어떻게 느끼는가 하는 징후를 집어내는 문제로 본다.[5] 그러나 진정한 의미에서의 동정심은 이것보다 더 중요하다.

동정심은 자아고립을 초월하는 것을 의미한다. 붓다, 예수 그리고 일반적인 1차 물결에서처럼, 그것은 타락한 정신의 단절감을 넘어서서 다른 사람들과의 정체성을 공유한다는 인식을 체험하는 것을 의미한다. 이는 물론 우리가 모두 불교 신자나 기독교 신자라는 의미는 아니다. 이것에는 다른 급들이 있다. 당신의 자아단절감이 약간만 무뎌진다면, 약한 정도의 동정심을 느낄 수도 있다. 그러나 당신의 자아단절감이 조금이라도 약화된다면 당신 자신의 존재의 영적 본질과 어느 정도 접촉할 수 있다. 그리고 모든 다른 존재들이 같은 영적 본질을 갖기 때문에 그것은 당신을 그들의 일부로 만들고 그들과 함께 느낄 수 있게 한다.

다시 말해, 이 새로운 동정심의 정신은 사람들의 내면에서 발생하는 것으로 보이는 집단적인 정신적 변화, 즉 자아단절감을 극복하려는 점진적 운동의 표현으로 간주될 수 있다. 1차 물결은 개개인의 인간이 일어나게 한 것이었지만, 이 2차 물결은 우리 내면에서 일어나는 것처럼 보인다.

2차 물결의 결과는 우리 주변 어디에나 있다. 1차 물결처럼 2차 물결은 타락한 정신이 낳은 모든 사회 병리 현상에 영향을 주었다. 어떤 면에서는 1차 물결이 더 강력한 효과가 있다고 볼 수 있는데, 이는 1차 물결의 영성 탐구자들이 훨씬 높은 자아초월 수준에 도달했기 때문이다. 반면에 2차 물결의 결과는 훨씬 더 확연한데, 이는 변화가 훨씬 큰 규모로 발생했기 때문이다. 1차 물결이 작은 저류였다면, 2차 물결은 인류의 상당히 많은 수가 포함되는 대중운동이다.

## 2차 물결의 분출

2차 물결은 이전에도 수십 년간 천천히 힘을 축적하긴 했지만, 18세기 후반부에 눈에 띄는 강력한 힘이 되었다. 이 짧은 기간 동안 인류 역사에서 가장 중요한 몇몇 변화들이 일어났다. 어떤 면으로는 이러한 변화들은 기원전 4000년에 발생했던 자아폭발이라는 거대한 이행만큼이나 중요하다. 특히 그 변화들이 그 이행을 해소하는 과정을 시작했기 때문이다.

18세기 후반부는 살아 있는 것만으로도 경이로운 시기였다. 거의 6,000년 동안 사람들 – 최소한 타락한 세상의 사람들 – 은 노예제도를 당연한 것으로 여겼다. 그것은 필연적이고, 심지어는 신들이 명한 것으로 간주되었다. 일부 교황들은 그들의 사유지를 경작하는 데 노예들을 이용했으며, 18세기 영국에서는 노예 무역 업자들이 의회 의원들이었다. 노예제도에 반대하는 광범위한 운동이 일어나기 시작한 것은 18세기 후반부였다. 1765년 영국에 반(反)노예협회가 구성되었으며 7년 뒤에는 법무부 장관인 맨스 필드 경이 영국의 노예제를 불법화하고, 1만 5,000명의 미국 노예들을 해방시켰다. 이것은 보다 광범위한 변화의 길을 열었다. 모든 식민지에서 반노예협회가 구성되었다. 1807년 영국 의회는 영국 시민이 세계 어디에서든 노예제를 운영하는 것을 불법화했다. 10년 내에 미국·프랑스·덴마크·네덜란드도 노예제를 불법화했다. 같은 식으로 몇몇 사람들이 다른 사람들보다 날 때부터 우월하며 특별한 권한과 특권을 누릴 자격이 있다는 것은 항상 당연하게 생각되어 왔다.

귀족들은 농민들을 동물이나 다름없이 보았고, 왕들은 다른 백성을 지배할 신성한 권리를 가지고 있다고 믿었다. 그러나 18세기 말에 이르러 '모든 인간은 날 때부터 평등하며 똑같은 권리를 누릴 자격이 있다는 사상'에 바탕을 둔 민주주의라는 새로운 관념이 전파되었다. 그리고 이와 함께, 만약 절대다수의 국민이 그들이 누려야 할 평등한 권리를 갖지 못한다면 그것은 불공정한 사회체제에 의해 억압을 당하기 때문이라는 각성이 있었다. 이러한 사상을 최초로 강력하게 설파한 사람이 바로 장 자크 루소다. 그는 1762년 《사회계약론》에서 "인간은 자유롭게 태어났지만 어디서나 사슬에 얽매여 있다"라는 유명한 말을 남겼다. 루소는 이전의 유럽인들이 아메리카나 남태평양의 타락하지 않은 사람들

을 만나서 쓴 소개서들을 읽고 매우 많은 영향을 받았다.《사회
계약론》은 이어 미국을 건국한 사람들에게 영향을 주었는데, 이
들은 아메리카 원주민 사회들의 자연적 민주주의에 대한 자신들
의 관찰에 의해서도 상당한 영향을 받았다.[6] 그 결과 1776년 세계
최초의 현대적 민주주의가 나타났다. 그리고 고대 그리스와 로마
의 '민주주의들'과 비교해 보면 미국의 평등한 참여와 자유는 제
한되는 것이긴 했지만 그 평등주의 원칙은 1791년 헌법에 확립되
었다. 평등주의 원칙은 백인 남성 지주에만 해당되는 것이었으며,
여성, 흑인 또는 원주민들은 배제되었다. 프랑스에서는 가난의 압
력과 부패한 지배 계급에 대한 혐오가 팽배한 상태에서 민주주의
적 이상이 전파되어 곧바로 1789년 대혁명을 이끌었다.

거의 6,000년 동안 타락한 세계의 사람들은 여성이 남성보
다 열등하다는 것을 당연하게 여겼다. 여성들은 자신들의 운명
을 결정하고, 사회의 문화·경제·정치적인 생활에 공헌하고, 재
산을 소유하기에는 적절하지 않지만 얻어맞기에는 적절한, 어리
석고 비이성적인 피조물이었다. 19세기 말에 이르러 이러한 견해
들에 처음으로 광범위한 의문이 제기되었다. 1789년 프랑스 대혁
명이 발발했을 때 혁명가들은 의회에 불만사항 목록을 전달했는
데 이 가운데 33개 항목이 더 많은 권리를 원하는 여성들의 요구
였다. 같은 해에 미국 헌법이 승인되었다. 미국 헌법 조항에는 '남
자(men)'라는 용어 대신 '국민(people)'과 '유권자들(electors)'이라는
단어가 사용되었는데 이는 남성뿐 아니라 여성의 권리도 인정함
을 시사하는 것이었다. 이러한 변화의 영향으로 세계 최초의 중
요한 페미니스트 책자가 등장했다. 1792년 영국에서 메리 울스턴

크래프트의《여성 권리 옹호》가 출판되었다. 2년 뒤에는 독일에서 히펠의《여성들의 시민적 발전에 관하여*On the Civil Improvement of Women*》가 등장했다.

이 모든 것이 타락한 정신의 분리를 넘어서려는 집단운동의 첫 번째 중요한 증거다. 고립된 타락한 자아가 세운 장벽은 약해지는 것처럼 보인다. 그 결과 공감의 심화된 물결, 즉 다른 사람들의 '마음 공간'에 들어가 그들과 함께 느끼려는 새로운 능력이 강해졌다.

이것의 또 하나의 중요한 결과는 앞에서 언급한 학대와 잔혹함을 끝장내려는 사회적 운동이었다. 최근의 현상이라고 생각하는 동물권 운동은 실질적으로는 18세기 후반부에 생겨났다. 황소 끓리기와 투계 같은 스포츠에 대한 혐오감이 점차 증가했다. 신문과 잡지들은 그것에 항의하는 많은 기사와 독자들의 편지를 실었다. 그리고 목회자들은 동물권을 주제로 설교하기 시작했다. 1776년, 험프리 프리맷이라는 성직자가《짐승에 대한 자비의 의무와 학대죄에 관한 소고*A Dissertation on the Duty of Mercy and Sin of Cruelty to Brute Animals*》를 출판했다. 그는 여기서 동물 학대는 인간에 대한 학대보다 더 부도덕하다고 주장했다. 동물은 스스로를 방어할 수 없고, 스스로의 정당성을 변호할 수도 없기 때문이라는 것이었다. 이어 비슷한 논문들이 나타났다. 존 로렌스는 1798년에 〈동물에 대한 인간의 도덕적 의무에 대하여*On the Moral Duties of Man towards Brute Creation*〉라는 따로 설명이 필요 없는 저작을 남겼다.[7] 그리고 심지어는 어린이들을 가르치는 교재에조차도 동물을 대하는 법을 싣게 되었다. 이 새로운 공감 정신은 동물 학대에 반대하는 여러 개혁 협회들이 구성되도록 이끌었는데 여기에는 1824년 결성된 SPCA(나중에는 RSPCA◀)도 포함된다. 그리고 10년 후 동물 학대를 금하는 첫 번째 법률이 통과되어, 가축이나 애완동물을 이용한 유혈 스포츠는 금지되었다.

공감 정신은 범법자들을 처벌하는 데에도 중요한 변화를 초래했다. 영국에서는 사형에 반대하는 항의가 늘어나 경범죄자들은 아메리카나 오스트레일리아로 유형을 보내기 시작했다. 18세기 말까지 징벌로 장기간 투옥시키는 일은 거의 없었다. 대부분의 장기수은 벌금을 낼 수 있을 때까지 수감되는 채무자들이었다. 그러나 채찍질이나 교수형 같은 잔혹한 징벌에 대한 혐오감이 늘어나면서 투옥이 훨씬 더 자주 이용되었다. 낙인찍기도 1799년에 폐지되었으며, 이어서 1821년에는 형틀이, 1837년에는 칼 씌우기가 각각 폐지되었다. 유럽을 보면 프랑스에서는 고문대와 태형이 폐지되었고, 이탈리아에서는 고문이 금지되었으며, 당시 계몽 군주 중 한 사람인 프러시아의 프레데릭 2세도 고문을 금지했다.

어린이와 장애인에 대한 처우에도 비슷한 변화가 있었다. 서유럽 전역에서 학교에 다니는 아이들에 대한 체벌에 반대하는 시위가 발생했다. 장애나 부모가 죽게 버려 둔 많은 아이에 대한 사회적 공감도 성장했다. 1741년 영국 최초의 기아 양육원이 런던에 문을 열었으며, 빠른 속도로 다른 양육원들도 생겨났다. 노

---

◀ 영국동물보호협회(Royal Society for the Prevention of Cruelty to Animals).

인과 장애인을 돌보는 것은 그들 가족들만의 책임이라기보다는 사회의 의무라는 각성이 퍼져나가기 시작했다. 18세기 후반에는 공동체의 불우한 사람들을 위한 주립 기관인 빈민 구호소가 처음으로 미국에서 문을 열었다.

나는 이러한 변화의 결과들을 지나치게 강조하며 18세기 후반을 이상적인 시대로 미화하고 싶지는 않다. 어떤 면에서는 그러한 변화들은 피상적이었다는 점을 인정할 수 있다. 학대와 억압은 여전히 만연했다. 프랑스 대혁명의 평등주의적 이상은 거대 폭력과 또 다른 형태의 국가 억압에 무너졌다. 산업혁명 이후 19세기 유럽의 공장노동자들은 17세기 농민들만큼이나 억압당했다. 미국의 평등주의 원칙들도 아메리카 원주민들의 문화와 인구를 체계적으로 절멸시키는 것을 막지는 못했다. 그러나 비록 타락한 정신의 특징들이 여전히 압도적이었지만, 이때가 2차 물결 과정이 시작되었고, 집단적 타락 초월 정신의 첫 번째 징조가 나타난 순간이었다.

## 문학에 나타난 2차 물결

18세기 말 그리고 19세기 초반, 2차 물결이 모습을 드러낸 또 다른 방법은 문학이었다. 17세기 후반부터 18세기 중반까지의 위대한 시인들은 존 드라이든, 알렉산더 포프, 새뮤얼 존슨과 같이 당당하고 합리적인 인물들이었다. 오늘날 우리에게 그들의 시는 냉정하고 영리한 분위기를 풍긴다. 그들의 시는 보통 매우 길고, 정치적·도덕적 문제들을 다루며 흔히 풍자적이고 우의적이다. 그러나 19세기 말 이른바 낭만파 운동이라는 새로운 종류의 시가 나타났다. '시'는 주관적이면서 시인의 내면의 삶을 표현하거나 자연계의 아름다움을 서정적으로 묘사해야 한다는 생각을 낳았다. 영국의 중요한 낭만파 시인은 블레이크, 워즈워스, 콜리지, 바이런, 셸리, 키츠 등등이다. 비슷한 운동이 유럽 전역에서 일어났다. 독일에서는 괴테와 실러 같은 시인들이 낭만파 운동을 대표하며, 프랑스에는 샤토브리앙, 라마르틴, 빅토르 위고와 같은 작가들이 있다. 미국에는 1840년대에 비로소 시작된 초월주의 운동이 낭만파 운동과 비슷한 모습이었다.

이 시인들은 모두 그 이전의 시인들에게는 없는 강력한 즉흥성을 가지고 있었다. 그들은 사상을 토론하거나 정치인이나 동료 시인을 풍자하기보다는 자신들의 내면세계, 자신들의 고통과 기쁨 그리고 희망과 절망에 골몰했다. 그들도 강력한 정치적·사회적 이상주의를 가지고 있었다. 워즈워스와 콜리지의 〈서정가요집〉◀은 보통 사람들이 이해할 수 있고, 고도의 문학적 장치나 불가사의한 단어가 없는 새로운 민주적인 시를 목표로 했다. 블레이크는 노동계급의 참담한 상태를 묘사하는 시를 지었다. 셸리의 혁명적 사회주의적 이상은 노동 계급에게 반역을 선동하는 〈무정부 상태의 가면〉이나, 국왕을 "늙고, 미쳤고, 눈이 멀고, 조롱 당한다"고 묘사한 〈1819년 영국〉 같은 시를 보면 분명하게 나타난다.[8]

낭만파 시인들을 이전의 시인들과 구분하는 것은 무엇보다

---

◀ 워즈워스의 시 19편과 콜리지의 시 4편으로 된 두 시인의 공저 시집으로 1798년 출판되었다. 낭만파의 시작을 알리는 시집으로 평가된다.

도 자연을 대하는 새로운 태도다. 낭만파 시인들은 자연의 아름다움과 힘을 경이로워했으며, 자연과 연관되어 있다는 인식을 강하게 느꼈다. 그들은 바람·구름·산·새·꽃·계절과 별을 노래하는 시를 지었다. 그들에게 자연은 피난처였으며 영감을 주었다. 셸리는 이렇게 노래했다.

> 사람들과 마을들로부터 멀리, 멀리
> 야생의 숲과 야트막한 구릉지로
> 혼이 그것의 음악을 억누를 필요가 없는 곳으로.[9]

때때로 자연의 아름다움과 살아 있음에 대한 그들의 인식은 타락하지 않은 사람들이 자각하고, 1차 물결의 영적 탐구자들이 알고 있던, '타는 듯한' 신비로운 실체로 넘어간다. 셸리와 워즈워스는 세상에는 영적인 힘이 임재하며 모든 사물에 스며 있다는 것을 알았다. 셸리는 그것을 "어떤 보이지 않은 힘의 무서운 그림자가 / 보이지는 않지만 우리들 사이를 떠돈다"라고 표현했다.[10] 워즈워스는 그것을 여러 문장에서 표현했는데 가장 잘 알려진 것이 〈틴턴 수도원의 시〉에 나오는 다음 구절일 것이다.

이 시구들은 《우파니샤드》에 나오는 브라만을 떠올리게 한다. 그것들은 같은 것을 표현하므로 그리 놀라운 일도 아니다.

> 그리고 나는 느꼈다.
> 나를 기쁨에 넘쳐 뒤흔들게 만드는 존재를
> 고상한 생각들로 인한 기쁨, 혹은 숭고한 인식

훨씬 깊게 배어든 것에 대한,

그것이 사는 곳은 기우는 태양의 빛,

그리고 둥근 대양과 살아 있는 공기,

그리고 푸른 하늘, 그리고 사람의 마음

동작과 영혼, 그것은 움직이게 만든다

모든 생각하는 것들을, 모든 생각의 모든 대상을

그리고 모든 것들을 관통하며 흐른다.[11]

다른 말로 하면 낭만파 시인들에게는 새로운 공감 정신이 다른 인간과 동물에게로만 확장된 것이 아니라 전체 자연으로까지 확장되었다. 그들은 세상으로부터 분리된 이원론적 관찰자로 머무는 것이 아니라 세상에 참여했다. 2차 물결에서의 타락한 정신의 초월은 타락하지 않은 사람들이 지닌 자연을 존중하는 태도 - 자연과의 연대감 - 로의 귀환을 초래했다. 철학자 제이 얼리는 그것을 다음과 같이 설명했다.

유럽에서의 낭만파 운동은 내성적 인식(예민해진 자아인식에 해당되는 그의 용어)의 주도권에 대한 강력하고 활력이 넘치는 저항이기도 했다. 주로 예술, 인문학, 특히 시에서 발원한 이 운동은 참여적 의식을 찬미했다. 낭만파들은 우리에게 삶에는 나날의 일상을 지배하는 기계적이고 비인간적인 세계관과는 다른 또하나의 측면이 있음을 상기시켰다. 그들은 사랑, 영성 그리고 열정을 노래하였다. 그들은 살아 있음과 느낌의 미덕에 대해 서술했다.[12]

18세기에는 또 다른 중요한 문학적인 발전이 있었다. 현대 소설의 등장이었다. 18세기 이전에도 물론《돈키호테》나《로빈슨 크루소》같은 소설들이 있었다. 그러나 이런 것들은 아무런 실질적인 자기성찰적 차원이 없는 모험담들이었다. 그것들은 독자에게 다른 사람들이 실제로 어떻게 살아가는지, 다른 사람의 마음이 어떤지를 이해하는 데 아무런 도움이 되지 못한다. 콜린 윌슨이 지적한 대로 우리가 이해하는 소설은 1740년 새뮤얼 리처드슨의《파멜라》가 출판하면서 등장했다.[13] 이 책은 유럽에서 곧바로 베스트셀러가 되었다. 여주인공의 내면세계가 아주 선명하게 묘사되어 있어 독자들이 그녀의 마음에 들어가 그녀와 공감할 수 있었기 때문이다. 비슷한 종류의 책들이 뒤따랐다. 18세기에 가장 영향력 있었던 인물인 루소가 1761년 감상주의 소설인《신엘로이즈》를 출판했는데 이것은《파멜라》보다 훨씬 더 성공적이었다. 독일에서는 1774년에 괴테가《젊은 베르테르의 슬픔》을 출판해 비슷한 효과를 거두었다. 독자들은 베르테르 - 실연당한 끝에 자살한 연인 - 의 고통에 공감했는데 유럽 전역에서 모방 자살 사태가 급증했을 정도였다. 이러한 현상은 마치 거대한 감정의 파도가 유럽 대륙 전역을 휩쓴 것 같았는데, 이러한 소설들과 다른 많은 작품으로 인해 사람들이 허구적인 인물들의 마음 공간을 공유할 수 있었기 때문이었다. 콜린 윌슨의 주장대로 소설로 인해 사람들은 자신만의 삶에서 벗어날 수 있었으며, "그것은 인간이 육체를 떠나 공간을 떠도는 법을 배운 것만큼이나 놀라운 일이었다. 소설은 인간에게 꿈꾸는 것을 가르쳤다"라고 설명했다.[14]

그러나 2차 물결의 관점에서 보면 이러한 소설들이 엄청난 인기를 끌었다는 사실은 사람들이 다른 사람들의 마음 공간에 들어가려는 강력한 욕망이 있음을 보여 준다. 사람들이 소설에 그처럼 강력하게 반응했다는 사실은 민주주의와 여성운동을 낳고, 동물과 아동 학대에 저항을 낳았던 것과 같은 공감 인식이 있다는 증거다.

새로운 감정의 파도가 이 기간의 미술과 음악 분야에도 밀려들었다. 18세기의 신고전주의와 구상주의 미술로부터 더욱 개인적이고 변화로 가득 찬 객관성을 나타내기보다는 예술가 자신의 감수성을 표현하는 것을 목적으로 하는 작품들로 이행되었다. 예술사가들은 실제로 이 시기를 낭만주의 시기라고 말한다. 고야, 다비드, 컨스타블, 들라크루아와 같은 유럽의 화가들이 18세기 말부터 19세기 초반까지 활동하면서 낭만파 시인들과 같은 높은 감수성과 자연과의 연대감을 보여 주었다. 낭만주의는 19세기 후반 인상주의 운동으로 이어졌고, 미국에서는 야생 자연을 극적으로 표현하는 허드슨 리버 화파⁴를 이끌었다.

음악에서도 미술과 마찬가지로 18세기는 신고전주의 사상의 지배를 받았다. 작곡가들은 고대 그리스와 로마의 예술에 영감을 받았으며, 그들의 작품들은 분명한 멜로디가 있었고, 균형이 잘 잡혔고, 엄정했다. 그러나 19세기 초반에 베토벤이 신구 시대의 간극을 연결하면서 음악은 훨씬 더 풍부한 표현력과 극적인 요소를 가지게 되었다. 슈베르트, 베를리오즈, 쇼팽, 리스트와 같은 작곡가들은 형식과 자제를 거부하고 자신들의 음악을 새로운 강렬함으로 채웠다.

## 사회주의의 등장

타락 초월 운동의 2차 물결은 처음 나타난 뒤에도 19세기 전 기간 지속되었다. 여성해방운동은 확고하게 자리 잡았다. 여성들은 남편과는 별도로 재산을 보유하고, 그들 자신의 임금을 받고, 배심원이 되고, 법조인이나 의사가 되고, 고등교육을 받을 수 있는 권리를 획득했다. 1893년 뉴질랜드가 여성의 완전한 참정권을 보장하는 첫 번째 국가가 되었으며, 1902년 호주가 뒤를 이었다. 미국과 영국의 여성들은 좀 더 오래 고통을 겪다가 1928년과 1930년에 각각 참정권이 주어졌다.

다른 사람의 관점에서 생각할 수 있는 새로운 능력과 그 결과로 모든 사람은 평등하고 동등한 권리를 누려야 한다는 것을 알게 된 점은 19세기 사회주의 운동으로 이어졌다. 로버트 오웬과 생시몽 같은 초기 사회주의자들은 중앙정부도 없고, 물질적인 유인책도 없으며 모든 사람이 공동선을 위해 협동하는 이상적인 사회에 대한 비전을 제시했다. 이러한 사상들은 산업혁명 이후 공장노동자들이 그 전의 농민 세대보다 더 가난하고 더 억압받게 되자 특히 다급해 보였다. 1848년 마르크스와 엥겔스는 《공산당선언》을 출판하고, 역사는 필연적으로 재산의 집단 소유·집단적 의사 결정·노동계급의 자치 정부 등이 이루어지는 완전한 평등 사회를 향해 나아가는 과정이라는 역사관을 발전시켰다. 내가 앞

◀ 미국의 광활한 대륙에서 영감을 받아 자연의 경이로움을 화폭에 담은 미국의 낭만적 풍경화 그룹. 미국 최초의 자생적인 회화 그룹이다.

에서도 지적했지만 루소나 미국 건국의 아버지들처럼 마르크스와 엥겔스도 평등한 아메리카 원주민 사회들에 관한 보고서, 특히 루이스 헨리 모건의 《이로쿼이족 연맹》에 영향을 받았다.[15] 그들이 예언한 이상 사회는 타락하지 않은 사람들의 평등사회에 매우 가까웠다.

19세기 후반까지 사회주의는 유럽 전역에서 실제적인 정치 세력이 되었으며, 대부분의 사회주의자 그룹들은 의회를 통해 점진적인 변화를 이룩하려고 시도했다. 그러나 러시아에는 의회가 없었으므로 진보를 이룰 수 있는 유일한 방법은 정부를 전복하는 일뿐인 것처럼 보였는데 마침내 1917년 공산주의 혁명이 발발했다. 그러나 공산주의라는 급격한 사회주의는 실패할 운명이었다. 그 이유는 타락한 정신을 가진 사람들이 하기에는 너무나도 큰 도약이었기 때문이었다. 공산주의가 수립된 곳에서는 언제나 타락한 정신의 특징인 지위와 부에 대한 욕망이 우세해지며, 사람들 간의 공감도 사라지게 되어 사회들은 다른 봉건적 자본주의 국가들처럼 불평등과 억압이 만연했다. 부유하고 특권을 가진 당 간부와 당원들로 구성된 새로운 계급이 중산층과 상위 계층의 역할을 차지했고, 권력을 놓치지 않으려는 그들의 욕망은 민주주의가 완전히 사라지게 하는 결과를 낳았다. 문제는 2차 물결이 확산되고 있었다고 해도 공산주의가 추구했던 완전한 평등주의로 돌아갈 정도로 물결이 강력한 곳은 어디에도 없었다. 타락한 정신의 병리 현상은 여전히 강력했다.

그러나 공산주의가 지나치게 야심적이라고 하더라도, 2차 물결은 정통 사회주의 정당들에서 효과적인 방식으로 나타나 제도를 통해 작동하고 있었다. 2차 세계대전 이후 유럽에서는 많은 사회주의 정당들이 집권해 더 많은 평등과 개인의 권리를 확립했다. 유럽 전역에서 사회보장제도가 도입되어, 노인 환자 실업자들이 기본적인 생활필수품이 모자라지 않도록 했으며, 정부 보조금의 혜택으로 노동계급 사람들도 고등교육을 받을 수 있게 되었다. 그 결과 유럽에서는 지난 수십 년 동안 계급 간 경계가 사라져 지위의 실제적 평등은 아니라 하더라도, 기회의 평등과 가까운 상태가 대세가 되었다.

그리고 사회주의가 번창하면서 민주주의도 꽃을 피웠다. 1790년에는 민주적으로 선출된 정부와 헌법에 모든 사람(여성은 제외하더라도)이 평등한 권리를 누릴 자격이 있다고 선언한 나라는 세계에서 미국, 스위스, 프랑스 등 3개국뿐이었다. 19세기 말에 이르면 이 숫자는 캐나다, 영국, 그리스, 칠레, 아르헨티나, 덴마크를 포함해 13개국이 되고 1919년까지는 25개국이 되었다. 그리고 현재 21세기 초반에는 119개국으로 늘어났다.[16] 원칙적으로는 이러한 모든 민주주의 국가들의 정치체제는 타락하지 않은 사회들의 정치체제와 놀라울 정도로 비슷하다. 그것들은 모두 집단적 의사결정 과정을 갖고 있으며, 한 개인이 너무 많은 권력을 갖지 않도록 견제하며, 인기 없는 지도자는 유권자들이 자리에서 물러나게 할 수 있다. 그러나 우리가 아직도 타락하지 않은 사람들과 같은 수준의 민주주의에 도달하지 못했다는 것은 분명하다. 일부 수렵채집인 집단들에는 지도자가 전혀 없다. 그리고 설사 지도자가 있다 하더라도 집단 내 다른 구성원들이 만족해하지 않으면 언제든 교체될 수 있다. 그리고 우리의 민주주의들은 물론, 언론의 편견과 정당들이 벌일 수 있는 대규모 선전 캠페인에 의해 오염되어 있다.

## 20세기 후반의 2차 물결

20세기 후반은 2차 물결이 매우 강렬하게 전진한 기간이었다는 점에서 18세기 후반과 비슷하다. 남성의 지배와 사회적 불평등이라는 사회 병리 현상에 반대하는 실질적인 진전이 18~19세기에 이루어졌지만, 전쟁에 반대하는 진전은 별로 없었다. 19세기에는 군사적 충돌 발생 빈도는 줄어들었지만, 새로운 무기가 발명되면서 전쟁으로 더 많은 사람이 죽었다. 전쟁 분야에서 2차 물결이 분명하게 나타난 것은 20세기, 특히 20세기 후반부에 들어선 다음이었다. 1차 세계대전은 참전자들이 발발을 환영한 마지막 유럽 전쟁이었다. 전쟁의 참화를 겪은 다음에 그러한 것이 다시는 일어나도록 해서는 안 된다는 각성이 있었다. 국제연합은 국제협력과 안전보장, 평화를 증진해 이를 보증하려 구성되었지만 실패했다. 다른 나라 국민 간에 새로운 공감 인식이 있었고, 전쟁의 불을 지피는 타자성에 대한 인식은 풍화되어 갔다. 그 결과 그때부터 유럽 역사상 최장기간인 21년 동안 평화가 유지되었다. 그러나 물론 그것은 지속되지 못했다. 그러나 2차 세계대전은 가해자들을 제외하고는 아무도 원치 않았고, 모두가 너무 늦었다고 생각될 때까지 피하고 싶어 했던 전쟁이었다. 전쟁을 일으키는 권력과 부에 대한 욕망과 타자에 대한 인식이 그 이전처럼 확산된 곳은 없었지만, 유일하게 독일(그리고 후에 이탈리아와 일본)에서 나왔다. 1차 세계대전 이후 독일에게 취해진 징벌적 조치들이 그토록 지독하지 않았더라면, 2차대전은 결코 일어나지 않았으리라는 견해는 매우 타당하다.

그때부터도 물론 많은 전쟁이 있었다. 그러나 특히 유럽에서는 화해와 평화를 지향하는 일반적인 추세가 계속되었다. 이는 노예제 폐지, 여성의 권리 확대, 민주주의 그리고 사회주의로 이끌어간 것과 같은 공감 정신의 증가가 원인이라고 말할 수 있다. 스페인·프랑스·영국·독일(또는 프러시아) 같은 유럽 국가들은 수 세기 동안 서로 간에 끊임없이 전쟁을 벌였지만, 이제는 거의 60년간 평화 상태를 유지하고 있다.[17]

국제적인 수준에서 보면 '유엔'은 국가 간의 낡은 타자 인식과 전쟁을 일으키는 물질적 이익과 권력에 대한 무분별한 욕망을 넘어서는 거대한 발걸음이라고 할 수 있다. 유엔은 2차 물결의 선봉에 서서, '국제평화와 안전보장의 유지', '국가 간 행동의 화합', '인권 존중 증진'이라는 목표를 선언하고 타락한 정신의 병리를 극복하는 임무를 수행하고 있다.[18] 그리고 회원국들이 합의를 통해 집단적인 결정을 내리는 유엔의 고도의 민주적인 속성도 2차 물결의 분명한 표현이기도 하다. 중요한 것은 인류학자 크리스토퍼 보엠의 지적대로 "많은 측면에서 유엔은 수렵채집인 무리와 매우 흡사하게 행동한다."[19]

19세기에 커다란 진전을 보이지 못했던 또 다른 분야가 섹스와 육체를 대하는 태도다. 그러나 이 분야에서도 20세기 후반의 아주 짧은 기간 동안 모든 진전이 이루어졌다. 수 세기 동안 우리는 섹스는 죄악이라는 소리를 들어왔고, 생리나 자위 같은 자연스러운 육체적인 기능을 완전히 금기로 취급했지만 이제 그것들과 연관되어 있던 수치심을 내다 버리기 시작했다. 이 방면에서의 대부분의 진전은 1960년대에 이루어졌다. 1960년대에는 《채털리 부인의 사랑》이나 《북회귀선》 같은 책에 대한 금지가 풀리고, 성적 암시가 담겨 있는 팝 음악이 등장하고, 관능적인 패션으로의 전환이 일어났다. 미국에서 실시된 조사에 따르면 1940년대 이후 혼전 성관계는 사회적으로 훨씬 더 용인되고 흔해졌다. 물론 우리가 타락하지 않은 사람들의 공개적이고 긍정적인 태도로 완전히 돌아간 것은 아니지만, 우리 몸의 생물학적 과정을 점차 받아들이고 있으며, 랜슬롯 로 화이트가 '유럽인의 의식 분열'이라고 한 마음과 몸의 이원론이 사라져 가는 것만은 확실하다.

1960년대는 2차 물결이 이룩한 진전의 온상이었다. 1960년대 후반의 히피 운동은 타락 초월 운동의 다른 측면들, 즉 섹스와 육체에 대한 더욱 개방된 자세, 희미해진 성 구분, (외양과 태도가) 점차 여성적으로 변한 남성들, 평등주의 사상, 비폭력, 자연과의 연결, 1차 물결 때 발생한 동양의 신비주의 철학에 대한 관심 등을 모두 보여 준다. 리안 아이슬러의 지적대로 고대 크레타인들의 관능적 패션, 크레타 남성들의 장발과 그들이 가끔 입는 유니섹스 스타일의 옷은 1960년대의 패션과 놀라울 정도로 흡사하다. 그래서 그녀는 1960년대를 "여성들과 남성들이 남성의 지배와 여성의 복종이라는 성에 대한 제한된 고정관념에 정면으로 도전했던 시대"로 설명한다.[20] 히피 운동은 현대의 타락하지 않은 문화에 가까운 무언가를 창조하려 한 용감한 시도였으며, 엄격한 사회와의 충돌은 어떤 면에서는 토착민과 타락한 식민지 문화 간의 충돌을 떠올리게 한다. 유럽 식민주의자들이 아메리카 원주민이나 오스트레일리아 애버리진을 만나 당혹스러워했던 것처럼, 보통 사람들도 히피들이 재산, 성공, 권력에 관심이 없고 경쟁할 생각도 없는 것을 보고 당혹스러워하고 불쾌하게 여겼다. 그리고 토착민들이 식민주의자들의 행동을 보고 질겁한 것과 똑같이 히피들도 엄격한 사회의 탐욕, 불의, 군국주의에 질겁했다. 히피 운동은 이상대로 유지되지 않았고 1970년대에는 급속하게 사라졌지만, 18세기부터 축적되어왔던 집단적 정신 변화의 강력한 표현이었던 것만은 확실하다.

남성과 여성의 경계는 1960년대부터 희미해지기 시작해 이제는 타락하지 않은 문화들처럼 성 역할을 교환할 수 있는 수준에 가깝게 되었다. 21세기 초에는 아이를 돌보고 집안 허드렛일을 돕는 '신남성'과 아내가 직장에서 경력을 쌓는 동안 행복하게 집안일을 하는 '전업 남편'이 인기를 끌었다. 물론 동시에 더 많은 여성이 낡은 '성 구분'을 거부하며 전통적인 남성의 역할을 맡았다. 그리고 어느 정도 이러한 역할 변화가 성격의 변화를 동반하는 것 같다. 타락으로 발생한 남성과 여성 정신의 분명한 차이도 점차 흐려지는 것 같다. 신남성은 덜 타락한 여성들의 정신과 더 가깝다. 더 민감하고, 더 공감적이며, 덜 공격적이고, 덜 자기확신적이다. 다시 말해, 전형적인 남성의 타락한 정신에서 보이는 고립된 비공감적 자아를 가진 것 같지는 않다.

우리는 20세기 타락 초월 운동의 다른 측면들도 간략하게 언급해야 한다. 그중 하나가 자연에 대한 보다 공감적인 태도다. 이것은 낭만파들이 보여 준 것처럼 18세기 후반에 시작된 것 같지만, 실제로 지난 수십 년간의 환경 및 생태 운동에서 나타났다. 이러한 운동들은 타락하지 않은 문화의 자연을 존경하는 태도로 돌아가고 있음을 보여 준다. 그것은 자연과 함께 존재한다는 인식을 공유하고, 자연현상은 자신의 존재와 주관적 차원이 있음을 느끼고, 자연계를 남용하는 것은 하나의 종으로서 우리 자신의 생존을 위태롭게 한다는 것임을 깨닫는 것이기도 하다. 이제 사람들은 여러 가지 이유로 육식을 줄여가고 있다. 여러 이유들 중 가장 중요한 이유는, 우리가 존중하고, 더 이상 물체로 보지 않고, 살아 있는 존재로 보는 피조물의 살을 먹는 데 대한 단순한 도덕적 혐오감일 것이다.

우리는 앞서 유일신 종교가 어떻게 타락한 정신의 산물이 되었으며, 지난 150여 년간 이러한 종교들을 거부한 것이 타락 초월 정신의 등장을 알리는 또 다른 신호가 될 수 있음을 살펴보았다. 물론 종교가 쇠퇴하는 데에는 과학의 발전과 물질적 번영과 같은 많은 문화적·사회적 원인이 있다. 그러나 유일신 종교가 우리에게 더 이상 그리 중요하지 않은 이유는 타락한 정신이 더 이상 강력하지 않기 때문일 수도 있다. 유일신 종교를 대체하는 새로운 종류의 믿음과 관행을 보여 주는 많은 증거가 있다. 19세기 말부터 1차 물결 당시에 발생했던 잘 알려지지 않은 밀교적 전통들이 주류로 진입했다. 1800년대 후반에는 고대 동양의 영적 스승들이 흔히 교령회에서 비밀스러운 지혜를 전수하고, 동양의 신비주의적 믿음들과 관행에 바탕을 둔 신지학협회◀와 황금여명회◀◀ 같은 운동들이 형성되었다. 1960년대에는 불교·요가·도교 같은 1차 물결의 전통에 대한 관심이 지속적으로 증가했다. 타락한 정신을 초월하려는 고대의 이러한 방법들은 갑자기 많은 사람이 이용할 수 있게 되었다. 그때부터 영성과 자기개발에 대한 관심은 기하급수적으로 증가해 왔다. 명상에 대한 인기가 늘어나는 것도 특별히 중요하다. 명상이 우리의 자아단절감을 완화하도록 설계되었기 때문이다. 점차 사람들의 영적인 삶은 유일신 종교의 위안을 주는 효과에는 덜 집중하고, 영적인 실행을 통한 변화 효과에 더 집중하게 되었다.

20세기 후반에는 토착민들에 대한 태도가 변화하기 시작했다는 것도 중요하다. 수 세기 동안 그들을 아무런 양심의 가책 없이 학대하거나 심지어는 죽일 수도 있는 인간 이하의 존재로 보았지만, 이제는 그들에 대한 새로운 존경심이 나타나기 시작했다. 많은 사람이 이전 세대들이 그들을 다루었던 방식에 대해 수치심을 느끼고, 그들이 빼앗긴 권리들을 다시 돌려주기를 원하고, 그들의 영적 전통과 자연관을 존경하기 시작했다. 이것은 아마도 공감의 새로운 정신이 등장했기 때문이며, 동시에 우리 자신들이 타락한 정신을 초월하기 시작했으므로, 그 결과 우리가 토착민들의 생활방식과 그들의 세계관에 더욱 친밀한 유대감을 느낄 수 있게 되었기 때문이기도 할 것이다.

우리는 앞서 이 책에서 타락한 정신의 중요한 결과 중 하나

---

◀ 1875년 미국에서 창설된 단체. 신비주의적인 종교관을 바탕으로 하여 모든 종교의 융합과 통일을 목표로 활동한다.

◀◀ 19세기 말 영국에서 만들어진 밀교 집단. 기독교 신비주의나 고대 종교, 고대 점성술, 마법, 연금술 등에 영향을 받아 만들어졌으며 나름대로의 계급 체계나 우두머리도 있었다.

가 부와 지위에 대한 강렬한 욕망이며, 그것이 중요한 이유가 되어 전쟁과 사회적 억압 같은 사회 병리 현상들이 발생했음을 알았다. 타락한 정신은 부와 지위를 획득하면 평소에는 느끼지 못하는 행복감과 완전함에 대한 인식을 얻을 수 있다고 믿었다. 타락한 정신은 재산이 있으면 스스로 완성되며, 중요하고 강력한 인물이 됨으로써 불만족감을 극복할 수 있다고 생각한다. 2차 물결의 더욱 중요한 증거는 많은 사람에게 부와 지위를 획득하려는 노력이 점점 덜 중요해졌다는 점이다. 이제 사람들은 '자발적 단순화'를 선택한다. 즉 재산과 부와 책임을 줄이고 대신 일상에서 스트레스를 적게 받겠다는 것이다. 뉴욕의 트렌드 조사 연구소에 따르면, '자발적 단순화' 운동은 지금까지 기록한 다른 어떤 트렌드보다도 빠르게 성장하는 트렌드다.[21] 사회과학자 듀안 엘긴이 말한 대로 "소비하는 생산물의 양을 줄여 나감으로써 자신의 삶의 질을 높일 수 있다는 믿음을 받아들이기 시작하고 있다."[22]

## 진화적 도약으로서의 2차 물결

이러한 변화의 결과들로 20세기를 이상향으로 미화하고 싶지는 않다는 점을 다시 한 번 분명히 하고 싶다. 사실 20세기에는 인류 역사상 최악의 잔혹 행위들이 발생했다. 영국과 프랑스 같은 나라에서는 사회주의 운동이 평등을 가져왔지만, 러시아에서 스탈린 – 그 자신은 사회주의자라고 칭했다 – 은 그 나라의 시민 수백만 명을 살해했다. 그리고 새로운 '공감'의 정신은 노예제와 남성 지배에 반대하는 최초의 진정한 진보를 이끌어냈지만, 150년 후

나치스는 다른 인종 집단을 생명이 없는 물건처럼 취급했으며, 유대인 600만 명을 학살했다. 그리고 1990년대 진보화된 유럽에서조차 구 유고슬라비아의 인종 갈등은 사람들 사이의 공감적 유대를 사라지게 했고 대량 학살이 발생했다.

여전히 부자가 되고, 명예를 얻고, 권력을 갖기 위해 모든 것을 희생할 준비가 되어 있었던 20세기 후반은 아마도 역사상 가장 물질주의적이고 지위에 집착한 기간이었을 것이다. 그리고 환경 운동이 점차 강력해지기는 했지만, 20세기 후반은 동시에 인류 역사의 다른 전 기간을 합한 것보다 환경에 더 많은 손상이 가해진 시기이기도 하다. 그 이유는 인구 증가와 1인당 소비의 증가 그리고 엄청나게 거대한 차원에서 지구를 남용하는 강력한 다국적기업들 때문이다.

타락한 정신은 여전히 강력하다. 대부분의 사람들은 아마도 2차 물결에 아주 작은 방식으로만 영향을 받았을 것이다. 그리고 공감의 유대가 사라지고, 타락한 정신의 극단적인 공격성과 권력과 부를 향한 욕망으로 퇴행할 가능성도 항상 존재한다. 그러나 중요한 것은 역사상 처음으로 타락한 정신이 초래한 병리 현상을 거부하는 운동이 여전히 소수의 운동일 뿐이라고 하더라도 성장하고 있다는 것이다. 로널드 잉글하트가 종합한 대대적인 '세계가치조사'에 따르면 다음과 같은 결과가 나타났다.

우리는 경제적·정치적 그리고 사회적 생활을 개조하고 있는 대중의 세계관에 뿌리 깊은 변화가 일어나는 것을 보고 있다. 경험적으로 입증할 수 있는 이동이 진행되고 있다. 대중들 사이에서 위대한 종교적·이념적 거대 담론이 권위를 잃고 있다. 근대성을 형성한 단일성과 계급성은 다양성을 인정하는 추세에 밀려나고 있다. 인종적·문화적·성적 다양성 그리고 원하는 종류의 삶에 관한 개인의 선택에 더 많은 아량이 베풀어지고 있다.[23]

우리는 리안 아이슬러가 "사회적·심리적으로 거듭나는 새로운 세계"라고 묘사한 곳을 향해 나아가는 것 같다. 그녀는 우리가 '지배자' 사회에서 '동업자' 사회로 이동하고 있다고 했다. 그 사회에서 우리는 전쟁의 공포 없이 살게 될 것이며, 남성과 여성 간에 더 평등하고 균형 잡힌 관계가 유지될 것이다.[24]

이러한 변화가 일어난 데에는 분명 사회학적이고 경제학적인 원인들이 있지만 다른 모든 것을 감안하더라도 이는 인간이 내면에서부터 변화하고 있다는 분명한 조짐이다. 더 분명히 말하면 타락한 정신을 초월하려는 집단적인 움직임이 있다. 내가 설명한 대부분의 변화가 공감 정신이 늘어났기 때문이라면, 이는 자아폭발로 인해 발생한 분리의 벽이 사라지고 있음을 의미한다. 그리고 아마도 작은 범위에서, 그 변화들은 타락한 자아가 약해짐에 따라 부와 지위에 대한 욕망을 덜 느끼게 된 것이 원인이 되어 발생했을 것이다. 정복 전쟁의 감소는 다른 국가들을 지배해 부를 약탈하려는 국가들의 욕망이 약화된 데에 기인할 것이다.

이제 우리가 물어야 할 질문은 이것이다. "왜 이러한 변화가 일어나고 있는가?", "왜 타락한 정신을 초월하려는 움직임이 일어나고 있는가?"

그것은 1차 물결처럼 의식 에너지의 재분배를 통해 다가온 것이 아니다. 이 새로운 공감 정신은 자아를 조용하게 만들거나 약화시키는 기술을 사용해 평상시에 사용하던 의식 에너지를 인식하는 데로 전용하거나 우리 내부에 보존하게 한 결과가 아니다. 의식 에너지는 자아에서 다른 곳으로 전용되지 않았다. 이론적으로 자아는 그 전과 마찬가지로 많은 의식 에너지를 사용한다.

그러나 동시에 발전하고 있는 세계에 대한 새로운 인식은 의식 에너지의 수준이 더 높아진 데 따른 결과인 것 같다. 우리와 300년 전 조상들 사이의 근본적인 차이는 우리가 그들보다 더 생기 있다는 점일 것이다. 우리 의식 에너지의 수준은 더 높을 것이다. 이것이 우리로 하여금 자아로부터 에너지를 전용하지 않고도 새로운 공감 정신과 자연에 대한 새로운 존경심을 발전시키게 하고 있다. 그리고 이 새로운 의식 에너지가 재분배의 결과로 우리 내부에서 온 것이 아니라면, 그것은 외부에서 우리 내부로 들어오는 것임에 틀림 없다.

이러한 점은 2차 물결이 순수한 진화의 움직임이라는 것을 시사한다. 우리가 진화를 생물체 내부에 있는 의식 에너지의 점진적인 강화라고 본다면, 그 강화의 과정에 더 큰 발걸음이 발생하기 시작하는 것처럼 보인다. 의식 에너지의 강화는 인간 내부에서 발생하고 있을 것이며, 새로운 영적 에너지가 우리 내부로 유입되고 있을 것이다. 이것이 자아폭발의 효과를 상쇄하고, 우리가 타락한 정신의 병리 현상들을 초월하게 해 준다. 인류는 문자 그대로 더욱 생기 있어질 것이다.

이 진화의 움직임은 지금도 계속해서 일어나고 있을 것이며, 또 일어나야만 한다. 왜냐하면 진화의 움직임이 없다면 인간은 스스로와 지구상 대부분의 다른 종들을 파괴할 것이기 때문이다. 그것은 일종의 자연적 견제, 즉 생명 그 자체 또는 투자를 보호하려는 움직임이라고 할 수 있다. 아이슬러의 표현대로 그것은 "현대의 길라니적인(gylanic)◀ 추진력, 즉 평등과 동반자 관계를 향한 움직임이 우리 종의 생존을 위한 추동에 의해 강요되는 적응과정으로 보일 수 있다."²⁵

반면에 그 변화는 단순히 생명의 전개되는 진화의 자연스러운 부분으로서 일어나는 것일 수도 있다. 전통적인 신다원주의의 관점에서는 진화를, 임의의 돌연변이가 매우 자주 유리한 결과를 가지며 선택되어 종의 집단적 유전자풀의 한 부분이 되는 느리고 점진적인 과정으로 본다. 그러나 이 견해에는 일부 심각한 문제가 있다. 특히 돌연변이가 같은 종 내에서의 변이보다는 오히려 어떻게 새로운 종을 만드는가를 생각하면 더욱 그렇다. 생물학자들은 돌연변이는 세대마다 수백만 개의 세포 가운데 한 개의 비율로 발생할 뿐이라고 추정한다. 그러나 생존에 장점이 되는 유리한 특성을 만들어내는 것은 단지 미미한 수치이기 때문에, 일부 과학자들은 프리초프 카프라가 주장한 "이 빈도가 생명체 진화의 엄청난 다양성을 충분히 설명한다"²⁶라는 말을 의심한다. 이러한 변화들이 발생하는 데에는 수백만 년이 걸린다는 것은 사실이다. 그러나 생물학자들은 시간이 아무리 많이 주어진다 하더라도 그처럼 부정적이고 맹목적인 과정이 그처럼 믿기 어려울 정

---

◀ 'gylany'는 남녀평등에 바탕을 둔 사회체제를 뜻하는 말이다. 그리스어의 여성을 의미하는 'gyne'과 해방을 의미하는 'lyein'의 합성어다.

도로 창조적이고 긍정적인 결과를 가져올 수 있는지를 의심했다. 또 하나의 문제는 돌연변이가 꼭 유익할 필요는 없다는 것이며, 또 누적되어야 한다는 것이다. 프랑스의 반(反)신다윈주의 생물학자인 앙드레 테트리의 주장대로, 각각의 돌연변이는 선행한 돌연변이에 적응하고, 정확한 장소에 아주 정확한 시간에 일어나야 한다.[27]

예를 들면, 새의 날개를 만드는 데 필요한 수천 가지의 분리된 유전적 돌연변이들을 생각해 보라. 각각의 돌연변이는 이전의 돌연변이의 관점에서 보면 다음 단계를 창조하기 위해서는 날개가 발달하는 방향과 일치하는 정확히 들어맞는 돌연변이여야 했을 것이다. 그리고 매번 이러한 변화가 우연히 발생하지 않을 가능성은 엄청나게 증가했을 것이다. 종들 사이에는 돌연변이들이 넘어갈 수 없는 보이지 않는 경계가 있다. 그것들은 같은 종 내부에서 변종을 만들어낼 수 있지만, 실제로 새로운 종을 창조하기 위해서는 보다 더 많은 조건을 요구받게 될 것이다.

진화는 우발적으로 일어나는 것이 아니라, 생명체가 미리 예정된 길을 따라 발전하게 하는, 생명체 내부에 있는 일종의 힘에 의해서 추진된다고 할 수 있다. 다시 말해 진화는 어떤 패턴, 수정에서 탄생을 거쳐 어른으로 성숙하는 인간의 발달과 같은 발육 과정을 따를 수 있다. 결국 개개 인간의 발달(기술적인 용어를 사용하자면 개체발생)은 생명체의 진화와 아주 유사하다. 두 경우 모두 존재는 점진적으로 더 육체적으로 복잡해지고(세포들이 많아지고 세포 간의 상호작용도 늘어난다), 동시에 더 의식이 강해지게 된다.

이 주장에 문제가 있어 보일 수도 있을 것이다. 의식의 강화가 항상 복잡성의 증가와 함께 진행된다고 말한다면, 이 의식의 강화와 함께 진행되는 복잡성의 증가는 어디에 있는가? 현재의 인간이 400년 전의 인간보다 뇌도 크고 신경세포도 많아서, 육체적으로 더 복잡하다고 말하는가?

물론 이는 터무니없는 이야기가 될 것이다. 그러나 좀 더 멀리, 인간을 개인보다는 집단으로 보면, 이 의식의 강화가 새로운 복잡성과 양립한다는 것이 분명하다. 지난 250년 동안 인간은 점점 더 상호 연결되었다. 피터 러셀의 책《깨어나는 지구》에서 사용한 비유로는, 개개의 세포들이 모여 '글로벌 뇌'를 조직한 것과 비슷하다. 러셀이 지적한 대로 지난 50여 년간 이러한 과정은 놀라운 비율로 움직였고 지금도 움직이고 있다. 세계 인구가 빠른 속도로 증가하고, 교통망의 발달로 서로의 거리를 단축시켜 사람들의 상호작용이 늘어나고, 우리가 발전하는 기술로 인해 점점 더 상호 연결되는 데 따른 것이다.[28] 마찬가지로 샤르댕의 말에 따르면, 이 증가하는 복잡성은 정신영역◄을 형성하게 함으로써 전 인류가 연합해 하나의 '서로 간에 생각하는' 집단으로 발전하는 데 일조했다.[29] 이러한 변화들을 진화적 발전으로 볼 때 생길 수 있는 또 하나의 문제는 왜 그 변화들이 모든 인류에게 일어나는 것처럼 보이지 않는가 하는 점이다. 그 변화들은 주로 유럽이나 유럽인들이 이주한 남북아메리카와 오스트레일리아 같은 지역들에서 발생했다. 최근에는 그보다 작은 범위의 변화가 동아시

---

◄ '정신'과 '영역'에 해당하는 그리스어를 종합하여 만든 단어. 인간의 의식 · 정신 · 인간관계 등이 합쳐져서 된 이론적인 진화 발달 단계.

아에서도 일어나고 있다. 그러나 많은 지역, 특히 중동과 아프리카의 많은 지역에서는 변화가 일어나지 않는 것 같아 보인다. 당신은 진화적 발전이라면 인류 전체에게 영향을 미쳐야 한다고 반박할 것이 분명하다. 어쨌든 이것은 내가 자아폭발이 진화적 발전이라는 시각을 반박하는 데 사용한 논법이었다. 자아폭발은 중앙아시아와 중동 지역 사람들에게만 일어났다는 것이었다.

아프리카는 특별한 경우다. 이 책에서 우리는 한때는 평화로웠지만 문화적 혼란의 결과로 나중에는 호전적이고 사회적으로 억압적으로 변했던 사람들의 사례를 살펴보았다. 이것이 대평원 인디언, 응구니족, 쿵족 그리고 아마도 남아메리카의 지바로족과 야노마모족에게 일어난 일이었을 것이다. 이것은 단순히 인간적인 현상도 아니다. 그것은 탄자니아 곰베의 침팬지들에게도 일어났다. 침팬지들은 평화롭고 평등했는데 먹이 체계(나중에는 실제의 서식지)가 인간에 의해 교란되면서 공격적이고, 계급적으로 변했고, 사회적 무질서(강간과 새끼 학대 등)가 만연하게 되었다. 그리고 라이베리아·시에라리온·수단·나이지리아와 같은 현대 아프리카 국가들 – 부패한 정부, 잦은 내전, 강도와 강간의 높은 발생 빈도 등 – 은 문화적 교란의 결과로 발생한 비극적 사례로 볼 수 있다. 수 세기에 걸친 아랍과 유럽의 영향 – 특히 20세기 식민지 기간 동안 – 은 아프리카 문화를 너무 엄청나게 교란시켜서 과거에는 아프리카 대륙에 공통적이었던 모성선호적인 가치가 거의 남아 있지 않은 것 같다.

이러한 변화들이 유럽인들(동아시아 사람들에게는 작은 정도로)에게 영향을 미쳤던 반면에 중동의 문화에는 영향을 주지 못했다는 사실은 중요할 수 있다. 타락한 정신은 유럽, 특히 서유럽에서는 그리 강하지 않았다. 우리가 앞에서 살펴본 것처럼, 타락의 효과는 사하라시아로부터의 거리가 멀어지면 감소했다. 중동 및 중앙아시아에서 떨어질수록 사하라시아인 이주자들의 숫자는 줄어들었으며 토착적인 모성선호적 문화들의 잔존하는 영향력은 더 커졌다. 그 결과 진화적인 움직임이 일어나면, 유럽에 있는 사람들이 더 민감하게 반응하고 그 지역에 더 신속하게 나타나리라고 보는 게 논리적일 것이다. 그들은 타락한 정신을 초월하는 것이 더 수월할 것이다. 타락한 정신이 처음부터 그들을 강력하게 장악하지 않았기 때문이다.

그러나 중동은 타락의 진원지였다. 타락한 정신과 그것을 수반하는 병리 현상들은 항상 거기서 더 강력하게 나타났다. 그래서 우리는 타락 초월 운동이 그 지역에서는 저항을 받을 것이며, 보다 느리게 진전되리라고 기대할 것이다. 그러나 거기서도, 그리고 타락한 정신이 유럽보다 항상 강력했던 다른 지역들에서도 변화가 일어나고 있음을 보여 주는 증거가 있다는 점을 주목할 필요가 있다. 예를 들면, 중동에서도 여성들의 지위가 천천히 향상되고 있다. 지난 5년간 카타르와 바레인은 여성들에게 투표권을 부여했으며, 선거에 출마도 할 수 있게 했다. 쿠웨이트 의회는 최근에 여성들에게도 남성들과 똑같은 참정권을 부여하는 법을 통과시켰다. 1970년과 비교하면 아랍 여성들의 문자 해독률은 3배나 증가했으며 학교에 진학하는 수치도 2배나 늘었다.[30] 물론 아직도 중요한 문제들이 있지만, 아랍 세계 전체에서 여성의 권리를 둘러싼 논쟁은 계속 증가하고 있으며, 이러한 움직임들이 변화를 가져오기 시작할 것이다. 인도에서는 카스트 제도가 약화되기 시작하고 있다는 증거들이 나타나고 있으며, 여성들이 이전보다 더 큰 존중과 평등을 획득하고 있다. 중국에서는 오랫동안 미루어진 민주화 과정이 시작되는 것 같으며, 억압받는 노동자들과 당 간부들의 귀족정치 간의 간극도 좁혀지는 듯하다.

이러한 나라들에서 일어나는 일련의 과정이 18세기 후반의 유럽이나 미국과 마찬가지로 가속화될 것이라고 기대할 만한 타당한 이유가 있다. 진화가 인간에게 새로운 의식 에너지를 지속적으로 불어넣고, 공감 정신이 계속 확산되고 있기 때문이다.

# 인류 의식의
# 진화를 위하여

우리는 원을 한 바퀴 돌고 있다. 우리는 도(道)로부터 떨어져 나온 지 수천 년 만에 다시 도와 조화를 이루는 방향으로 돌아가고 있으며 완벽한 미덕의 시대로 돌아갈 것이다. 우리는 오웬 바필드의 용어로 표현하면 "원초적 참여"의 상태에서 시작된 다음부터 우주와의 관계에 대한 인식을 상실했으며, 이제는 "최종적 참여"로 접근하고 있다.[1] 또 다른 식으로 표현하면, 우리는 6,000년간 정신병을 겪고 나서 이제 최종적으로 정상적인 정신을 얻게 될 것이다.

그러나 다른 측면에서 보면 실제로 우리는 돌아가는 것이 아니라 완전히 새로운 상태를 향해 전진해 나가는 것일 수도 있다. 자아분리를 초월하는 것이 반드시 타락의 긍정적인 효과들을 희생하는 것을 의미하지는 않는다.

우리는 이 책의 대부분을 강력한 자아인식이 지난 6,000년 동안 발생시킨 문제들을 살펴보는 데 소비했다. 하지만 가장 중요한 점은 강력한 자아인식 그 자체가 문제는 아니라는 사실이다.

실제로 문제가 되는 부분은 우리의 자아인식이 예리하다는 것이 아니라, 그것이 분리되고 있다는 점이다. 그것이 우리의 정신 속을 너무 지배하게 되었으며, 자아가 만들어내는 생각의 수다가 너무 과격하고 혼란스러워졌다는 사실 역시 간과할 수 없는 문제다. 많은 영적 스승이 지적해 왔듯 자아가 파괴될 필요는 없다. 만약 그런 일이 실제로 발생한다면 재앙이 될 것이다. 우리가 세상을 살아가려면 자아인식이 필요하다. 때문에 그것은 사라지는 대신 길들여져야 하며, 분리의 벽은 녹아 없어져야 한다. 자아인식은 정신 에너지와 주의력을 독점하는 대신에 우리 정신의 한 부분으로 통합되어 필요할 때 중요한 기능을 수행해야 할 필요가 있다.

이것이 타락 초월 상태에서 일어나는 것이다. 우리의 자아인식은 여전히 거기 있지만 더 이상 분리되지 않고, 더 이상 강력하지 않으며, 더 이상 우리의 의식 에너지를 독점하지는 않는다. 그리고 가장 중요한 것은 자아폭발이 우리에게 선사한 고도의 지적 능력이 여전히 거기에 있다는 점이다. 이것이 바로 현대 세계의 과학적 기술적 경이를 낳은 '논리적이고 총괄적인 탁월함이다.[2] 타락한 정신을 초월하는 것은 타락하지 않은 사람들의 마술적인 세계관으로 돌아가는 것을 의미하지는 않는다. 타락하지 않은 사람들의 마술적인 세계관에서는 모든 자연현상에 초자연적인 원인이 있으며, 악령과 마녀들이 우리에게 해를 끼치는 방법을 찾으려고 끊임없이 일하고 있다. 타락 초월은 세상이 움직이는 방식에 대한 우리의 합리적 이해와 발명과 창조에 대한 우리의 놀라운 능력을 지속하는 것을 의미한다. 이러한 방법을 통하면 타락 초월 정신은 타락하지 않은 정신과 타락한 정신의 긍정적인 측면들의 조합이라고 말할 수 있다.

그렇지만 이는 너무나 먼 미래를 바라보는 것이다. 보다 긴급한 사안은 우리가 온전한 정신의 시대에 도달할 만한 시간이 실제로 있는가의 여부다. 시간이 없다. 2차 물결이 세상에서 강력한 힘인 것은 사실이지만 아직도 우리가 필요로 하는 광범위한 종류의 변화를 초래하지는 않았다. 타락한 정신은 여전히 세상을 지배하고 있으며, 여전히 인류를 자멸로 밀어붙이고 있다.

지금까지 가장 큰 문제는 우리가 이 행성의 생태를 파괴하는 것이며, 지구온난화는 특히 심각하다. 대부분의 과학자는 우리가 지구온난화에 대해 아주 신속하고 아주 중요한 행동 – 탄소 배출을 줄이는 것 같은 조치 – 을 취하지 않으면 너무 늦을 것이라는 데 동의한다. 그리고 이러한 위협을 피한다고 하더라도 생물종의 멸종, 인구과잉, 자원 고갈 등의 문제도 역시 우리에게 치명적일 수 있다.

우리가 앞에서 보았듯이 환경문제는 타락한 정신의 직접적인 결과물이며, 단지 그것을 초월하는 방법을 통해서만 해결될 수 있다. 지구 행성은 모든 인간이 자연과 다른 생물종에 대해 공감하는 존경심, 자연이 살아 있으며 신성하다는 인식, 세상 전체에 대한 책임감을 체험하기 전까지는 항상 위협에 처할 것이다. 이 대재앙을 피하는 데에는 다른 타락 초월 특징들도 필요할 것이다. 정치적 지배나 물질주의적인 태도 역시 줄어들어야 한다. 정부들이 경제력이나 군사적 우월, 지속적인 경제성장을 추구하는 것은 환경문제에 비하면 부차적인 것이라는 점을 깨달아야 한다. 국제분쟁과 억압을 종료시키기 위한 국가 간의 협력이 증대되어야 한다. 우리는 이것이 국가 간의 집단적 결정과 행동을 통해서만 해결될 수 있는 위기라는 사실을 인정하기 때문이다. 인류 전체가 행복하기 위해서는 개인적인 차원에서 약간의 불편함을 기꺼이 견딜 수 있다는 이타적인 관점이 필요하다.

그러므로 인간이 생존하느냐의 여부는 얼마나 빨리 타락 초월 운동이 성장하느냐에 달려 있다. 그리고 불행히도 현재의 변화되는 속도는 너무 느린 것 같다. 문제는 매우 거대하고, 타락한 정신은 아직도 너무 강하다는 점이다. 우리는 진화하고 있을 것이다. 하지만 우리는 너무 느리게 진화하는 것 같다. 스티븐 제이 굴드와 같은 생물학자들은 제대로 된 상황에서 진화의 도약은 1,000년 만에 일어난다고 주장했다.[3] 이것은 진화의 관점에서 시계가 똑딱거리며 가는 소리다. 그러나 지난 300년간 확실히 눈에 띄게 나타나는 진화의 도약에 이를 적용할 경우, 진정한 변형이 일어나게 하려면 우리는 몇 세기를 더 기다려야만 할 수도 있음을 깨달아야 한다. 우리가 고개를 들어 앞에 놓인 길을 바라보면 아직도 이러한 종류의 시간표가 더 실현될 가능성이 있는 것 같다. 수십 년 단위보다는 수 세기 단위로 생각하는 것이 이치에 닿아 보인다.

이것이 사실이라면 인류의 미래는 매우 암울해 보인다. 우리에게 시간이 별로 많지 않은 것은 분명하기 때문이다. 그러나 여기가 우리가 움직여야 하는 곳이다. 인간과 다른 생명체들 사이에는 중대한 차이가 있는데, 이는 이 진화 발전이 이전의 다른 어떤 것보다도 훨씬 빠르게 일어날 수 있음을 의미한다. 인간에게 진화 과정은, 생물학자 줄리언 헉슬리에 따르면, "인간이 그것 자체를 의식하게 되었다."[4] 우리에게 진화가 단순히 자연적인 과정이 펼쳐지는 것일 필요는 없다. 우리가 실제로 진화의 과정을 안다면, 우리가 원한다면 그 과정을 의식적으로 도와주고 이끌어가는 것이 가능하다. 불교의 모든 믿음은 모든 존재가 태어날 때부터 깨달음을 향해 진화한다는 것이지만, 팔정도를 따르면 그 과정을 의식적으로 가속화시킬 수 있다. 어떤 면에서는 이미 자연적으로 일어나고 있는 집단적인 변형에 우리의 의식적인 노력을 더하여 변화의 속도를 높이는 것도 가능하다.

우리는 1차 물결과 2차 물결을 함께 실행함으로써 이 일을 할 수 있다. 1차 물결의 신비주의자들은 우리가 '자기진화'라고 부를 만한 것을 발견했다. 그들은 스스로를 더 잘 인식하고, 더 생기 있게 만들었으며, 진화의 다음 단계를 미숙하게나마 잠깐 볼 수 있었다. 그리고 그들이 발전시킨 영적 기술들 - 그리고 다른 현대적 변형들 - 을 활용함으로써 우리는 우리 손으로 진화할 수 있다. 의식적으로 우리 자신을 상대로 노력을 기울이고, 명상과 의식 에너지를 강화시키는 다른 1차 물결의 방법들을 수행하여 진화 과정을 앞당길 수 있다. 우리는 스스로 자아분리의 벽을 녹여 없애 버리고 타락 초월 상태에 도달할 수 있으며, 그 과정에서 우리 인류 전체가 같은 일을 하게 도울 수 있다.

이러한 일이 가능한 것은 모든 인간이 정신적으로 상호 연결되어 있기 때문이다. 앞서 나는 타락한 정신은 영구하게 고정된 일종의 정신적 표본이라고 주장했다. 부성선호적 특징이 한 세대에서 다음 세대로 전해져야 할 필요는 없다. 왜냐하면 어떤 시점에는 타락한 정신이 모든 개인이 날 때부터 어른이 될 때까지 따르는 '발전의 청사진'의 한 부분이 되었기 때문이다. 이것은 루퍼트 셸드레이크의 '형태 공명' 이론을 통해 증명되었다. 즉, 한 집단이나 종의 많은 구성원이 특별한 특성이나 특징들을 보이면, 그것은 자연히 모든 구성원의 특징이 되고, 새로운 본능이나 선천적인 특징으로 자리 잡는다는 이론이다. 그 관점에서 보면 종의 모든 구성원은 그 특성을 가지고 태어나거나, 아니면 최소한 태어난 다음에 그 특성을 발전시키도록 설계되어 태어난다.[5]

그리고 비슷한 일이 타락 초월 정신에서도 발생할 수 있다. 많은 실험들을 통해 입증된 셸드레이크의 이론을 우리의 곤경에 적용하면, 우리가 타락 초월 정신을 향해 나아가도록 의식적인 노력을 한다면 다른 사람들도 같은 일을 하는 게 더 쉬워질 것이며, 타락 초월 정신의 형태 공명은 축적될 것임을 시사한다. 전 세계적으로 사람들은 보다 더 자연스럽게 개인으로서 진화해야 하며, 고대 불교의 도·베단타·요가 그리고 다른 영적 기술들을 따르고, 더 이타적으로 동정심을 갖고 살아야 한다고 느낄 것이다. 마침내 어떤 결정적 한계점에 다다르면 타락 초월 정신이 우리 '종의 청사진'의 한 부분이 되어, 모든 인간 한 개개인에게 전파될 것이다. 새로 태어나는 모든 사람은 날 때부터 자라면서 자연스럽게 타락 초월 정신을 발전시키게 될 것이다.

영적인 길을 따르고 수행하는 것은 그 자체만으로도 충분히 유익하다. 그것들은 타락한 정신을 위한 정신 요법이다. 명상은 자아분리의 벽을 녹여 없애며, 우리의 혼란스러운 생각의 수다를 조용하게 만들며, 의식 에너지를 재분배하여, 세계의 아름다움과 영성을 자각할 수 있게 한다. 우리 누구도 타락한 정신이 가진 근원적 고립과 정신적 불화를 견뎌내야만 할 필요는 없다. 우리 모두에게는 스스로를 치료하고, 태어날 때부터 가진 정신을 변형할 기회가 있다. 그러나 그것은 이제 1차 물결 때처럼, 더 이상 개인의 문제가 아니다. 영적 수행은 진화적 긴급 사안이다. 당신이 앉아서 명상할 때마다, 당신이 요가를 할 때마다, 또는 당신의 의식 에너지를 강화시키는 효과가 있는 다른 행동을 할 때마다, 아무리 작은 방법이라 할지라도 당신은 인류 전체를 대신해 그 행위를 하는 것이며, 우리를 구원할 진화의 움직임에 약간의 힘을 더하는 것이다.

그러나 영적 수행으로만 변화가 가능한 것은 아니다. 변화는 우리가 어떤 삶을 선택하느냐에서도 생겨날 수 있다. 우리는 적어도 생활의 일부를 봉사 활동에 바침으로써 자아단절감을 약화시킬 수도 있다. 우리의 욕망과 이익을 추구하느라 모든 시간을 소비하기보다는 다른 사람들(그리고 다른 존재들과 세상 그 자체까지)을 위해 봉사하고, 그들이 자신의 가능성을 실현하고 고통을 줄이도록 도와야 한다. 봉사와 동정심은 우리로 하여금 생각과 욕망을 초월하게 하며, 다른 사람과의 유대를 만들고, 결국 우리를 덜 자아중심적인 상태로 이끌어나간다.

우리는 좀 더 가볍게 살고, 물질적인 재화의 소비와 환경에 가하는 손상을 줄이기 위해 의식적인 노력을 기울일 필요가 있다. 그리고 우리는 우리가 우주의 한 부분이며, 우리 자신을 포함한 전체 세계가 영적인 힘의 현시이고, 인생의 목적은 세상에서 성공하거나 가능한 한 많은 재미를 누리는 것이 아니라 우리의 진정한 영적인 가능성을 인식하고 세상의 안녕에 기여하는 것이란 사실을 기억하기 위해서도 의식적인 노력을 기울여야 한다.

사회적 변화도 물론 필요하다. 타락한 정신이 최악으로 표출되는 것들, 즉 환경파괴를 일으키는 기업들, 우선순위를 왜곡하고 우리가 직면한 위험을 무시하는 정부들 그리고 전쟁·불평등·자연에 대한 증오·성적 억압과 같은 낡은 타락한 정신의 가치들을 고취하는 조직에 반대하는 운동이 필요하다. 환경 단체·인권 단체·여성 단체·동물 권리 단체 그리고 많은 다른 단체는 타락 초월 운동의 선봉이며 우리의 지원이 필요하다.

우리 앞에는 두 가지 시나리오가 있다. 우리가 선택해 나갈 수 있는 두 개의 다른 길이다. 첫 번째 미래는 미래가 아니다. 지구온난화가 멈춰지지 않는다면, 국가들은 줄어드는 식량과 물 그리고 에너지 공급을 확보하기 위해 서로 싸우게 될 것이다. 기후·재난·폭풍·홍수로 인한 끔찍한 파괴는 늘어날 것이며, 건조지대도 늘어나 곡물 수확은 줄어들 것이다. 세상은 전쟁으로 인한 혼란과 사회적 혼돈으로 가득 찰 것이고, 인류는 필연적으로 자멸을 향해 소용돌이치며 나갈 것이다. 각국은 자신들의 이익을 지키기 위해 핵무기를 개발하고, 1980년대에 세상을 괴롭히던 핵 재앙의 공포가 수십 년 내에 다시 재발생할 것이다. 이것이 지난 6,000년간의 인간의 광기가 도달하게 될 논리적인 결론이다.

두 번째 시나리오는 타락 초월 정신의 승리다. 이것은 우리 과거의 황금시대를 다시 불러일으키는 밝은 미래로 이끈다. 이 미래에는 전쟁은 없고, 남성의 지배도 없고, 사회적 불평등도 없고, 섹스와 육체에 대한 수치심도 없고, 다른 생물종이나 자연계를 지배하는 것도 없다. 우리가 타락한 정신의 분리를 넘어서서 움직이기 때문에 이 모든 것들은 치료가 끝난 질병의 증상처럼 자연스럽게 사라질 것이다. 존재에 대한 인식을 공유함으로써 모든 인간은 통합될 것이며, 공감과 일치의 열린 네트워크가 학대와 억압에 종지부를 찍을 것이다.

착취와 경쟁은 존경과 협동으로 대체될 것이다. 화합의 새로운 정신이 세상에 넘칠 것이다. 일단 질병이 치료되면 의학의 필요성도 사라진다. 자아분리를 초월하면 위로나 행복의 다른 원천도 더 이상 필요하지 않게 된다. 마르크스는 공산주의 국가가 세워지면 종교는 필요 없게 될 것이라고 말했지만, 타락 초월 시대에서 종교는 더 이상 필요하지 않은 것들 가운데 하나일 뿐이다. 보다 높은 존재가 우리를 돌보고 우리 일상사를 조작한다고 믿는 것 그리고 우리가 죽으면 영원한 천국이 우리를 기다리고 있다고 믿는 것이 불필요해지는 것처럼, 더 이상 부와 지위를 추구할 필요도 없어질 것이며, 본능적인 쾌락 버튼을 누르기 위해 쇼핑하고, 비싼 차를 타고, 술을 마시는 등 쾌락주의적인 생활을 하느라 인생을 허비할 필요가 없을 것이다. 우리는 마음속의 불화로부터 주의를 돌리기 위해 일을 하거나, 끝없이 핸드폰을 보거나, 불필요한 행동들을 할 필요가 없을 것이며, 내면의 불만을 잠재우기 위해 자극적인 쾌락을 찾을 필요도 없을 것이다. 정신적인 불화가 더 이상 존재하지 않게 되므로 이러한 짓들은 모두 필요 없게 될 것이다. 자아분리를 초월하게 되면 우리는 더 이상 근본적인 고립감과 고독감을 느끼지 않을 것이다. 그 대신 새롭게 내면적인 완전함과 만족함을 인식할 것이다.

우리는 우주와도 새로운 관계를 맺게 될 것이다. 세상은 더이상 따분하지 않다. 세상은 생소함과 명백한 무관심으로 우리를 두렵게 했지만, 이제 더 이상 '저기 밖에 있는' 비현실적인 장소가 아니게 된다. 그 대신 우리는 신선한 시각과 높은 수준의 의식 에너지에 의해 발생하는 의식 있는 자각을 통해 세상을 바라보고, 세상을 빛나고, 아름답고, 자애롭고, 의미 있는 장소로 볼 것이다. 우리는 만물 안에서 그리고 사물들 사이의 공간에서 영적인 힘의 임재를 볼 수 있을 것이며, 그것이 모든 사물의 원천이며 우주의 궁극적 실체임을 알게 될 것이다. 우리는 영적인 힘이 우리 존재의 본질이라는 것도 알게 될 것이며, 세상과 교감하고, 세상 밖에서 그것을 들여다보기보다는 그것에 속해 참여하고 있음을 느끼게 될 것이다.

우리는 더 이상 분리되지 않을 것이며, 따라서 죽음·세상·신·우리 자신·다른 사람들 등 그 무엇도 더 이상 두려워하지 않게 될 것이다. 인간 정신의 불화는 치유될 것이며, 그것이 초래한 광기는 사라질 것이다.

선택은 당신의 몫이다.

나
가
며


나는 늘 원주민과 현대인 혹은 '문명화된' 사람 사이에 어떤 심리학적 차이가 있을지 궁금했다. 이들이 자연계를 대하는 태도가 다르다는 사실에 특히 끌렸다. 원주민은 자연을 존중하고, 신성하고 생명력 있는 존재로 느끼며 그 안에 영적인 힘이 충만함을 의식했지만, 현대인은 자연을 착취했다. 현대인은 자연계와 분리되어 존재하는 반면, 원주민은 연대감을 느끼며 친밀한 관계를 맺은 것이다. 왜 이러한 차이가 발생하는지에 대해 수년 동안 인류학과 고고학의 방대한 자료들을 찾으며 논문으로 정리하기 시작했다.

그러다 인류 역사의 어느 시점에서 주요한 심리학적 변화, 즉 인류가 개인성을 새롭게 느끼기 시작했음을 발견했다. 자료를 읽을수록 그 증거를 더 많이 찾을 수 있었다. 책을 쓰기 시작하면서부터 관념과 이론은 써 내려가기 벅찰 정도로 머릿속에서 쏟아져 나왔다. 결과적으로 책은 아주 쉽게 쓰였다. 아마도 수년간 내 잠재의식에서 틀을 잡고 나올 준비가 되었던 것이리라. 《자아폭발》은 영국과 미국에서 특히 열광적인 반응을 얻었으며, 이후 몇 개의 언어로 번역되어 전 세계에 소개되었다. 지금까지도 독자에게 자주 감사 이메일을 받는다. 주로 이 책으로 인류의 모든 혼란을 이해하게 되었다거나, 삶을 바라보는 방식이 완전히 바뀌었다거나, 미래를 낙관하게 되었다는 내용이다.

## 타락에 관한 최근 증거

이 책이 처음 출간된 지도 벌써 13년이 되어가니 여기서는 최근의 증거를 덧붙이고 싶다. 이 책의 뼈대가 되는 주장들에 따르면, 선사시대 인간은 본래 조화로운 상태로 살면서 자연과 깊은 유대감을 느꼈고, 집단은 평등하고 평화로웠으며, 남성의 지배나 억압도 없었다. 그런데 '자아폭발'이 일어나자 인류는 개인성을 강하게 느끼기 시작했으며, 전쟁·여성 억압·불평등과 같은 병적 특성이 생겨나기 시작했다. 그러나 학계에서 13년은 꽤 긴 시간이다. 그렇다면 이러한 주장은 최근 연구에 비춰 봐도 타당할까?

　다행히도 이 책의 주장, 즉 초기 인류는 평화로웠고, 전쟁은 비교적 최근까지 흔하지 않았다는 점을 지지하는 새로운 증거들이 이후에도 많이 축적되었다. 가령 2013년 인류학자 조너선 하스와 매튜 피시텔리가 문헌에 나타난 선사시대의 인골 묘사를 2,900가지나 조사했다. 수단에서 발견한 대학살 지역 한 곳을 제외하면 폭력 흔적이 있는 뼈는 네 점뿐이었고, 이조차도 전쟁이 아닌 살인의 흔적이었다. 반대로 이후 시대에는 뼈에 남은 흔적, 무기, 예술품, 건축물 등에서 전쟁의 흔적을 뚜렷이 발견할 수 있다. 하스와 피시텔리의 설명대로 "인류 역사 속에서 전쟁이 보편적이라는 추측은 대중의 정서를 만족시켰을 수도 있지만 이러한 보편성은 실증적 근거가 부족하다."

　2013년 또 다른 인류학자 브라이언 퍼거슨은 신석기시대 유럽과 근동 지역에서 발굴한 고고학 자료를 상세히 살펴봤지만, 전쟁의 증거를 거의 찾지 못했다. 자료에 따르면 이 지역에서 전쟁이 흔하게 나타난 시기는 기원전 3500년경이다. 레반트(현재 요르단, 시리아, 이스라엘, 팔레스타인 지역)에서도 기원전 9000년부터 인구가 밀집하여 농사를 지었지만, 기원전 3500년까지 전쟁의 흔적은 없다.

이 책에서 살펴본 증거에 따르면 현대 수렵채집인 집단은 식량을 저장하지 않고 거의 즉각 소비하는 삶을 살며 평화롭고 평등하다. 그리고 2014년 인류학자 프라이와 쇠데르베리가 21개의 현대 수렵채집인 집단을 연구해 이를 증명했다. 연구에 따르면, 지난 수백 년 동안 집단 내에서 충돌이 있었다는 증거가 현저히 부족하다. 오직 한 개의 집단('티위'라고 부르는 오스트레일리아 애버리진 집단)만 집단 살인을 한 역사가 있었다. 현대 수렵채집인 집단에 관한 다른 최근 연구에서도 남녀가 대체로 동일한 지위와 영향력을 소유하고 있음이 드러났다는 증거를 통해 남녀 불평등 역시 비교적 최근에 발달한 특성임을 추측할 수 있다.

달리 말하면, 이러한 최근 증거는 전쟁이 (혹은 남성의 지배마저도) 인간 고유의 특성이 아니라 인류가 지구에 산 이래로 짧은 시간 동안에만 일어난 현상임을 강력히 시사한다. 인간이 본래부터 호전적이라는 견해는 과거 대부분의 진화심리학자가 열렬히 지지했다. 전쟁이 자연스러운 것이라는 주장이 인간의 삶이 생존과 번식을 위한 유전적 분투라는 관점과 잘 맞아떨어지는 탓이다. 그러나 최근 이러한 생각은 점점 더 지지를 잃고 있다. 인류학자와 고고학자 사이에서 선사시대는 평화로웠다는 관념이 오히려 더 많이 증명되고, 폭넓게 인정받는다. 심지어 보수 진화심리학자 데이비드 바래시조차도 "특히 유목하며 채집하는 사회제도(즉 선사시대의 사회제도)가 개인 간 폭력적인 경쟁과는 반대 성향을 지녔기 때문에 초기 인류가 호전적일 가능성은 극히 적다"라는 데 동의했다.

## 농업은 타락의 결과

《자아폭발》에서 독자에게 더욱 폭넓게 수용된 또 다른 측면은 선사시대 인간의 삶이 이후 인간의 삶보다 훨씬 편안하고 건강하고 행복했다는 주장이다. 나는 선사시대 수렵채집인이 전쟁, 남성의 지배, 사회적 불평등에서도 자유로웠고, 현대 인류보다 훨씬 건강했으며 수명이 길었다고 설명했다. 인류의 역사가 미개한 상태에서 세련된 문명사회로 끊임없이 점진했다는 개념만큼이나 초기 인류의 생활이 형편없고 야만스러웠다는 관념은 근거가 없다. 이러한 이야기는 18세기와 19세기 유럽의 식민지 개척자가 세계 곳곳에 존재하는, 기술적으로 덜 발달한 집단을 억압하고, 착취하면서 자신들을 정당화하는 데 사용한 허구다. 이 책이 처음 출간되었을 때 한 비평가는 '새로운 인종차별'이라며 비난했고, 또 다른 평론가들은 '고결한 야만인' 신화를 영속화한다고 평가했다.

물론 내가 처음 이 책을 쓸 당시에도 이미 인간 역사에 대한 '비진보적' 관점을 뒷받침하는 증거는 많았다. 1968년으로 거슬러 올라가면 인류학자 마셜 살린스는 선사시대 수렵채집인을 "풍족한 사회의 원형"이라고 불렀으며, 1979년에는 인류학자 리처드 B. 리가 아프리카 쿵족에 대해 "쿵족은 식량을 채집하는 데 일주일에 단 15시간만 할애하고 여가를 넉넉히 즐겼다"라고 설명했다. 이러한 견해가 인류학자에게는 친숙했지만, 대중에게 퍼지는 데는 시간이 오래 걸렸다. 아마도 인류의 진보 신화가 단단히 확립된 탓일 것이다.

그러나 이제 인류의 역사(또는 선사시대)를 다르게 보는 관점이 널리 수용되고 있다. 지금은 '고결한 야만인'이라는 관념이 식민지 시대가 낳은 원시 야만성 신화보다 훨씬 더 현실적으로 여겨진다. 유발 하라리는《사피엔스》에서 선사시대의 삶을 "풍요와 여가의 시기"로 묘사하며 농업의 출현을 "역사상 최대 사기"라고 언급했다. 하라리에 따르면, 농업은 인간과 자연의 공생 관계를 깨뜨리고 소외, 탐욕, 불평등, 전쟁을 초래했다. 채집에서 농업으로 변화하는 가운데 살았던 대부분 사람에게 농업은 발전이 아니라 끔찍한 실수였다. 농업은 더 힘든 노동, 질 낮은 식사(굶주림에 대한 위험성 증가), 다양한 질병, 혼잡한 생활 환경 등 여러 문제를 초래했다. 정치학자 제임스 C. 스콧도《농경의 배신》에서 농업 혁명을 재앙으로 표현했다. 스콧은 곡물 경작이 (과세를 가능하게 해서) 최초의 정부를 형성했고, 결국 간접적으로 전쟁, 노예, 계급을 야기했다고 주장했다. 마지막으로 인류학자 제임스 수즈먼도 최근 저서《풍요 없는 풍요Affluence Without Abundance》에서 비슷한 주장을 한다. 수즈먼은 남아프리카 부시먼과 몇 년간 함께 생활하면서 인류의 오래된 과거를 엿보고, 농업이 시작되기 전 존재한 '원시의 풍요'와 평등주의를 떠올린다.

하지만 이는 내가 이 책에서 주장한 바와 조금 다르다. 나는 남성의 지배, 격렬한 전쟁, 사회 불평등이 나타난 시기가 수렵채집인 생활방식이 끝을 맺고 농업이 출현한 시기와 동일하다고 보지 않는다. 수렵채집에서 농업으로의 변화가 갑작스럽게 발생한 게 아니라는 점을 2장에서 지적했다. 초기에는 대부분 집단이 '단순한 원예재배' 생활방식을 취해 작은 밭을 경작하고, 쟁기보다는 괭이를 주로 사용했다. 그리고 다양한 증거를 통해 기원전 8000~4000년경까지 지속된 원예재배 시기는 평화로웠으며, 평등했고, 자연과 여성 형상을 숭배하는 태도를 지녔음을 살펴보았다.

최근의 고고학 연구도 이 관점을 뒷받침하며 '정주'의 출현과 농업의 시작 간에 시간 차가 있음을 증명한다. 신석기시대 초기에 동물을 길들이고 식물을 재배하기는 했지만, 우리가 아는 농업과는 그 특성이 다르다. 진짜 농업과 이로 인한 탐욕, 자연으로부터의 소외, 전쟁, 사회계급은 나중에 등장했다. 농업은 분명 타락과 연관이 있지만, 하라리, 스콧, 수즈먼이 주장하는 바와 달리 나는 농업이 타락을 초래했다고 생각하지는 않는다. 오히려 인과관계를 뒤집어서 농업이 타락의 결과라고 믿는다. 자아를 강하게 인식하면서부터 자연에서 소외되었다고 느끼며, 땅을 소유하고, 재산과 물질을 축적하며 권력과 지위를 누리려는 낯선 욕망에 사로잡히게 된 것이다. 이 모든 것이 농업으로 전환하는 시기, 타락에서 전쟁, 사회계급, 도시 국가 발달을 추구하는 시기에 나타난 요소이다.

## 정신적 혼돈과 깨어남

마지막 3부에서는 대략 3세기 전부터 타락 초월 시대가 시작되어 자아폭발로 인한 분리를 초월하고자 공동체가 점진적으로 움직이고 있다고 설명했다. 그리고 지난 10년 동안 '타락 초월'을 위한 이 움직임이 강화된 듯하다. 더욱 많은 사람이 강렬한 자기 인식을 초월해 자연과 재결합하고자 하는 충동을 느끼고 있다. 극심한 정신적 혼돈이 영적 깨어남을 촉발한 것이다. 다시 말해, 평범하게 '잠든' 상태가 인류에 대한 영향력을 잃고 사라지면서 더욱 새롭고 고차원적인 기능을 하는 '깨어난' 상태가 서서히 그 자리를 채우는 것이다.

물론 지금도 여전히 몇몇 나라에서는 사회적 불평등, 환경 파괴, 소수 집단에 대한 차별 등이 만연하다. 하지만 이러한 경향이 반드시 부정적인 것만은 아니다. 새로운 시기가 시작되면 이전 시기의 특성들이 자신의 종말에 겁을 먹고 더욱 견고히 자리 잡으려 바득바득 고집을 부리는 것이다. 가끔 이민 집단이 더 보수적이고, 자신이 속한 더 포괄적인 공동체에 맞서 자신들의 전통과 관습을 옹호하려는 모습과 마찬가지다. 스위스 철학자 장 겝서도 같은 관점으로 인간 의식이 역사 속에서 다양한 구조를 거쳐 진화하며, 구조가 대체될 때마다 그 특성이 더욱 꼿꼿하게 두드러진다고 설명했다 그러니 언뜻 보기에는 부정적인 모습일지라도 변화가 일어나고 있다는 조짐일 수 있다.

그렇다면 정신적 혼돈은 잠재적으로 깨어남에 어떠한 효과를 주는 걸까? 대승불교에는 '역행보살'이라는 흥미로운 개념이 있다. 보살은 성인처럼 깨우친 존재로, 보통 고통을 없애주고 영적 성장을 고무하여 인간이 깨달음을 얻도록 돕는 데 자기 삶을 헌신한다. 그런데 이 역행보살이라는 특별한 부류는 무서운 외모

를 하고 인간에게 역경과 고난을 일으켜서 깨우침을 주려고 한
다. 인간이 영적으로 더욱 성장하도록 일부러 부정적 요소를 더
하는 것이다. 이 개념은 정신적 혼돈이 잠재적으로 어떤 깨어남
의 효과가 있는지를 명확히 설명한다. 덩달아 역행보살이라고 할
만한 오늘날의 몇몇 지도자가 떠오르기도 한다!

## 스베덴보리와 제럴드 허드

나는 최근 몇 년 동안《자아폭발》과 몹시 비슷한 견해를 발전시
킨 두 명의 학자를 알게 되었다. 한 사람은 스웨덴의 철학자 에마
누엘 스베덴보리로, 그는 인류 역사를 다섯 가지 '대시대'로 나누
었다. 첫째는 선사 시대인 '천만고 시대'로 스베덴보리는 이 시기
를 인류의 유아기로 이해한다. 이때는 순수와 조화가 깃든 거룩
한 시기로 인간이 신성과 직접 연결되어 있다고 느꼈고 모든 것
이 신성의 현현이었다. 즉 타락 이전 시대이다.

그다음은 '만고 시대'로, 이때 자아에 눈을 뜨기 시작한다. 인
간은 신성을 직접 의식하지 못하게 되면서 영적 감각을 유지하는
도구로서 최초로 단순한 종교나 신화가 필요했다. 스베덴보리는
이 시기를 인류의 아동기로 본다. 그리고 스베덴보리가 말하는
'유대 시대'가 뒤따른다. 이 기간에도 인간은 계속해서 신성과 관
계를 잃어 간 탓에 종교가 견고해지고, 계율과 율법에 순종하는
형식을 갖추게 되었다. 이 시기에 다신론에서 일신론으로 전환하
는 시기로 타락이 극심해지는 시기로 볼 수 있다.

이후 '회복의 시대'가 시작된다. 예수의 가르침이 전하는 사

랑과 연민은 진정한 영성이 다시 모습을 드러내며 인간은 신성과 새로이 연결되기 시작했다. 그리고 마침내 스베덴보리의 생애 동안, 세상은 '새 영적 시대'로 진입했다. 스베덴보리는 이 시대에 선사시대의 거룩한 통찰력을 되찾았다고 여겼다. 물질세계와 영적 세계 사이에는 훨씬 더 직접적인 연관이 있었고, 개인의 영적 체험은 형식적인 종교보다 더욱 중요해졌다. 이때가 인류의 성년기이다.

이러한 스베덴보리의 견해는 내가 타락 초월 시대를 타락 이전의 시대와 연결 지어 설명하는 방식과 똑같다. 하지만 그의 주장 중 가장 흥미로운 점은 스베덴보리가 새 영성 시대의 시작을 1757년이라고 정확히 명시했다는 사실이다. 나는 이 부분을 읽으며 깜짝 놀랐다.《자아폭발》에서도 타락 초월을 위한 움직임이 18세기 후반에 처음 모습을 드러냈다고 주장했기 때문이다. 이 시기에는 시와 음악에서 낭만파 운동이 일어나고, 민주주의와 평등주의 사상(프랑스 혁명과 미국 헌법 제정에 영향을 주었다)이 대두했으며 진보적인 여러 운동(여성권, 동물권, 노예제 폐지 등을 위한 운동)이 발생했고 범죄자를 인도적으로 대우하고자 하는 경향이 나타났다. 모두 자아 분리를 넘어서서 새로운 움직임으로 나아가려는 전조였다.

내가 만든 시간의 흐름과 스베덴보리가 규정한 시간이 상당히 일치하는 것을 보고 놀라웠다. 사실 18세기 후반은 다른 역사학자들도 특별하다고 강조하는 시기라는 걸 알고 있다. 가령 J. M. 로버츠는 그의 책《세계사》에서 18세기 중반을 '대가속 시대'라고 정의하며 이때 "전 세계에서 지난 수천 년 동안 일어난 변화보다 더 많은 변화가 한 사람의 생애 만에 일어났다"라고 설명했다.

《자아폭발》과 아주 비슷한 개념을 발전시킨 또 다른 이는 소설가 제럴드 허드다. 아직까지 잘 알려지지는 않았지만 철학자이자 신비주의자이며 올더스 헉슬리, 크리스토퍼 아이셔우드와 친한 친구였다. 1939년 허드는《고통, 섹스, 시간*Pain, Sex and Time*》을 출간하면서 인류의 과거와 미래에 관해 진화적인 영적 통찰력을 제시했다. 그는 고대 수메르와 이집트까지 거슬러 올라가 인류 역사를 조사했다. 그의 설명에 따르면 두 문화 초기에 '개인화 이전 사회'의 흔적이 있었고, 이후 "개인화된 인간이 유기적 사회에서 분리되면서 자의식 강한 인간이 새롭게 등장했다." 허드는 이처럼 갑자기 정신적으로 변화가 일어나면서 불균형과 혼돈, 고독감과 고립감을 처음 느끼기 시작했다고 밝혔다. 그의 말을 빌리자면, 새로 등장한 이 자아는 마음속 깊은 곳과 완전히 분리되었고 세계를 생경한 기계로 느꼈다. 그러나 허드는 이 자아가 과도기에 놓였을 뿐, 결국 이를 초월하여 더 높은 의식을 갖게 된다고 생각했다.

이와 관련해서 허드는 이 책에서 명명한 '제1차 물결'이 중요하다고 인정했다. 이러한 의식과 관습으로 억제된 자아를 초월하거나 의식을 새롭게 확장하는 데 적극적으로 참여함으로써 인간의 정신을 자의식보다 더 높은 단계로 끌어올릴 수 있다고 여겼다. 정신이 온전해지고 자유로워지는 것이다. 개인의 영적 성장은 인간이라는 종 전체의 진화와 관련이 있으며 언젠가는 인류 전체가 초자연적으로 확장된 상태를 소유하게 될 것이라고 허드는 분명히 확신했다. 이러한 상태가 인간 진화의 다음 단계이다.

그의 설명대로 "인간이 진화하고 존재하는 궁극적인 목적은 더 높고 폭넓은 의식 상태로 발전하는 것이다." 허드는 이것을 달성하지 못하면, 인류는 파멸할 것이라고 믿었다.

지금까지 살펴본 것처럼,《자아폭발》의 내용을 뒷받침하는 증거들이 최근까지도 계속해서 발견되고 있어 이 책에서 다룬 '자아폭발'로 인류 역사에 나타난 타락의 결과들 그리고 이제 비로소 새로운 시대가 도래했다는 생각에 더욱 확신을 갖게 되었다.

출간 이후 13년이 지난 지금까지도 여전히 많은 관심을 받고, 계속해서 새로운 독자가 생긴다는 사실이 기쁘다. 이 책이 많은 사람의 마음에 깊은 울림을 준다는 건 이미 우리 안에 내재한 지식, 비록 잊고 있었지만 무의식 속에 늘 자리하던 진실을 확인해 준 탓이리라.

아마도 우리 모두는 이제 타락은 일탈에 불과한 것이며, 인간의 본질은 불화로 가득하지 않으며 수없이 많은 갈등을 일으키지 않는다는 사실을 인식하고 있을 것이다. 또한 현재의 절망스럽고 혼란스러운 인류 역사의 국면은 일시적일 뿐이며, 더 밝고, 더 조화로운 국면, 그야말로 새로운 영적 시대로 접어들고 있다는 것을 느끼고 있을 것이다.

앞으로 13년이 지난 뒤 이 책의 후기를 또다시 쓰게 된다면, 그때는 우리 모두 이 새로운 시대를 더욱 명확히 느끼게 되기를 바란다.

스티브 테일러

# 주
## 석

## 1. 타락의 역사

### 01  인류는 무엇이 잘못되었나

1) In Wilson, 1985, p.4.

2) Wrangham and Peterson, 1996.

3) Power, 1991.

4) Sussman, 1997; Boesch & Boesch-Achermann, 2000; Morgan & Sanz, 2003.

5) Fromm, 1974, p.103.

6) van der Dennen, 1995, p.54.

7) Weisfeld, G., 1991.

8) Fromm, 1974.

9) Ferguson, 2000, p.160.

10) Ehrenreich, 1996.

11) Lenski & Nolan, 1995.

12) Goldberg, 1973.

13) Eisler, 1987; Gimbutas, 1991; DeMeo, 1998; Griffith, 2001.

14) Schopenhauer, 1930, p.65.

15) DeMeo, 1998.

16) Stacey, 1983, p.40.

17) DeMeo, 1998.

18) Lenksi, 1995.

19) Eisler, 1987; Gimbutas, 1991; DeMeo, 1998; Griffith, 2001.

20) Crawford, 1991, p.24.

21) Lenski, 1995.

22) ibid.

23) ibid.

24) ibid.

25) ibid.

26) Service, 1978, p.83.

27) Turnbull, 1993, p.29.

28) Leidloff, 1989, p.24.

29) Pascal, 1966, p.67.

30) Argyle, 1989; Raphael, 1984.

31) Argyle, 1989; Atchley, 1985.

32) Csikszentmihalyi, 1992.

33) ibid.

34) In Wright, 1992, p.304.

35) Dr. Johnson, 1905, p.206.

36) The Dhammapada, p.9, verse 42.

### 02  타락 이전 시대

1) Lee and DeVore, 1968.

2) Turnbull, 1972.

3) Lenski, 1995; Lee and DeVore, 1968.

4) Diamond, 1992.

5) Ryan, 2003.

6) Chapman, 1999; Dolkhanov, 1999; Vencl, 1999.

7) Ferguson, 1997, p.333.

8) Keck, 2000, p.xxi.

9) In Heinberg, 1989, p.169.

10) Gabriel, 1990, p.21.

11) Wrangham and Peterson, 1996.

12) Ferguson, 2003.

13) Lenksi, 1978, p.422.

14) Service, 1978, p.27.

15) Sumner, 1964, p.205.

16) Service, 1978: Sumner, 1964: Malinowski, 1978.

17) Knauft, 1991, p.391.

18) Jaimes Guerrero, 2000, p.37.

19) Barnard and Woodburn, 1988.

20) Woodburn, 1982, p.432.

21) Lenski, 1978.

22) Barnard and Woodburn, 1988, p.16.

23) Woodburn, 1981/1998.

24) Lenski, 1978, p.125.

25) Boehm, 1999.

26) ibid., p.69.

27) DeMeo, 1998.

28) Diamond, 1987, p.64.

29) In Lawlor, 1991, p.55.

30) Eisler, 1995, p.62.

31) Lenski, 1978: Gimbutas, 1991.

32) Boehm, 1999, p.38.

33) Gimbutas, 1991: Eisler, 1987: Mellaart, 1975.

34) ibid.

35) In Rudgley, 1998, p.23.

36) Platon, 1966.

37) Eisler, 1987, p.32.

38) Gimbutas, 1982, p.24.

39) DeMeo, 1998, p.4.

40) ibid.

41) ibid., p.8

## 03 타락의 시작, 폭력과 광기의 시대

1) Eisler, 1987, p.43.

2) ibid.

3) DeMeo, 1998, p.8.

4) DeMeo, 2000, p.10.

5) DeMeo, 1998: Griffith, 2001.

6) In Mallory, 1989, p.266.

7) ibid., p.238.

8) Gimbutas, 1973, pp.202~203.

9) Eisler, 1987, p.50.

10) Eisler, 1995, p.90.

11) DeMeo, 1998, p.231.

12) Gimbutas, 1977, p.281.

13) Stern, 1969, p.230.

14) Eisler, 1987, p.58.

15) Lenski, 1978.

16) ibid., p.147.

17) Childe, 1964, p.77.

18) Baring & Cashford, 1991, p.150.

19) Gimbutas, 1982, p.17.

20) Griffith, 2001, p.104.

21) DeMeo, 1998, p.231.

22) Baring & Cashford, 1991: Crawford, 1991.

23) Baring & Cashford, 1991.

24) DeMeo, 1998.

25) DeMeo, 2000, p.12.

26) Kramer, 1969, p.16.

27) Crawford, 1991.

28) Oates, 1986, p.68.

29) ibid., pp.30~31.

30) In Wilber, 1981, p.165.

31) Eisler, 1987.

32) In Eisler, 1987, p.64.

33) Griffith, 2001.

34) DeMeo, 1998, p.231.

35) DeMeo, 1998.

36) ibid.

37) Rice, 1990.

38) DeMeo, 1998.

39) ibid, p.233.

40) Bewley, 1994.

41) DeMeo, 1998.

42) Ibid., p.348.

43) ibid., p.350.

44) Baring & Cashford, 1991: Eisler, 1987.

45) Hawkes, 1973, p.xxv.

46) Eisler, 1995, p.116.

47) Baring & Cashford, 1991, p.162.

48) In Baring & Cashford, 1991, p.289.

49) ibid., p.286.

50) Griffith, 2001.

51) DeMeo, 1998.

52) Griffith, 2001.

53) ibid.

54) ibid.

55) Taylor, 1953.

## 04 타락하지 않은 사람들

1) Lawlor, 1991, p.247.

1) ibid., p.251.

2) Cowan, 1992.

3) Lawlor, 1991, p.202.

4) Service, 1978, p.134.

5) 인류학자 W. W. 뉴컴(1950)은 대평원 인디언의 고도의 호전성에는 세 가지 원인이 있다고 주장했다. 첫째, 인디언 부족들은 유럽인들이 침입했을 때 고향을 떠나지 않을 수 없었다는 점이다. 그들은 필연적으로 다른 부족들의 영토를 침입할 수밖에 없었으며 이로 인해 분쟁이 발생했다. 둘째, 인디언들이 생계를 유지할 수 없게 되자 생존을 위해서는 말에 의존할 수밖에 없게 되었다. 그들이 사냥하던 들소들이 개체수가 줄어들고 멀리 있기 때문이기도 했다. 그 결과 부족들끼리 말을 차지하려고 치열한 경쟁이 벌어졌다. 셋째, 유럽 식민주의자들의 영향이었다. 유럽의 무기들(모피와 짐승가죽으로 유럽인들과 거래되었다)이 인디언들의 전쟁을 훨씬 더 폭력적으로 만들었다. 식민주의자들-특히 교역업자들-은 인디언들이 식민지 권력에 대항할 뿐 아니라 자기들끼리도 필사적으로 경쟁하는 것을 의식적으로 이용했다.

6) Josephy, 1975, p.251.

7) Service, 1978, p.326.

8) DeMeo, 1998.

9) ibid, p.378.

10) DeMeo, 1998.

11) ibid.

12) Service, 1978, p.208.

13) Josephy, 1975, p.268.

14) Wrangham & Peterson, 1996.

15) Ferguson, 2003.

16) Mann, 2002: "The Secret of El Dorado," 2002.

17) Wright, 1992: Josephy, 1975.

18) Wright, 1992, p.69.

19) DeMeo, 1998, p.375.

20) Josephy, 1975, p.37.

21) Service, 1978, p.42.

22) Josephy, 1975.

23) ibid., p.166.

24) In Wright, 1992, p.74.

25) Boehm, 1999.

26) ibid.

27) Taylor, 1991, p.227.

28) Briggs, 1970, p.42.

29) Jaimes Guerrero, 2000: Wright, 1992.

30) Wright, 1992.

31) Jaimes Guerrero, 2000.

32) Ryan, 2003.

33) In Wright, 1992, p.276.

34) Service, 1978, p.41.

35) Service, 1978.

36) Lamphear & Falola, 1995, p.92.

37) DeMeo, 1998.

38) In DeMeo, 1998, p.243.

39) ibid., p.243.

40) DeMeo, 1998, p.243.

41) Keegan, 1993.

42) Lamphear & Falola, 1995.

43) ibid., p.94.

44) ibid.

45) Service, 1978, p.360.

46) McCall, 1995, p.183.

47) Magesa, 1997, p.61.

48) Gellar, 1995, p.139.

49) Lamphear & Falola, 1995, p.95.

50) Evans-Pritchard, 1967.

51) Service, 1978, p.170.

52) Turnbull, 1993, p.7.

53) McCreedy, 1994, p.17.

54) Turnbull, 1993, p.140.

55) McCreedy, 1994, p.19.

56) ibid.

57) Ember & Ember, 1981.

58) Boehm, 1999: Barnard & Woodburn,

1988.

59) Silberbauer, 1994, p.130.

60) Service, 1978.

61) Diamond, 1997.

62) DeMeo, 1998.

63) Cassirer, 1970, p.96.

64) Service, 1978.

65) In Wade & Tavris, 1994, p.124.

66) Malinowski, 1932, p.25.

67) ibid., p.15.

68) ibid., p.44.

69) In Sumner, 1911/1964, p.205.

70) ibid., p.207.

71) Service, 1978, p.64.

72) ibid., p.123.

73) Sorin, 1992.

74) Elwin, 1968.

75) Sumner, 1911/1964, p.207.

76) Reddy, 1994.

77) DeMeo, 2002.

78) Heinberg, 1989: Hildebrand, 1988:
Eliade, 1967.

79) Cassirer, 1970: Levy-Bruhl, 1965: Berman, 2000: Evans-Pritchard, 1967.

80) In Eliade, 1967, p.13.

81) Sindima, 1990, p.144.

82) Wright, 1992: Josephy, 1975.

83) Lawlor, 1991.

84) Keim, 1995.

85) Hallett & Relle, 1973.

86) Elwin, 1968.

## 05 인류 역사의 대전환, 자아폭발

1) Heinberg, 1989, pp.43-44.

2) 이란의 이야기가 눈과 얼음에 대해 언급한다는 사실이 이상해 보일 수도 있다. 그러나 사하라시아의 건조화는 기온 상승으로 인해 발생한 것이 아니라 빙하가 녹아내려 습기가 감소해 발생했다는 사실을 기억하는 것이 중요하다. (빙하가 녹아내림으로써 먼저 그 지역이 불모지가 됐다.) 사하라시아 일부 지역의 건조화는 기온이 하락하는 동안 발생했을 것이다. 예를 들면 J. P. 맬로리(1989)는 인도유럽인들의 고향을 남부 러시아의 폰투스-카스피해 지역으로 본다. 현재 이 지역은 겨울이 매우 춥고 한해에 40~80일 동안 눈이 내리는 준사막지역이다. 맬로리는 이 지역은 과거에는 더 춥고 건조했지만 기원전 4000년 전부터 따뜻해졌다고 주장한다.

3) In Heinberg, 1989, p.47.

4) ibid., pp.50-51.

5) In Cross, 1994, p.43.

6) In Heinberg, 1989, p.95.

7) ibid., p.51.《성경》에 나오는 타락 신화는 수렵채위 생활양식에서 농경 생활양식으로의 이행도 분명히 보여준다. 태초에 아담과 이브는 에덴동산에서 과실나무 앞에서 살았다. 그러나 이브가 선악과 열매를 따먹자 하느님의 그 둘에게 식량을 구하기 위해 밭을 갈도록 하는 벌을 내린다. 하느님은 아담에게 "너는 종신토록 수고해야 그 소산을 먹으리라"고 말씀하신다.

8) ibid., p.48.

9) In Heinberg, 1989, p.68.

10) ibid., p.69.

11) ibid., p.95.

12) In Lawrence, 1990.

13) Lawrence, 1971, p.63.

14) ibid., p.84.

15) Werner, 1957, p.152.

16) ibid., p.68.

17) Silberbauer, 1994, p.131.

18) Myers, 1997, p.54.

19) Geertz, 1973.

20) Atwood, 1989.

21) Markus & Kitayama, 1991.

22) Wright, 1992, p.304.

23) Josephy, 1975, p.37.

24) In Wright, 1992, p.363.

25) Hall, 1984.

26) In Keck, 2000, p.29.

27) Rudgley, 1998, p.113.

28) Lawlor, 1991, p.247.

29) Wilber, 1980, p.7.

30) Heinberg, 1995.

31) In Keck, 2000, pp.47-48.

32) Baring & Cashford, 1991, p.154.

33) ibid., p.154.

34) In Wilber, 1981, p.305.

35) Whyte, 1950.

36) Hamlet, Act 3, Sc.1.

37) Barfield, 1957, p.43.

38) In Wilber, 1981, p.28.

39) In Wilber, 1981, p.28.

40) Sheldrake, 1991.

41) 진화에 대한 전통적 신다윈주의자들의 견해에서 보면 이것은 물론 불가능하다. 왜냐하면 중요한 원칙 중의 하나가 사람이 자기가 살아 있을 동안에 취득한 특징들은 아이들에게는 전해질 수 없다는 것이기 때문이다. (즉, 획득된 특징들의 유전은 불가능하다.) 신다윈주의자들이 자아폭발을 설명할 수 있는 유일한 방법은 돌연변이를 통

해서 예민한 자아인식을 가진 몇몇 개인들이 창조되었다는 것이 되리라. 사회조건이나 환경이 그들에게 우호적으로 작용하고, 그들의 자손들이 생존했을 것이며, 따라서 그들의 유전자가 점점 더 우세하게 되었을 것이다. 그러나 우리는 자아폭발이 아주 갑작스럽게 발생했다고 보는 반면, 이는 분명 매우 장기적인 과정이었을 것이다. 그러나 신다윈주의자들의 견해는 진화를 설명하기에는 너무 협소하고 환원주의적이며, 다른 요인들-아직 알려지지 않았을 가능성이 있는 요인들-이 진화에 개입했으리라는 데에 학계에서는 점차 의견이 일치되고 있다. See, for example, Sheldrake, 1991; Capra, 1997; Harman & Sahtouris, 1998; Rose & Rose, 2000.

42) DeMeo, 2002, p.36.

43) ibid.

## 2. 타락의 심리학

## 06 새로운 정신의 출현

1) Baring & Cashford, 1991, p.150.

2) Wilber, 1981, p.303.

3) Ember & Ember, 1981.

4) Wright & Johnson, 1975.

5) Wilson, 1985, p.148.

6) Lancaster, 1991, p.84.

7) Platon, 1966, p.148.

8) DeMeo, 1998, p.225.

9) Eisler, 1987, p.54.

10) DeMeo, 1998, p.227.

11) Wilson, 1985.

12) ibid., p.144.

13) Levy-Bruhl, 1965.

14) Mbuta, 1975, p.76.

15) Harris, 1977, 1980.

16) Magesa, 1997, p.76.

17) 문제는 현대 과학은 이 방향으로 너무 나가서 세상을 순수하게 물리적이고 일차원적인 장소로 축소시켰다는 것이다. 현대 과학의 기본 전제는 모든 것은 합리적으로 물리적으로 설명될 수 있으며, 우리가 자각하거나 탐지하는 합리적·물리적 설명과 무관하게 일어나는 현상이나 힘은 없다는 것이다. 이러한 생각은 과학자들에게 세계를 '통제'한다는 만족스러운 인식과 '완전한' 지식을 소유하는 능력을 인식하게 했다.

18) In Wright, 1992, p.311.

19) Fromm, 1957/1995, p.311.

20) In Keck, 2000, pp.50-51.

21) Csikszentmihalyi, 1992.

22) Lawrence, 1971, p.72.

23) Lawrence, 1979, p.42.

24) Taylor, S., 2003.

25) Wilson, 1985, 2004.

26) Norman & Shallice, 1980.

27) In Versluis, 1994, p.34.

28) Pascal, 1966, p.47.

29) Service, 1978.

30) In Levy-Bruhl, 1965, p.314.

31) ibid., p.313.

32) Evans-Pritchard, 1967, p.154.

33) White, 1969, p.88.

34) Lawlor, 1991.

35) Yalom, 1980, p.103.

36) Kasser, 2002; Kasser & Kanner, 2004; Argyle, 1987.

37) In Bartlett, 1968, p.1068.

**07 정신적 불화로부터의 탈출**

1) Gross, 1996.

2) Rudgley, 1993.

3) Barnard & Woodburn, 1988.

4) Scott, 1997, p.37.

5) Lawlor, 1991.

6) Josephy, 1975, p.165.

7) Lee & DeVore, 1968, pp.xx-xxi.

8) In Heinberg, 1995, p.100.

9) ibid., p.76.

10) In Wright, 1992, p.361.

11) Josephy, 1975.

12) Kasser, 2002, p.29.

13) ibid.

14) Lawlor, 1991, p.173.

15) Marshall, 1976.

16) Liedloff, 1989, p.118.

17) Eisler, 1987, p.36.

18) Lawlor, 1991.

19) ibid.

20) Wilber, 1980.

**08 사회적 혼돈의 기원 1 - 전쟁**

1) Boyer, 2002.

2) Shields & Shields, 1983; Thornhill & Thornhill, 1983.

3) Wilber, 1996, p.6.

4) Archer, 1991.

5) Kroeber & Fontana, 1986.

6) In Ferguson, 2000, p.160.

7) ibid.

8) Barnard & Woodburn, 1988.

9) Anderson, 1968.

10) Haas, 1999, p.14.

11) van der Dennen, 2001, p.2.

12) Lenski, 1978.

13) Wilber, 1981, p.161.

14) ibid.

15) Baron-Cohen, 2003, p.23.

16) Forman, 1998; Chalmers, 1996; McTaggart, 2000.

17) Deikman, 20001, pp.87-89.

18) Baron-Cohen, 2003, p.37.

19) In Wilber, 1995, p.610.

20) James, 1899/1995, pp.315-316.

21) Pascal, 1966, p.67.

22) In Bullock, 1998, p.47.

23) ibid.

24) Partridge, 1919, p.23.

25) ibid., p.15.

26) DeMeo, 1998.

27) Prescott, 1975, p.15.

28) ibid., p.12.

29) McCarthy, 1991, p.116.

30) Ehrenreich, 1996.

31) Malinowski, 1932; Elwin, 1968; Turnbull, 1993.

32) Boehm, 1999.

33) In Heinberg, 1989, pp.68-69.

34) In Wilson, 1985, p.169.

35) Griffith, 2001, p.116.

36) 최근의 연구들에 따르면 모든 범죄의 가장 큰 원인은 문맹이다. 예를 들면, 스코틀랜드 죄수들을 상대로 행한 연구에 따르면 죄수들의 48퍼센트가 난독증 증세를 보였다("Undiagnosed Dyslexics…" TES,

2000). 진단 미확정의 난독 증세가 있는 사람들은 학교 다닐 때 행동 문제가 있고, 자부심이 낮은 경향이 있으며, 주류사회에서 배척되어 범죄적 행동을 일으키는 경향이 있다(Osmond, 1993).

37) Daly & Wilson, 1983, p.38.

38) Archer, 1991.

39) ibid., p.133.

40) Baron-Cohen, 2003.

41) Wilson, 1985, p.666.

## 09 사회적 혼돈의 기원 2 - 가부장제

1) Goldberg, 1973.

2) Wilber, 1996, p.3.

3) Baron-Cohen, 2003.

4) Gray, 1992.

5) Baron-Cohen, 2003.

6) Wareing, 1999.

7) Baron-Cohen, 2003, p.52.

8) ibid.

9) ibid., p.1.

10) Macoby, 1990.

11) Rhode, 1990.

12) Baron-Cohen, 2003.

13) Daly & Wilson, 1983; Archer, 1991; Baron-Cohen, 2003.

14) In Baron-Cohen, 2003, p.38.

15) Wilber, 1995, 1996.

16) Griffith, 2001, p.24.

17) Wilber, 1995.

18) 이 점이 현대 세계에서 우리가 아는 민주주의의 문제점이다. 정치를 하는 사람들은 권력과 지위를 획득하려는 욕망이 가장 강한 사람들(대부분 남성들)이다. 그리고 이러한 사람들은 정확히 권력이 주어져서는 안 되는 사람들이다. 그리고 이 책은 권력에 대한 욕망은 공격성, 이기심 그리고 공감의 결여와 함께 손 붙잡고 나아간다는 점을 분명히 보여 준다. 이것이 조지 부시나 토니 블레어와 같은 정치 지도자들이 흔히 전쟁할 준비가 되어 있으며, 환경문제에는 아무런 인식을 하지 못하는 이유이기도 하다. 수렵채취 집단에서처럼 권력과 지위를 바라는 사람들이 징계를 받거나 따돌림을 당해서는 안 된다. 그러나 사람들이 정치인이 되려는 사람을 선택해서는 안 된다. 정치인들은 사람들 가운데에서 선택되어야 한다.

19) Warner, 1976.

20) ibid.

## 10 사회적 혼돈의 기원 3 - 사회적 불평등

1) Pinker, 1997, p.504.

2) Wilson, 1995, p.190.

3) Cashdan, 1980.

4) Gluckman, 1965.

5) Ember & Ember, 1981; Wilber, 1981.

6) Boehm, 1999, p.37.

7) Service, 1978.

8) Boehm, 1999, p.64.

9) ibid., p.181.

10) ibid., p.83.

## 11 신과 종교의 탄생

1) Eliade, 1967, p.6.

2) Evans-Pritchard, 1971.

3) Boyer, 2001, p.160.

4) Eliade, 1967.

5) Lenksi, 1978.

6) Evans-Pritchard, 1967. p.6.

7) Levy-Bruhl, 1965.

8) ibid., p.17.

9) Idowu, 1975. p.174.

10) ibid.

11) Hamilton, 1995.

12) Freud, 1946.

13) Narada, 1997.

14) Evans-Pritchard, 1967. p.113.

15) Lawrence, 1950, p.197.

16) Eisler, 1987; Gimbutas, 1982, 1991.

17) Berman, 2000, p.130.

18) Taylor, 1996, p.159.

19) DeMeo, 1998, p.167.

20) Eisler, 1995, p.57.

21) Baring & Cashford, 1991, p.xi.

22) Hamilton, 1995.

23) Frazer, 1959.

24) Cassirer, 1970, p.97.

25) ibid., p.91.

26) Baring & Cashford, 1991, p.152.

27) ibid., p.xii.

28) Wilber, 1981.

29) Novak, 1996, p.275.

30) Lawrence, 1971, p.88.

31) Wright, 1992, p.101.

32) Service, 1978, p.64.

33) Marx, 1959.

34) In Hamilton, 1995, p.58.

35) Freud, 1946.

## 12 육체로부터의 분리

1) Genesis 3.

2) Lawlor, 1991.

3) Ryan, 2003.

4) Hawkes, 1968, p.136.

5) ibid.

6) Rudgley, 1998, p.196.

7) Rudgley, 1998.

8) ibid.

9) Service, 1978.

10) ibid.

11) Turnbull, 1993, p.169.

12) ibid.

13) Lawlor, 1991, p.206.

14) In Wilber, 1981, p.61.

15) Lawrence, 1968, p.490.

16) Griffith, 2001, p.32.

17) ibid.

18) DeMeo, 1998.

19) Accad, 1978, p.20.

20) James, 1899/1985.

21) DeMeo, 1998.

22) In DeMeo, 1998, p.241.

23) Walker, 1983, p.911.

24) Accad, 1978, p.20.

## 13 시간의 자각

1) Schopenhauer, 1930, p.56.

2) Lawlor, 1991, p.37.

3) In Service, 1978, p.173.

4) Bloch, 1977, p.288.

5) Service, 1978, pp.257-258.

6) Wilber 1981, p.66.

7) Dressler, 1999.

8) Neumann, 1973, p.281.

9) Grant, 1980.

10) Jaynes, 1976.

11) Ecclesiastes 1.

12) Macbeth, Act 5 Sc. 5.

13) In O'Neill, 1988, p.1172.

14) Keats, 1993, p.40.

15) Pascal, 1966, p.43.

16) Csikszentmihalyi, 1992.

17) Lawrence, 1990, p.667.

**14  자연의 종말**

1) The Earth, 2002.

2) ibid.; Elgin, 2004.

3) In Crowley, 1994, p.35.

4) 이 문제는 다른 세계관이라는 관점에서
바라볼 수도 있다. 윌버(1995/2000b)가 생
각한 대로 인간은 다른 의식 수준에 따라
많은 세계관을 가질 수 있다. 가장 낮은 수
준에서는 자아중심적 세계관이 있다. 이는
모든 것을 단지 우리의 관점에서 보는 것이
며, 우리의 욕망·필요·문제와 관계된 것
만이 중요하다. 그다음 단계가 민족중심적
(또는 사회중심적) 세계관이다. 여기서는
사회 집단이나 국가의 관점에서 모든 것을
본다. 국가에 좋은 것이 좋은 것이며, 다른
나라 사람들이나 환경 등 국가 밖에서 일
어나는 일에는 관심을 두지 않는다. 그다음
단계가 세계 중심적 세계관이다. 이는 훨씬
광범위하고 포괄적인 세계관으로 우리는
인종과 국적을 초월해 전체 인류와 동일시
하며 우리 자신의 문제뿐만 아니라 세계의
문제에도 관심을 둔다. 이 단계를 넘어서면
개인 초월적 또는 영적인 수준이 되어 우
리의 정체성은 단지 인간에게만 국한되는
것이 아니라 모든 생명체까지 그리고 나아
가 우리가 모든 사실과 일치되면, 영의 현
시까지 확대된다. 생태학적 인식은 분명 나
중의 세 가지 세계관을 가져야만 가능하다.
이 세 가지 세계관을 가져야만 예지력도 갖
게 된다. 모든 인간-또는 모든 생명체 또는
모든 사실-을 돌보는 것은 미래의 모든 생
명체를 돌본다는 것을 포함하기 때문이다.
그러나 불행히도 대부분의 현대의 인간은
자기중심적이거나 사회중심적인 세계관만
가지고 있다. 윌버가 인용한 연구(2001)에
따르면 사람들의 10퍼센트만이 세계중심
적 세계관을 갖고 있다. 90퍼센트의 미국인
과 유럽인에게는 직업을 갖고, 먹을 게 있
고, 나가 놀 돈이 있으면 환경이 파탄 나고
대부분의 생물종이 죽어 사라지는 것도 문
제가 되지 않는다. 가난한 나라들이 홍수로
범람하거나 사막이 되는 동안, 부유한 나라
들은 높은 방파제를 쌓거나 과학적인 해결
책을 찾아낼 것이다. 그리고 환경문제가 우
리에게 영향을 미친다 해도 그것은 우리가
죽은 다음에나 가능한 일일 것이다. 그러
니 왜 우리가 환경문제에 신경을 써야 하는
가?

5) Sheldrake, 1991.

6) Roszak, 1992, p.226.

7) Heinberg, 1989.

8) Josephy, 1975, p.37.

9) Jaimes Guerrero, 2000, p.48.

10) Connors, 2000, p.148.

11) In Crowley, 1994, p.36.

12) Eliade, 1967, p.139.

13) Bryan, 1996.

14) Baring & Cashford, 1991.

15) Snyder, 1999.

16) In Perry, 1992, p.78.

17) ibid.

18) In Baring & Cashford, 1991, p.543.

19) Sheldrake, 1991, p.27.

20) In Eisler, 1995, p.116.

21) Willber, 1995, p.715. 그러나 생태 위기에 대한 윌버의 분석에는 많은 어려움이 있다. 예를 들면, 그는 원시인들이 우리보다 더 환경적으로 의식이 있는 것은 아니었으며, 지금도 아니라는 이상한 확신을 한다. 그는 "원시적 구조나 부족적 구조 그 자체는 환경적인 지혜가 없으며, 다만 그 무지를 지구 공동의 거대한 부분에 가할 수단이 없었다"고 주장한다(1995, p.713). 그는 자아의 발달이 실제로는 환경 인식을 향한 첫걸음이라고 주장한다. 또 그로 인해 형태적-조작적 사고가 가능해졌기 때문에 "서로 간의 상호관계성을 획득할 능력도 생겼다"라고 주장한다. 그러나 자아의 발달이 일종의 생태 인식을 가져왔다는 것은 사실일 수 있지만 윌버는 분명히 생태 인식의 중요한 형태를 완전히 무시한다. 즉 자연현상과 함께 존재한다는 인식의 공유를 실제로 체험하는 것과 자연이 살아 있음을 인식할 수 있는 것으로부터 오는 인식과 자연을 영혼의 현시로 보는 것이다. 마찬가지로 윌버는 생태 위기가 자연과의 하나가 되는 상태로 복귀함으로써 극복될 수 있는 것이 아니라, 인류가 보다 높은 단계의 의식 수준으로 진화해 보다 넓은 전망과 합리성을 갖게 됨으로써 극복될 수 있다고 믿었다. 그렇게 되면 우리는 나머지 생물계와 연결되어 있음을 분명히 알게 되고, 생태 파괴에 따르는

재앙과도 같은 결과에 대해서도 분명히 인식하게 되기 때문이다. 바꿔 말하면 우리의 세계관이 '세계중심적'이 되어 우리는 커다란 예지력과 함께 새로운 광범위한 각도의 시각을 갖게 된다. 이렇게 되면 생태 인식도 더 커질 것이라는 점은 의문의 여지가 없지만, 자연과의 연계감과 자연이 살아 있다는 충분한 인식 없이 이것이 효과적으로 달성될 수 있다고 보기는 어렵다. 윌버는 생태 위기의 근본 원인을 자아가 육체로부터 (또는 자연으로부터) 단절되었기 때문이라고 보지 않는다. 그는 자아 발달을 자아가 육체로부터 이탈되기 시작하는 진화적 발달로 본다. 그는 이탈의 과정이 너무 많이 나가서 자아가 육체로부터 분리된 것이 문제라고 믿는다. 그러나 여기서 이탈과 분리의 차이가 무엇인지는 분명치 않다. 어쨌든 원시인들에게는 자아가 없다는 가정은 잘못된 것이라고 나는 믿는다. 자아폭발이 일어나면서 자아인식이 너무 발달한 것이 문제다. 원시인들에게는 자아는 육체나 자연으로부터 분리되지 않았으며 자연과 통합되고 조화를 이루었다. 그러나 사하라시아인들에게 자아는 너무 발달하여 마음과 몸을 분리했고, 마음과 자연을 분리했다.

22) Lawlor, 1991, p.40.

23) Ember & Ember, 1981.

24) ibid.

25) Hamilton, 1996.

26) Prescott, 1975.

27) Ember & Ember, 1981, p.326.

28) In Hamilton, 1995, p.110.

29) Ember & Ember, 1981.

30) Teilhard de Chardin, 1965.

31) Maddox, 1999.

32) Chalmers, 1996.

33) McGinn, 1993, p.160.

34) Chalmers, 1995, p.210.

35) Forman, 1998, p.185.


## 3. 타락 초월 시대

### 15  1차 물결 - 자아인식의 초월

1) The Upanishads, 1990, p.117.

2) In Happold, 1986, p.146.

3) In Hume, 1990, p.428.

4) The Dhammapada, 1995, p.42.

5) In Spenser, 1950, p.79.

6) Feuerstein, 1990, p.132.

7) Griffith, 2001.

8) In Heinberg, 1989, p.95.

9) In Spenser, 1950, p.101. 타락 이전의 전통과 타락 이후 중국과 인도의 영적 전통들 사이에 보다 직접적인 연계가 있을 가능성도 있다. 후자는 완전히 새로운 것이라기보다는 타락 이전 전통으로부터 남겨진 지식을 이용하고 개조했을 것이다. 미국의 조셉 니담은 도가가, 침략자들에게 유린되기 이전에 있던 원주민 마을의 주술적이고 자연 숭배적 관행에서 발생했다고 주장했다(Griffith, 2001). 보다 현대의 중국 학자들도 같은 주장을 한다. "도가 철학은 남부 양자강 유역에 살던 시아족의 모계주의적 사회에서 나왔다(ibid., p.188)." 마찬가지로 일부 학자들은 고대 인도의 영적 전통(또는 요가)은 토착 드라비다족의 주술적 전통과 인도유럽인들의 종교적 전승이 혼합물이라고 주장한다. 그러나 포이어스타인은 요가의 뿌리를 인도유럽인들이 도착하기 이전인 북부 인도의 하라파 문명으로까지 거슬러 올라간다고 주장하지만, 이 이론은 문제가 있다고 믿는다(Feuerstein, 1990).

10) In Happold, 1986; Spenser, 1950.

11) Sandbach, 1975.

12) Novak, 1996, pp.275-276.

13) Stace, 1964/1988, p.117.

14) Hardy, 1979, p.62.

15) Underhill, 1911/1960, p.204.

16) ibid., p.212.

17) Waddell, 1986.

18) Narada, 1997, pp.416-417.

19) ibid., p.171.

20) In Spenser, 1950, pp.148-149.

21) Graf, 1977.

22) In Happold, 1986, p.195.

23) In Spenser, 1950.

24) Sandbach, 1975.

25) In Happold, 1986, p.195.

26) Prabhavananda, Swami & Isherwood, 1969.

27) In Wilber, 1995, p.352.

28) Khanna, 2002, p.51.


### 16  2차 물결 - 새로운 공감인식의 확산

1) Hibbert, 1966.

2) ibid; Garrett, 2000.

3) Winzer, 1993.

4) Hibbert, 1966, p.44.

5) Baron-Cohen, 2003, p.23.

6) Jaimes Guerrero, 2000; Keck, 2000; Wright, 1992; Ryan, 2003.

7) Garrett, 2000.

8) Allison et al., 1984, p.620.

9) Shelley, 1994, p.450.

10) Allison et al., 1984, p.614.

11) ibid., p.525.

12) Earley, 2002, p.120.

13) Wilson, 2004.

14) ibid., p.326.

15) Wright, 1992.

16) Keck, 2000.

17) 로버트 켁(2000)에 따르면, 20세기 중반까지 전쟁의 성격이 변하기 시작했다. 정복전쟁은 더 이상 정통성이 없으며 이제 전쟁은 주로 해방 · 독립 · 자유를 위한 전쟁이라는 것이다. 20세기 후반이 되면 4건의 전쟁 가운데 3건은 정복전쟁이 아닌 해방전쟁이라고 켁은 주장한다. 현재 미국이 주도한 이라크 전쟁은 해방전쟁을 가장한 정복전쟁이라는 점에서 이러한 트랜드를 거스르는 것이다. 그것은 퇴행적인 정부에 의한 과거의 더 타락한 정신으로의 퇴행으로 생각될 수 있다. 이 퇴행적 정부는 더 많은 민주주의와 사회적 평등과 섹스와 육체에 대한 긍정적인 태도를 지향하는 다른 타락 초월 운동도 역전시키기를 원한다.

18) www.un.org

19) Boehm, 1999, p.257. 이 점에서 미 행정부가 유엔과 대립한다는 점은 놀라운 일이 아니다.

20) Eisler, 1987, p.82.

21) In Keck, 2000, p.105.

22) ibid., p.105.

23) ibid., pp.213-214.

24) Eisler, 1987, pp.198-199.

25) ibid, p.199.

26) Capra, 1997.

27) Tetry, 1966, p.446.

28) Russell, 1984.

29) Teilhard de Chardin, 1965.

30) Roudi-Fahimi & Moghadam, 2004.

## 17 인류 의식의 진화를 위하여

1) Barfield, 1957.

2) Wilber, 1981, p.303.

3) Gould, 1979.

4) Huxley, 1979.

5) Sheldrake, 1981.

# 자아폭발

**초판 1쇄 발행** 2024년 3월 8일
**초판 2쇄 발행** 2024년 3월 29일

**지은이** 스티브 테일러
**옮긴이** 우태영
**펴낸이** 정지은

**펴낸곳** (주)서스테인
**출판등록** 2021년 11월 4일 제2021-000166호
**이메일** sustain@sustain.kr

**ISBN** 979-11-93388-02-0  03900